자바 데이터 분석

자바 데이터 분석

자바로 배우는 데이터 분석과
빅데이터 처리, 데이터 시각화 방법

존 R. 허바드 지음   김명훈 옮김

i!i
에이콘

| 지은이 소개 |

존 R. 허바드 John R. Hubbard

40년 동안 펜실베이니아와 버지니아의 대학교에서 컴퓨터 기반의 데이터 분석을 해 왔다. 펜실베이니아 주립 대학교에서 컴퓨터 과학 석사 학위를 취득하고 미시간 대학교에서 수학 박사 학위를 취득했다. 현재는 리치몬드 대학교의 수학, 컴퓨터 과학 명예교수로 데이터 구조와 데이터베이스 시스템, 수치 해석과 빅데이터를 가르치고 있다.

컴퓨터 관련 6권의 책을 비롯해 다양한 책과 연구 논문을 편찬했다. 그중 일부는 독일어, 프랑스어, 중국어 등 5개 언어로 번역됐다. 아마추어 팀파니 연주가이기도 하다.

귀중한 의견과 제안을 준 이 책의 감수자들에게 감사의 말을 전한다. 또한 이 책을 출간할 때 많은 도움을 준 열정적인 팩트출판사 팀에게도 감사드린다. 마지막으로 모든 것을 도와준 가족에게 감사를 전한다.

| 기술 감수자 소개 |

에린 파키오코우스키^{Erin Paciorkowski}

조지아 공과대학교에서 내셔널 메릿 장학생으로 컴퓨터 과학을 공부했다. 국방부에서 8년 넘게 자바 개발 업무를 담당했으며, 현재 조지아 기술 온라인 컴퓨터 과학 석사 과정의 대학원 조교다. 공인 스크럼 마스터이며 Security+, Project+ 및 ITIL 파운데이션 인증을 보유하고 있다. 2016년 그레이스 호퍼 기념 학자^{Grace Hopper Celebration Scholar}였으며, 데이터 분석과 정보 보안에 관심이 있다.

알렉세이 지노비에프^{Alexey Zinoviev}

EPAM 시스템의 자바와 빅데이터 트레이너이며 수석 엔지니어다. 주로 아파치 스파크, 아파치 카프카, 자바 동시성 문제와 자바 가상머신 명세에 관심이 있다. 또한 머신 러닝, 대형 그래프 처리 및 분산 확장 가능한 자바 응용 프로그램 개발 전문가이기도 하다. @zaleslaw를 팔로우하거나 https://github.com/zaleslaw를 방문해보기 바란다.

https://github.com/zaleslaw/Spark-Tutorial에 스파크 튜토리얼을 작성하고 있고, https://zaleslaw.gitbooks.io/data-processing-book/content에 스파크 관련 오픈 깃북(러시아어)을 만들고 있다.

오랜 시간 동안 책에만 몰두해 있는 것을 참아준 아내 아나스타샤와 어린 아들 로만에게 감사를 전한다.

| 옮긴이 소개 |

김명훈(naimtenor@gmail.com)

대학 시절 산업공학을 전공했으나 프로그래밍이 좋아 프로그래머의 길로 뛰어든 후천적 프로그래머다. 삼성SDS에서 소프트웨어 아키텍트로 근무 중이며 사내 벤처에서 개발 리더로 근무하고 있다. 개발 리더지만 기술 영업에 더 많은 시간을 보내고 있어 직무 변경을 해야 하나 고민하고 있다.

다양한 솔루션과 시스템을 구성 및 개발하는 프로젝트를 진행하며 절실히 깨달은 사실이 하나 있다. 바로 많은 데이터를 보유하고, 보유한 데이터를 적절히 사용할 줄 아는 기업이 결국 좋은 시스템과 솔루션을 보유하게 된다는 것이다.

데이터를 잘 활용해 글로벌 기업이 된 가장 대표적인 예가 구글이라고 생각한다. 구글은 전 세계의 웹 데이터를 모아 자신의 데이터로 만들었으며, 그저 데이터를 모으는 데 그치지 않고 다양한 기술과 비즈니스를 개발하는 데 활용했다.

기술이 발전할수록 데이터의 중요성은 나날이 증가하고 있고, 데이터의 양도 중요성에 비례해 증가하고 있다. 데이터를 분석해 가치 있는 뭔가를 발견하는 것이 점점 더 중요해지는 이유다.

일반적으로 데이터 분석 시 R이나 파이썬 같은 언어를 많이 사용한다. 자바는 어느 언어보다 거대하고 다양한 오픈소스 생태계를 갖고 있고, 다양한 플랫폼에서 하나의 소스로 동작한다는 이점을 갖고 있다. 이러한 자바의 강점을 기반으로 데이터 분석 영역에서도 자바가 훌륭한 도구로 사용될 수 있음을 이 책을 통해 알 수 있다.

자바가 데이터 분석에 활용하기에는 부족하다는 인식이 바뀌어 좀 더 많은 곳에서 자바로 데이터 분석을 수행하는 모습을 볼 수 있기를 바란다.

차례

지은이 소개 4

기술 감수자 소개 5

옮긴이 소개 6

옮긴이의 말 7

들어가며 15

1장   데이터 분석 개론   23

데이터 분석의 기원 24

과학적 방법 24

보험학 26

증기로 계산 26

멋진 예시 27

허먼 홀러리스 29

에니악 30

비지칼크 31

데이터, 정보, 지식 32

왜 자바인가? 32

자바 통합 개발 환경 33

요약 35

2장   데이터 처리   37

데이터 유형 37

변수 38

데이터 포인트와 데이터셋 39

널 값 40

관계형 데이터베이스 테이블 40

키 필드 41

키-값 쌍 41

해시 테이블 42

파일 형식 44

마이크로소프트 엑셀 데이터 47

XML과 JSON 데이터 51

테스트 데이터셋 생성 59

메타데이터 61

데이터 클리닝 61

데이터 스케일링 62

데이터 필터링 64

정렬 67

병합 69

해싱 72

요약 74

3장   데이터 시각화 75

테이블과 그래프 76

산점도 77

선그래프 78

막대그래프 80

히스토그램 81

시계열 데이터 82

자바 구현체 84

이동 평균 88

데이터 순위 93

도수 분포 96

정규 분포 98

사고 실험 98

지수 분포 101

자바 예제 102

요약 103

4장   통계   **105**

기술 통계 105

임의 추출 109

확률 변수 112

확률 분포 113

누적 분포 115

이항 분포 117

다변량 분포 122

조건부 확률 125

확률적 이벤트의 독립 126

분할표 127

베이즈 정리 128

상관계수와 공분산 130

표준 정규 분포 132

중심 극한 정리 138

신뢰 구간 140

가설 검정 142

요약 145

5장   관계형 데이터베이스   **147**

관계 데이터 모델 148

관계형 데이터베이스 149

외래키 150

관계형 데이터베이스 디자인 151

    데이터베이스 생성 153

    SQL 명령문 158

데이터베이스에 데이터 입력 164

데이터베이스 쿼리 167

SQL 데이터 유형 168

JDBC 169

JDBC의 PreparedStatement 사용하기 172

배치 처리 175

데이터베이스 뷰 179

서브 쿼리 183

테이블 인덱스 186

요약 189

6장   회귀 분석   **191**

선형 회귀 191

엑셀에서의 선형 회귀 192

회귀 상관계수 계산 198

분산 분석 201

선형 회귀 자바 구현 206

앤스콤 쿼텟 215

다항식 회귀 217

다중 선형 회귀 분석 224

아파치 커먼즈 구현 228

곡선 적합 229

요약 231

7장   분류 분석   **233**

의사 결정 트리 235

의사결정 트리와 엔트로피와의 관계 236

ID3 알고리즘 241

자바로 ID3 알고리즘 구현 253

웨카 플랫폼 257

　　　　ARFF 파일 유형 257

　　　　웨카를 사용한 자바 구현 260

　　베이지안 분류기 262

　　　　웨카를 사용한 자바 구현 265

　　　　서포트 벡터 머신 알고리즘 268

　　로지스틱 회귀 273

　　　　K-최근접 이웃 알고리즘 280

　　　　퍼지 분류 알고리즘 285

　　요약 286

8장　클러스터 분석　287

　　거리 측정 287

　　차원의 저주 294

　　계층적 클러스터링 296

　　　　웨카 구현 306

　　　　K-평균 클러스터링 309

　　　　K-중간점 클러스터링 315

　　　　유사성 전파 클러스터링 318

　　요약 327

9장　추천 시스템　329

　　유틸리티 행렬 330

　　유사도 측정 332

　　코사인 유사도 334

　　간단한 추천 시스템 335

　　아마존 아이템 기반 협업 필터링 347

　　사용자 등급 구현 354

　　거대 희소 행렬 359

　　임의 접근 파일 사용 363

　　넷플릭스 대회 367

　　요약 368

10장 NoSQL 데이터베이스   369

맵 데이터 구조 370
SQL과 NoSQL 373
몽고 데이터베이스 시스템 375
도서관 데이터베이스 383
몽고DB를 사용한 자바 개발 386
지리 정보 데이터베이스를 위한 몽고DB 확장 395
몽고DB에서의 인덱스 397
왜 NoSQL인가? 왜 몽고DB인가? 399
타 NoSQL 데이터베이스 시스템 399
요약 400

11장 빅데이터 분석   401

확장, 데이터 스트라이핑, 샤딩 402
구글 페이지랭크 알고리즘 403
구글 맵리듀스 프레임워크 409
맵리듀스 애플리케이션 예제 410
워드카운트 예제 411
확장성 416
맵리듀스를 사용한 행렬 곱 419
몽고DB에서의 맵리듀스 424
아파치 하둡 425
하둡 맵리듀스 426
요약 428

부록 자바 도구   429

명령창 429
자바 430
이클립스 432
MySQL 438

MySQL 워크벤치 446

이클립스에서 MySQL 데이터베이스 접근 455

몽고DB 464

찾아보기 471

들어가며

> 누군가에게 가르쳐줄 수 있는 정도가 되기 전까지는 어떤 사실을 이해했다고 보기 어렵다. 같은 맥락에서 컴퓨에게 가르쳐줄 수 있기 전까지는 이해했다고 할 수 없다. 컴퓨터에게 무언가를 가르쳐 줄 수 있는 방법이 바로 알고리즘의 구현이다.
>
> 도널드 커누스 Donald Knuth

도널드 커누스가 말한 것처럼, 어떤 것을 이해하는 가장 좋은 방법은 직접 실행해보는 것이다. 이 책은 자바 프로그래밍 언어에서 구현 방법을 보여주며 데이터 과학의 가장 중요한 알고리즘을 이해하는 데 도움을 준다.

이 책에서 다루는 알고리즘과 데이터 관리 기술은 종종 데이터 과학, 데이터 분석, 예측 분석, 인공지능, 비즈니스 인텔리전스, 지식 탐색, 머신 러닝, 데이터 마이닝 및 빅데이터 같은 일반적인 필드로 분류된다. 이 책에는 비교적 새롭고, 놀랍도록 강력하고, 흥미진진한 내용을 많이 포함했다. 예를 들어 ID3 분류 알고리즘, K-평균과 K-중간점, 클러스터링 알고리즘, 아마존의 추천 시스템 및 구글의 페이지랭크 알고리즘은 웹상에서 전자 기기를 사용하는 거의 모든 사람에게 영향을 주는 개념이다.

굳이 자바 프로그래밍 언어를 선택한 이유는, 자바가 가장 널리 쓰이고 있는 언어이기 때문이다. 자바는 어디에서나 사용할 수 있고, 무료이며, 객체지향 언어이고, 강력한 통합 개발 환경 같은 뛰어난 지원 체계를 갖추고 있다. 또한, 문서화 도구도 사용하기 쉽고 효율적이며, 모든 구현체를 기본적으로 지원하는 다양한 서드파티 오픈소스 라이브러리도 있어 데이터 분석가가 효과적으로 사용할 수 있다. 11장, '빅데이터 분석'에서 학습할 몽고 DB 같은 시스템이 자바로 작성된 것은 우연이 아니다.

▎이 책에서 다룰 내용

1장, **데이터 분석 개론**에서는 사회 문제를 해결하는 데 있어 데이터 분석의 역사적 발전 과정과 중요성을 설명한다.

2장, **데이터 처리**에서는 데이터가 저장되는 다양한 형태를 소개하고, 데이터셋의 관리 방법과 정렬, 병합, 해싱 같은 기본 처리 기술을 알아본다.

3장, **데이터 시각화**에서는 그래프와 표, 시계열 분석, 이동 평균, 정규 및 지수 분포 관련 자바 애플리케이션을 다룬다.

4장, **통계**에서는 무작위성, 다변량 분포, 이항 분포, 조건부 확률, 독립, 통계 분할표, 베이즈 정리, 공분산과 상관관계, 중심 극한 정리, 신뢰 구간 및 가설 검정 등 기본적인 확률 및 통계 이론을 배운다.

5장, **관계형 데이터베이스**에서는 외래키와 SQL, 쿼리, JDBC, 배치 작업, 데이터베이스의 뷰, 서브 쿼리, 인덱싱 등, 관계형 데이터베이스 접근과 개발을 다룬다. 자바와 JDBC를 사용해 관계형 데이터베이스에 적재된 데이터를 분석하는 방법을 배워보자.

6장, **회귀 분석**에서는 선형 회귀, 다항식 회귀, 다중 선형 회귀 분석을 포함한 예측 분석의 중요한 부분을 언급한다. 아파치 커먼즈 매쓰 라이브러리를 사용해 자바에서 회귀 분석을 구현하는 방법을 배워보자.

7장, **분류 분석**에서는 결정 트리, 엔트로피, ID3 알고리즘, ARFF 파일, 베이지안 분류기, 서포트 벡터 머신 알고리즘, 로지스틱 회귀, K-최근접 이웃 알고리즘, 퍼지 분류 알고리즘을 다룬다. 웨카 라이브러리를 사용해 자바에서 이러한 알고리즘을 구현하는 방법을 알아보자.

8장, **클러스터 분석**에서는 계층적 클러스터링, K-평균 클러스터링, K-중간점 클러스터링, 유사성 전파 클러스터링을 알아본다. 역시나 웨카 라이브러리를 사용해 자바로 구현해보자.

9장, 추천 시스템에서는 유틸리티 행렬, 유사도 측정, 코사인 유사도, 아마존의 아이템 기반 추천 시스템, 대용량 희소 행렬 및 넷플릭스 대회를 다룬다.

10장, NoSQL 데이터베이스에서는 몽고DB 데이터베이스 시스템을 중심으로 지형 공간 데이터베이스를 포함한 자바 개발 방법을 알아본다.

11장, 빅데이터 분석에서는 구글의 페이지랭크 알고리즘과 맵리듀스 프레임워크를 알아볼 것이다. 특히 워드카운트(단어 수 세기) 예제와 행렬 곱 예제로 자바를 사용한 구현 방법을 알아본다.

부록, 자바 도구에서는 이 책에서 사용하는 이클립스, MySQL, 몽고DB의 설치 방법을 정리했다.

▌필요 사전 지식

이 책은 데이터 분석에 사용되는 기본 원리와 알고리즘을 이해하는 데 중점을 둔다. 이런 이해를 바탕으로 자바 프로그래밍 언어에서 원칙과 알고리즘을 구현해 개발하는 방법을 습득할 수 있다. 따라서 독자는 자바 프로그래밍 경험이 있어야 하며, 기초 통계와 데이터베이스 작업에 대한 약간의 경험이 있다면 책을 이해하는 데 더 많은 도움이 될 것이다.

▌이 책의 대상 독자

데이터 분석에 대한 이해를 높이고 해당 분야에서 알고리즘을 구현하는 자바 소프트웨어 개발 능력을 갖춘 학생과 실무자를 대상으로 한다.

편집 규약

이 책에서는 다양한 종류의 정보를 구별하기 위해 몇 가지 텍스트 유형을 사용했다.

프로그램 코드와 데이터 베이스 테이블 이름, 폴더 이름, 파일 이름, 파일 확장자, 경로명, URL 정보, 사용자 입력과 트위터 핸들은 다음과 같이 표기한다.

"include 지시문을 사용해 다른 컨텍스트를 포함할 수 있다."

코드 블록은 아래와 같다.

```
Color = {RED, YELLOW, BLUE, GREEN, BROWN, ORANGE}
Surface = {SMOOTH, ROUGH, FUZZY}
Size = {SMALL, MEDIUM, LARGE}
```

명령줄의 입력이나 출력은 다음과 같이 표시한다.

```
mongo-java-driver-3.4.2.jar
mongo-java-driver-3.4.2-javadoc.jar
```

새로운 단어와 **중요한 단어**는 굵은 글씨로 표기한다. 예를 들어 메뉴나 대화 상자에서 화면에 표시되는 단어는 다음과 같이 표기한다.

"**다음** 버튼을 눌러 다음 화면으로 넘어가시오."

 주의 사항이나 중요한 내용은 이와 같이 나타낸다.

 팁이나 요령은 이와 같이 나타낸다.

▌예제 코드 다운로드

이 책에서 사용된 예제 코드는 http://www.packtpub.com/support를 방문해 이메일을 등록하면 파일을 직접 받을 수 있으며, 이 링크를 통해 원서의 Errata도 확인할 수 있다. 또한 https://github.com/PacktPublishing/Java-Data-Analysis에서 다운로드할 수 있으며, 에이콘출판사의 도서정보 페이지인 http://www.acornpub.co.kr/book/java-data-analysis에서도 예제 코드를 다운로드할 수 있다.

▌정오표

내용을 정확하게 전달하기 위해 최선을 다했지만 실수가 있을수 있다. 팩트출판사의 도서에서 문장이든 코드든 간에 문제를 발견해서 알려준다면 매우 감사하게 생각할 것이다. 독자의 참여를 통해 다른 독자에게 도움을 주고, 다음 버전의 도서를 더 완성도 높게 만들 수 있다. 오탈자를 발견한다면 http://www.packtpub.com/submiterrata를 방문해 책을 선택하고, 구체적인 내용을 입력해주길 바란다. 보내준 오류 내용이 확인되면 웹사이트에 그 내용이 올라가거나 해당 서적의 정오표 부분에 그 내용이 추가될 것이다. http://www.packtpub.com/support에서 해당 도서명을 선택하면 기존 정오표를 확인할 수 있다.

한국어판의 정오표는 에이콘출판사의 도서정보 페이지 http://www.acornpub.co.kr/book/java-data-analysis에서 찾아볼 수 있다.

▌저작권 침해

저작권 침해는 모든 인터넷 매체에서 벌어지고 있는 심각한 문제다. 팩트출판사에서는 저작권과 라이선스 문제를 아주 심각하게 인식한다. 어떤 형태로든 팩트출판사 서적의 불법 복제물을 인터넷에서 발견했다면 적절한 조치를 취할 수 있도록 해당 주소나 사이트명을 알려주길 부탁한다.

의심되는 불법 복제물의 링크를 copyright@packtpub.com으로 보내주기 바란다. 저자와 더 좋은 책을 위한 Packt 출판의 노력을 배려하는 마음에 깊은 감사의 뜻을 표한다.

▌ 질문

이 책과 관련해 질문이 있다면 questions@packtpub.com으로 문의하길 바란다. 한국어판에 관한 질문은 이 책의 옮긴이나 에이콘 출판사 편집 팀(editor@acornpub.co.kr)으로 문의해주길 바란다.

에이콘출판의 기틀을 마련하신 故 정완재 선생님 (1935-2004)

01

데이터 분석 개론

데이터 분석은 유용한 정보, 궁극적으로는 새로운 지식을 얻기 위해 데이터를 구성, 정리, 변형 및 모델링하는 절차를 말한다. 데이터 분석, 비즈니스 분석, 데이터 마이닝, 인공 지능, 머신 러닝 및 빅데이터라는 용어를 사용해 설명하는 절차는 대부분 유사하다. 이들을 구분하는 것은 본질적 성질보다 적용 영역에 달려 있다.

보유한 데이터로부터 유용한 정보를 얻는 중심 절차는 컴퓨터 과학 알고리즘 응용 프로그램에 의해 관리된다. 따라서 이 책에서는 컴퓨터 과학 알고리즘을 중점적으로 다룰 것이다.

데이터 분석에는 옛 방식과 현대적 방식이 공존한다. 옛 방식의 역사를 따라가보면 기본적으로 계산 방법과 통계 분석 등 수학적 영역을 기반으로 약 18세기까지 거슬러 올라간다. 반면, 현대적 방식은 인터넷이 이끈 유비쿼터스 세상과 어마어마한 양의 데이터셋으로 훨씬 더 두각을 나타내고 있다.

1장에서는 역사적으로 유명한 데이터 분석 사례를 몇 가지 살펴본다. 이를 통해 과학의 중요성과 과학의 발전이 가져다주는 미래를 생각해보자.

▌ 데이터 분석의 기원

데이터는 문명 그 자체만큼 오래됐다. 프랑스 라스코 동굴에 있는 1만 7000년 전의 회화는 원시 주민들이 위대한 사냥의 승리를 기록하기 위한 시도였을 것이다. 이 기록은 구석기 시대의 인류에 관한 자료를 제공한다. 물론 데이터 분석 결과가 현대적 의미에서 새로운 지식을 제공하지는 않는다. 그러나 기록의 존재 자체만으로도 인간이 아이디어를 데이터로 보존해야 하는 필요성을 증명한다.

오천 년 전 고대 메소포타미아의 수메르인은 점토판에 훨씬 중요한 기록들을 남겼다. 설형 문자로 남긴 기록에는 일상적인 업무 거래에 대한 실질적 회계 자료가 포함돼 있었다. 수메르인은 데이터 기록을 위해 문자뿐만 아니라 최초의 숫자 체계도 발명했다.

1086년, 정복자 윌리엄 왕은 자신이 보유한 국민과 토지 및 재산을 관리하기 위해 방대한 자료 수집을 명령했다. 이는 사람들의 물질적인 삶의 최종 집계 데이터이기 때문에 **둠즈데이 북**^{Domesday Book}이라고 불렸다. 이 데이터는 소유권과 납세 의무를 부과하기 위해 수세기에 걸쳐 분석됐다.

▌ 과학적 방법

1572년 11월 11일, 덴마크의 젊은 귀족인 튀코 브라헤^{Tycho Brahe}는 현재 SN1562라고 부르는 별의 초신성을 관찰했다. 그 후 죽기 전 30년 동안 그의 모든 부와 열정을 천문 데이터 축적에 쏟아부었다. 그의 젊은 조수인 요하네스 케플러^{Johannes Kepler}는 18년 동안 튀코 브라헤가 쌓은 데이터를 분석했고, 1618년 마침내 행성 운동의 세 가지 법칙을 공식화할 수 있었다.

그림 1-1 요하네스 케플러

과학 사학자들은 케플러의 업적을 과학 혁명의 시작으로 간주한다. 케플러는 과학 연구의 필수 단계를 밟은 셈이다. 그 단계란 자연을 관찰하고, 데이터를 수집하고, 데이터를 분석하고, 이론을 공식화한 다음, 더 많은 데이터로 이론을 테스트하는 것이다. 여기서 가장 중요한 단계가 바로 데이터 분석이다.

물론, 케플러에게는 오늘날 데이터 분석가가 사용하는 알고리즘이나 그것을 구현할 컴퓨터 도구가 없었다. 그러나 그는 획기적인 기술을 적용해 대수를 쉽게 처리할 수 있었다. 1620년, 케플러는 네이피어^{Napier}가 1614년 발명한 대수 이론이 행성 운동의 세 번째 법칙을 발견하는 데 아주 유용했다고 밝혔다.

케플러의 업적은 한 세대 후 갈릴레오 갈릴레이^{Galileo Galilei}에게 중대한 영향을 끼쳤고, 또 한 세대 후 아이작 뉴턴^{Isaac Newton}에게도 영향을 미쳤다. 갈릴레오 갈릴레이와 아이작 뉴턴 모두 과학적 방법을 실천해 놀라운 성공을 이끌어냈다.

▌ 보험학

뉴턴의 몇 안 되는 친구 중 하나인 에드먼드 핼리^{Edmund Halley}는 처음으로 자신의 이름을 딴 혜성의 궤도를 계산했다. 핼리는 천문학, 수학, 물리학, 기상학, 지구물리학 및 지도학 분야의 전문 지식을 갖춘 박식가였다.

1693년 핼리는 독일 브레슬라우에 카스파르 뉴만^{Caspar Neumann}이 집계한 사망률 데이터를 분석했다. 90년 전 브라헤의 데이터를 사용한 케플러의 연구처럼, 핼리의 분석은 새로운 지식으로 이어졌다. 그의 연구 덕분에 영국 정부는 연금 수령자의 나이를 기준으로 적절한 연금을 책정하고 연금 상품을 판매할 수 있게 됐다.

오늘날, 여전히 대부분의 데이터는 숫자다. 그러나 우리가 공부할 알고리즘은 텍스트, 이미지, 오디오 및 비디오 파일, 심지어 인터넷상의 웹 페이지를 포함해 훨씬 광범위한 데이터에 적용할 수 있다.

▌ 증기로 계산

1821년, 케임브리지 대학의 젊은 학생인 찰스 배비지^{Charles Babbage}는 수기로 계산된 삼각함수와 대수표를 검토하고 있었다. 계산에 문제가 많다는 사실을 깨달았을 때, 그는 "이 계산이 증기로 계산됐다는 사실을 신께 알리고 싶다"라고 외쳤다. 그리고 증기 엔진으로 구동할 수 있는 테이블 자동 계산 메커니즘을 제안했다.

그림 1-2 찰스 배비지

수학자인 배비지는 케임브리지 대학에서 루커스 석좌 교수를 지내기도 했다. 아이작 뉴턴은 150년 전, 스티븐 호킹은 150년 후에 지낸 자리다. 당시 배비지는 자동 컴퓨팅에 관심이 많아 오랜 시간을 쏟아 부었으며 프로그래밍 가능한 컴퓨터라는 개념을 발명했다. 배비지는 최초의 컴퓨터 과학자인 셈이다. 그의 조수인 에이다 러브레이스^{Lady Ada Lovelace} 역시 최초의 컴퓨터 프로그래머로 인정받았다.

배비지의 목표는 데이터 분석의 핵심 단계인 보유 데이터로부터 유용한 정보를 수집하는 작업을 수행하는 기계를 만드는 것이었다. 정보 수집 단계를 자동화함으로써 더 큰 규모의 데이터셋에서 훨씬 빠른 속도로 데이터 분석을 수행할 수 있었다. 삼각함수와 로그표에 대한 배비지의 관심은 대영제국의 영토 확장에 결정적으로 작용했다.

▌ 멋진 예시

1854년 런던의 빈곤층 사이에서 콜레라가 발생했다. 아무도 문제의 원인을 알지 못했기 때문에 전염병은 빠르게 퍼져 나갔다. 그때 존 스노우^{John Snow}라는 의사가 오염된 물이 원인이라고 의심했다. 당시 대부분의 런던 시민은 템즈강에서 직접 공급받은 공동 우물에서 물을 길어 사용하고 있었다. 다음 그림은 스노우가 그린 지도로, 검은 사각형이 콜레라 발생 빈도를 나타낸다.

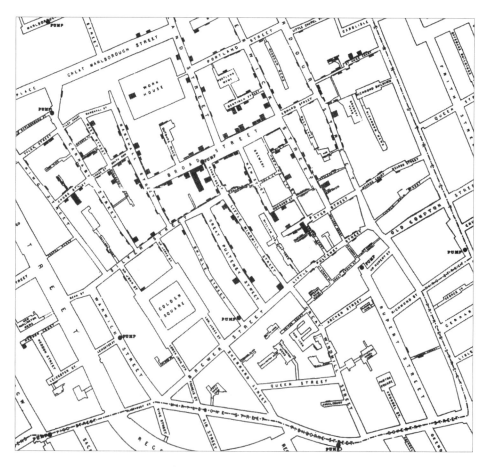

그림 1-3 스노우 박사가 그린 콜레라 지도

자세히 보면 PUMP라고 표시된 아홉 개의 검은 점을 볼 수 있다. 이 점들은 공공 수도 펌프의 위치를 나타낸다. 이 데이터를 통해 브로드 거리와 케임브리지 거리의 모퉁이에 있는 펌프가 전염병의 결정적 요인임을 쉽게 알 수 있다. 스노우 박사는 이 데이터 분석 결과를 이용해 펌프의 물 공급 체계를 조사했고, 그 결과 파이프의 파손으로 정화되지 않은 물이 새어 나왔음을 발견할 수 있었다.

지도에 공공 펌프 위치를 표시함으로써 전염병의 출처가 브로드 거리와 케임브리지 거리의 구석에 있는 펌프임을 보여준 이 사례는 데이터 분석을 공중 보건에 성공적으로 적용한 최초의 좋은 사례들 중 하나다(자세한 내용은 https://www1.udel.edu/johnmack/frec682/cholera/cholera2.html 참조). 제임스 K. 포크James K. Polk 대통령과 작곡가 표트르 차이코프스키Pyotr Ilyich Tchaikovsky는 19세기 콜레라로 사망한 수백만 명 중 한 사람이다. 그러나 오늘날까지도 전염병으로 인해 전 세계적으로 매년 약 10만 명이 사망하고 있다.

▌ 허먼 홀러리스

미국 연방 인구 조사국은 1789년 미국 헌법재판소에 대의원과 세금을 배분하기 위한 목적으로 인구 조사를 시작했다. 첫 번째 인구 조사는 1790년 미국 인구가 4백만 명에 미치지 못했을 당시 실시됐으며, 단순히 평민의 수를 세는 것에 지나지 않았다. 하지만 1880년까지 인구 수가 5천만 명 이상으로 늘어남에 따라 인구 조사도 훨씬 더 복잡해졌으며 가족, 출생지, 재산, 소득까지 함께 기록하게 됐다.

그림 1-4 허먼 홀러리스

1880년 시행한 인구 조사는 완료하기까지 8년이 걸렸다. 미국 인구 조사국은 1890년 인구 조사를 위해서는 일종의 자동화 작업이 필요하다는 것을 깨달았다. 조사국은 자동화 작업에 허먼 홀러리스^{Herman Hollerith}라는 젊은 엔지니어를 고용했는데, 홀러리스는 펀치 카드를 사용해 데이터를 기록하는 전자 장치를 제안했다.

펀치 카드 방식은 자동화 데이터를 처리하는 최초의 애플리케이션이다. 실제 작업은 대성공이었으며 약 6주만에 6200만 인구에 대한 집계를 완료했다.

홀러리스는 이 업적으로 MIT에서 박사학위를 받았다. 1911년 그는 전산 제표 기록회사Computing-Tabulating-Recording Company를 설립했는데, 이 회사가 1924년 IBM이 됐다. 최근 IBM은 데이터 마이닝과 인공지능의 가장 성공적인 상용화를 이룬 슈퍼컴퓨터 왓슨^{Watson}을 만들었다.

▌ 에니악

제2차 세계 대전이 진행되는 동안, 미 해군은 총 2700발의 탄을 24마일까지 발사할 수 있는 전함을 보유하고 있었다. 24마일 거리에서 발사체는 약 90초를 비행하게 된다. 이 때 미사일 궤도는 총의 고도뿐만 아니라 진폭의 각도, 기상 조건 및 지구 자전의 움직임에도 영향을 받았다. 따라서 이런 조건들을 고려해 정확한 궤도를 계산해야 하는 것이 큰 문제였다.

궤도를 정확하게 계산하기 위해 미 육군은 펜실베이니아 대학의 엔지니어링 팀과 계약해 최초로 완전한 전자 프로그래밍이 가능한 디지털 컴퓨터인 에니악^{Electronic Numerical Integrator and Computer, ENIAC}을 구축했다. 에니악은 전쟁이 끝날 때까지 구축이 완료되진 않았지만, 상당한 성공을 거두었다.

에니악은 공간을 너무 많이 차지했고, 여러 엔지니어와 프로그래머를 동원해 작동시켰을 정도로 규모가 컸다. 컴퓨터의 입력 및 출력 데이터는 홀러리스^{Hollerith} 카드에 기록됐다. 나중에 다른 기계에서 이 카드를 자동으로 읽은 뒤 그 내용을 인쇄했다.

에니악은 수소 폭탄 개발에 중요한 역할을 했다. 포병대 대신 프로젝트에 대한 모의 실험을 하는 용도로 사용됐다. 이 실험을 위해 위해 백만 장 이상의 홀러리스 카드가 사용됐다.

그림 1-5 에니악

▌ 비지칼크

1979년, 하버드의 학생인 댄 브리클린^{Dan Bricklin}은 교수가 칠판에 있는 재정 자료표에 기재된 항목이 정확한지 검토하는 것을 지켜보고 있었다. 교수는 실수 하나를 고친 후 계속해서 관련된 한계 항목을 수정했다. 브리클린은 이 지겨운 일을 최신 애플 2 마이크로컴퓨터에서 훨씬 더 쉽고 정확하게 수행할 수 있다고 생각했다. 이는 마이크로컴퓨터의 첫 번째 스프레드시트 프로그램인 비지칼크^{VisiCalc}의 발명으로 이어졌다. 이 기술 혁신이 마이크로컴퓨터를 게임 도구에서 훌륭한 비즈니스 도구로 발전시켰다.

브리클린의 비지칼크는 상용 컴퓨터의 새로운 패러다임이었다. 그때까지만 해도 상업용 데이터 처리에 필수인 스프레드시트를 계산하려면 매우 크고 값비싼 메인 프레임 컴퓨팅 센터가 필요했다. 지금은 한 사람이 개인 컴퓨터로 충분히 할 수 있는 작업이다. 2년 후 IBM PC가 출시되자 비지칼크는 비즈니스와 회계를 위한 필수 소프트웨어가 됐다.

▌ 데이터, 정보, 지식

1854년에 발생한 콜레라 전염병은 데이터와 정보, 지식의 차이점을 이해하기 좋은 사례다. 스노우 박사가 활용한 데이터는 콜레라 발병률과 수도 펌프의 위치였다. 당시 이들 사이의 관계는 아직 밝혀지지 않은 상태였지만, 스노우 박사가 두 데이터셋을 지도에 함께 배치함으로써 브로드 거리와 케임브리지 거리의 펌프가 오염원이라는 사실을 알아낼 수 있었다. 이런 연결성을 '새로운 정보'라고 한다. 마침내 질병이 더러운 물로 전염된다는 새로운 정보를 얻게 됐고, 결론적으로 콜레라를 예방하기 위한 새로운 정보를 얻을 수 있게 됐다.

▌ 왜 자바인가?

자바는 세계에서 가장 인기 있는 프로그래밍 언어로 10년 동안 그 자리를 유지하고 있다. 지금도 계속 인기가 늘고 있는데, 여기에는 몇 가지 이유가 있다.

- 자바는 모든 컴퓨터에서 동일하게 동작한다.
- 객체지향 프로그래밍Object-Oriented Programming, OOP을 지원한다.
- 데이터 베이스 질의 언어인 SQL을 포함해서 다른 언어와 인터페이스가 쉽다.
- 문서화 접근 및 사용이 쉽다.
- 데이터 분석 애플리케이션을 포함한 다수의 오픈소스 소프트웨어가 자바로 만들어졌다.

자바보다 파이썬이 더 배우기 쉽고, R을 실행하는 방식이 더 단순할 수 있다. 또 자바보다 자바스크립트를 이용해 웹 사이트를 개발하는 일이 더 쉬울 수 있으며 자바보다 C나 C++가 더 빠를 수도 있다. 하지만 일반적인 프로그래밍을 수행할 때는 자바를 따라갈 수 없다.

자바는 1995년 썬 마이크로시스템즈^{Sun Microsystems}에서 제임스 고슬링^{James Gosling} 팀이 개발했다. 2010년 오라클^{the Oracle Coporation}이 썬 마이크로시스템즈를 74억 달러에 인수했으며, 그 후 계속해서 자바를 지원해 왔다. 현재 버전은 2014년에 배포된 자바 8이다. 아마 이 책을 구입할 때쯤에는 자바 9를 사용할 수 있을 것이다. 자바 9는 2017년에 배포 예정이다.

이 책의 제목에서 알 수 있듯이, 모든 예제에서 자바를 사용한다.

 부록을 확인해보면 자바를 사용하는 방법을 볼 수 있다.

▌ 자바 통합 개발 환경

자바로 좀 더 쉽게 개발하기 위해 많은 프로그래머가 **통합 개발 환경**^{Integrated Development Environment, IDE}을 사용한다. 훌륭하면서 심지어 무료인 자바 통합 개발 환경이 여러 개 있다. 보통 아래 중 하나를 선택하면 된다.

- 넷빈즈^{NetBeans}
- 이클립스^{Eclipse}
- JDeveloper
- JCreator
- IntelliJ IDEA

대부분 동작 방식이 유사해서, 하나의 통합 개발 환경만 사용하더라도 추후 다른 도구로 변경하는 것이 어렵지 않다.

이 책에 등장하는 모든 예제는 명령줄에서 실행할 수 있지만, 그 대신 이클립스를 사용할 것이다.[1] 이클립스를 사용하면 다음과 같이 몇 가지 유리한 점이 있다.

- 줄 번호를 포함한 코드 보기가 가능
- 다양한 공개 플러그인을 지원
- 문법에 따른 색상 구분

다음은 이클립스에서의 표준 Hello World 프로그램이다.

```java
 ☐ HelloWorld.java ⊠
 1/*  Data Analysis with Java
 2 *   John R. Hubbard
 3 *   March 30, 2017
 4 */
 5
 6 package dawj.ch01;
 7
 8 public class HelloWorld {
 9     public static void main(String[] args) {
10         System.out.println("Hello, World!");
11     }
12 }
```

코드 1-1 Hello World 프로그램

이클립스에서 프로그램을 실행할 때 화면에서 문법에 따른 코드 색상 구분을 볼 수 있을 것이다. 주석은 녹색, 예약어는 갈색, 문자열은 파란색이다.

대부분의 경우 지면을 절약하기 위해 아래와 같이 클래스 주석과 패키지 정의 부분은 제외하고 오로지 프로그램 코드만 보여줄 것이다.

```java
 8 public class HelloWorld {
 9     public static void main(String[] args) {
10         System.out.println("Hello, World!");
11     }
12 }
```

코드 1-2 Hello World 프로그램 요약

---

1 한글 처리 및 사용 편의성을 고려해 원서의 넷빈즈 대신 이클립스를 사용한다. – 옮긴이

가끔은 아래와 같이 main( ) 메소드만 보여줄 때도 있다.

```
 9    public static void main(String[] args) {
10        System.out.println("Hello, World!");
11    }
```

코드 1-3 Hello World 프로그램 요약

전체 소스코드는 팩트출판사 홈페이지(http://www.packtpub.com)나 에이콘출판사 도서
정보 페이지(http://www.acornpub.co.kr/book/java-data-analysis)에서 내려 받을 수 있다.

HelloWorld 프로그램의 출력 결과는 아래와 같다.

```
  Problems   Javadoc   Declaration   Console ✕   Progress
<terminated> HelloWorld [Java Application] C:\Program Files\Java\jdk1.8.0_151\bin\javaw.exe
Hello, World!
```

그림 1-6 Hello World 프로그램 결과

 부록에서 이클립스 설치와 시작 방법을 확인할 수 있다.

▌요약

1장의 앞부분에서는 고대의 상업 기록 보존, 토지 및 재산의 집계, 천문학과 물리학 및 항
법에서 정확한 수학적 모델과 같은 데이터 분석의 발전을 이끌어낸 몇 가지 중요한 역사
적 사건을 설명했다. 이런 역사적 사건은 배비지가 컴퓨터를 발명하게 된 계기가 됐다. 문
명이 발전하면서 데이터 분석의 필요성도 대두됐다. 콜레라 발병의 원인 식별, 경제 데이
터의 관리, 거대 데이터셋의 현대적 처리가 그 예다.

또한, 이 책에서 자바 프로그래밍 언어를 사용해 데이터 분석 알고리즘을 구현할 것이라는 계획도 설명했다. 마지막으로 앞으로 사용하게 될 이클립스 통합 개발 환경을 소개했다.

02

데이터 처리

데이터를 분석하기 전에는 일반적으로 표준화된 형식으로 데이터를 구성한다. 2장에서는 데이터의 표준화 처리 절차를 설명한다.

▌ 데이터 유형

데이터는 유형으로 구분된다. 데이터 유형은 데이터의 형태뿐만 아니라 어떤 방식의 처리를 수행할 수 있을지를 나타내기도 한다. 예를 들어 계산 수행은 숫자 데이터에서 가능하고 문자 데이터에서는 불가능하다.

데이터 유형은 각 데이터 포인트가 컴퓨터 저장소에서 차지하는 공간의 크기에 영향을 미친다. 예를 들어 3.14 같은 숫자 값은 보통 32bit(4byte) 공간에 저장되지만, https://

google.com 같은 웹 사이트 주소는 160bit의 공간을 차지한다.

다음은 이 책에서 다루는 주요 데이터 유형이다. 자바 데이터 유형은 괄호 안에 표기했다.

- 숫자 유형
  - 정수 (int)
  - 소수 (double)
- 문자 유형
  - 문자열 (String)
- 객체 유형
  - 날짜 (java.util.Date)
  - 파일 (java.io.File)
  - 일반 객체 (object)

▎ 변수

컴퓨터 과학에서 변수는 값을 저장하는 위치를 의미한다. 자바에서 변수는 특정 유형을 선언하여 사용한다. 예를 들어 아래 구문을 보자.

```
String lastName;
```

lastName이라는 변수는 String 유형으로 선언됐다.

또한, 변수 선언 시 아래와 같이 값을 명시적으로 초기화할 수도 있다.

```
double temperature = 98.6;
```

위 구문은 temperature라는 저장 위치에 double 유형으로 98.6 값이 저장돼 있다는 의미다.

구조화된 변수도 같은 방법으로 선언 및 초기화할 수 있다.

```
int[] a = {88, 11, 44, 77, 22};
```

int[](int 유형의 배열) 유형의 a라는 변수는 다섯 개의 값을 명시해 선언했다.

▌ 데이터 포인트와 데이터셋

데이터 분석에서는 데이터를 정보의 구성 요소로 간주한다. 예를 들어 생물학적 데이터의 집합에서 데이터 포인트란, 한 사람에 대한 정보가 될 수 있다. 아래 데이터 포인트를 살펴보자.

```
("Adams", "John", "M", 26, 704601929)
```

이 데이터 포인트는 704601929 아이디를 가진 26세 남성 John Adams를 나타낸다.

데이터 포인트의 개별 데이터 값을 **필드**(혹은 속성)라 부른다. 각 필드 값은 자신만의 유형을 가진다. 위의 예에서는 다섯 개의 필드가 정의돼 있는데, 3개 필드는 문자열 유형이고 2개는 숫자 유형이다.

데이터 포인트의 필드들의 데이터 유형을 순서대로 나열한 것을 **유형 서명**type signature이라고 부른다. 위 예제의 유형 서명은 (문자, 문자, 문자, 숫자, 숫자)이다. 자바 유형으로 유형 서명을 표현하면 (String, String, String, int, int)가 된다.

데이터셋은 데이터 포인트의 집합으로 모든 요소는 같은 유형 서명을 가진다. 예를 들어 데이터셋으로 사람의 집단을 표현할 수 있는데, 각 요소는 집단의 멤버를 표현한다. 집합의 모든 요소가 같은 유형 서명을 가지기 때문에 '서명이 데이터셋 자체를 특성화한다'고 말한다.

널 값

따로 유형이 정해져 있지 않은 특별한 데이터 값이 있는데, 이 데이터는 어떤 유형으로도 사용할 수 있다. 바로 널Null 값이다. 널 값은 일반적으로 '알 수 없음'의 의미로 쓰인다. 앞서 사용한 데이터셋을 확장해 다음과 같은 데이터 포인트를 추가해보자. ("White", null, "F", 39, 440163867). 이는 39세의 여성으로 성이 White이고 아이디가 440163867이라는 의미다. 다만 이름은 알 수 없는 상태이거나 따로 명시하지 않았다.

▌ 관계형 데이터베이스 테이블

관계형 데이터베이스에서 각 데이터셋은 테이블이라 생각할 수 있다. 그리고 각 데이터 포인트는 테이블의 행 값이다. 데이터셋의 서명은 테이블의 열에 정의된다.

관계형 데이터베이스 테이블 예제를 살펴보자. 테이블은 4개의 행과 5개의 열로 이루어져 4개의 데이터 포인트와 5개의 필드를 표현한다.

성	이름	성별	나이	아이디
Adams	John	M	26	704601929
White	null	F	39	440163867
Jones	Paul	M	49	602588410
Adams	null	F	30	120096334

 테이블에 두 개의 널 필드가 존재한다.

데이터베이스의 테이블은 실제 행의 집합이므로 임의의 데이터셋에서 데이터 포인트의 순서가 의미 없는 것처럼 행의 순서도 무의미하다. 같은 이유로 데이터셋이 중복된 데이터 포인트를 갖지 않는 것처럼 데이터베이스의 테이블은 중복된 행을 갖지 않는다.

키 필드

데이터셋은 특정 필드를 고유한 값으로 지정할 수 있다. 이러한 필드를 **키 필드**라 부른다. 앞선 예제에서는 아이디 항목이 키 필드의 역할을 한다.

데이터셋 혹은 데이터베이스 테이블에 키 필드를 정의할 때 설계자는 데이터셋이 가지게 될 데이터의 종류를 예상해야 한다. 예를 들어 앞선 예제의 성 필드는 키 필드로 적합하지 않다. 많은 사람이 같은 성을 가지고 있기 때문이다.

키 값은 검색에 사용된다. 예를 들어 Paul Jones가 몇 살인지 알고 싶다면 먼저 602588410 아이디를 가진 데이터 포인트(혹은 행)를 찾고 해당 요소의 나이 값이 어떻게 되는지 확인해야 한다.

데이터셋은 단일 필드뿐만 아니라 필드의 서브 셋을 키로 지정할 수 있다. 예를 들어 지리 데이터를 갖는 데이터셋에서 위도와 경도를 함께 키로 사용할 수 있다.

키-값 쌍

필드의 서브 셋(혹은 단일 필드)으로 키를 정의한 데이터셋은 **키-값 쌍**Key-Value Pair, KVP의 집합으로 간주한다. 이런 맥락에서 볼 때 각 데이터 포인트는 키와 키에 대응하는 값의 두 부분으로 구성된다. 키-값 쌍 대신 **속성-값 쌍**m attribute-value pairs이라는 용어를 쓰기도 한다.

앞선 예제에서 키는 아이디이고 값은 성, 이름, 성별, 나이다.

잠깐 언급했던 지리 정보 데이터셋의 경우, 키는 위도와 경도이고 값은 고도, 평균 기온, 평균 강수량이다.

또한 키-값 쌍 데이터셋을 입력-출력 구조로 생각해볼 수 있는데, 키 필드를 입력값으로, 값 필드를 출력값으로 표현할 수 있다. 예를 들어 지리 정보 데이터셋에서 위도와 경도가 주어지면 데이터셋은 관련 고도, 평균 온도, 평균 강수량을 반환한다.

▌ 해시 테이블

키-값 쌍 데이터셋은 보통 해시 테이블로 구현한다. 해시 테이블은 책의 페이지 번호나 줄 번호와 같이 키가 데이터셋의 인덱스 역할을 하는 데이터 구조다. 이런 직접 접근 방식은 특정 단어나 문구를 페이지 단위로 검색하는 순차적 접근보다 빠르다.

자바에서는 보통 java.util.HashMap<Key, Value> 클래스를 키-값 쌍 데이터셋의 구현체로 사용한다. Key와 Value 매개변수는 클래스를 지정할 수 있다(HashTable이라는 클래스도 존재하지만 많이 사용하지 않는다).

남아메리카 7개 국가의 데이터 파일을 살펴보자.

그림 2-1 국가 데이터 파일

HashMap 객체를 사용해 데이터를 읽어오는 프로그램은 아래와 같다.

```java
🗾 HashMapExample.java ⊠
13 public class HashMapExample {
14     public static void main(String[] args) {
15         File dataFile = new File("data/Countries.dat");
16         HashMap<String,Integer> dataset = new HashMap();
17         try {
18             Scanner input = new Scanner(dataFile);
19             while (input.hasNext()) {
20                 String country = input.next();
21                 int population = input.nextInt();
22                 dataset.put(country, population);
23             }
24         } catch (FileNotFoundException e) {
25             System.out.println(e);
26         }
27         System.out.printf("dataset.size(): %d%n", dataset.size());
28         System.out.printf("dataset.get(\"페루\"): %,d%n", dataset.get("페루"));
29     }
30 }
```

코드 2-1 국가 데이터에 해시 맵을 적용한 예제

Countries.dat 파일은 data 폴더에 존재한다. 15행에서는 datafile이라는 이름으로 java.io.File 객체의 인스턴스를 생성한다. 16행에서는 java.util.HashMap 객체의 인스턴스를 dataset이라는 이름으로 생성한다. dataset 인스턴스는 String 유형의 키와 Integer 유형의 값을 가지게 된다. try 블록 안에서 파일을 읽기 위해 Scanner 객체를 생성한다. 각 데이터 포인트는 22행에서 읽어오는데, HashMap의 put( ) 메소드를 사용한다.

데이터셋을 모두 읽은 후, 27행에서 데이터셋의 크기를 출력하고 28행에서 페루에 해당하는 값을 출력한다. 이 때 %,d를 사용해 정수 값을 쉼표와 함께 출력한다.

프로그램 실행 결과는 아래와 같다.

```
🔲 Problems  @ Javadoc  🔍 Declaration  🖳 Console ⊠  🐜 Progress  🔩 Git Staging
<terminated> HashMapExample [Java Application] C:\Program Files\Java\jdk1.8.0_151\bin\ja
dataset.size(): 7
dataset.get("페루"): 29,907,003
```

그림 2-2 해시 맵 프로그램 결과

앞선 예제에서 get( ) 메소드를 사용해 해시 테이블의 키-값 구조의 입력, 출력 특성을 구현한 방법을 확인해보자. 28행에서 입력값은 페루이고 출력값은 인구 수인 29,907,003이다.

해시 테이블에서 특정 키 값을 가지는 값을 변경하는 것은 쉽다. 동일한 HashMap 예제에 코드를 3행 추가해보자.

```
29          dataset.put("페루", 31000000);
30          System.out.printf("dataset.size(): %d%n", dataset.size());
31          System.out.printf("dataset.get(\"페루\"): %,d%n", dataset.get("페루"));
```

코드 2-2 HashMap 예제 코드 추가

29행에서 페루의 값을 31,000,000으로 변경했다.

코드를 추가한 프로그램 실행 결과는 아래와 같다.

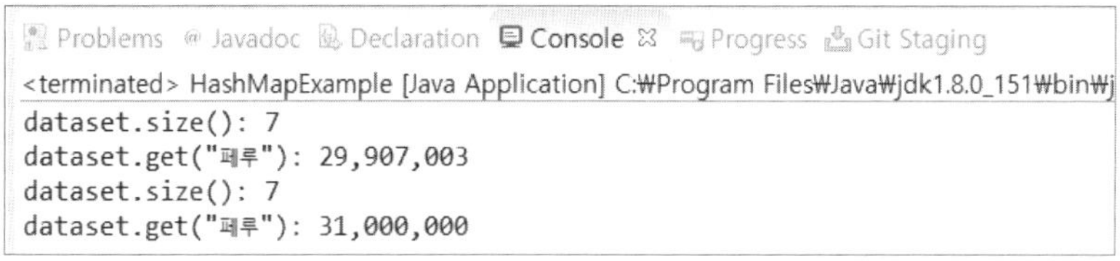

```
 Problems  Javadoc  Declaration  Console ⊠  Progress  Git Staging
<terminated> HashMapExample [Java Application] C:\Program Files\Java\jdk1.8.0_151\bin\j
dataset.size(): 7
dataset.get("페루"): 29,907,003
dataset.size(): 7
dataset.get("페루"): 31,000,000
```

그림 2-3 코드를 추가한 HashMap 프로그램

해시 테이블의 크기는 여전히 같다. put( ) 메소드는 키 값이 새로운 값일 경우에만 새로운 데이터 포인트를 추가한다.

▌ 파일 형식

앞선 예제의 Countries.dat 데이터 파일은 특별한 구조나 유형이 아닌 플랫 파일flat file 형태로, 가장 간단한 데이터 파일이다.

간단하고 일반적인 또 다른 데이터 파일 유형은 CSV^{Comma, Separated Value}다. 텍스트 파일이지만 공백 대신 쉼표를 사용해 데이터 값을 구분한다. Countries.dat 파일과 데이터는 동일하지만 CSV 유형인 다음 파일을 보자.

그림 2-4 CSV 데이터 파일

ℹ️ 이 예제에서 각 열을 열 이름으로 식별할 수 있도록 헤더 정보를 추가했다. 추가한 정보는 국가명과 인구 수다.

자바가 이 파일을 더 명확하게 해석하도록 Scanner 객체에 쉼표를 구분자로 사용한다고 알려줘야 한다. 코드 2-3의 17행을 보면 input 객체 생성 직후 useDelimiter 메소드를 사용해 구분자를 선언했다.

```
 J ReadingCSVFiles.java ☒
12 public class ReadingCSVFiles {
13     public static void main(String[] args) {
14         File dataFile = new File("data/Countries.csv");
15         try {
16             Scanner input = new Scanner(dataFile);
17             input.useDelimiter(",|\\s");
18             String column1 = input.next();
19             String column2 = input.next();
20             System.out.printf("%-10s%12s%n", column1, column2);
21             while (input.hasNext()) {
22                 String country = input.next();
23                 int population = input.nextInt();
24                 System.out.printf("%-10s%,12d%n", country, population);
25             }
26         } catch (FileNotFoundException e) {
27             System.out.println(e);
28         }
29     }
30 }
```

코드 2-3 CSV 데이터 읽기 예제 프로그램

정규표현식 ,|\\s는 쉼표나 모든 형태의 공백을 의미한다. 자바의 모든 공백 문자(단일 공백, 탭, 새 줄 등)는 '\s'로 표현할 수 있다. 문자열을 사용할 경우 역슬래쉬(\) 문자는 앞에 또 다른 역슬래쉬 문자를 써야 표현할 수 있다(예: \\s). 파이프 문자인 |는 정규표현식에서 또는(or)을 의미한다.

결과는 다음과 같다.

```
 🔲 Problems  @ Javadoc  🔍 Declaration  🔲 Console ☒  ᵥ Progress  ⚓ Git Staging
<terminated> ReadingCSVFiles [Java Application] C:₩Program Files₩Java₩jdk1.8.0_151₩bin₩j.
국가          인구
아르헨티나   41,343,201
브라질      201,103,330
칠레        16,746,491
콜롬비아     47,790,000
파라과이      6,375,830
페루        29,907,003
베네수엘라    27,223,228
```

그림 2-5 CSV 프로그램 결괏값

%-10s 코드는 문자열을 좌측 정렬해 10열 형태로 출력하라는 의미다. %,12d는 정수 데이터를 우측 정렬해 12열 형태로 출력하라는 의미다. 세 자리마다 읽기 쉽도록 쉼표가 붙는다.

마이크로소프트 엑셀 데이터

마이크로소프트 엑셀 데이터 파일을 읽고 쓰는 가장 좋은 방법은 아파치 소프트웨어 재단의 POI 오픈소스 API 라이브러리를 사용하는 것이다. https://poi.apache.org/download.html에서 다운로드 받을 수 있다. 최신 poi-bin 압축 파일을 선택하자.

이 절에서는 자바 프로그램을 두 개 작성해본다. 이 두 프로그램은 Map 데이터 구조와 엑셀 워크북 파일 간 상호 변환하는 역할을 한다. HashMap 대신 TreeMap을 사용해 키 값에 따라 데이터 포인트를 순서대로 유지하는 방법을 보여줄 것이다.

먼저 FromMapToExcel.java라고 이름 지은 프로그램이다. main( ) 메소드를 보자.

```java
// FromMapToExcel.java ⊠
21    public static void main(String[] args) {
22        Map<String,Integer> map = new TreeMap();
23        load(map, "data/Countries.dat");
24        print(map);
25        storeXL(map, "data/Countries.xls", "Countries Worksheet");
26    }
```

코드 2-4 FromMapToExcel 프로그램

23행의 load( ) 메소드는 그림 2-1에서 봤던 Countries 데이터 파일을 맵 형태로 읽는 역할을 한다. 24행의 print( ) 메소드는 맵에 적재된 내용을 출력하는 역할을 한다. 25행의 storeXL( ) 메소드는 Countries.xls라는 엑셀 워크북을 data 폴더에 생성한다. Countries Worksheep라는 워크시트를 생성하고 맵의 데이터를 워크시트에 저장한다.

최종 생성된 엑셀 워크북과 워크시트는 그림 2-6과 같다.

데이터는 그림 2-1의 내용과 같다. 다만 다른 한 가지는 브라질의 인구 수가 100,000,000을 넘어 엑셀에서 지수 형태로 표현해 2.01E+08과 같이 보인다.

load( ) 메소드는 코드 2-1의 15행~26행 중 16행을 제외하고 같다.

print( ) 메소드는 다음과 같다.

```
FromMapToExcel.java ⊠
44    public static void print(Map map) {
45        Set countries = map.keySet();
46        for (Object country : countries) {
47            Object population = map.get(country);
48            System.out.printf("%-10s%,12d%n", country, population);
49        }
50    }
```

코드 2-5 FromMapToExcel 프로그램의 print() 메소드

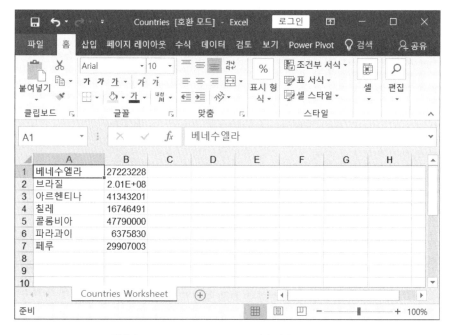

그림 2-6 FromMapToExcel 프로그램이 생성한 엑셀 워크북

48

코드 2-5의 45행은 맵에서 키 값(국가)들을 추출하는 코드다. 그 후 키 값을 가지고 for 반복문을 수행해 47행에서 인구 수를 가져오고 48행에서 출력한다.

아래는 storeXL( ) 메소드 코드다.

```java
FromMapToExcel.java ☒
58    public static void storeXL(Map map, String fileSpec, String sheet) {
59        try {
60            FileOutputStream out = new FileOutputStream(fileSpec);
61            HSSFWorkbook workbook = new HSSFWorkbook();
62            HSSFSheet worksheet = workbook.createSheet(sheet);
63            Set countries = map.keySet();
64            short rowNum = 0;
65            for (Object country : countries) {
66                Object population = map.get(country);
67                HSSFRow row = worksheet.createRow(rowNum);
68                row.createCell(0).setCellValue((String)country);
69                row.createCell(1).setCellValue((Integer)population);
70                ++rowNum;
71            }
72            workbook.write(out);
73            out.flush();
74            out.close();
75        } catch (FileNotFoundException e) {
76            System.err.println(e);
77        } catch (IOException e) {
78            System.err.println(e);
79        }
80    }
```

코드 2-6 FromMapToExcel 프로그램의 storeXL( ) 메소드

60행~63행에서 out, workbook, worksheet과 countries 객체를 초기화시킨다. 그리고 for 루프를 사용해 각 이터레이션iteration 시 한 줄씩 읽어 worksheet 객체에 입력한다. 코드는 매우 간단명료하다.

다음 프로그램은 엑셀 테이블에서 데이터를 읽어와 맵 구조로 저장하는 프로그램으로, 이전 프로그램의 역변환 프로그램이다.

```
📄 FromExcelToMap.java ※
22      public static void main(String[] args) {
23          Map map = loadXL("data/Countries.xls", "Countries Worksheet");
24          print(map);
25      }
```

코드 2-7 FromExcelToMap 프로그램

main 메소드는 단순히 loadXL( ) 메소드를 호출하고 결과 맵을 출력하는 역할만 한다.

```
📄 FromExcelToMap.java ※
30      public static Map loadXL(String fileSpec, String sheetName) {
31          Map<String,Integer> map = new TreeMap();
32          try {
33              FileInputStream stream = new FileInputStream(fileSpec);
34              HSSFWorkbook workbook = new HSSFWorkbook(stream);
35              HSSFSheet worksheet = workbook.getSheet(sheetName);
36              DataFormatter formatter = new DataFormatter();
37              for (Row row : worksheet) {
38                  HSSFRow hssfRow = (HSSFRow)row;
39                  HSSFCell cell = hssfRow.getCell(0);
40                  String country = cell.getStringCellValue();
41                  cell = hssfRow.getCell(1);
42                  String str = formatter.formatCellValue(cell);
43                  int population = (int)Integer.parseInt(str);
44                  map.put(country, population);
45              }
46          } catch (FileNotFoundException e) {
47              System.err.println(e);
48          } catch (IOException e) {
49              System.err.println(e);
50          }
51          return map;
52      }
```

코드 2-8 FromExcelToMap 프로그램의 loadXL() 메소드

코드 2-8의 37행~45행은 엑셀 워크시트의 행별로 반복 실행된다. 각 반복문에서는 특정 행의 두 개 셀 값을 읽어와 44행처럼 데이터 쌍으로 맵에 입력한다.

XML과 JSON 데이터

엑셀은 데이터를 편집하기에 적합한 시각 환경을 제공한다. 그러나 위의 예에서도 알 수 있듯이 웹 서버처럼 데이터가 자동으로 전송되는 경우 구조화된 데이터를 처리할 때는 좋지 않다.

객체지향 언어로서 자바는 목록, 표, 그래프와 같은 구조화 데이터를 잘 처리한다. 그러나 자바는 프로그래밍 언어이기에 데이터를 내부적으로 저장하지 않고 파일이나 스프레드시트, 혹은 데이터베이스 형태로 저장한다.

기계 판독이 가능한 구조화 데이터 표준 파일 형식 개념은 1960년대에 정립됐다. 기본 개념은 데이터를 블록 형태로 구성하는 것이었다. 각 블록은 여는 태그와 닫는 태그로 식별해 표현한다. 태그는 기본적으로 해당 구조의 문법을 정의한다.

이를 GML Generalized Markup Language라 하며, 후에 IBM이 SGML Standard Generalized Markup Language 이라는 후속 버전을 개발했다. SGML은 군사, 우주 항공, 산업 출판 및 기술 참조 산업에서 널리 사용됐다.

1990년대 SGML에서 파생된 XML^{Extensible Markup Language}은 주로 월드 와이드 웹에서 새로운 데이터 전송 요구를 충족시키기 위해 사용했다. XML 파일의 예를 보자.

```
Books.xml ⊗
1  <?xml version="1.0" encoding="UTF-8"?>
2  <books>
3      <book>
4          <title>he Java Programming Language</title>
5          <edition>4</edition>
6          <author>Ken Arnold</author>
7          <author>James Gosling</author>
8          <author>David Holmes</author>
9          <publisher>Addison Wesley</publisher>
10         <year>2006</year>
11         <isbn>0-321-34980-6</isbn>
12     </book>
13     <book>
14         <title>Data Structures with Java</title>
15         <author>John R. Hubbard</author>
16         <author>JAnita Huray</author>
17         <publisher>Prentice Hall</publisher>
18         <year>2004</year>
19         <isbn>0-313-093374-0</isbn>
20     </book>
21     <book>
22         <title>Data Structures with Java</title>
23         <author>John R. Hubbard</author>
24         <publisher>Packt</publisher>
25         <year>2017</year>
26     </book>
27  </books>
```

그림 2-7 XML 데이터 파일

그림 2-7의 XML 파일은 3개의 <book> 객체를 가지고 있고, 각 객체는 다른 수의 필드로 구성된다. 각 필드는 여는 태그로 시작해 이와 일치하는 닫는 태그로 끝난다. 예를 들어 <year>2017</year> 필드는 <year>로 열고 </year>로 닫는다.

XML은 매우 널리 쓰이는 데이터 전송 프로토콜인데, 그 이유는 단순하고, 유연하며, 처리가 쉽기 때문이다.

JSON^{JavaScript Object Notation} 형식은 자바스크립트가 인기를 얻기 시작한 직후인 2000년대 초에 개발됐다. JSON은 XML의 개념을 사용하며 자바나 자바스크립트로 손쉽게 관리하고 수정할 수 있도록 개발됐다. JSON의 J가 자바스크립트를 의미하긴 하지만, JSON은 모든 프로그래밍 언어에서 사용할 수 있다.

JSON을 다루는 두 가지 인기 있는 라이브러리는 `javax.jason` 패키지와 `org.json` 패키지인데, 구글에서 만든 GSON 또한 `com.google.gson` 패키지를 보유하고 있다. 이 책에서는 자바 EE 버전의 공식 라이브러리인 `javax.jason`을 사용할 것이다.

JSON은 자동화된 정보 시스템 간 데이터 전달을 위해 텍스트 파일 문법으로 정의한 데이터 교환 형식이다. XML과는 달리 CSV 파일에서 사용한 쉼표 구분 방식을 적용한다. 하지만 CSV에서 처리하기 힘든 구조화 데이터를 잘 처리할 수 있다.

JSON 파일에서 모든 데이터는 아래와 같이 이름-값 쌍으로 표시된다.

```
"firstName" : "John"
"age" : 54
"likesIceCream": true
```

이러한 쌍은 XML과 비슷하게 구조화 데이터를 표현하기 위해 중첩되는 방식을 사용한다.

그림 2-8은 그림 2-7에서 본 XML과 같은 데이터 구조를 표현한 JSON 데이터 파일이다.

```json
{
    "books": [
        {
            "title": "The Java Programming Language",
            "edition": 4,
            "authors": [
                "Ken Arnold",
                "James Gosling",
                "David Holmes"
            ],
            "publisher": "Addison Wesley",
            "year": 2006,
            "isbn": "0-321-34980-6"
        },
        {
            "title": "Data Structures with Java",
            "authors": [
                "John R. Hubbard",
                "Anita Huray"
            ],
            "publisher": "Prentice Hall",
            "year": 2004,
            "isbn": "0-13-093374-0"
        },
        {
            "title": "Data Analysis with Java",
            "author": "John R. Hubbard",
            "publisher": "Packt",
            "year": 2017
        }
    ]
}
```

그림 2-8 JSON 데이터 파일

루트 객체는 books라는 이름을 가진 이름-값 쌍이다. 값은 세 개의 요소로 이루어진 배열 형태의 JSON 객체이며, 각 JSON 객체는 book 객체로 표현된다. book 객체 요소들의 내용은 각각 조금씩 다르다. 예를 들어 처음 두 개의 요소는 authors라는 필드를 가지지만, 마지막 하나는 authors 대신 author 필드를 가지고 있다. 또한, 뒤의 두 개 요소는 edition 이라는 필드가 없고, 마지막 하나의 요소는 isbn 필드도 없다.

중괄호({})는 각각 JSON 객체를 정의한다. 가장 바깥쪽에 있는 중괄호 쌍은 JSON 파일 자체를 정의한다. 각 JSON 객체는 문자열, 콜론, JSON 데이터 값이나 배열 또는 다른 JSON 객체로 정의되는 JSON 값 형태로 이루어진다. JSON 배열은 대괄호([])로 묶어 JSON 객체나 또 다른 JSON 배열을 순서대로 표현한다. 마지막으로 JSON 데이터값은 문자열이나 숫자, JSON 객체, JSON 배열, 참, 거짓 또는 null로 표현된다. 일반적으로 null은 '알수 없음'을 의미한다.

JSON은 <head> 태그에 아래와 같은 방식을 사용해 HTML 페이지에서 사용할 수도 있다.

```
<script src =" js/libs/json2.js"></script>
```

미리 JSON 파일의 구조를 알고 있다면 JsonReader 객체를 사용해 값을 읽을 수 있다. 그렇지 않으면 코드 2-11과 같이 JsonParser 객체를 사용한다.

파서는 입력 스트림의 토큰을 읽고 그 유형을 식별할 수 있는 객체다. 예를 들어 그림 2-8의 JSON 파일에서 처음 세 개의 토큰은 {, books, [이고, 각각 유형은 START_OBJECT, KEY_NAME, START_ARRAY이다. 이는 그림 2-9의 프로그램 실행 결괏값에서 확인할 수 있다. JSON 파서는 토큰의 이벤트를 호출한다.

```
Problems  @ Javadoc  Declaration  Console ✕  Progress  Git Staging
<terminated> ParsingJSONFiles [Java Application] C:\Program Files\Java\jdk1.8.0_151\bin\javaw.exe (201{
{books=[{year=2004, isbn=0-13-093374-0, publisher=Prentice Hall, title=Data Stru
ctures with Java, authors=[John R. Hubbard, Anita Huray]}, {year=2006, isbn=0-32
1-34980-6, edition=4, publisher=Addison Wesley, title=The Java Programming Langu
age, authors=[Ken Arnold, James Gosling, David Holmes]}, {year=2017, author=John
 R. Hubbard, publisher=Packt, title=Data Analysis with Java}]}
```

그림 2-9 ParsingJASONFiles 프로그램 실행 결과

이렇게 토큰을 식별해 토큰 처리 방식을 결정할 수 있다. START_OBJECT이면 다음 토큰은 KEY_NAME이어야 한다. KEY_NAME인 경우 다음 토큰은 키 값이나 START_OBJECT, START_ARRAY여야 한다. START_ARRAY일 경우 다음 토큰은 다른 START_ARRAY 또는 다른 START_OBJECT 중 하나여야 한다.

이런 작업을 **파싱**(구문 분석)이라 부른다. 목표는 키-값(실제 데이터)과 데이터셋 전체 구조를 모두 추출하는 것이다.

```java
ParsingJSONFiles.java ⌖
19 public class ParsingJSONFiles {
20     public static void main(String[] args) {
21         File dataFile = new File("data/Books.json");
22         try {
23             InputStream stream = new FileInputStream(dataFile);
24             JsonParser parser = Json.createParser(stream);
25             Event event = parser.next();  // START_OBJECT 이후부터 분석
26             HashMap<String,Object> map = getMap(parser);
27             System.out.println(map);
28             stream.close();
29         } catch (FileNotFoundException e) {
30             System.out.println(e);
31         } catch (IOException e) {
32             System.out.println(e);
33         }
34     }
```

코드 2-9 JSON 파일 파싱

getMap( ) 메소드는 아래와 같다.

```java
ParsingJSONFiles.java ⊠
36    /*   지정한 파서가 파싱한 HashMap을 반환한다.
37         event.equals(event.START_OBJECT)일 때 호출 됨.
38    */
39    public static HashMap getMap(JsonParser parser) {
40        HashMap<String,Object> map = new HashMap();
41        Event event = parser.next();  // START_OBJECT 이후로 진행
42        String key = parser.getString();
43        event = parser.next();         // KEY_NAME 이후로 진행
44        while (!event.equals(Event.END_OBJECT)) {
45            if (event.equals(Event.VALUE_STRING)) {
46                String value = parser.getString();
47                map.put(key, value);
48            } else if (event.equals(Event.VALUE_NUMBER)) {
49                Integer value = parser.getInt();
50                map.put(key, value);
51            } else if (event.equals(Event.START_ARRAY)) {
52                ArrayList<String> list = getList(parser);
53                map.put(key, list);
54            }
55            event = parser.next();
56            if (event.equals(Event.END_OBJECT)) {
57                break;
58            }
59            key = parser.getString();
60            event = parser.next();
61        }
62        return map;
63    }
```

코드 2-10 JSON 파일 파싱에 사용할 getMap() 메소드

그리고 getList( ) 메소드는 아래와 같다.

```java
65      /*  지정한 파서가 파싱한 ArrayList를 반환한다.
66          event.equals(event.START_OBJECT)일 때 호출 됨.
67      */
68      public static ArrayList getList(JsonParser parser) {
69          ArrayList list = new ArrayList();
70          Event event = parser.next();  // START_ARRAY 이후로 진행
71          while (!event.equals(Event.END_ARRAY)) {
72              if (event.equals(Event.VALUE_STRING)) {
73                  list.add(parser.getString());
74                  event = parser.next();
75              } else if (event.equals(Event.START_OBJECT)) {
76                  HashMap<String,Object> map = getMap(parser);
77                  list.add(map);
78                  event = parser.next();
79              } else if (event.equals(Event.START_ARRAY)) {
80                  ArrayList subList = getList(parser);
81                  list.add(subList);
82                  event = parser.next();
83              }
84          }
85          return list;
86      }
```

코드 2-11 JSON 파일 파싱에 사용할 getList() 메소드

 파일에 포함된 실제 데이터의 이름과 값은 parser.getString()이나 parser.getInt() 메소드를 사용해 가져올 수 있다.

아래 내용은 표시 형식을 정렬하지 않은 결괏값이다. 테스트 목적으로만 확인해보자.

```
{books=[{year=2004, isbn=0-13-093374-0, publisher=Prentice Hall, title=Data
Structures with Java, authors=[John R. Hubbard, Anita Huray]}, {year=2006,
isbn=0-321-34980-6, edition=4, publisher=Addison Wesley, title=The Java
Programming Language, authors=[Ken Arnold, James Gosling, David Holmes]},
{year=2017, author=John R. Hubbard, publisher=Packt, title=Data Analysis with
Java}]}
```

 자바에서 키-값 쌍을 출력하는 기본 방식은 year=2004와 같은 형식이고, 여기에서 year가 키, 2004가 값이다.

위 자바 프로그램을 실행하려면 javax.json-1.0.4.jar 파일이 필요하다. 다운로드 받을 수 있는 주소는 아래와 같다.

https://mvnrepository.com/artifact/org.glassfish/javax.json/1.0.4.

Download(BUNDLE) 버튼을 클릭해 다운로드 받자.[1]

▌ 테스트 데이터셋 생성

자바에서 숫자 형식의 테스트 데이터를 생성하기는 쉽다. 자바에서 제공하는 java.util. Random 객체를 사용해 난수를 생성하자.

---

1 번역 예제 코드는 메이븐 pom 파일 기반으로 구성돼 별도 라이브러리 설정 없이 pom 파일에 의존성 정보 추가만으로 라이브러리를 추가할 수 있다. - 옮긴이

```
GeneratingTestData.java ⊠
13 public class GeneratingTestData {
14     private static final int ROWS = 8, COLS = 5;
15     private static final Random RANDOM = new Random();
16
17     public static void main(String[] args) {
18         File outputFile = new File("data/Output.csv");
19         try {
20             PrintWriter writer = new PrintWriter(outputFile);
21             for (int i = 0; i < ROWS; i++) {
22                 for (int j = 0; j < COLS-1; j++) {
23                     writer.printf("%.6f,", RANDOM.nextDouble());
24                 }
25                 writer.printf("%.6f%n", RANDOM.nextDouble());
26             }
27             writer.close();
28         } catch (FileNotFoundException e) {
29             System.err.println(e);
30         }
31     }
32 }
```

코드 2-12 난수 데이터 생성

위 프로그램은 임의의 숫자 값을 8개의 행과 5개의 열로 출력한다. 이때 이 테스트 데이터는 CSV 파일 형태다.

```
Output.csv ⊠
1 0.633379,0.773311,0.302837,0.984004,0.388197
2 0.580986,0.612843,0.432844,0.787941,0.053463
3 0.344381,0.735307,0.468257,0.836559,0.719567
4 0.069085,0.841805,0.231533,0.298902,0.543707
5 0.215117,0.569730,0.855701,0.501211,0.537218
6 0.219059,0.065348,0.302734,0.086792,0.826197
7 0.435779,0.015946,0.933018,0.372091,0.637076
8 0.720053,0.189749,0.498158,0.275734,0.853059
```

그림 2-10 테스트 데이터 파일

메타데이터

메타데이터는 데이터에 대한 데이터다. 예를 들어 코드 2-12을 사용해 생성한 파일을 8줄에 줄마다 5개씩 쉼표로 구분한 숫자 데이터라고 설명할 수 있다. 이러한 정보를 메타데이터라고 하며, 여러분이 원하는 정보의 형태가 될 수 있다. 예를 들어 메타데이터는 파일을 읽는 프로그램을 만들 때 사용할 수 있다.

앞의 예제는 매우 간단한 예다. 데이터는 구조화돼 있지 않고, 값은 모두 같은 유형이다. 구조화된 데이터의 메타데이터는 데이터 구조에 관해서도 설명해야 한다.

데이터셋의 메타데이터는 데이터 파일 자체에 포함할 수 있다. 따라서 앞의 예제는 아래와 같은 헤더 행으로 수정할 수 있다.

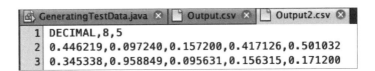

```
GeneratingTestData.java  ⊗    Output.csv  ⊗    Output2.csv  ⊗
1  DECIMAL,8,5
2  0.446219,0.097240,0.157200,0.417126,0.501032
3  0.345338,0.958849,0.095631,0.156315,0.171200
```

그림 2-11 헤더에 메타데이터가 포함된 테스트 데이터 파일 일부

 자바에서 데이터 파일을 읽을 때, 코드 2-14의 32행처럼 Scanner의 nextLine() 메소드를 사용해 앞의 헤더 행을 검사할 수 있다.

데이터 클리닝

데이터 클리닝은 **데이터 클렌징**data cleansing 혹은 **데이터 스크러빙**data scrubbing이라고도 부르며, 데이터 집합에서 잘못된 데이터 값을 찾아 수정하거나 삭제하는 절차를 말한다. 잘못된 데이터는 보통 부주의한 데이터 입력 또는 기록 때문에 발생한다.

클리닝 절차를 지원하는 소프트웨어 도구는 다양하다. 예를 들어 마이크로소프트 엑셀은 CLEAN( )이라는 함수를 제공해 텍스트 파일에서 출력할 수 없는 문자를 지워준다. R이나 SAS 같은 대부분의 통계 도구들은 더 일반적인 다양한 클리닝 함수를 가지고 있다.

맞춤법 검사기는 많은 사람이 사용하는 데이터 클리닝 도구지만, form을 from으로 혹은 their를 there로 잘못 작성한 형태의 오류에는 도움이 되지 않는다.

통계적인 이상치는 쉽게 발견할 수 있다. 예를 들어 국가 테이블을 저장한 엑셀의 예에서 브라질의 인구 수가 2.01E+08이 아닌 2.10으로 보이는 것 등이 있다.

프로그래밍 방식의 제약 조건은 잘못된 데이터 입력을 방지하는 데 도움이 될 수 있다. 예를 들어, 국가의 ISO 표준 2자 약어(중국은 CN, 프랑스는 FR)와 같이 특정 집합의 값만 가질 수 있는 변수가 필요할 수도 있다. 마찬가지로 전화번호 및 전자 메일 주소와 같이 사전에 정의된 형식을 예상할 수 있는 텍스트 데이터는 입력 중에 자동으로 유효성을 확인할 수 있다.

데이터 클리닝 절차의 필수 요소는 관심사의 충돌을 피하는 것이다. 연구원이 선행 이론을 뒷받침하는 데이터를 수집하는 경우, 원시 데이터의 대체는 가장 투명하고 정당한 방식을 사용해야 한다. 예를 들어 신약 테스트 시 제약 실험실은 모든 데이터 클리닝 기록을 공개한다.

데이터 스케일링

데이터 스케일링은 숫자 데이터를 조정해 더 의미 있게 만드는 작업이다. 다른 이름으로 **데이터 정규화**normalization라고도 부른다. 데이터셋의 한 필드에 있는 모든 값에 수학 함수를 적용한다.

무어의 법칙에 대한 데이터가 데이터 스케일링의 좋은 예다. 그림 2–12는 수십 개의 데이터 포인트를 도표로 보여준다. 이 도표는 1971년부터 2011년까지 다양한 시점에서 마이크로프로세서가 사용하는 트랜지스터의 숫자를 보여준다. 트랜지스터 숫자는 2,300개에서 26억 개까지 증가했다. 트랜지스터 개수를 선형 비율로 표시하지 못한 이유는, 그렇게 할 경우 대부분의 데이터 포인트가 눈금 하단에 위치할 것이기 때문이다. 물론 사실상 트랜지스터 개수는 선형이 아닌 지수 형태로 증가한다. 그래서 로그 스케일을 사용해야만 데이터를 표현할 수 있다. 달리 말하면 데이터 포인트 (x, y) 표에서의 실제 지점은 $(x, log\,y)$인 것이다.

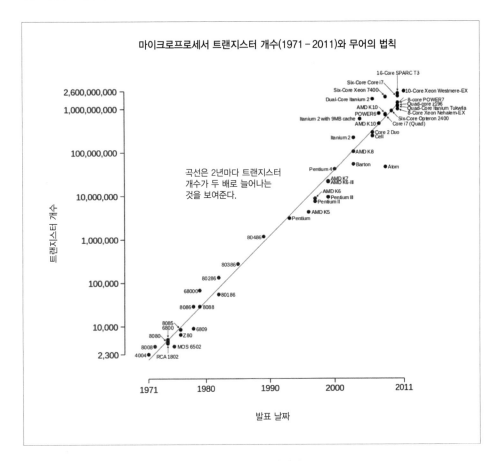

그림 2-12 무어의 법칙

마이크로소프트 엑셀은 스케일링 함수 사용을 허용한다.

데이터 필터링

필터링은 일반적으로 데이터셋의 하위 집합 선택을 말한다. 선택은 데이터 필드의 조건에 따라 결정된다. 예를 들어 Countries 데이터셋에서 육지 면적이 100만 제곱킬로미터를 초과하는 내륙 국가를 선택하길 원할 수 있다.

예를 들어 그림 2-13과 같은 Countries 데이터셋이 있다고 가정해보자.

```
CountriesWithArea.dat
 1 이름          인구          면적          내륙국가
 2 앙골라        26,655,513    1,245,585     false
 3 아르헨티나    44,272,125    2,732,847     false
 4 볼리비아      11,052,864    1,083,614     true
 5 브라질        211,243,220   8,349,534     false
 6 차드          14,965,482    1,257,604     true
 7 칠레          18,313,495      744,451     false
 8 콜롬비아      49,067,981    1,110,135     false
 9 이집트        95,215,102      994,933     false
10 에티오피아    104,344,901   1,000,430     false
11 케냐          48,466,928      568,861     false
12 말리          18,689,966    1,221,566     true
13 나이지리아    191,835,936     910,902     false
14 니제르        21,563,607    1,268,447     true
15 파라과이       6,811,583      398,338     true
16 페루          32,166,473    1,281,533     false
17 탄자니아      56,877,529      885,943     false
18 우간다        41,652,938      199,774     true
19 우루과이       3,456,877      174,590     false
20 베네수엘라    31,925,705      881,926     false
21 잠비아        17,237,931      743,014     true
```

그림 2-13 국가 데이터

64

```
Country.java 🔀
11 class Country {
12     protected String name;
13     protected int population;
14     protected int area;
15     protected boolean landlocked;
16
17     /*  다음 줄 값을 입력 받을 때 새로운 Country 객체를 생성.
18     더이상 입력 줄이 없을 경우 새로운 객체의 필드는 널 값으로 남게 됨.
19     */
20     public Country(Scanner in) {
21         if (in.hasNextLine()) {
22             this.name = in.next();
23             this.population = in.nextInt();
24             this.area = in.nextInt();
25             this.landlocked = in.nextBoolean();
26         }
27     }
28
29     @Override
30     public String toString() {
31         return String.format("%-10s %,12d %,12d %b",
32                 name, population, area, landlocked);
33     }
34 }
```

코드 2-13 국가 데이터 관련 클래스

효과적인 처리를 위해 코드 2-13처럼 먼저 Country 클래스를 정의한다. 20행~27행의 생성자는 정의된 Scanner 객체가 읽은 파일의 새로운 줄로부터 4개의 필드를 읽어 새로운 Country 객체를 생성한다. 재정의된 29행~33행의 toString( ) 메소드는 입력 파일로부터 각 줄을 일정한 형태의 String 객체로 반환해준다.

코드 2-14는 데이터 필터링 테스트 프로그램을 보여준다.

```java
FilteringData.java ⊠
15 public class FilteringData {
16     private static final int MIN_AREA = 1000000;   // 백만
17     public static void main(String[] args) {
18         File file = new File("data/CountriesWithArea.dat");
19         Set<Country> dataset = readDataset(file);
20
21         for (Country country : dataset) {
22             if (country.landlocked && country.area >= MIN_AREA) {
23                 System.out.println(country);
24             }
25         }
26     }
27
28     public static Set readDataset(File file) {
29         Set<Country> set = new HashSet();
30         try {
31             Scanner input = new Scanner(file);
32             input.nextLine();   // 헤더 부분을 읽는다.
33             while (input.hasNextLine()) {
34                 set.add(new Country(input));
35             }
36             input.close();
37         } catch (FileNotFoundException e) {
38             System.out.println(e);
39         }
40         return set;
41     }
42 }
```

코드 2-14 입력 데이터 필터링 프로그램

28행~41행의 readDataset( ) 메소드는 34행에서 앞서 설명한 Country 클래스의 생성자를 사용해 특정 파일로부터 모든 데이터를 읽어 HashSet 객체로 저장한다. 19행을 보면 저장한 객체는 dataset이라는 이름을 가지게 된다. 실제 필터링 작업은 21행에서 완료되는데, for 반복문은 모든 dataset의 데이터를 확인해 내륙 국가인지, 면적이 100만 제곱미터를 넘는지 확인한다. 결과는 그림 2-14와 같다.

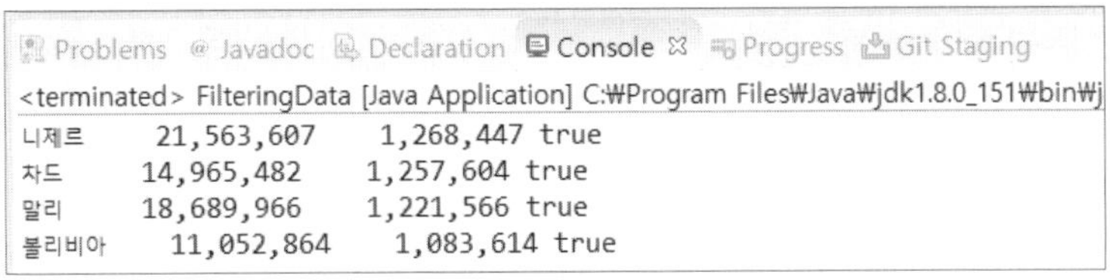

그림 2-14 필터링 결과 데이터

마이크로소프트 엑셀에서는 **데이터 > 필터** 메뉴 또는 **데이터 > 고급 > 고급 필터** 메뉴에서 필터를 사용할 수 있다.

또 다른 유형의 데이터 필터링은 데이터셋에서 잡음 데이터를 발견해 제거하는 절차다. 이 경우 잡음은 데이터를 손상하는 임의의 종류의 독립적인 무작위 전송 간섭을 의미한다. 잡음이라는 용어는 오디오 녹음 시 배경 소리에서 유래했다. 유사한 현상은 그림 파일이나 영상 녹화 시에도 발생할 수 있다. 잡음을 필터링하는 방법은 더 고급 기술이다.

정렬

때때로 처리할 준비가 된 표 형식의 데이터를 재정렬하는 것이 유용할 때가 있다. 예를 들어 그림 2-1에서 이미 이름 필드를 기준으로 정렬한 데이터가 있지만 대신 인구 기준으로 정렬sorting해야 할 수도 있다.

자바에서의 정렬 방법 중 하나는 코드 2-15처럼 TreeMap(HashMap 대신)을 이용하는 것이다. 17행 dataset 객체는 정수 형태의 키와 문자열 형태의 값을 가지는 TreeMap을 초기화한다. 키를 정수 형태로 정의한 이유는 정수 형태를 가지는 인구를 기준으로 정렬할 것이기 때문이다.

```
SortingData.java ☒
14 public class SortingData {
15     public static void main(String[] args) {
16         File file = new File("data/Countries.dat");
17         TreeMap<Integer,String> dataset = new TreeMap();
18         try {
19             Scanner input = new Scanner(file);
20             while (input.hasNext()) {
21                 String x = input.next();
22                 int y = input.nextInt();
23                 dataset.put(y, x);
24             }
25             input.close();
26         } catch (FileNotFoundException e) {
27             System.out.println(e);
28         }
29         print(dataset);
30     }
31
32     public static void print(TreeMap<Integer,String> map) {
33         for (Integer key : map.keySet()) {
34             System.out.printf("%,12d  %-16s%n", key, map.get(key
35         }
36     }
37 }
```

```
🔲 Problems  @ Javadoc  🔍 Declaration  🖥 Console ☒  🔧 Progress  ⚙ Git Staging
<terminated> SortingData [Java Application] C:\Program Files\Java\jdk1.8.0_151\bin\j
     6,375,830  파라과이
    16,746,491  칠레
    27,223,228  베네수엘라
    29,907,003  페루
    41,343,201  아르헨티나
    47,790,000  콜롬비아
   201,103,330  브라질
```

코드 2-15 다른 필드의 데이터로 재정렬

TreeMap 데이터 구조는 키 필드의 순서에 따라 데이터를 정렬된 상태로 유지한다. 따라서 29행에서 결과를 출력할 때 인구 수는 오름차순으로 나타난다.

물론 모든 맵 데이터 구조는 키 필드가 유일한 값을 가진다. 그래서 동일한 인구 수를 지니는 국가가 있으면 비정상적으로 동작할 수 있다.

좀 더 일반적인 접근 방식은 java.util.Comparable 인터페이스를 구현한 DataPoint 클래스를 정의하는 것이다. Comparable 인터페이스는 객체를 정렬하고자 하는 열로 비교할 수 있다. 그리고 데이터셋을 ArrayList에 담아 Collections.sort(list)처럼 Collections 클래스의 sort( ) 메소드를 적용하기만 하면 정렬이 완료된다.

마이크로소프트 엑셀에서는 **데이터 > 정렬** 메뉴에서 정렬을 수행할 수 있다.

병합

또 다른 처리 방식은 몇 개의 정렬된 파일을 하나의 정렬된 파일로 병합^merging하는 것이다. 코드 2-18은 병합을 처리하는 자바 프로그램을 보여준다. 그림 2-15와 그림 2-16에서 볼 수 있는 두 국가 파일로 병합을 처리할 것이다. 정렬은 인구 수 기준으로 수행한다.

```
Countries2.dat

1 앙골라      25,326,000
2 케냐       45,533,000
3 탄자니아    51,046,000
4 이집트     89,125,000
5 에티오피아  99,391,000
6 나이지리아 181,563,000
```

그림 2-15 아프리카 국가

```
Countries.dat

1 아르헨티나  41,343,201
2 브라질    201,103,330
3 칠레       16,746,491
4 콜롬비아    47,790,000
5 파라과이     6,375,830
6 페루       29,907,003
7 베네수엘라   27,223,228
```

그림 2-16 남아메리카 국가

두 개의 파일을 병합하기 위해 먼저 각 데이터 포인트를 표현할 클래스를 정의해야 한다.

코드 2-16은 코드 2-13과 클래스가 같지만 30행~38행에 두 개의 메소드가 추가됐다는
점이 다르다.

```java
🗋 Country.java ⅩⅩ
10 class Country implements Comparable {
11     protected String name;
12     protected int population;
13
14     public Country(String name, int population) {
15         this.name = name;
16         this.population = population;
17     }
18
19     /*  다음 줄 값을 입력 받을 때 새로운 Country 객체를 생성.
20     더 이상 입력 줄이 없을 경우
21     새로운 객체의 필드는 널 값으로 남겨 됨.
22     */
23     public Country(Scanner in) {
24         if (in.hasNextLine()) {
25             this.name = in.next();
26             this.population = in.nextInt();
27         }
28     }
29
30     public boolean isNull() {
31         return this.name == null;
32     }
33
34     @Override
35     public int compareTo(Object object) {
36         Country that = (Country) object;
37         return this.population - that.population;
38     }
39
40     @Override
41     public String toString() {
42         return String.format("%-10s %,12d", name, population);
43     }
44 }
```

코드 2-16 Country 클래스

10행을 보면 java.util.Comparable 인터페이스를 구현해 Country 객체를 비교할 수 있
게 됐음을 알 수 있다. compareTo( ) 메소드(34행~38행)는 기존 국가의 인구 수가 추가되는
국가의 인구 수보다 더 적을 경우 음수를 반환할 것이다. 이는 Country 객체를 인구 수에
따라 정렬할 수 있게 해준다.

30행~32행의 isNull( ) 메소드는 단지 Scanner가 파일의 끝에 도달했는지만을 확인하는 데 사용한다.

```java
[J] MergingFiles.java ⊠
13 public class MergingFiles {
14     public static void main(String[] args) {
15         File inFile1 = new File("data/Countries1.dat");
16         File inFile2 = new File("data/Countries2.dat");
17         File outFile = new File("data/CountriesMerged.dat");
18         try {
19             Scanner in1 = new Scanner(inFile1);
20             Scanner in2 = new Scanner(inFile2);
21             PrintWriter out = new PrintWriter(outFile);
22             Country country1 = new Country(in1);
23             Country country2 = new Country(in2);
24             while (!country1.isNull() && !country2.isNull()) {
25                 if (country1.compareTo(country2) < 0) {
26                     out.println(country1);
27                     country1 = new Country(in1);
28                 } else {
29                     out.println(country2);
30                     country2 = new Country(in2);
31                 }
32             }
33             while (!country1.isNull()) {
34                 out.println(country1);
35                 country1 = new Country(in1);
36             }
37             while (!country2.isNull()) {
38                 out.println(country2);
39                 country2 = new Country(in2);
40             }
41             in1.close();
42             in2.close();
43             out.close();
44         } catch (FileNotFoundException e) {
45             System.out.println(e);
46         }
47     }
48 }
```

코드 2-17 정렬된 두 파일을 병합하는 프로그램

코드 2-17의 25행을 보면 두 파일의 각 Country 객체를 비교해 인구 수가 더 적은 하나를 26행과 29행에서 결과 파일에 쓴다. 두 파일 중 하나가 끝에 도달하면 Country 객체는 널 필드를 반환할 것이다. 이때 while 반복문을 멈추고(24행) 두 개 중 남은 while 반복문이 다른 파일을 마저 확인할 것이다.

```
CountriesMerged.dat ⋈
 1 파라과이      6,375,830
 2 칠레        16,746,491
 3 앙골라       25,326,000
 4 베네수엘라     27,223,228
 5 페루        29,907,003
 6 아르헨티나     41,343,201
 7 케냐        45,533,000
 8 콜롬비아      47,790,000
 9 탄자니아      51,046,000
10 이집트       89,125,000
11 에티오피아     99,391,000
12 나이지리아    181,563,000
13 브라질      201,103,330
```

그림 2-17 병합된 파일

> ⓘ 이 프로그램은 매우 큰 개수의 사용하지 않는 Country 객체를 생성할 수 있다.

예를 들어 하나의 파일이 100만 개의 데이터를 가지고 있고, 다른 파일은 인구 수 필드가 최댓값일 경우 100개의 사용하지 않는(널 값인) 객체가 생성된다. 이는 파일 처리 시 자바를 사용하는 또 하나의 좋은 이유가 된다. 자바에서 객체가 차지한 공간이 객체의 참조 관계가 사라지지만 자동으로 힙에 반환돼 사용할 수 있는 메모리 공간이 된다. 일반적으로 프로그래밍 언어에서 이런 쓰레기 메모리 처리를 구현하지 않으면 금방 메모리 한계에 도달해 크래시crash가 날 것이다.

해싱

해싱은 데이터 객체에 식별 번호를 부여하는 절차다. **해시**hash라는 용어는 요리에서 남은 고기, 감자, 양파 및 향신료 등을 임의로 섞는 것처럼 숫자를 임의로 뒤섞는 것을 말한다.

좋은 해시 함수는 아래 두 가지 조건을 가진다.

- **유일성** : 두 개의 중복된 객체가 같은 해시 코드를 가지면 안 된다.
- **임의성** : 해시 코드는 균일하게 분포된 것처럼 보여야 한다.

자바는 객체 생성 시 자동으로 해시 코드를 할당한다. 이것 또한 데이터 분석에 자바를 사용하는 이유 중 하나라고 할 수 있겠다. obj라는 이름을 가지는 객체의 해시 코드는 obj.hashCode( ) 메소드를 사용해서 가져올 수 있다. 예를 들어 병합 프로그램인 코드 2-17의 24행에 아래 코드를 추가해보자.

```
System.out.println(country1.hashCode());
```

파라과이 객체의 해시 코드로 1163157884를 얻게 될 것이다.

자바는 해시 코드를 객체의 내용 기반으로 생성한다. 예를 들어 문자열 AB의 해시 코드는 2081인데, 이는 31*65+66이다. A의 해시 코드에 31을 곱해 B의 해시 코드를 더한 값인 것이다(각각 A와 B의 유니코드 값이다).

물론 해시 코드는 해시 테이블을 구현하는 데 쓰기도 한다. 기본적으로 객체의 컬렉션을 배열 a[ ]에 저장하는 개념은 객체 x를 색인 i = h mod n에 저장하는 것이다. h는 x의 해시 코드이고, n은 배열의 크기다. 예를 들어 n = 255인 경우 파라과이 객체는 a[119]에 저장되는데, 1163157884 mod 255 = 119이기 때문이다.

mod는 나머지 연산을 의미한다. 예를 들어 25 mod 7 = 4이다. 왜냐하면 25 = 3*7+4이기 때문이다.

▌ 요약

2장에서는 데이터 분석 준비를 위한 다양한 데이터 구성 절차에 대해 알아봤다. 컴퓨터 프로그램을 이용할 때 각 데이터 값은 데이터 유형에 할당되고, 유형별로 연산의 종류를 정의하게 된다.

관계형 데이터베이스에 저장할 때 데이터는 테이블로 구성된다. 이때 각 데이터 행은 하나의 데이터 포인트를 나타내고, 모든 데이터의 각 열은 단일 필드로서 특정 데이터 유형을 가지게 된다. 키 필드는 유일한 값을 가지며 색인 검색을 가능하게 한다.

유사한 관점으로 데이터를 키-값 쌍으로 구성할 수 있다. 관계형 데이터베이스의 테이블에서 키 필드는 유일한 값이다. 해시 테이블은 키 관련 데이터가 저장되는 위치를 결정하는 해시 함수를 사용해 키-값 개념을 구현한다.

데이터 파일은 파일 유형 명세에 따라 유형이 정의된다. 쉼표로 구분된 파일인 CSV는 가장 일반적인 파일 유형 중 하나다. 일반적인 구조화 데이터 파일 형식에는 XML과 JSON이 있다.

구조화된 데이터의 정보를 포함한 데이터를 메타데이터라 한다. 이 정보는 데이터의 자동 처리에 필수적이다.

그 외 언급한 데이터 처리 방식에는 데이터 클리닝 및 필터링(오류 데이터 제거), 데이터 스케일링(특정 방식에 따라 숫자 데이터를 조정), 정렬, 병합, 해싱 등이 있다.

03

데이터 시각화

3장의 제목에서 알 수 있듯, 지금부터는 데이터를 시각적으로 표현할 때 일반적으로 사용하는 다양한 방법을 알아볼 것이다. 그림은 수천 개의 단어와 맞먹는 가치를 가지며, 뛰어난 그래픽 표현은 때때로 숫자에 숨겨진 주요 아이디어를 전달하는 가장 좋은 방법이 될 수 있다. 1장에서 살펴본 스노우 박사의 콜레라 지도(그림 1–3)가 가장 좋은 예다.

19세기부터 유명했던 또 다른 예를 살펴보자.

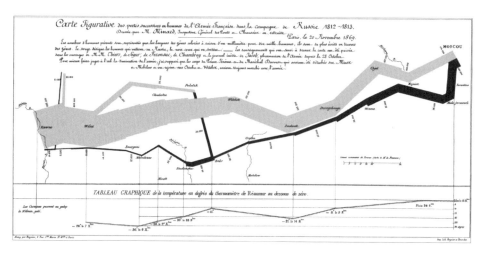

그림 3-1 나폴레옹 러시아 전쟁 관련 미날드(Minard)의 지도

이 지도는 나폴레옹의 군대가 1812년 전쟁 당시 프랑스에서 모스크바까지 갔다가 되돌아
온 경로를 보여준다. 지도를 보면 전쟁의 각 지점에서 군대의 규모와 진격 및 후퇴가 선의
넓이로 표현된다는 점을 알 수 있다.

▌ 테이블과 그래프

대부분의 데이터셋은 지금도 그림 2-13처럼 표 형태로 저장된다. 그러나 행과 열이 많은
테이블은 단순한 데이터에 비해 한눈에 보기 어렵다. 많은 데이터 필드가 텍스트나 불리
언 형태의 데이터라도 시각적으로 요약했을 때 더 표현하기 쉬울 수 있다.

데이터를 그래픽으로 표현하는 몇 가지 방법을 알아보자. 그리고 미날드의 지도(그림 3-1)
처럼 상상력을 풍부하게 발휘할 수 있는 표현 방식을 알아보자.

산점도

산점도scatter plot는 분산형 차트라고도 하며, 두 종류의 숫자 값으로 표현되는 데이터셋의 그래프를 의미한다. 만약 x와 y라는 두 개의 필드를 가지고 있다면 그래프는 단순하게 (x, y) 지점들로 이루어진 2차원의 그래프 형태가 된다.

산점도는 엑셀에서 쉽게 그릴 수 있다. 숫자 데이터를 두 열로 입력하고 **삽입 > 모든 차트 > 분산형**(Insert > All Charts > X Y) 메뉴로 이동한다. 간단한 예를 살펴보자.

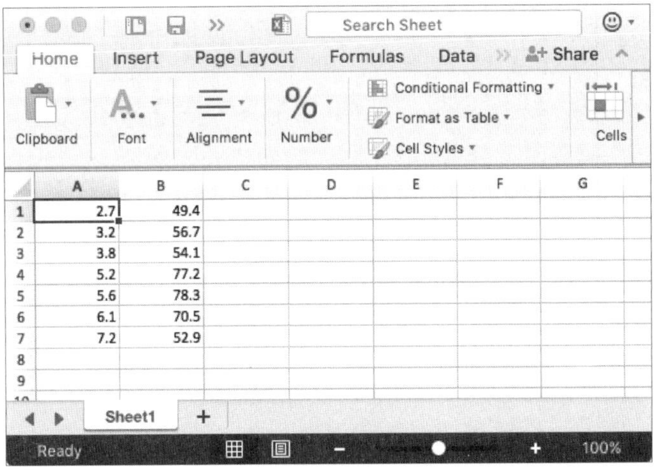

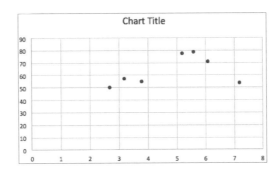

그림 3-2 엑셀 데이터

그림 3-2에서 주어진 데이터로 산점도를 그리면 그림 3-3과 같다.

그림 3-3 산점도

어느 한 축의 배율이 꼭 선형일 필요는 없다. 그림 2-11의 마이크로프로세서 예제는 y축에 로그 스케일을 사용하는 산점도다.

그림 3-4는 올드 페이스풀 간헐천^{Old Faithful Geyser}의 분출 간격과 지속 시간 관련한 데이터의 산점도를 보여준다.

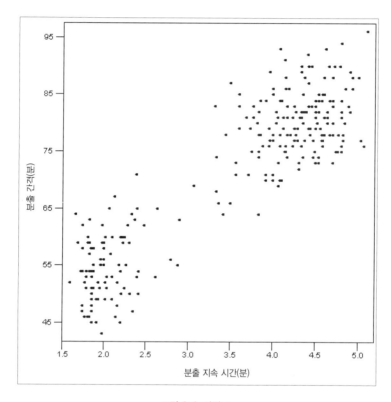

그림 3-4 산점도

선그래프

선그래프^{line graph}는 산점도와 비슷하지만 다른 점이 두 가지 있다.

- 첫 번째 열의 값은 오름차순 형식이다.

- 인접한 점들은 선으로 연결된다.

엑셀에서 선그래프를 만들려면 **삽입 > 추천 차트 > 꺾은선형** 또는 **영역형 차트 삽입**을 선택한다. 그림 3-5는 7개 지점의 테스트 데이터셋을 사용해 선그래프를 그린 결과다.

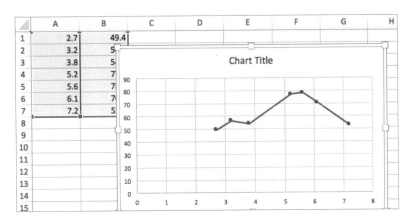

그림 3-5 엑셀 선그래프

자바를 사용해 선그래프를 생성하는 코드는 산점도와 유사하다. `Graphics2D` 클래스의 `fillOval()` 메소드를 사용해 점을 그리고 `drawLine()` 메소드를 사용하면 된다. 그림 3-6은 이 책의 코드 파일에서 제공하는 `DrawLineGraph` 예제를 실행한 결과다.

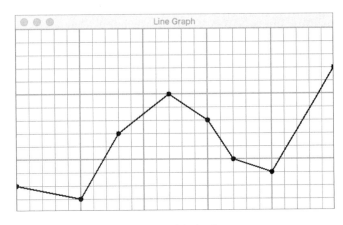

그림 3-6 자바 선그래프

막대그래프

막대그래프^{bar chart}는 작은 숫자 데이터셋을 요약할 때 사용하는 대표적인 그래프 형태다. 분리된 막대(색이 칠해진 사각형 형태)가 각 숫자 데이터 값이다.

자바에서 막대그래프를 그리려면 Graphics2D 클래스의 fillRect( ) 메소드를 사용한다. 그림 3-7은 자바 프로그램으로 그린 막대그래프다.

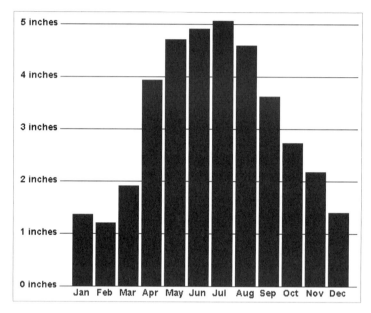

그림 3-7 녹스빌[1]의 강수량

엑셀에서 막대그래프를 그리는 것은 어렵지 않다.

1. 레이블 열(텍스트로 된 이름 열)과 해당 숫자 값 열을 선택한다.
2. **삽입 > 추천 차트 > 세로 막대형 차트 삽입** 또는 **가로 막대형 차트 삽입**을 선택한다.

---

1 미국 남부 테네시 주에 있는 도시. – 옮긴이

그림 3-8의 엑셀 막대그래프는 AfricanCountries 데이터셋의 인구 수 열을 그래프로 표현한 것이다.

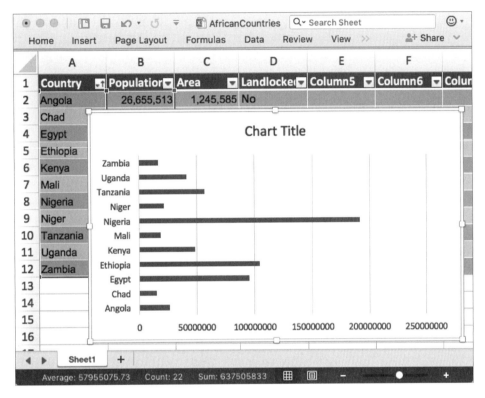

그림 3-8 엑셀 막대그래프

히스토그램

히스토그램histogram은 막대그래프와 유사하지만, 숫자 데이터가 빈도수를 나타내므로 실제 숫자나 백분율로 표시된다. 주로 투표 결과를 표시하는 데 자주 사용한다.

숫자가 최대 100%일 경우 그림 3-9처럼 엑셀의 세로 막대그래프를 사용해 히스토그램을 그릴 수 있다. 또한, Data Analysis라는 별도의 플러그인을 사용하면 히스토그램을 그릴 수도 있다. 그러나 빈즈bins라 불리는 유형 레이블은 반드시 숫자 값이어야 한다.

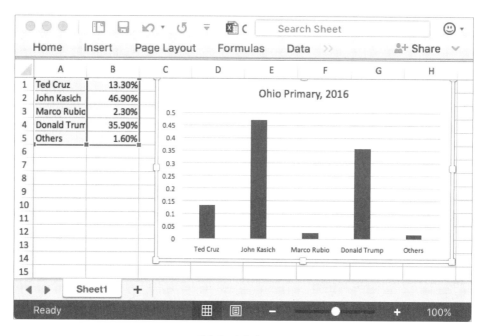

그림 3-9 엑셀 히스토그램

▌ 시계열 데이터

시계열 데이터란 첫 필드(독립 변수)가 시간인 데이터셋을 말한다. 데이터 구조 차원에서 생각해볼 때, 키는 시간이고 값은 해당 시간에 일어난 사건을 표현한 키-값 쌍의 맵 데이터를 떠올리면 된다. 보통은 특정 객체가 시간이 지남에 따라 변하는 스냅샷을 순차적으로 저장한 데이터를 표현한다.

최초의 시계열 데이터셋은 그림 3-10에 보이는 갈릴레오 노트의 1610페이지다. 갈릴레오는 목성의 위성을 관찰한 내용을 기록했는데, 왼쪽에는 시간, 오른쪽에는 직접 스케치한 목성과 관련 위성의 위치를 기록했다.

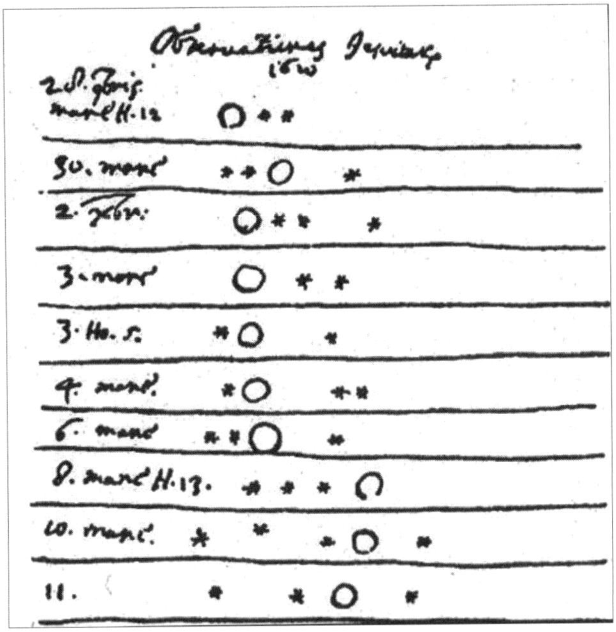

그림 3-10 갈릴레오의 노트

오늘날 생체 인식, 날씨, 지진학, 시장 데이터 등 다양한 분야에서 시계열 형식의 데이터를 사용한다.

대부분의 시계열 데이터는 자동 프로세스로 쌓인다. 결과적으로 매우 큰 규모의 데이터가 되는 경향이 있어 빅데이터로 간주한다. 이 주제는 11장, '빅데이터 분석'에서 설명한다.

디지털 오디오와 비디오 파일 또한 시계열 데이터로 볼 수 있다. 오디오 파일의 각 샘플링이나 비디오 파일의 각 프레임은 시간과 연관된 값을 가진다. 그러나 이 경우 시간은 간격이 모두 동일하기 때문에 데이터로 볼 수 없다.

▎ 자바 구현체

코드 3-1은 TimeSeries 클래스의 테스트 코드다. TimeSeries 클래스는 매개변수 클래스이며 매개변수는 객체 형태의 이벤트로 시간에 따라 정의된다. 이 프로그램에서 매개변수의 유형은 String이다.

11행에는 여섯 개의 문자열로 이루어진 배열이 정의돼 있다. 이 배열은 14행에 초기화한 series 객체의 이벤트로 읽힌다. load( ) 메소드를 사용해 읽는데, 27행~31행에 정의돼 있고, 15행에서 사용한다.

```java
TimeSeriesTester.java ⌧
10 public class TimeSeriesTester {
11     final static String[] EVENTS = {"It", "was", "the", "best", "of", "times"};
12
13     public static void main(String[] args) {
14         TimeSeries<String> series = new TimeSeries();
15         load(series);
16
17         for (TimeSeries.Entry<String> entry : series) {
18             long time = entry.getTime();
19             String event = entry.getEvent();
20             System.out.printf("%16d: %s%n", time, event);
21         }
22
23         ArrayList list = series.getList();
24         System.out.printf("list.get(3) = %s%n", list.get(3));
25     }
26
27     static void load(TimeSeries<String> series) {
28         for (String event : EVENTS) {
29             series.add(System.currentTimeMillis(), event);
30         }
31     }
32 }
```

코드 3-1 TimeSeries 클래스 테스트 프로그램

series 객체의 내용은 15행에서 읽는다. 그 후 17행~21행에서 6개의 키-값 쌍을 출력한다. 마지막으로 23행~24행에서 ArrayList 객체에 직접 접근해 3번 인덱스(4번째 요소 값)를 출력한다. 결과는 그림 3-11과 같다.

```
Problems  Javadoc  Declaration  Console ☒  Progress  Git Staging
<terminated> TimeSeriesTester [Java Application] C:₩Program Files₩Java₩jdk1.8.0_151₩bin₩j
    1528256321308: It
    1528256321313: was
    1528256321315: the
    1528256321316: best
    1528256321317: of
    1528256321318: times
list.get(3) = (1528256321316, best)
```

그림 3-11 TimeSeriesTester 프로그램 실행 결과

리스트 요소 객체 유형은 TimeSeries.Entry에 정의된다. static 형태의 내부 클래스로 TimeSeries 클래스 내부에 정의돼 있어 키-값 쌍을 표현하는 데 사용된다.

실제 TimeSeries 클래스는 코드 3-2와 같다.

```java
   📄 TimeSeries.java ☒
14 public class TimeSeries<T> implements Iterable<TimeSeries.Entry> {
15     private final Map<Long,T> map = new TreeMap();
16
17⊖    public void add(long time, T event) {
18         map.put(time, event);
19         try {
20             TimeUnit.MICROSECONDS.sleep(1);  // 0.000001 초 지연 실행
21         } catch(InterruptedException e) {
22             System.err.println(e);
23         }
24     }
25
26⊖    public T get(long time) {
27         return map.get(time);
28     }
29
30⊖    ArrayList getList() {
31         ArrayList<TimeSeries.Entry> list = new ArrayList();
32         for (TimeSeries.Entry entry : this) {
33             list.add(entry);
34         }
35         return list;
36     }
37
38⊖    public int size() {
39         return map.size();
40     }
41
43⊕    public Iterator iterator() {
60
61⊕    public static class Entry<T> {
83 }
```

코드 3-2 TimeSeries 클래스

내부에 정의된 43행의 iterator 메소드와 61행의 Entry 클래스는 코드 3-3과 코드 3-4에서 볼 수 있다.

15행은 시계열 데이터를 TreeMap에 키-값 쌍 형태로 저장했음을 보여준다. 키 유형은 Long이고 값 유형은 T이다. 키 유형인 long 정수형은 시간을 표현한다. 테스트 프로그램 코드 3-1에서 T는 String 형태다.

add( ) 메소드는 18행에서 맵 데이터에 특정 시간과 이벤트를 입력한다. 그 후 20행에서 시간 키의 충돌을 피하고자 1ms(밀리세컨드)를 대기한다. sleep( ) 메소드는 InterruptedException을 처리해야 하는데 try-catch문을 사용해 처리해준다.

get( ) 메소드는 27행의 map.get( )을 사용해 이벤트를 반환한다.

getList( ) 메소드는 series 객체가 가지고 있는 모든 키-값 쌍을 ArrayList 형태로 반환한다. 코드 3-1의 23행을 보면 반환된 ArrayList는 인덱스 번호를 사용해 각 키-값 쌍에 직접 접근할 수 있다. 또한 Iterator 객체를 사용해 for each 반복문을 사용, series 객체의 내용을 모두 탐색할 수도 있다(코드 3-3). 반환된 리스트 객체는 코드 3-4에서 볼 수 있는 내부 클래스 TimeSeries.Entry 유형을 가진다.

```java
TimeSeries.java ⊠
43      public Iterator iterator() {
44          return new Iterator() { // 내부 익명 클래스
45              private final Iterator it = map.keySet().iterator();
46
47              @Override
48              public boolean hasNext() {
49                  return it.hasNext();
50              }
51
52              @Override
53              public Entry<T> next() {
54                  long time = (Long)it.next();
55                  T event = map.get(time);
56                  return new Entry(time, event);
57              }
58          };
59      }
```

코드 3-3 TimeSeries 클래스의 iterator() 메소드

TimeSeries 클래스는 Iterable<TimeSeries.Entry>를 구현한 클래스다(코드 3-2 14행). 해당 인터페이스는 코드 3-3과 같이 iterator( ) 메소드를 구현해야 한다. 이 메소드는 맵의 키 셋에 정의된 iterator를 사용해 동작한다(45행).

코드 3-4는 Entry 클래스를 보여준다. Entry 클래스는 TimeSeries 클래스의 내부 클래스다. Entry 클래스의 인스턴스는 TimeSeries 클래스에 저장된 키-값 쌍을 표현한다.

```java
 TimeSeries.java ⌸
 61    public static class Entry<T> {
 62        private final Long time;
 63        private final T event;
 64
 65        public Entry(long time, T event) {
 66            this.time = time;
 67            this.event = event;
 68        }
 69
 70        public long getTime() {
 71            return time;
 72        }
 73
 74        public T getEvent() {
 75            return event;
 76        }
 77
 78        @Override
 79        public String toString() {
 80            return String.format("(%d, %s)", time, event);
 81        }
 82    }
```

코드 3-4 내부 Entry 클래스

> ℹ️ TimeSeries 클래스는 단지 데모일 뿐이다. 실제 제품에 쓰기 위해서는 디스크에 바이너리 직렬화를 위해 Serializable 인터페이스의 store() 메소드와 read() 메소드 또한 구현해야 한다.

▌ 이동 평균

이동 평균moving average(실행평균running average이라고도 함)은 구간별 평균을 값으로 하는 또 다른 시계열 데이터로, 원본 데이터의 추세를 좀 더 일반적으로 확인할 수 있는 스무딩 메커니즘이다.

예를 들어, 시계열 데이터 (20, 25, 21, 26, 28, 27, 29, 31)의 3개 요소에 대한 이동 평균은 (22, 24, 25, 27, 28, 29)다. 22는 (20, 25, 21)의 평균, 24는 (25, 21, 26)의 평균, 25는 (21, 26, 28)의 평균이다. 결과적으로 이동 평균 시계열 데이터가 원본 데이터보다 더 완만한 형태를 보이면서 기존 추세를 따르는 것을 볼 수 있다. 또한 원본 데이터는 8개의 요소 값을 가졌지만, 이동 평균 데이터는 6개의 요소 값을 가진다. 일반적으로 이동 평균 시계열 데이터는 n이 원본 데이터 개수, m이 평균을 구할 범위 개수일 때 $n-m+1$개가 된다. 즉, 위의 예제에서는 8-3+1=6개의 이동 평균 데이터가 생성된다.

코드 3-5는 코드 3-6에서 볼 수 있는 MovingAverage 클래스의 테스트 코드다. 테스트 코드는 위의 예제와 같은 (20, 25, 21, 26, 28, 27, 29, 31) 시계열 데이터를 사용한다.

```java
📄 MovingAverageTester.java ⊠
 8 public class MovingAverageTester {
 9     static final double[] DATA = {20, 25, 21, 26, 28, 27, 29, 31};
10
11     public static void main(String[] args) {
12         TimeSeries<Double> series = new TimeSeries();
13         for (double x : DATA) {
14             series.add(System.currentTimeMillis(), x);
15         }
16         System.out.println(series.getList());
17
18         TimeSeries<Double> ma3 = new MovingAverage(series, 3);
19         System.out.println(ma3.getList());
20
21         TimeSeries<Double> ma5 = new MovingAverage(series, 5);
22         System.out.println(ma5.getList());
23     }
24 }
```

코드 3-5 MovingAverage 클래스의 테스트 프로그램이 프로그램의 실행 결괏값 일부는 아래와 같다. 첫 번째 행은 주어진 시계열 데이터의 처음 4개 요소 값을 보여준다. 두 번째 행은 3개 요소 값의 이동 평균 ma3의 처음 4개 요소 값을 보여준다. 세 번째 행은 5개 요소 값의 이동 평균 ma5의 모든 값인 4개의 요소 값을 보여준다.

```
Problems  @ Javadoc  Declaration  Console ⌧  Progress  Git Staging
<terminated> MovingAverageTester [Java Application] C:\Program Files\Java\jdk1.8.0_151\bin\javaw.exe (2018. 6. 6. 오
[(1528257293307, 20.0), (1528257293309, 25.0), (1528257293310, 21.0), (1528257293311, 26.0),
[(1528257293366, 22.0), (1528257293367, 24.0), (1528257293368, 25.0), (1528257293370, 27.0),
[(1528257293373, 24.0), (1528257293375, 25.4), (1528257293376, 26.2), (1528257293378, 28.2)]
```

그림 3-12 MovingAverageTester 클래스의 결괏값

MovingAverage 클래스는 아래와 같다.

```java
   MovingAverage.java ⌧
10 public class MovingAverage extends TimeSeries<Double> {
11     private final TimeSeries parent;
12     private final int length;
13
14     public MovingAverage(TimeSeries parent, int length) {
15         this.parent = parent;
16         this.length = length;
17         if (length > parent.size()) {
18             throw new IllegalArgumentException("길이가 너무 깁니다.");
19         }
20
21         double[] tmp = new double[length];   // 평균 계산용 임시 배열
22         double sum = 0;
23         int i=0;
24         Iterator it = parent.iterator();
25         for (int j = 0; j < length; j++) {
26             sum += tmp[i++] = nextValue(it);
27         }
28         this.add(System.currentTimeMillis(), sum/length);
29
30         while (it.hasNext()) {
31             sum -= tmp[i%length];
32             sum += tmp[i++%length] = nextValue(it);
33             this.add(System.currentTimeMillis(), sum/length);
34         }
35     }
36
37     /* 현재 Entry에 있는 더블형 값을 반환.
38     */
39     private static double nextValue(Iterator it) {
40         TimeSeries.Entry<Double> entry = (TimeSeries.Entry)it.next();
41         return entry.getEvent();
42     }
43 }
```

코드 3-6 MovingAverage 클래스

10행을 보면 클래스는 TimeSeries<Double>을 상속받는다. 이는 MovingAverage 객체가 TimeSeries 객체 특성을 보이고 double형의 숫자 값 엔트리를 가진다는 의미이다(Double 은 double의 객체 형태일 뿐임을 기억하자). 이 값으로 평균을 계산한다.

생성자(14행~35행)에서 모든 작업을 한다. 먼저 이동 평균 구간보다 전체 시계열 데이터 수가 작은지 확인(17행)한다. 테스트 프로그램에서는 8개 요소 값에 이동 평균 구간은 3과 5만을 사용했다. 실제 환경에서 요소 값 길이는 수천 건에 달한다(예를 들어 다우존스의 산업 평균 지수를 생각해보자).

21행에 정의한 tmp[ ] 배열은 주어진 시계열 데이터를 처리하는 중 한 부분(이동 평균 구간 만큼의 데이터)을 임시로 저장하는 데 사용한다. 25행~27행의 반복문에서는 첫 이동 평균 요소 값들을 읽어 합계를 구한다. 이 데이터의 평균은 28행에서 MovingAverage의 엔트리에 저장된다. 엔트리는 (1492170948413, 24.0) 같이 ma5 데이터의 출력값과 같은 시간-값의 쌍이 된다.

30행~34행의 while 반복문은 남은 평균값을 계산하고 입력한다. 각 반복문에서 가장 오래된 tmp[ ] 요소 값을 빼고 시계열 데이터의 다음 값을 채워(32행) 넣어 sum 값에 더해 sum 값을 갱신(31행)한다.

39행~42행의 nextValue( ) 메소드는 정의한 이터레이터의 현재 위치에서 숫자(double) 값을 추출하는 유틸 메소드로 26행과 32행에서 사용한다.

마이크로소프트 엑셀에서 이동 평균을 구하는 것은 쉽다. 시계열 데이터를 두 개의 행에 입력하는데, 먼저 시간 데이터는 아래와 같이 단순한 숫자(1, 2, …)로 채운다.

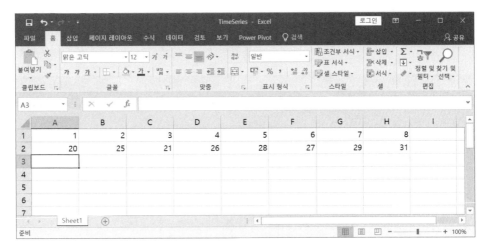

그림 3-13 엑셀에서의 시계열 데이터

이는 코드 3-5에서 사용한 데이터와 같다.

이제 **데이터 > 분석 > 데이터 분석**에서 이동 평균법을 선택해 대화창을 띄운다.

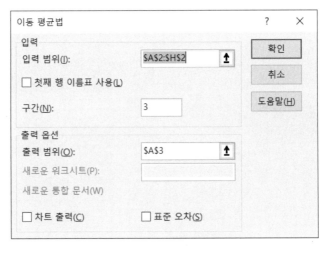

그림 3-14 엑셀 이동 평균 대화창

위 그림과 같이 Input Range^{입력 범위}는 (A2:H2), Interval^{구간}은 (3), Output Range^{출력 범위}는 (A3)으로 설정하고 확인을 누르면 아래와 같은 결과를 볼 수 있다.

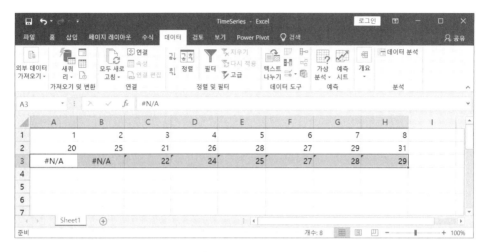

그림 3-15 엑셀 이동 평균

이 결과는 그림 3-12의 결과와 같다.

그림 3-16은 구간 3과 5의 이동 평균을 구한 결과와 그래프다.

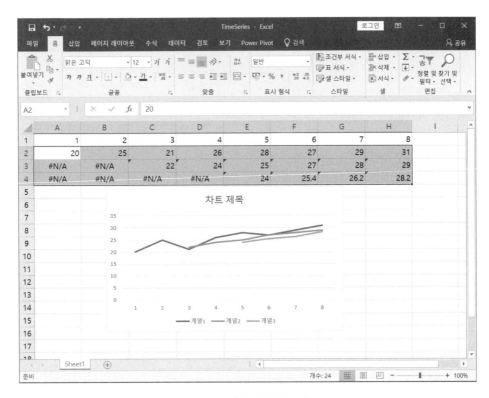

그림 3-16 엑셀 이동 평균 그래프

▌ 데이터 순위

작은 데이터셋을 표현하는 또 다른 일반적인 방법은 데이터의 순위를 매기고 순서 레이블(첫 번째, 두 번째, 세 번째 등)을 데이터 포인트에 할당하는 것이다. 이는 키 필드에서 데이터를 정렬해 표현할 수 있다.

그림 3-17은 학생들의 점수 평균^{GPAs}을 기록한 엑셀 워크시트다.

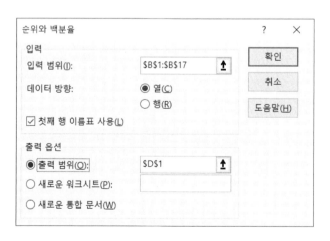

	A	B
1	학생	점수
2	아담스	2.83
3	베이커	3.07
4	코헨	3.61
5	데이비스	2.49
6	에반스	3.11
7	폴리	2.72
8	그린	3.21
9	헤일리	2.98
10	어빈	3.14
11	존스	2.05
12	켈리	2.78
13	루이스	3.29
14	무어	3.67
15	노스	2.75
16	오웬	2.93
17	페리	3.61

그림 3-17 엑셀 데이터

이 데이터의 순위를 매기기 위해 **데이터 › 분석 › 데이터 분석**에서 **순위와 백분율**을 선택해 대화창을 띄운다.

그림 3-18 엑셀 순위 점수

여기에서 B1부터 B17까지의 셀을 선택하고 첫 번째 셀을 레이블로 지정한다. 결괏값은 D1 셀부터 채우도록 설정한다. 결과는 아래와 같다.

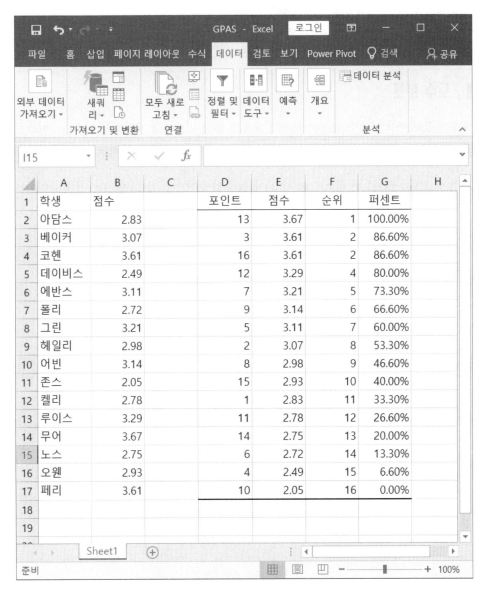

그림 3-19 엑셀 순위 결과

D열은 순위가 매겨진 레코드의 (상대) 인덱스를 포함한다. 예를 들어 D3-G3셀은 코헨Cohen이라는 이름을 가진, 원래 목록 A 열의 세 번째 학생 기록을 보여준다. 코헨은 86번째 백분위 수로 두 번째의 순위가 매겨졌다.

▌도수 분포

도수 분포frequency distribution는 데이터셋의 요소별 출현 빈도수를 제공하는 함수다. 히스토 그램과 유사하며(그림 3-8 참고), 가능한 각 값의 출현 빈도를 숫자나 백분율로 표현한다.

그림 3-20은 영어로 된 텍스트 중 각 26개 문자의 출현 빈도를 보여준다. 예를 들어 e는 가장 많이 출현하는 문자로 전체의 약 13%를 차지한다. 이 정보는 스크래블[2] 같은 단어 게 임을 만들거나, 영어를 암호화한 메시지를 해독할 때 유용하다.

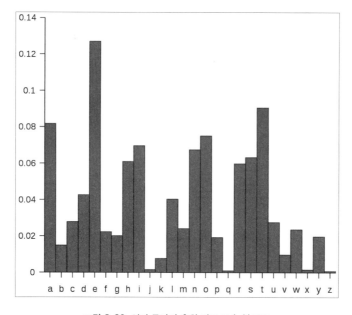

그림 3-20 영어 문자의 출현 빈도 도수 분포표

---

2 알파벳을 보드 위에 올려서 단어를 만들고 점수를 얻는 보드게임. – 옮긴이

일부 도수 분포는 자연스럽게 발생한다. 가장 일반적인 유형 중 하나는 단일 품질에 대해 충분히 많은 횟수를 측정할 때 나타나는 종 모양의 분포다. 그림 3-21의 25-34세 미국 남성의 키 분포는 대표적인 종 모양의 분포다.

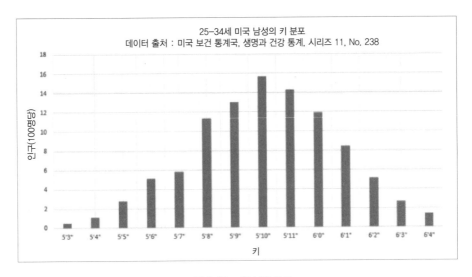

그림 3-21 미국 남성의 키

통계학에서 측정 데이터셋인 $\{x_1, x_2, ..., x_n\}$를 **표본**이라 부른다. 그림 3-20의 히스토그램은 모든 미국 남성의 임의의 표본으로 만들어졌다. x_i 값의 단위는 인치다. 예를 들어 $x_{238} = 71$은 5'11"이다. 이 숫자 값으로 표본 평균 $\bar{X}$와 표본 표준편차인 s를 계산한다. 표본 평균은 x 값의 평균이고 표본 표준편차는 x 값이 얼마나 넓게 분포돼 있는지를 측정한 값이다. 이 두 매개변수는 아래 식을 사용해 계산할 수 있다.

$$\bar{x} = \frac{1}{n} \sum_{i=1}^{n} x_i$$

$$s = \sqrt{\frac{1}{n-1} \sum_{i=1}^{n} \left(x_i - \bar{x} \right)^2}$$

위의 예제에서 $\bar{X}$는 70.4, s는 약 2.7이다.

▌정규 분포

정규 분포^{the normal distribution}는 그림 3-20과 유사한 형태로, 많은 분포를 대표하는 이론적인 분포다. 종 모양 곡선 또는 가우시안 분포라고도 불리며, 카를 프리드리히 가우스^{Carl Friedrich Gauss}(1777-1855)가 발견했다.

정규 분포 모양은 아래 함수의 그래프로 표현된다.

$$f(x) = \frac{e^{-(x-\mu)^2/2\sigma^2}}{\sqrt{2\pi}\sigma}$$

여기에서 μ는 평균이고 s는 표준편차다. e와 π는 수학 상수로 $e=2.7182818$, $\pi=3.14159265$이다. 위 함수는 (이론적인) 분포의 **밀도 함수**라 한다.

네 개의 기호인 $\bar{X}$, s, m과 s는 각각 구별된다. 처음 두 기호는 실제 표본 데이터로부터 계산되는 것이고, 뒤의 두 기호는 이론적인 분포를 정의하는 데 사용되는 매개변수다.

사고 실험

정규 분포가 실제 통계치와 어떤 관련이 있는지 확인하기 위해 (완벽하게 동일한)n개의 동전이 들어 있는 커다랗고 평편한 단지를 가지고 있다고 상상해보자. 단지를 흔들었을 때 x개의 동전이 앞면이 나온다. x는 0에서 n 사이의 숫자다.

이 실험을 수없이 반복한다고 가정해보자. 매번 앞면이 보이는 동전의 수인 x_i를 기록하자. 예를 들어 $n=4$이고 10번 반복해서 실험을 수행할 경우 표본은 {3, 2, 0, 3, 4, 2, 1, 2, 1, 3}과 같이 나올 수 있다. 이제 10번이 아닌 10,000번 실험을 수행한다고 가정해보자(이는 단지 사고 실험일 뿐이라는 점을 기억하자). 결과를 표로 정리하면 히스토그램 형태의 그래프를 얻을 수 있다. 결과 그래프는 그림 3-22의 맨 위 그래프와 닮을 것이다(동전은 모두 완벽하게 같다는 점을 기억하자). 다섯 개의 막대는 x 값이 각각 0, 1, 2, 3, 4일 때의 빈도수를 표현한다.

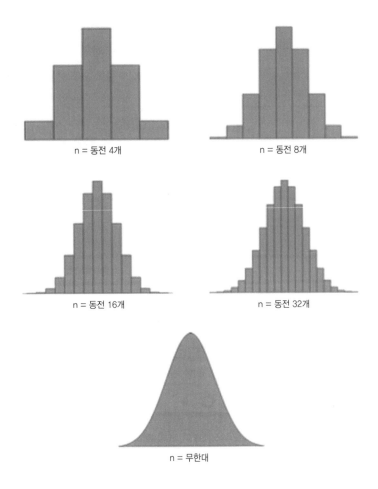

그림 3-22 이항분포가 정규 분포가 됨

다음으로 4개의 같은 동전을 단지에 추가한다. 그러면 $n=8$이 된다. 앞서 진행한 절차를
반복하고 히스토그램을 그려보자. 결과는 그림 3-22의 두 번째 히스토그램과 닮게 될 것
이다. 세 번째와 네 번째 히스토그램은 각각 $n=16$일 때와 $n=32$일 때의 히스토그램이다.
다섯 번째 그림은 $n=1024$일 때의 히스토그램으로 정규 분포 그래프다.

1,024개의 동전과 같이 상당히 많은 미편향 이진 조합인 경우 히스토그램은 정규 분포를 따르는 경향을 가진다. 남성의 키나 IQ 같이 생물 종의 선형 측정치가 대표적인 정규 분포 형태다.

함수 $f(x)$는 **확률 밀도 함수**Probability density fuction, PDF라 하는 공식으로 정의된다. 확률 밀도 함수의 그래프는 분포를 설명하는데, 표본의 수를 크게 가져간 경우의 히스토그램은 정규 분포 그래프 형태를 보인다.

분포의 확률 밀도 함수는 확률 값을 구할 때도 사용할 수 있다. 확률 밀도 함수의 아래쪽 면적이 확률 값이다. 예를 들어 앞서 본 사고 실험에서 $n=32$일 때 $23 \leq x \leq 26$의 이벤트를 가진다(x는 앞면이 나오는 동전의 개수임을 기억하자). 앞면이 나오는 상황에 내기를 걸었다고 가정하면 이길 확률이 어떻게 될까? 바로 네 개의 사각형 면적을 전체 히스토그램의 면적으로 나눈 비율인데, 이는 각 사각형의 꼭대기 아래 영역과 같다. 만약 n이 충분히 크다면 확률 밀도 함수 그래프 아래 영역을 확률 값으로 사용할 수 있다.

영어 통계학자 로널드 피셔R. A. Fischer와 정규 분포 공식의 유명한 일화가 있다. 피셔는 한때 수리 과학에 관한 공개 강연을 한 적이 있는데, 수식을 칠판에 적어 강연했다. 청중 중 한 할머니가 그리스 문자의 의미를 물었다. "원의 지름에 대한 원주의 비율이다."라고 대답하자 할머니가 소리쳤다. "그럴 수 없다. 원과 사망률을 어떻게 연관 지을 수 있는가?"[3]

---

3 정규 분포 강의 중 π의 의미를 묻자 피셔는 있는 그대로의 의미를 설명했고, 할머니는 통계적 의미의 사망률과 연관 지어 생각해 발생한 작은 헤프닝이다. – 옮긴이

지수 분포

모든 확률 분포 중, 정규 분포(가우시안 분포)가 가장 중요하다. 정규 분포는 다양한 일반적 현상에 적용할 수 있기 때문이다. 두 번째로 중요한 분포는 지수 분포the exponential distribution 로, 밀도 함수 공식은 아래와 같다.

$$f(t) = \lambda e^{\lambda t}$$

여기서 λ는 양의 정수로 그 역수는 평균이다(μ=1). 이 분포는 입자 방출 또는 톨게이트에 도착하는 자동차와 같이 임의로 발생하는 이벤트 사이의 경과 시간을 모델링한다. **누적 분포 함수**cumulative distribution function, CDF는 아래와 같다.

$$F(t) = 1 - e^{-\lambda t}$$

어느 대학교의 상담 창구가 하루 8시간 동안 평균적으로 120통의 전화를 받는다고 가정하자. 이는 한 시간에 15통의 전화를 받은 셈이고 4분마다 한 번씩 전화를 받은 셈이다. 지수 분포에 적용해 보면 평균 대기 시간 μ=4이고 밀도 매개변수 λ=1/μ=0.25이다.

$$F(t) = 1 - e^{-0.25t}$$

예를 들어 다음 5분 이내에 전화가 걸려올 확률은 아래와 같다고 계산할 수 있다.

$$F(5) = 1 - e^{-0.25(5)} = 1 - e^{-1.25} = 1 - 0.29 = 71\%$$

▌ 자바 예제

그림 3-11에서 이벤트 발생 시간에 임의의 정수를 사용해 시계열 데이터를 시뮬레이션했다. 임의 시간의 이벤트를 적절히 시뮬레이션하기 위해 지수 분포를 따르는 소요 시간을 가정해 시간 값을 생성할 수 있다.

모든 확률 분포의 누적 밀도 함수는 확률 $P=F(t)$와 독립변수 t에 관한 방정식이다. 시뮬레이션에는 확률을 표현하는 임의의 수를 사용한다. 따라서 임의의 확률 P에 해당하는 시간 t를 구하려면 t에 대한 방정식을 풀어야 한다.

$$P = 1 - e^{-\lambda t}$$

바꾸면 다음과 같다.

$$t = -\frac{\ln(1-P)}{\lambda}$$

여기에서 $y=\ln(x)$는 자연로그로 지수함수 $x=e^y$의 역함수다.

이를 앞선 상담 창구 예제에 적용해보자. $\lambda=0.25$이다.

$$t = -4\ln(1-P)$$

이때 t는 양수가 되는데, 우측 값이 음수 값의 곱이기 때문이다(1-P<1일 때, ln(1-P)는 음수이다).

코드 3-7은 14행~17행에 공식을 구현했다. 15행에서 time( ) 메소드는 0에서 1 사이의 임의의 숫자 p를 생성한다. 16행에서는 공식에 대입해 결과를 반환한다. 상수 람다는 $\lambda=0.25$로 12행에 정의돼 있다.

결괏값은 21행에서 출력하며 8줄로 나온다. 이는 임의의 시간으로 이벤트가 발생하는 중간의 소요 시간이다.

```
ArrivalTimesTester.java ⊠
10 public class ArrivalTimesTester {
11     static final Random random = new Random();
12     static final double LAMBDA = 0.25;
13
14     static double time() {
15         double p = random.nextDouble();
16         return -Math.log(1 - p)/LAMBDA;
17     }
18
19     public static void main(String[] args) {
20         for (int i = 0; i < 8; i++) {
21             System.out.println(time());
22         }
23     }
24 }
```

⚑ Problems ⚛ Javadoc ⬚ Declaration ⬚ Console ⊠ ⬚ Progress ⬚ Git Staging
<terminated> ArrivalTimesTester [Java Application] C:\Program Files\Java\jdk1.8.0_151\bin\
14.926368844322814
1.644550679020602
2.354806805941984
1.6075550522161397
4.769649650759045
4.369823749859717
0.3760230642522819
1.1021087875738853

코드 3-7 시간 간격 시뮬레이션

8개 수의 평균은 3.89로, 예상 값인 4.00분에 상당히 가깝다. 프로그램을 반복 실행할 경우 더 유사한 값에 다가가게 될 것이다.

▌ 요약

3장에서는 산점도, 막대그래프, 선그래프, 히스토그램 등 시각 데이터를 처리하는 다양한 기법을 설명했다. 설명한 기법들을 마이크로소프트 엑셀에서 실행하는 방법도 알아봤다. 또한 시계열 데이터와 이동 평균 계산에 엑셀과 자바를 사용했다.

다양한 이항 분포를 어떻게 시각화(그래프)해 정규 분포를 유도하는지도 알아봤다. 간단한 자바 프로그램을 사용해 지수 분포를 사용한 임의의 이벤트 발생 시간을 예측하는 방법도 알아봤다.

통계

통계는 컴퓨터가 대중화되기 전부터 데이터 과학에서 사용해온 기법이다. 오늘날에도 통계 법칙은 데이터를 분석하는 데 여전히 유용하다. 4장에서는 이 통계 법칙을 살펴본다.

▌기술 통계

기술 통계^{descriptive statistic}는 숫자 데이터셋을 숫자 값으로 요약하는 기법이다.

이미 3장, '데이터 시각화'에서 표본 평균인 $\bar{x}$와 표본 표준편차인 s를 언급했다. 공식은 다음과 같다.

$$\overline{x} = \frac{1}{n}\sum_{i=1}^{n}x_i$$

$$s = \sqrt{\frac{1}{n-1}\sum_{i=1}^{n}\left(x_i - \overline{x}\right)^2}$$

평균은 데이터셋의 집중경향central tendency을 요약한다. 표준 편차는 데이터셋의 분산을 측정하는데, 표준 편차의 제곱 값, 즉 s^2을 **표본 분산**sample variance이라고 한다.

데이터셋의 **최댓값**maximum은 가장 큰 값, **최솟값**minimum은 가장 작은 값을 말한다. 그리고 범위range는 최댓값과 최솟값의 차이다.

만약 w=$(w_1, w_2, ..., w_n)$ 벡터와 같은 수의 요소를 가지는 데이터셋이 있다면 아래와 같이 **가중 평균**weighted mean을 구할 수 있다.

$$\overline{x}_w = \frac{1}{n}\sum_{i=1}^{n}w_i x_i$$

선형대수학에서는 위 공식을 두 벡터 w와 x=$(x_1, x_2, ..., x_n)$의 내적inner product이라 부른다. 모든 가중치를 $1/n$으로 선택하면 가중 평균 결괏값은 표본 평균이 된다.

데이터셋의 **중앙값**median은 중간에 위치한 값으로 그보다 큰 데이터와 작은 데이터의 개수가 같은 값이다. 만약 값이 짝수이면 중앙값은 두 중간값의 평균이 된다.

최빈값mode은 데이터셋에서 가장 빈번히 나타나는 값이다. 이는 많은 수의 중복 값이 존재하는 데이터셋에서만 적용할 수 있는 특별한 통계치다. 최빈값은 숫자 데이터셋이 아니어도 적용할 수 있는데, 예를 들어 그림 3-20 영어 문자의 출현 빈도 도수 분포표에서 최빈값은 문자 e이다.

데이터셋의 첫째, 둘째, 셋째 **사분위 수**quartiles는 각각 해당 수의 아래에 위치하는 데이터의 개수가 25%, 50%, 75%인 값이다. **십분위 수**decile와 **백분위 수**percentile는 통계학에서 유사하게 정의한다. 결과적으로 둘째 사분위 수, 다섯째 십분위 수, 50번째 백분위 수는 모두 50%로 같은 의미를 가진다.

예를 들어 아래와 같이 학생들의 퀴즈 점수가 있다고 가정해보자.

$$S = \{9, 7, 9, 8, 5, 8, 6, 7, 8, 6\}$$

평균은 7.3이고 중앙값은 7.5, 최빈값은 8이며 범위^{range1}는 4이다. 표본 분산은 1.79, 표준편차는 1.34이다. 만약 선생님이 (0.5, 0.5, 0.5, 1.0, 1.0, 1.0, 1.0, 1.5, 1.5, 1.5)의 가중치를 부여했다면 처음 세 개의 값은 중간에 위치한 값의 반으로 계산하고, 마지막 세 개의 값은 50% 증가한 값으로 계산해 가중 평균 $\bar{x}_w$=7.1이 된다.

엑셀을 사용해 통계치를 계산할 수 있다. **데이터 › 분석 › 데이터 분석** 메뉴를 선택해 **기술 통계법**을 클릭한다.

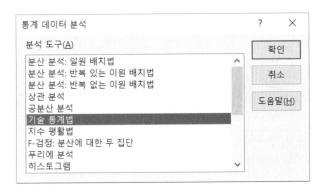

그림 4-1 엑셀 데이터 분석 메뉴

위에 언급한 퀴즈 점수 데이터를 적용해보자. **B2:K2** 셀에 위의 10개 데이터를 채워 넣고 아래와 같이 선택해보자.

---

1 측정값의 최댓값에서 최솟값을 뺀 값이다. – 옮긴이

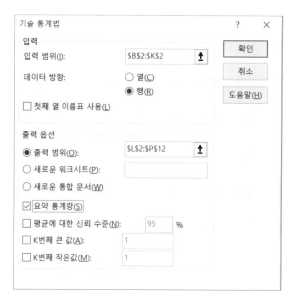

그림 4-2 엑셀 기술 통계법 옵션

결괏값은 아래와 같다.

▲	A	B	C	D	E	F	G	H	I	J	K	L	M
1													
2	아담스	9	7	9	8	5	8	6	7	8	6	Row1	
3	베이커												
4	코헨											평균	7.3
5	데이비스											표준 오차	0.422953
6	에반스											중앙값	7.5
7	폴리											최빈값	8
8	그린											표준 편차	1.337494
9	헤일리											분산	1.788889
10	어빈											첨도	-0.85165
11	존스											왜도	-0.33436
12												범위	4
13												최소값	5
14												최대값	9
15												합	73
16												관측수	10
17													

그림 4-3 엑셀 기술 통계법

결괏값에는 앞서 언급하지 않았던 값들이 포함돼 있다. 바로 **첨도**kurtosis와 **왜도**skewness[2]이다. 이 두 값은 분포의 모양을 측정하는 또 다른 방식이다. 첨도는 분포의 뾰족한 정도를 측정하고, 왜도는 데이터의 비대칭 정도를 측정한다.

자바에서는 커먼즈 매쓰 API(http://apache.org/)를 사용해 다양한 통계치를 계산할 수 있다.

▌ 임의 추출

데이터셋의 **임의 표본**random sample이란, 무작위로 선택된 일부 데이터를 말한다. 주어진 데이터셋을 **모집단**population이라 부르며, 그 규모는 일반적으로 매우 크다. 예를 들어 25세에서 35세 사이의 모든 미국 남자 정도가 되겠다.

시뮬레이션에서 임의 추출은 직관적으로 난수 생성기를 사용해 추출한다. 그러나 실제 상황에서 임의 추출은 매우 중요한 작업이다.

임의 추출은 모든 유형의 제조업에서 품질을 제어하는 중요한 역할을 하며, 사회 과학 분야의 여론조사에 필수적인 요인이다. 임의 추출은 의약품 제조 같은 분야에서 생산과 테스트에 있어 매우 중요한 단계다.

임의 추출의 기본 원칙을 이해하기 위해 수학 확률 이론 분야를 간단히 설명해야 한다. 우선 몇 가지 기술적인 정의를 확인해보자.

확률 실험random experiment은 실제 혹은 가상의 프로세스로 가능한 결과 집합을 정의하고 그 중 하나가 결과로 도출될 것을 가정해 진행하는 실험을 말한다. 이때 가능한 결과 집합인 S를 **표본 공간**sample space이라 한다.

예를 들어 4개의 동전을 던지는 상황을 가정해보자. 이때 4개의 동전을 페니, 니켈, 센트, 쿼터 같은 다른 동전으로 가정하면, 표본 공간은 $S_I = \{HHHH, HHHT, HHTH, \cdots, TTTT\}$가

---

2 '비대칭도'라고도 한다. – 옮긴이

된다. *HHTH*는 페니는 앞면, 니켈도 앞면, 센트는 뒷면, 쿼터는 앞면이 나왔다는 의미다. 표본 공간은 총 16개 요소 값의 집합이 된다. 만약 4개의 쿼터, 즉 같은 동전을 가지고 같은 실험을 수행한다면 표본 공간은 $S_2=\{0,1,2,3,4\}$가 되고, 각 숫자는 얼마나 많은 동전이 앞면을 보였는지를 의미하게 된다. 이렇게 두 가지 다른 표본 공간이 도출된다.

표본 공간 *S*에서의 **확률 함수**probability function는 함수 *p*로 표본 공간 *S*의 각 요소 값인 *s*를 할당한 *p(s)* 값을 구한다. 조건은 아래와 같다.

- $0 \leq p(s) \leq$, 모든 $s \in S$
- $\sum p(s)=1$

첫 번째 예제에서는 *p(s)*=1/16을 할당해야 한다. 이는 매우 좋은 실험 모델이며, 모든 동전이 이상 없이 앞뒤 균일하게 나온다는 것을 가정한다.

두 번째 예제에서 좋은 실험 모델일 경우 아래 표와 같은 확률 값이 할당된다.

s	p(s)
0	1/16
1	1/4
2	3/8
3	1/4
4	1/16

표 4-1 확률 분포

세 번째 예제로, 표본 공간 S_3을 알파벳 26개 문자(소문자)로 가정하자. 그림 3-20에서 볼 수 있는 문자별 발생 빈도 분포는 좋은 확률 함수를 제공한다. 예를 들어 *p("a")*=0.082 이다.

알파벳 예제를 통해 확률에 대한 두 가지 일반적인 사실을 상기할 수 있다.

- 확률은 종종 백분율로 표시된다.
- 확률은 이론적인 구조이지만 상대도수 개념을 반영한다.

확률 함수 p에 표본 공간 S의 각 요소 값인 s를 할당한 $p(s)$를 구한다. 이로부터 **확률 집합 함수**probability set function를 구할 수 있다. 각 표본 공간 S의 부분 집합별 확률 값인 $P(U)$를 단순히 더해서 구한다.

$$P(U) = \sum \{ p(s) : s \in U \}$$

예를 들어, 표본 공간 S_2에서 부분집합 U가 $U=\{3,4\}$라 하자. 이는 4개의 동전에서 적어도 3개가 앞면이 나올 확률로, 수식으로 표현하자면 다음과 같다.

$$P(U) = \sum \{ p(s) : s \in \{3,4\} \} = \sum \{ p(3), p(4) \} = p(3) + p(4) = 1/4 + 1/16 = 5/16$$

확률 집합 함수는 아래의 규칙을 따른다.

- $0 \leq P(U) \leq 1$, 모든 $U \subseteq S$
- $P(\varnothing)=0$, 그리고 $P(S)=1$
- $P(U \cup V) = P(U) + p(U) - P(U \cap V)$

세 번째 규칙은 아래 벤 다이어그램으로도 확인할 수 있다.

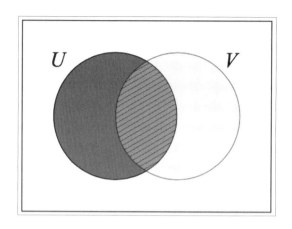

그림 4-4 벤 다이어그램

왼쪽 원은 U의 요소 값을 표현하고, 오른쪽 원은 V의 요소 값을 표현한다. $P(U)$와 $P(V)$ 값을 모두 포함하는 영역은 $P(U \cap V)$로 빗금친 영역이며, 이 영역은 두 번 센다. 그래서 세 영역의 확률 값을 각각 한 번씩만 더해야 한다. 즉, 두 번 센 영역을 빼야 한다.

표본 공간 S의 부분집합인 U를 **이벤트**^event라 부른다. 그리고 숫자 $P(U)$는 실험을 진행하는 동안 일어나는 이벤트의 발생 확률을 표현한다. 따라서 예제에서는 적어도 세 개의 앞면이 나올 이벤트의 확률은 5/16 또는 31%이다. 상대 빈도 측면에서 실험을 진행할수록 이벤트의 기대 확률은 31% 정도가 될 것이다.

▌ 확률 변수

통계적 데이터 분석을 이해하기 위해 먼저 확률 변수의 개념을 알아야 한다.

확률 변수^random variable는 표본 공간의 각 요소에 값을 할당하는 기능을 한다. *HTTH* 같은 문자적 결괏값을 변환해 단순한 데이터로 수학적 분석을 가능하게 해준다.

동전 예제로 설명해보자. 표본 공간 S_1은 16개의 결괏값을 가진다. 각 결괏값인 x에 대해 $X(x)$는 앞면이 나오는 수라 하자. 즉 $X(HHTH)=3$, $X(TTTT)=0$이다. 이는 앞선 예제에서

112

S_1을 S_2로 변환하는 것과 같다. 같은 목적으로 확률 변수 X를 사용할 것이다. 이제 확률 함수를 p로, 순수 숫자 함수를 P로 표현하자.

▌ 확률 분포

확률 변수 X에 의해 유도되는 **확률 분포 함수**probability distribution function, PDF f_x는 다음과 같이 정의된다.

$$fx(x) = P(X = x),\ X(S) \text{ 범위 내의 각 } x$$

여기에서 표현식 $X=x$의 의미는 모든 결과 e에 대한 이벤트는 각각 $X(e)=x$라는 것이다.

동전 예제로 돌아가서 확률 분포 f_x을 계산해보자. 이는 X 범위 내에서 정의되며 범위 값은 {0, 1, 2, 3, 4}로 정의한다. 예를 들면 다음과 같다.

$$fx(3) = P(X = 3) = P(\text{"앞면 3회"})$$
$$= P(\{\text{HHHT, HHTH, HTHH, THHH}\}) = 4/16 = 1/4 = 0.25$$

사실 동전 예제의 첫 번째 버전의 확률 분포 f_x는 표 4-1에서 본 두 번째 버전의 $p(s)$ 함수와 정확하게 일치한다.

확률 분포 특성은 명확하게 아래와 같은 조건을 따른다.

- $0 \le f(x) \le 1$, 모든 $x \in X(S)$
- $\sum f(x) = 1$

또 다른 고전적인 예를 확인해보자. 하나는 빨간색, 하나는 녹색인 두 개의 주사위를 던진다. 두 주사위의 맨 윗면에 나타나는 점의 개수를 세어 표현하며, 표본 공간 S는 36개의 요소 값을 가진다.

$$S = \{(1,1),(1,2),(1,3),\ldots,(6,5),(6,6)\}$$

주사위가 완벽하게 균형 잡힌 형태라면 위 36개의 결과 중 하나가 나올 확률은 모두 같은 1/36이다.

확률 변수 X는 두 값의 합으로 표현할 수 있다.

$$X(x_1, x_2) = x_1 + x_2$$

예를 들어, $X(1,3)=4$, $X(6,6)=12$이다.

X에 대한 확률 분포 f_x는 아래 표에서 확인할 수 있다.

x	$f_x(x)$
2	1/36
3	2/36
4	3/36
5	4/36
6	5/36
7	6/36
8	5/36
9	4/36
10	3/36
11	2/36
12	1/36

표 4-2 주사위 예제

$f_x(9)=4/36$이다. 그 이유는 $x_1+x_2=9$인 조건을 만족하는 결과는 총 4개이고 각 확률이 1/36이기 때문이다.

다음 히스토그램을 보면 이 분포가 매우 단순한 분포임을 알 수 있다.

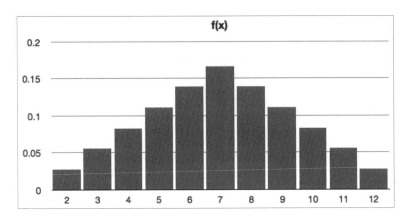

그림 4-5 주사위 확률 분포

▌ 누적 분포

모든 확률 분포 함수 *f(x)*에 대해 *F(x)*로 표시되는 **누적 분포 함수**^{cumulative distribution function, CDF} 가 있으며 아래와 같이 정의된다.

$$F(x) = \sum \left\{ f(u) : u \le x \right\}$$

우측 변이 의미하는 것은 $u \le x$인 *f(u)*의 값들의 합이다.

주사위 예제의 누적 분포 함수는 표 4-3과 같고, 히스토그램은 그림 4-6과 같다.

x	$f_x(x)$
2	1/36
3	3/36
4	6/36
5	10/36
6	15/36
7	21/36
8	26/36
9	30/36
10	33/36
11	35/36
12	36/36

표 4-3 주사위 예제

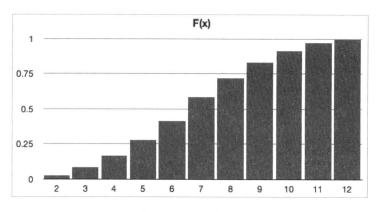

그림 4-6 주사위 누적 분포도

누적 분포 특성은 명확하게 아래와 같은 조건을 따른다.

- $0 \leq F(x) \leq 1$, 매 $x \in X(S)$
- $F(x)$는 단조롭게 증가한다. $F(u) \leq F(v), u \langle v$
- $F(x_{max}) = 1$

여기에서 x_{max} 는 최대 x 값을 말한다.

누적 분포 함수는 확률 밀도 함수보다 더 쉽게 간격 확률을 계산할 때 사용할 수 있다. 예를 들어 $3\langle X\langle 9$인 이벤트를 고려해보자. 다른 말로 표현하자면, 두 개의 주사위 값을 합했을 때 3에서 9 사이가 나오는 경우를 말한다. 확률 밀도 함수를 사용하면 확률 값은 아래와 같이 계산한다.

$$f\left(4\right)+f\left(5\right)+f\left(6\right)+f\left(7\right)+f\left(8\right)=23/36$$

만약 누적 분포 함수를 사용해 계산한다면 더 단순하다.

$$F\left(8\right)-F\left(3\right)=23/36$$

물론 이는 표 4-3과 같이 누적 분포 함수가 이미 확률 밀도 함수로부터 계산됐다는 가정에 따른 것이다.

▌ 이항 분포

이항 분포는 아래와 같은 확률 밀도 함수로 정의된다.

$$f\left(x\right)=\binom{n}{x}p^{x}\left(1-p\right)^{n-x},\ x=0,1,\cdots,n$$

n과 p는 매개변수로, n은 반드시 양의 정수이어야 하며, $0\leq p\leq 1$이다. 기호 $\binom{n}{x}$는 **이항 계수**binomial coefficient라 한다. 이항 계수를 구하는 공식은 아래와 같다.

$$\binom{n}{x}=\frac{n!}{x!\left(n-x\right)!}$$

느낌표는 팩토리얼을 의미한다. 팩토리얼은 해당 정수보다 작은 모든 양의 정수를 곱하는 것이다. 예를 들어 5!=5 · 4 · 3 · 2 · 1=120이다.

이미 3장, '데이터 시각화'에서 동전 뒤집기 예제를 통해 이항 분포를 접했다. 한 가지 유사한 예가 있다. 다섯 개의 같고, 균형 잡힌 사면체 주사위가 있는 병이 있다고 가정하자. 사면체의 한 면은 붉은색이 칠해져 있고, 나머지 세면은 녹색이 칠해져 있다. 주사위의 모양은 아래 그림과 같다.

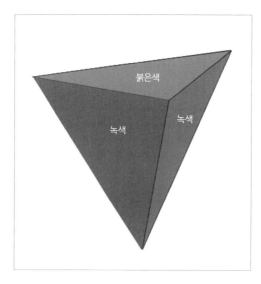

그림 4-7 사면체 주사위

실험은 아랫면이 납작한 병을 흔들어 다섯 개의 주사위가 병 바닥에 닿는 면을 확인하는 것이다. X를 주사위의 붉은색 면이 아래로 오는 숫자라 가정하자. 확률 변수는 $n=5$, $p=\frac{1}{4}=0.25$인 이항 분포를 가진다. 확률 밀도 함수는 아래와 같다.

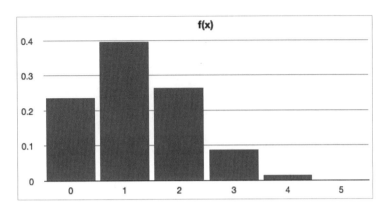

그림 4-8 사면체 주사위 실험의 확률 밀도 함수

확률 밀도 함수를 계산한 결과는 아래와 같다.

$$f(0) = (1)(0.25^0)(0.75^5) = 243/1024 = 0.2373$$
$$f(1) = (5)(0.25^1)(0.75^4) = 405/1024 = 0.3955$$
$$f(2) = (10)(0.25^2)(0.75^3) = 270/1024 = 0.2637$$
$$f(3) = (10)(0.25^3)(0.75^2) = 90/1024 = 0.0879$$
$$f(4) = (5)(0.25^4)(0.75^1) = 15/1024 = 0.0146$$
$$f(5) = (1)(0.25^5)(0.75^0) = 1/1024 = 0.0010$$

이항 계수라는 용어는 이 숫자들의 결과가 이항 표현식의 대수적 확장이라는 사실에서 유래됐다.

```
🗋 BinomialDistributionTester.java ⌗

 8 import org.apache.commons.math3.distribution.BinomialDistribution;
 9
10 public class BinomialDistributionTester {
11     static final int n = 5;
12     static final double p = 0.25;
13
14     public static void main(String[] args) {
15         BinomialDistribution bd = new BinomialDistribution(n, p);
16         for (int x = 0; x <= n; x++) {
17             System.out.printf("%4d%8.4f%n", x, bd.probability(x));
18         }
19         System.out.printf("평균 = %6.4f%n", bd.getNumericalMean());
20         double variance = bd.getNumericalVariance();
21         double stdv = Math.sqrt(variance);
22         System.out.printf("표준 편차 = %6.4f%n", stdv);
23     }
24 }
<
```

```
🔎 Problems  @ Javadoc  🔍 Declaration  🖥 Console ⌗  🔧 Progress  🔧 Git Staging
<terminated> BinomialDistributionTester [Java Application] C:₩Program Files₩Java₩jdk1.8.0_151₩bin₩j
    0   0.2373
    1   0.3955
    2   0.2637
    3   0.0879
    4   0.0146
    5   0.0010
평균 = 1.2500
표준 편차 = 0.9682
```

코드 4-1 이항 분포 예제

다음 예를 살펴보자.

$$\left(p+q\right)^5 = 1p^5q^0 + 5P^4q^1 + 10p^3q^2 + 10p^2q^3 + 5p^1q^4 + 1p^0q^5$$

이항 계수는 1, 5, 10, 10, 5, 1로 행렬 $\binom{5}{x}$ 에서 $x=0,1,2,3,4,5$를 사용해 계산할 수 있다.

일반적으로 모든 이항 분포에서 평균 μ와 표준 편차 σ는 아래와 같이 계산한다.

- $\mu=np$
- $\sigma = \sqrt{np\left(1-p\right)}$

```
Simulation.java ⊠
10 public class Simulation {
11     static final Random RANDOM = new Random();
12     static final int n = 5;      // number of dice used
13     static final int N = 1000000;   // 1,000,000 simulations
14
15     public static void main(String[] args) {
16         double[] dist = new double[n+1];
17         for (int i = 0; i < N; i++) {
18             int x = numRedDown(n);
19             ++dist[x];
20         }
21         for (int i = 0; i <= n; i++) {
22             System.out.printf("%4d%8.4f%n", i, dist[i]/N);
23         }
24     }
25
26     /*  한 면은 붉은색이고 나머지 세 면은 녹색인 사면체 주사위를 던지는 실험.
27     아래면이 붉은색이 아닐 경우 false를 반환한다.
28     */
29     static boolean redDown() {
30         int m = RANDOM.nextInt(4);   // 0 <= m < 4
31         return (m == 0);                // P(m = 0) = 1/4
32     }
33
34     /*  한 면은 붉은색이고 나머지 세 면은 녹색인 사면체 주사위를 던지는 실험.
35     아래면이 붉은색일 경우의 수를 센다.
36     */
37     static int numRedDown(int n) {
38         int numRed = 0;
39         for (int i = 0; i < n; i++) {
40             if (redDown()) {
41                 ++numRed;
42             }
43         }
44         return numRed;
45     }
46 }
```

Problems   @ Javadoc   Declaration   Console ⊠   Progress   Git Staging
<terminated> Simulation [Java Application] C:\Program Files\Java\jdk1.8.0_151\bin\

```
0  0.2371
1  0.3957
2  0.2640
3  0.0874
4  0.0148
5  0.0010
```

코드 4-2 이항 분포 실험

즉, 사면체 주사위 예제에서 평균은 (5)(0.25)=1.25, 표준편차는 $\sqrt{(5)(0.25)(0.75)}=\sqrt{0.9375}=0.9682$이다.

이 계산은 코드 4-1의 프로그램 실행 결과로 입증됐다. `BinomialDistribution` 클래스는 분포의 분산 계산을 제공하지만 표준편차는 제공하지 않는다. 그러나 표준편차는 단순히 분산의 제곱근을 구하면 된다.

코드 4-2의 프로그램은 사면체 주사위 실험을 1,000,000번 수행하는 프로그램이다. 26행~32행의 `redDown( )` 메소드는 사면체 주사위를 던지는 실험을 수행한다. 30행의 변수 `m`은 0, 1, 2, 3이 할당되는데, 4개의 값이 모두 유사한 횟수로 나오게 돼 0이 나오게 될 확률은 25%가 된다. 따라서, 메소드는 25%의 확률로 `true`를 반환하게 된다.

34행~45행의 `numRedDown( )` 메소드는 사면체 주사위를 던지는 횟수인 `n`을 정의할 수 있다. 이 메소드는 붉은 면이 아래쪽을 향하는 횟수를 세어 반환한다. 해당 수를 $p=0.25$인 이항 분포에 적용한다. 16행~20행의 작업을 통해 누적된 `dist[]`를 사용해 결과를 계산하면 앞서 본 이론적인 $f(x)$ 값과 매우 유사한 값을 보임을 알 수 있다.

▌ 다변량 분포

다변량 확률 분포 함수^{multivariate probability distribution function}는 여러 변수에 의해 유도되는 함수이다. 다른 말로 **결합 확률 함수**^{joint probability function}라고도 한다.

간단한 예로 6개의 면을 가진 두 개의 주사위 실험으로 다시 돌아가자. 다만 이번에는 하나의 주사위는 붉은색이고 다른 하나는 녹색이라 가정한다. X를 붉은색 주사위에서 나온 숫자라 하고 Y를 녹색 주사위에서 나온 숫자라 하자. 이 두 확률 변수는 각각 1에서 6까지의 값을 가진다. 두 변수의 확률 분포는 아래와 같이 표현할 수 있다.

$$f_{XY}(x, y) = P(X = x \text{ 그리고 } Y = y)$$

예를 들면 다음과 같다.

$$f_{XY}(1,6) = P(X = 1 \text{ 그리고 } Y = 6) = P(\text{붉은색 주사위는 1 녹색 주사위는 6}) = 1/36$$

이 확률은 36개의 가능한 결과물로부터 1/36의 확률을 가지고 모든 경우의 수가 같은 확률을 가진다(균형이 잡힌 주사위임을 가정한다).

좀 더 흥미로운 예로는 다음 실험을 생각해보자. 검은 주머니에 2개의 붉은 구슬과 네 개의 녹색 구슬이 들어 있다고 가정하자.

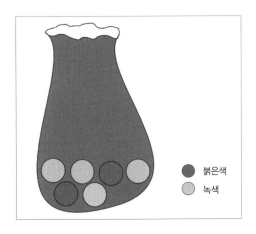

그림 4-9 구슬이 든 가방

색깔을 제외하고 구슬은 모두 같다. 가방에서 두 개의 구슬을 임의로 꺼내는데, 먼저 하나를 꺼내고 또 다른 하나를 꺼낸다. 꺼낸 구슬은 다시 넣지 않는다. X는 처음 꺼낸 구슬이 붉은 구슬인 경우의 수, Y는 두 번째 꺼낸 구슬이 붉은 구슬일 경우의 수다. 두 변수 모두 이항변수다. 즉 0이나 1 값만을 가진다는 의미다. 따라서 다음과 같다.

$$f(0,0) = P(RR) = (2/6)(1/5) = 1/15 = 0.0667$$
$$f(0,1) = P(RG) = (2/6)(4/5) = 4/15 = 0.2667$$
$$f(1,0) = P(GR) = (4/6)(2/5) = 4/15 = 0.2667$$
$$f(1,1) = P(GG) = (4/6)(3/5) = 6/15 = 0.4000$$

처음 계산 결과는 여섯 개의 구슬 중 하나의 붉은 구슬을 꺼내고, 남은 다섯 개의 구슬에서 두 번째 붉은 구슬을 꺼내는 확률이다. 다른 세 개의 계산도 유사한 방식을 따른다.

결합 확률은 아래 표로 요약할 수 있다.

f(x,y)	Y = 0	Y = 1
X = 0	1/15	4/15
X = 1	4/15	6/15

표4-4 구슬 실험의 결합 확률

다음은 상대적 빈도수가 확률로 해석되는 예다. 자동차 관련 부서에서는 한 대 이상의 차량을 소유하고 있는 운전자의 연간 운전 거리 데이터를 보유하고 있다. 확률 변수 $X=$ 소유하고 있는 자동차 수, $Y=$ 연간 운전 마일 수(5,000마일당)이다. 아래 표는 모든 상대 빈도수를 보여준다.

	1대	2대	3대	
0–4,999마일	.09	.05	.02	.16
5,000–9,999마일	.18	.06	.05	.29
10,000–14,999마일	.13	.12	.11	.36
15,000마일 이상	.04	.08	.07	.19
	.44	.31	.25	1.00

표 4-5 운전자의 비율

즉, 한 대의 차를 보유한 운전자가 많아야 5,000마일 미만을 운전하는 비율은 9%이다.

마지막 열과 행에 있는 숫자는 해당 행과 열의 값들을 요약한다. 연간 5,000마일 이하를 운전하는 운전자는 16% 정도이고, 모든 운전자의 31%가 두 대의 차를 소유하고 있다. 이를 **주변 확률**marginal probabilities이라고 부른다.

▌ 조건부 확률

조건부 확률conditional probability은 관련 이벤트가 일부 발생했다는 가정하에 계산한다. 예를 들어 구슬 실험에서 첫 번째 구슬이 붉은색이라는 것을 알면 두 번째 구슬이 녹색일 확률은 4/5=80%이다. 이것이 조건부 확률로 조건은 첫 번째 구슬이 붉은색이라는 것이다. 아래와 같이 수식으로 표현할 수 있다.

$$P\left(2^{nd} \text{는 녹색} \mid 1^{st} \text{는 붉은색}\right) = 4/5 = 80\%$$

(수직선으로 표현되는 기호인 |는 "주어진"으로 읽는다).

반대로 조건부 확률이 아닐 경우 두 번째 구슬이 녹색일 확률은 아래와 같이 계산한다.

$$P\left(2^{nd} \text{가 녹색}\right) = P\left(\text{붉녹}\right) + P\left(\text{녹녹}\right) = 4/15 + 6/16 = 10/15 = 2/3 = 67\%$$

결과에서 보다시피 첫 번째 선택한 붉은 구슬을 제거한 후 두 번째 구슬이 녹색일 확률이 더 높다(80%). 또한, 조건부가 아닐 때 두 번째 구슬이 녹색일 확률(67%)은 처음이 녹색일 확률(4/6)과 같다.

조건부 확률은 일반적으로 이벤트 E가 주어졌을 때 이벤트 F를 아래와 같이 표현한다.

$$P\left(F \mid E\right) = \frac{P\left(E \cap F\right)}{P\left(E\right)}$$

기호 $E \cap F$는 "E와 F"를 의미한다.

이 공식을 구슬 예제에 적용하기 위해 E를 첫 번째 구슬이 붉은색인 이벤트(1ˢᵗ가 붉은색)로, F를 두 번째 구슬이 녹색인 이벤트(2ⁿᵈ가 녹색)로 정의하자.

$$P(F \mid E) = \frac{P(E \cap F)}{P(E)} = \frac{P(RG)}{P(PR) + P(RG)} = \frac{\left(\dfrac{4}{15}\right)}{\left(\dfrac{1}{15}\right) + \left(\dfrac{4}{15}\right)} = \frac{4}{5} = 80\%$$

조건부 확률 공식에서 분모를 교차로 곱하면 다음과 같다.

$$P(E \cap F) = P(E) P(F \mid E)$$

간단하게 해석하면, E와 F가 동시에 일어날 확률은 E가 주어졌을 때 F가 일어나는 동시에 E가 일어나는 확률이다. 이는 E가 F보다 먼저 발생한다는 것을 암시한다. 그러나 수학적으로는 이벤트 발생 시기와 관계없다.

█ 확률적 이벤트의 독립

만약 $P(F \mid E) = P(F)$라면 두 이벤트 E와 F가 **독립**independent이라 한다. 달리 말하면 이벤트 E의 발생은 F의 확률에 전혀 영향을 미치지 못함을 의미한다. 이전 공식에서 이 조건을 적용해 보면 아래와 같이 정의할 수 있다.

$$P(E \cap F) = P(E) P(F)$$

이는 F가 E에 독립일 경우 E도 F에 독립이라는 것을 보여준다.

앞서 구슬 예제에서 E=(1^{st}는 붉은색)이고, F=(2^{st}는 녹색)이라 하자. $P(F \mid E)=80\%$이고 $P(F)=67\%$이므로 E와 F는 독립이 아니다. 단 F는 E와 독립이다.

다른 예로, 앞서 설명한 자동차 부서의 예를 들어보자. E=운전자가 2개의 차를 소유한 이벤트, F=적어도 연간 10,000마일을 운전한 운전자라 가정하자. 주변 데이터로부터 비조건부 확률을 먼저 구할 수 있다. $P(E)=0.31$이고, $P(F)=0.36+0.19=0.55$이다. 따라서

$P(E)P(F)=(0.31)(0.55)=0.17$이다. 그러나 $P(E \cap F)=0.12+0.08=0.20 \neq 0.17$이기 때문에 이 두 이벤트는 독립이 아니다. 데이터에 따르면 운전자가 운전을 많이 하는지 여부는 소유하고 있는 차량의 수에 의존적이다.

여기서 말하는 '독립'은 통계적인 독립성을 말하는 것임을 기억하자. 수식으로 표현하면 $P(F|E)=P(F)$라고 확률적으로 정의된다.

▌ 분할표

표 4-4와 표4-5는 **분할표**contingency table(혹은 크로스탭 테이블crosstab table이라고도 한다)의 예로, 의존성이나 독립성을 증명하고자 하는 두 확률 변수의 다변량 표다.

전통적인 예는 아래와 같다.

	오른손잡이	왼손잡이	
남성	43%	8%	51%
여성	45%	4%	49%
	88%	12%	100%

표 4-6 성별에 따른 오른손/왼손잡이 구분

위의 표에 따르면 88%가 오른손잡이다. 그러나 전체 인구 중 49%는 남성이고, 남성이면서 오른손잡이인 경우는 45%이다. 그래서 92%(0.45/0.49)의 남자는 오른손잡이다. 따라서 오른손잡이는 성별에 독립이 아니다.

█ 베이즈 정리

조건부 확률의 공식은 아래와 같다.

$$P(F \mid E) = \frac{P(E \cap F)}{P(E)}$$

여기서 E와 F가 특정 이벤트(결과 집합)이고 양의 확률이다. 만약 두 이벤트의 이름을 바꾼다면 아래와 같은 공식을 얻을 수 있다.

$$P(E \mid F) = \frac{P(F \cap E)}{P(F)}$$

그러나 $F \cap E = E \cap F$, 따라서 $P(F \cap E) = P(E \cap F) = P(F \mid E)P(E)$이다.

$$P(E \mid F) = \frac{P(F \mid E)P(E)}{P(F)}$$

이 공식을 **베이즈의 정리**Bayes' theorem라 한다. 주요 개념은 조건부 간 관계로 $P(F \mid E)$로부터 $P(E \cap F)$를 계산하는 것이다.

베이즈 정리를 설명하기 위해 건강 검진 관련 기록을 가정하자. 이 기록은 40세 이상의 여성 1,000명에 대한 유방 X선 사진을 통해 유방암을 관찰하는 데이터다.

- 80회 테스트에 양성 반응을 보였고 암을 보유하고 있다.
- 3회 테스트에 음성 반응을 보였으나 암을 보유하고 있다(1종 오류).
- 17회 테스트에 양성 반응을 보였으나 암을 보유하고 있지 않다(2종 오류).
- 900회 테스트에 음성 반응을 보였고, 암을 보유하고 있지 않다.

1종 오류와 2종 오류라는 단어가 등장한다. 일반적으로 **1종 오류**Type I error는 채택해야 하는 가설이나 진단이 기각되는 것(거짓 음성, false negative라고도 함)을 말하고, **2종 오류**Type II error는 기각해야 하는 가설이 채택되는 것(거짓 양성, false positive라고도 함)이다.

해당 데이터의 분할표는 아래와 같다.

	긍정	부정	
암	0.080	0.003	0.083
암이 아님	0.017	0.900	0.917
	0.097	0.903	1.000

표 4-7 암 테스트

만약 조건부 확률을 인과 관계의 척도로 생각하면 E가 F를 유발한다. 그리고 베이즈의 정리를 사용하면 원인이 되는 E의 확률을 측정할 수 있다.

예를 들어, 앞선 오른손잡이, 왼손잡이 관련 분할표에서 왼손잡이 중 남성의 비율($P(L|M)$)과 남성의 비율($P(M)$), 왼손잡이의 비율($P(L)$)을 안다면 남성 중 왼손잡이의 비율도 알 수 있게 된다.

$$P(M\,|\,L) = \frac{P(L\,|\,M)P(M)}{P(L)}$$

베이즈 이론은 때론 더 일반적인 형태로 표현할 수도 있다.

$$P(F_k\,|\,E) = \frac{P(F_k)P(E\,|\,F_k)}{\sum_{i=1}^{n} P(F_i)P(E\,|\,F_i)}$$

여기서 $\{F_1, F_2, \cdots, F_n\}$는 표본 공간에 존재하는 n개의 분리된 부분집합이다.

상관계수와 공분산

X와 Y가 결합 밀도 함수의 확률 변수 $f(x,y)$라 가정하자. 아래와 같은 통계 값을 정의할 수 있다.

$$\mu_X = \sum_x \sum_y x\, f(x,y)$$

$$\mu_Y = \sum_x \sum_y y\, f(x,y)$$

$$\sigma_X{}^2 = \sum_x \sum_y (x - \mu_X)^2\, f(x,y)$$

$$\sigma_Y{}^2 = \sum_x \sum_y (y - \mu_Y)^2\, f(x,y)$$

$$\sigma_{XY} = \sum_x \sum_y (x - \mu_X)(y - \mu_Y)\, f(x,y)$$

$$\rho_{XY} = \frac{\sigma_{XY}}{\sigma_X \sigma_Y}$$

통계 값 σ_{XY}는 2 변수 분포의 **공분산**이라 부르고, ρ_{XY}는 **상관계수**라 부른다.

이는 수학적으로 증명할 수 있는데, 만약 X와 Y가 독립인 경우 σ_{XY}=0이다. 반면에 X와 Y가 완벽히 의존적인 경우(예를 들어 하나가 다른 하나의 함수인 경우), σ_{XY}=σ_X σ_Y이다. 이는 공분산에 대한 두 극단 값이다. 따라서, 상호 의존적인 X와 Y의 측정된 상관계수는 아래의 범위를 가진다.

$$-1 \le \rho_{XY} \le 1$$

코드 4–3의 프로그램을 살펴보면 상관계수가 어떤 의미를 가지는지 알 수 있다. 14행~16행에 2차원 배열 3개를 정의한다. 각 배열은 두 개의 행을 가지는데, 하나는 X 값, 다른 하나는 Y 값이다.

첫 번째 배열인 data1은 random( ) 메소드로부터 생성된다. 이 메소드는 24행~31행에 정의돼 있다. 데이터는 data1[0]의 X 값과 data1[1]의 Y 값으로 1,000개의 (x,y) 쌍이 포함돼 있다. 이 쌍들의 상관계수는 19행에서 출력한다. 결괏값은 그림 4–10에 보이는 대로 ρ_{XY}=0.031이다. 이는 하나의 임의 숫자로 예상했듯, 0.0에 가까운 숫자로 X와 Y 사이에 상관관계가 없음을 나타낸다. 결과적으로 X와 Y는 관계없다고 결정해도 좋을 것이다.

33행~42행 사이에 정의된 rho( ) 메소드는 상관계수 ρ_{XY}를 반환한다. 앞서 언급했던 공식을 구현했다. 분산 σ_X^2와 σ_Y^2는 35행과 37행에서 34행에서 정의한 Variance 객체인 v를 사용해 구한다. 36행과 38행에서는 분산을 사용해 표준편차인 σ_X와 σ_Y를 구한다. 공분산 σ_{XY}는 40행에서 39행에서 정의한 공분산 객체인 c를 사용해 구한다. Covariance와 Variance 클래스는 9행~10행에서 임포트한 아파치 커먼즈 매쓰 라이브러리에 정의돼 있다.

```java
🗋 CorrelationExample.java ⊠
 8 import java.util.Random;
 9 import org.apache.commons.math3.stat.correlation.Covariance;
10 import org.apache.commons.math3.stat.descriptive.moment.Variance;
11
12 public class CorrelationExample {
13     static final Random RANDOM = new Random();
14     static double[][] data1 = random(1000);
15     static double[][] data2 = {{1, 2, 3, 4, 5}, {1, 3, 5, 7, 9}};
16     static double[][] data3 = {{1, 2, 3, 4, 5}, {9, 8, 7, 6, 5}};
17
18     public static void main(String[] args) {
19         System.out.printf("상관계수1 = %6.3f%n", rho(data1));
20         System.out.printf("상관계수2 = %6.3f%n", rho(data2));
21         System.out.printf("상관계수3 = %6.3f%n", rho(data3));
22     }
23
24     static double[][] random(int n) {
25         double[][] a = new double[2][n];
26         for (int i = 0; i < n; i++) {
27             a[0][i] = RANDOM.nextDouble();
28             a[1][i] = RANDOM.nextDouble();
29         }
30         return a;
31     }
32
33     static double rho(double[][] data) {
34         Variance v = new Variance();
35         double varX = v.evaluate(data[0]);
36         double sigX = Math.sqrt(varX);
37         double varY = v.evaluate(data[1]);
38         double sigY = Math.sqrt(varY);
39         Covariance c = new Covariance(data);
40         double sigXY = c.covariance(data[0], data[1]);
41         return sigXY/(sigX*sigY);
42     }
43 }
```

코드 4-3 상관계수

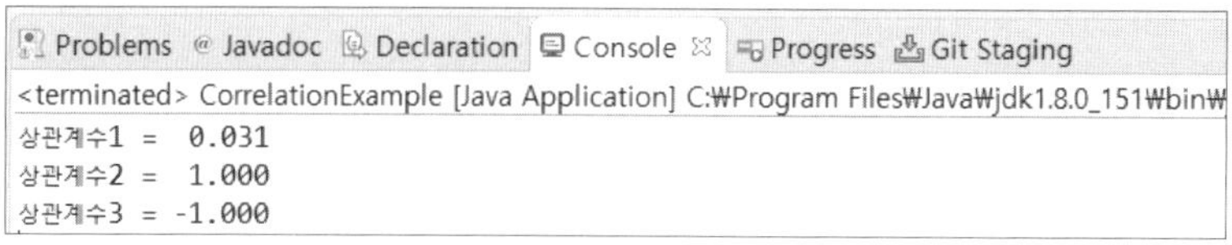

그림 4-10 상관계수 결과

두 번째 테스트 셋인 data2는 15행에 정의돼 있다. 상관계수는 20행에서 출력하고 결과는 1.000이다. 이는 양의 방향으로 완벽한 상관관계를 가지고 있다는 의미다. 즉, Y가 X에 대해 선형적인 함수로 표현된다는 의미이고 $Y=2X-1$이다. 유사하게 세 번째 테스트 셋인 data3은 16행에 정의돼 있고, $\rho_{XY}=-1.000$으로 음의 상관관계를 가지며 함수는 $Y=10-X$이다.

ρ_{XY}가 0.0에 가까워지면 X와 Y가 관련이 적다고 할 수 있다. 이는 둘 사이의 선형적인 연관성이 보이지 않는다는 의미다. 이 경우 선형 연관성을 확인하기에는 데이터가 너무 적거나 부정확할 수 있다. 또는 비선형적인 방법의 접근이 필요할 수도 있다.

▌표준 정규 분포

3장, '데이터 시각화'를 상기해보자. 정규 분포의 확률 밀도 함수는 아래와 같다.

$$f(x) = \frac{e^{-(x-\mu)^2/2\sigma^2}}{\sqrt{2\pi}\sigma}$$

여기에서 인구 평균은 μ이고 인구 표준 편차는 σ이다. 그래프는 잘 알려진 벨 커브^{bell curve} 형태로, 중심점은 $x=\mu$인 지점이고, 대략 $x=\mu-3\sigma$에서 $x=\mu+3\sigma$의 범위를 가진다. 이론적으로 곡선은 x축에 가까워지는 형태지만 절대 닿지 않으며, $\pm\infty$에 이를수록 가까워진다.

만약 인구가 일반적인 형태의 분포를 보인다면 99% 이상의 데이터가 $\mu\pm3\sigma$ 범위에 포함된다. 예를 들어 **미국 수학능력 시험**^{American College Board Scholastic Aptitude Test in mathematics, SAT}은 기

본적으로 평균 점수를 μ=500으로 표준편차는 σ=100으로 설정한다. 이는 곧 대부분 점수가 $\mu+3\sigma$=800, $\mu-3\sigma$=200 사이에 분포한다는 의미다.

μ=0, σ=1일 때를 특별히 **표준 정규 분포**standard normal distribution라 한다.

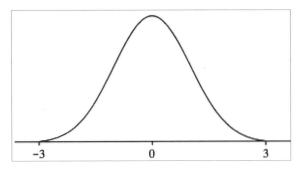

그림 4-11 표준 정규 분포

확률 밀도 함수는 다음과 같다.

$$\varphi(x) = \frac{e^{-x^2/2}}{\sqrt{2\pi}}$$

정규 분포는 이항 분포와 유사한 고유한 모양을 가진다. 좌우 대칭이며 중앙이 가장 높고 양 끝에서 0에 수렴한다. 그러나 두 분포 간 가장 큰 차이점이 하나 존재하는데, 정규 분포는 연속적인 분포지만 이항 분포는 이산적인 분포라는 점이다.

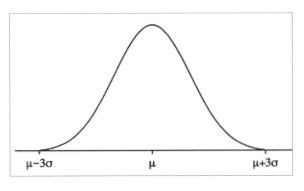

그림 4-12 정규 분포

이산 분포는 확률 변수의 범위가 제한된 값의 집합으로 이루어져 있다. **연속 분포**는 확률 변수의 범위가 제한된 구간 사이에 매우 많은 값으로 구성된다.

그림 3-22는 이러한 차이점을 잘 설명한다. 위쪽의 히스토그램은 네 개의 동전을 던져 앞면이 나오는 개수에 대한 분포로, 값의 범위는 유한한 집합인 $\{0,1,2,3,4\}$이다. 아래쪽 그림은 정규 분포로 값의 범위는 x축 $(-\infty, \infty)$사이의 전체 값이다.

분포가 이산 형태일 때, 이벤트가 일어날 확률의 계산은 단순히 이벤트가 발생한 결과 요소 값에 대한 확률을 더하면 된다. 예를 들어, 동전 네 개 실험의 경우 이벤트가 일어날 확률 $E=(X\rangle 2)=\{3,4\}$는 $P(X\rangle 2)=f(3)+f(4)=0.25+0.06125=0.31125$가 된다. 그러나 분포가 연속 형태일 경우, 이벤트는 무한히 많은 값을 포함하고 있기 때문에 일반적인 방법으로는 계산할 수 없다.

이런 문제를 해결하기 위해 그림 3-22를 다시 보자. 각 히스토그램에서 각 사각형의 높이는 위치한 x 요소에 대한 확률과 같다. 예를 들어, 네 개의 동전 실험에서 마지막 두 사각형의 높이는 각각 0.25와 0.06125인데, 이는 $X=3$, $X=4$의 확률 값을 표현한다. 그러나 만약 각 사각형의 넓이가 정확하게 1.0이라 하면 요소별 확률 값도 사각형의 넓이와 같다. 네 번째 사각형의 넓이는 $S=$(넓이)(높이)$=(1.0)(0.25)=0.25$이다.

아래 그림의 히스토그램은 32개의 동전을 던져 앞면이 나오는 분포를 보여준다. 숫자 X는 0에서 32 사이의 모든 정수다.

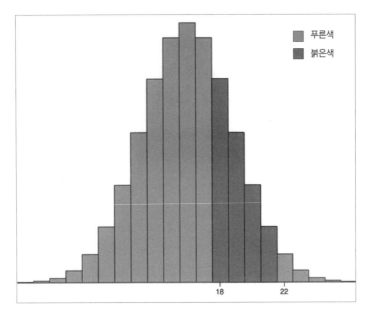

그림 4-13 32개 동전 던지기

4개의 붉은 사각형은 이벤트 $E = \{x : 17 \langle x \leq 21\} = \{18, 19, 20, 21\}$이다. 정수 범위를 왼쪽은 $\langle$, 오른쪽은 $\leq$으로 표기함을 기억하자. 이렇게 하면 범위 내의 값의 개수가 양쪽 두 수의 차와 같게 된다.

$$21 - 17 = 4$$

이 이벤트의 확률인 $P(E)$는 붉은색 영역의 넓이다.

$$P(E) = \sum \{ f(x) : 17 < x \leq 21 \}$$
$$= f(18) + f(19) + f(20) + f(21) = 0.1098 + 0.0809 + 0.0300 = 0.2733$$

즉, 이벤트 구간의 확률은 이벤트 구간을 나타내는 선과 확률 밀도 함수 곡선 사이의 영역의 넓이가 된다. X의 범위가 작을 경우 오른쪽으로 반만큼 이동시켜야 한다. 그림 4-13에서 범위 값을 ($17\langle x \leq 21$)대신 ($17.5 \leq x \langle 21.5$)를 기본 구간으로 사용한다. 그러나 그림 3-22에 따르면 연속 확률 변수는 매우 많은 값을 가지는 이산 확률 변수와 거의 같다.

이벤트 E의 확률을 구하기 위해 요소 확률 값을 더하는 대신, 더 단순하게 두 확률 변수의 차이를 얻어 누적 분포 함수cumulative distribution function, CDF를 구할 수 있다. 앞선 예제에서는 다음과 같이 구할 수 있다.

$$P(E) = \sum \{ f(x) : 17 < x \leq 21 \} = F(21) = 0.9749 - 0.7017 = 0.2733$$

이 방법은 연속 확률 변수에서 확률을 구하는 방법을 보여준다.

표준 정규 분포 곡선(그림 4-11)에서 전체 영역의 넓이는 정확하게 1.0이다. 누적 분포 함수는 $\Phi(x)$로 표현하고 아래 공식을 사용해 구한다.

$$\Phi(x) = \int_{-\infty}^{x} \varphi(u)\,du$$

위 식이 의미하는 것은 표준 정규 분포 곡선 φ의 범위 $(-\infty, x)$의 넓이다. 이는 $X \leq x$의 확률과 같다. 단순히 구간 넓이의 차이를 구해 a와 b 구간으로 정의한 X에 대한 확률을 구할 수 있다.

$$P(a < X \leq b) = \Phi(b) - \Phi(a)$$

아래 그림의 정규 곡선은 그림 4-13에서 본 이항 분포의 근사치다.

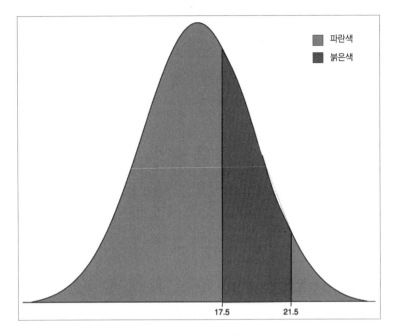

그림 4-14 정규 확률

평균 μ=16.0이고 표준 편차 σ=2.82이다. 이 값은 각각 μ=np, σ^2=$np(1-p)$ 공식에서 계산된 것이다. 위 분포에서 P(17.5〈X≤21.5)인 영역의 넓이를 구해보자.

$$P\left(17.5 < X \le 21.5\right) = \Phi\left(21.5\right) - \Phi\left(17.5\right) = 0.941 - 0.7021 = 0.2720$$

이항 분포를 사용해 계산한 값은 0.2733이고, 근사치를 사용해 계산한 값은 0.2720로 매우 유사하다.

코드 4-4는 확률을 계산하는 프로그램을 보여준다.

```
📄 NormalDistributionTester.java ⊠

 8 import org.apache.commons.math3.distribution.NormalDistribution;
 9
10 public class NormalDistributionTester {
11     static int n = 32;
12     static double p = 0.5;
13     static double mu = n*p;
14     static double sigma = Math.sqrt(n*p*(1-p));
15
16     public static void main(String[] args) {
17         NormalDistribution nd = new NormalDistribution(mu, sigma);
18
19         double a = 17.5, b = 21.5;
20         double Fa = nd.cumulativeProbability(a);
21         System.out.printf("F(a) = %6.4f%n", Fa);
22         double Fb = nd.cumulativeProbability(b);
23         System.out.printf("F(b) = %6.4f%n", Fb);
24         System.out.printf("F(b) - F(a) = %6.4f%n", Fb - Fa);
25     }
26 }
```

코드 4-4 정규 확률

8행에서 임포트한 아파치 커먼즈 매쓰 라이브러리의 NormalDistribution 클래스의 cumulativeProbability( ) 메소드를 사용해 $\Phi(x)$의 값을 구한다.

```
🔲 Problems  @ Javadoc  🔍 Declaration  🖥 Console ⊠  🖳 Progress  🔄 Git Staging
<terminated> NormalDistributionTester [Java Application] C:\Program Files\Java\jdk1.8.0_151\bin\
F(a) = 0.7021
F(b) = 0.9741
F(b) - F(a) = 0.2720
```

그림 4-15 코드 4-4의 결과

▌ 중심 극한 정리

임의의 숫자 표본을 $S=\{x_1, x_2, \cdots, x_n\}$이라 하고, 각 값은 우리가 찾고자 하는 알려지지 않은 값의 측정값이라 하자. 각 x_i는 확률 변수 X_i의 값이고 모든 확률 변수 $X_1, X_2, \cdots, X_n$은 독립이며 평균 μ와 표준편차 σ의 같은 분포를 가진다고 가정할 수 있다. S_n과 Z를 아래와 같이 정의하자.

$$S_n = \sum_{i=1}^{n} X_i$$

$$Z = \frac{S_n - n\mu}{\sigma\sqrt{n}}$$

중심 극한 정리^central limit theorem는 확률 변수 Z가 n이 충분히 클수록 정규 분포가 되려는 경향을 가진다는 법칙이다. 이는 Z의 확률 밀도 함수가 n이 커질수록 함수 $\varphi(x)$에 가까워질 것이라는 의미다.

분자와 분모를 n으로 나누면 Z를 구하는 공식이 아래와 같이 바뀐다.

$$Z = \frac{\frac{1}{n}S_n - \mu}{\sigma / \sqrt{n}}$$

사실 위 식은 별로 단순해 보이지 않는다. 그러나 확률 변수 $\overline{X}$는 더 간단하게 유도할 수 있다.

$$\overline{X} = \frac{1}{n}\sum_{i=1}^{n} X_i = \frac{1}{n}S_n$$

그리고 Z는 다음과 같이 구할 수 있다.

$$Z = \frac{\overline{X} - \mu}{\sigma / \sqrt{n}}$$

중심 극한 정리는 확률 변수 $\overline{X}$의 표준화가 거의 표준 정규 분포 $\varphi(x)$임을 보여준다. 그래서 미지의 분포를 가지는 미지의 모집단에서 n개의 측정값 $x_1, x_2, \cdots, x_n$을 취하고 표본 평균을 구하면 다음과 같다.

$$\overline{x} = \frac{1}{n}\sum_{i=1}^{n} x_i$$

이를 통해 다음 값을 예측할 수 있다.

$$z = \frac{\overline{x} - \mu}{\sigma / \sqrt{n}}$$

즉, 표준 정규 분포와 같은 형태를 보인다.

▎ 신뢰 구간

중심 극한 정리는 농업에서 의약품에 이르기까지 경제 분야의 많은 영역에서 자동 생산의 품질 관리에 필수적인 모집단 평균을 체계적으로 추정하는 방법을 제공한다.

예를 들어, 지름이 0.82cm인 볼 베어링을 생산하는 자동화 기계를 보유하고 있는 제조 회사를 생각해보자. 품질 관리 부서에서 200개의 베어링 샘플을 확보해 표본 평균이 $\overline{x}$=0.824cm인 것을 확인했다. 이전 경험을 바탕으로 기계의 표준 편차인 s는 σ=0.042cm 수준으로 생각했다. n=200이 충분히 크다면, z는 거의 표준 정규 분포를 따른다고 가정할 수 있다.

$$z = \frac{\overline{x} - \mu}{\sigma / \sqrt{n}} = \frac{0.824 - \mu}{0.042 / \sqrt{200}} = 336.7\left(0.824 - \mu\right)$$

품질 관리 부서가 95%의 신뢰도를 가질 때, 에러율이 5%가 돼 생산 가능한 수준이 된다고 판단한다 가정하자. 즉 품질 관리 부서의 목적은 미확인의 모집단 평균 μ 기반에서 95% 신뢰를 보이는 구간 (a,b)를 찾는 것이다. 다시 말하면 $P(a \le \mu \le b)$=0.95인 것이다.

코드 4-4와 같은 코드를 사용하거나, 별도의 표준 정규 분포표를 사용하거나, 표 4-1의 값을 사용하면 $P(-z_{95} \le z \le z_{95}) = 0.95$인 z_{95}를 찾을 수 있다. 이 z_{95}를 **95% 신뢰 계수**confidence coefficient라 부르고, 값은 1.96이다. 즉, $P(-1.96 \le z \le 1.96) = 0.95$이다.

위 예제에서 $z = 336.7(0.824 - \mu)$, 즉 $\mu = 0.824 - z/336.7$, $-1.96 \le z \le 1.96 \Leftrightarrow 0.818 \le \mu \le 0.830$이다. 그러므로 $P(0.818 \le \mu \le 0.830) = 0.95$이다. 따라서 95% 신뢰를 확보하기 위해 미확인 모집단 평균 μ는 0.818cm와 0.830cm 사이가 된다.

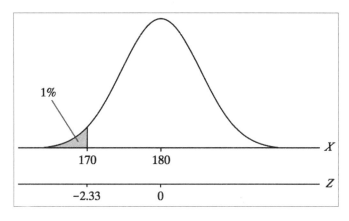

그림 4-16 단측 임계 영역

a와 b 값은 아래 공식으로 계산할 수 있다.

$$a = \bar{x} - z_{95}\sigma / \sqrt{n}$$
$$b = \bar{x} - z_{95}\sigma / \sqrt{n}$$

이 구간을 **95% 신뢰 구간**이라 부른다.

더 일반적으로, c 정도의 신뢰 구간을 구할 수 있다. 단순하게 z_{95}를 z_c로 바꾸고, z_c가 $P(-z_c \le z \le z_c) = c$를 만족하는 구간을 구한다. z_c의 몇몇 값은 표 4-8에서 볼 수 있다. 예를 들어, $z_{99} = 2.58$이다. 따라서 품질 관리 부서 예제에서 품질 정책을 99% 신뢰도로 가지고 간다면, 1.96 대신 2.58을 사용해 99% 신뢰 구간을 계산해야 한다.

$$a = \bar{x} - z_{99}\sigma / \sqrt{n} = 8.24 - (2.58)0.42 / \sqrt{200} = 8.24 - 0.077 = 8.16$$
$$b = \bar{x} - z_{99}\sigma / \sqrt{n} = 8.24 - (2.58)0.42 / \sqrt{200} = 8.24 + 0.077 = 8.32$$

즉, 99% 신뢰 구간은 (8.16, 8.32)이고, μ=8.24±0.08이라는 의미다. 이는 이전에 계산한 95% 신뢰 구간 (8.18, 8.30) μ=8.24±0.06보다 덜 정확하다. 신뢰도를 증가시킬수록 신뢰 구간은 더 커진다. 100% 신뢰 구간은 $(-\infty, \infty)$이다.

신뢰도 c%	신뢰 계수 z_c
99%	2.58
98%	2.33
96%	2.05
95%	1.96
90%	1.645
80%	1.28
68.25%	1.00

표 4-8 신뢰 계수

▌가설 검정

한 제약 회사가 자사의 알레르기약이 90%의 효과를 보이며, 12시간 동안 그 효과가 지속된다고 주장했다. 이 주장을 실험하기 위해 독립적인 실험실에서 200명을 대상으로 실험을 진행한다. 그중 160명만이 12시간 동안 알레르기약의 효과가 지속된다고 보고했다. 연구소는 그 데이터가 회사의 주장을 반박하기에 충분한지 아닌지를 결정해야 한다.

분석을 위해 먼저 모집단, 무작위 표본, 관련 확률 변수, 분포와 테스트할 가설을 설정한다. 이 경우 모집단은 모든 잠재적인 의약품 소비자이고, 무작위 표본은 결과를 보고하는 n=200인 피실험자 집단이며, 확률 변수 X는 회사에서 주장한 알레르기 완화 효과를 얻은 사람 수다. 이는 이항 분포를 보이며 p는 어느 한 사람이 약을 먹어 효과를 보는 확률이다. 마지막으로 가설은 약이(적어도) 90% 효과적이어야 하며 이는 $p \geq 90$라고 나타낼 수 있다.

테스트할 가설은 전통적으로 H_0로 표시하고 **귀무가설**null hypothesis이라 부른다. 귀무가설의 부정은 H_1으로 표기하는 **대립가설**alternative hypothesis이라고 한다.

또한, 실험에 대한 **유의 수준**을 명시해야 한다. 이는 귀무가설을 잘못 부정(유형 1 오류라고 함)할 확률 임계치다. 위 예에서는 유의 수준을 $a=1\%$로 선택했다. 이는 통계 테스트를 수행하는 영역에서 다소 표준적인 선택이다. 해석하자면, 귀무가설이 거부된 시험의 약 1%에서 실험자가 잘못 판단한 것이라는 의미다.

따라서, 테스트를 위한 준비는 아래와 같다.

- X는 이항 분포이고 $n=200$, p는 미정
- $x=160$
- $H_0 : p=0.90$
- $H_1 : p \langle 0.90$
- $a=0.01$

분석을 완료하기 위해 먼저 H_0가 참이라고 가정한다. 그리고 값 ($p=0.90$)을 사용해 테스트 결과가 유사한지 아닌지, 즉, 사건의 확률이 1% 유의 수준보다 낮은지를 판단한다. 이는 **1% 수준에서 귀무가설을 기각**하는 것으로, 대립 가설인 H_1을 받아들이게 된다. 만약 확률이 1% 임계치보다 작지 않다면 귀무가설인 H_0를 수용할 것이다. 귀무가설을 받아들인다는 것이 그것을 증명하지는 않는다는 점에 유의하자. 단순히 귀무가설을 거부할 충분한 증거가 없다는 것을 의미하는 것일 뿐이며, 통계로 증명할 수 있는 것은 없다.

분석은 큰 n에 대해 이항 분포가 정규 분포 형태로 근사한다는 사실을 이용한다. 다음 단계를 따른다.

- 표준 정규 분포에서 $P(Z \langle z_1)$인 표준값 z_1을 결정한다.
- $\mu=np, \sigma^2=np(1-p)$와 이항 분포에서의 σ를 구한다.
- $x_1=\mu+z_1\sigma$를 사용해 z_1로부터 x_1을 구한다.
- $x \langle x_1$라면 귀무가설을 기각한다.

아래 표에서 z_1 값을 얻을 수 있다. 표준 정규 분포에서 $P(Z \langle -2.33)=0.01$이고, 따라서 $z_1=-2.33$이다.

유의 수준 a	극한 값 z1
10%	±1.28
5%	±1.45
1%	±2.33
0.5%	±2.58
0.2%	±2.88

표 4-9 단측 테스트 극한 값

이제, $p=0.9$(귀무가설)라 가정해 평균은 $\mu=np=(200)(0.9)=180$이 되고, 분산은 $\sigma^2=np(1-p)=(200)(0.9)(0.1)=18$, 표준 편차는 $\sigma=4.24$이다.

다음으로 $x_1=\mu=z_1\sigma=180+(-2.33)(4.24)=180-9.9$로, 이는 임곗값 x이다. 만약 귀무가설이 참이라면 X가 170보다 작지 않을 것이다. 테스트 값이 $x=160$이므로 귀무가설을 거부해야 한다. 즉, 회사의 "90% 유효" 주장은 받아들여질 수 없다.

앞에서 설명한 가설 검정 알고리즘은 **단측 검정**에만 적용된다. 즉, $p \langle 0.90$과 같은 대립 가설은 단일 불평등이라는 의미다. 이 경우 임계 1% 영역은 임곗값 z_1의 왼쪽에 위치하므로 음수값 $z_1=-2.33$을 선택했다. 대신 $H_1:p \rangle 0.90$이면 $z_1=2.33$을 사용한다.

양측 검정의 예로, 베어링 제조회사가 베어링의 지름이 0.82cm가 맞는지 아닌지 가설을 검증하기 원한다고 가정하면 아래와 같이 가설을 세울 수 있다.

$$H_0 : d = 0.82$$
$$H_1 : d \neq 0.82$$

이 경우 두 가지 상반된 영역이 있는데 하나는 $z \langle -z_1$, 다른 하나는 $z \rangle z_1$이다.

양측 검정 가설 테스트 시에는 표 4-2와 다른 형태의 표를 참고해야 한다.

▌ 요약

통계 분야는 데이터 분석을 위한 연구로부터 시작됐다. 4장에서는 표본 추출, 확률 변수, 단변량 및 다변량 확률 분포, 조건부 확률 및 독립성, 베이즈 정리 및 중심 극한 정리, 신뢰 구간 및 가설 검정과 같은 통계 분야의 주요 개념을 살펴봤다. 이는 모두 데이터 분석가가 이해해야 하는 주제들이다.

중심 극한 정리 같은 일부 주제를 완전한 이해하려면 수학적인 응용이 필요하다. 물론 그런 응용이 없더라도 정리의 결론은 이해할 수 있으며, 작동 원리도 알 수 있다.

05

관계형 데이터베이스

'2장, 데이터 처리'에서 데이터를 저장하는 몇 가지 표준화 방식에 대해 살펴봤다. 작은 단위의 구조화되지 않은 데이터셋은 종종 텍스트 파일로 저장하는데, 공백, 탭, 혹은 쉼표로 데이터 필드를 구분했다. 구조화된 데이터의 경우 XML이나 JSON 같은 형식을 사용해 처리하는 것이 더 나았다.

데이터베이스는 일반적으로 독립된 형태의 소프트웨어로 접근 가능한 크고 구조화된 데이터 집합을 말한다.

5장에서는 관계형 데이터베이스와 관계형 데이터베이스를 관리하는 시스템을 알아본다. 10장, 'NoSQL 데이터베이스'에서는 비관계형 데이터베이스를 살펴본다.

▌ 관계 데이터 모델

관계형 데이터베이스^{Relational Database, RDB}는 특정한 구조적 제약들로 연관된 테이블에 데이터를 저장하는 데이터베이스다. 수학 개념에서 유래된 relational이라는 단어는 본질적으로 테이블을 지칭한다. 정확한 정의는 추후 언급하기로 한다.

도메인^{domain}은 정수, 숫자, 문자, 참/거짓, 명사 혹은 주소 등으로 구분되는 같은 데이터 유형을 가지는 값의 집합이다. 만약 $D_1, D_2, \cdots, D_n$이 도메인이라 하면, 이들의 **곱집합**은 $D_1, D_2, \cdots, D_n$의 모든 n 요소 시퀀스인 $di \in Di$인 $t = (d_1, d_2, \cdots, d_n)$의 집합이다. 이런 시퀀스를 **튜플**^{tuple}이라 부른다($n=8$이면 octuples). 튜플은 요소의 유형이 각각 다를 수 있다는 점을 제외하고 벡터와 유사하다. 벡터는 일반적으로 숫자로만 이루어져 있다. **관계**^{relation}는 도메인의 곱집합의 부분집합으로, 관계를 위한 **스키마**^{schema}라 불리는 같은 도메인 시퀀스 $D_1, D_2, \cdots, D_n$의 튜플 집합이다. 평범한 테이블의 관계는 행이 튜플이고 열이 도메인에 해당하는 일반 테이블로 생각할 수 있다.

아래 표는 정수, 문자열, 문자열, 날짜, 문자열, 전자메일의 도메인 스키마를 가지는 예제를 보여준다. 총 5개의 튜플이 있다.

ID	Last Name	First Name	Date of Birth	Job Title	Email
49103	Adams	Jane	1975-09-02	CEO	jadams@xyz.com
15584	Baker	John	1991-03-17	Data Analyst	jbaker@xyz.com
34953	Cohen	Adam	1978-11-24	HR Director	acohen@xyz.com
23098	Davis	Rose	1983-05-12	IT Manager	rdavis@xyz.com
83822	Evans	Sara	1992-10-10	Data Analyst	sevans@xyz.com

표 5-1 직원(Employees) 데이터베이스 관계

각 열은 유일한 이름(예: Date of Birth)을 가지는데, 그 이름은 표시할 때 맨 위에 보인다. 그리고 테이블은 그 자체로도 이름을 가지는데, 예를 들면 `Employees`가 되겠다.

테이블과 관계는 사실상 같은 것이라서 보통 테이블이라고 표현한다. 그리고 관계의 튜플은 **행**row으로, 도메인은 **열**column로, 튜플의 요소 값은 열 이름 혹은 **필드**field로 단순하게 표현한다. 관계형 테이블은 스키마의 **인스턴스**라고 부른다.

관계는 튜플의 집합이고 순서가 상관없다. 달리 말하면 데이터베이스의 행의 순서는 의미가 없다는 말이다. 열의 순서 또한 무의미하다. 각 열은 유일한 열 이름(예: Date of Birth)과 열 유형을 가진다.

테이블 정의 시 도메인과 스키마 외에도 키 정의가 필요하다. 관계의 **기본키**는 테이블의 행에서 고유해야 하는 속성 집합이다. 표 5-1에서 키 속성은 ID 필드이다.

▌관계형 데이터베이스

관계형 데이터베이스는 관계(테이블)와 정의한 제약식을 포함한 데이터베이스 객체의 집합을 보관한다. 아래 표의 관계는 표 5-1의 관계와 관계형 데이터베이스 유형으로 조합할 수 있는 내용이다.

Dept ID	Name	Director
HR	Human Resources	34953
IT	Information Technology	23098
DA	Data Analysis	15584

표 5-2 부서 데이터베이스 테이블

여기에는 Employees 테이블의 기본키 ID 및 Departments 테이블의 Dept ID도 포함된다.

관계형 데이터베이스의 스키마는 스스로 테이블의 헤더 정보이며, 데이터 유형과 이름을 포함한다. 앞선 두 테이블의 스키마는 아래와 같이 정의할 수 있다.

- Employees(ID, Last Name, First Name, Date of Birth, Job Title, Email)
- Departments (Dept ID, Name, Director)

기본키는 이름에 밑줄을 쳐 표현한다. 예를 들어 ID는 Employees 테이블의 기본키이며, Dept ID는 Departments 테이블의 기본키다. 따라서 Employees 테이블은 같은 ID를 가지는 데이터가 없고, Departments 테이블은 같은 Dept ID를 가지는 데이터가 없다.

▌외래키

데이터베이스 테이블에서 외래키는 주요키 값과 연결되는 필드를 말한다. 일반적으로 주요키는 다른 테이블에 존재한다. 앞서 정의한 데이터베이스에서의 외래키는 Employees.ID라는 기본키와 연결된 Departments.Director이다. 즉 Dada Analysis 부서의 Director는 15584 아이디를 가지고 있고, 이는 표 5-1에서 보다시피 John Baker이다.

테이블에 외래키가 지정되면 해당 키 값이 참조된 테이블의 기존 기본키 값과 일치하지 않는 행을 추가할 수 없다. Departments 테이블의 모든 행에는 Employees 테이블의 기존 ID 값과 일치하는 Director 값이 있어야 한다.

테이블 A의 외래키가 테이블 B의 주요키를 참조할 때, A를 부모 테이블, B를 자식 테이블이라 부른다. 예제에서 Departments 테이블은 자식 테이블이고, Employees 테이블은 부모 테이블이다. 모든 자식(Departments.Director)은 부모(Employees.ID)를 가지고, 부모는 자식이 존재하기 전에 존재해야 한다. 이를 다대일many-to-one 관계라 한다.

외래키 제약은 관계형 데이터베이스를 효과적으로 생성하기 위한 주요한 메커니즘이다. 데이터의 중복을 줄여 원천적으로 에러 발생 가능성을 줄인다. 예를 들어, 앞서 설명한 데이터베이스에서 외래키 개념을 적용하지 않으면 두 개의 테이블을 실질적으로 하나의 더 크고 덜 구조화 된 테이블로 대체해야 한다.

데이터베이스에서 데이터 중복이 해로운 이유가 몇 가지 있다.

- 데이터값이 변경된 경우 데이터 일관성 유지를 위해 모든 변경 대상을 동시에 변경해야 한다. 데이터가 중복될 경우 모든 대상을 찾기 어려울 수 있기 때문에 오류가 발생하기 쉽다.
- 데이터를 데이터베이스에서 제거할 상황에서도 위와 유사한 상황이 발생할 수 있다.

관계형 데이터베이스 모델은 에드가 F. 커드$^{Edgar F. Codd}$가 1970년 IBM 근무 당시 개발했다. 그 당시는 몇 가지 데이터베이스 모델이 경쟁하던 상태였다.

그림 5-1 에드가 F.커드

그러나 1980년대에 이르러 관계형 모델은 다른 모델을 능가하는 인기를 누렸다. 다만 No-SQL 데이터베이스의 출현만이 지난 10년간 데이터 영역에서 관계형 데이터베이스 모델의 점유율을 줄이는 효과를 가져왔을 뿐이다.

▌ 관계형 데이터베이스 디자인

관계형 데이터베이스의 디자인은 보통 몇 단계에 걸쳐 관리된다. 첫 단계는 테이블의 관계형 스키마를 식별하는 것이다.

프로세스를 명확히 하기 위해 개인 소유 책 정보를 저장하는 소규모의 데이터베이스 설계를 가정해보자. 다음은 일반적인 스키마다.

```
Authors(id, lastName, firstName, yob)
Books(title, edition, hardcover, publisher, pubYear, isbn, numPages)
Publishers(id, name, city, country, url)
```

대부분의 필드가 문자열 유형(자바의 String)으로 정의돼 있다. Authors.yob[Year of Birthday, 탄생 연도], Books.pubYear, Books.numPages 필드는 정수 유형으로 정의해야 한다. 주요키는 Authors.id, Books.isbn, Publishers.id이다. 출판사의 아이디는 Addison-Wesley는 A-W로 혹은 Wiley for Jhon, Wiley and Sons처럼 짧은 문자열로 표현한다.

다음 단계는 외래키 제약 조건을 식별한다. 명백한 한 가지는 Books.publisher는 Publishers.id와 참조 관계를 맺는다는 것이다.

그러나 외래키를 사용해 Authors와 Books 테이블을 연결할 수는 없다. 둘 사이의 관계가 다대다[many-to-many]이기 때문이다. 저자는 여러 권의 책을 쓸 수 있고, 책은 여러 저자가 쓸 수 있다. 외래키 관계는 반드시 다대일[many-to-one] 관계여야 한다. 두 테이블을 외래키로 묶기 위해서는 연결 테이블을 하나 생성해 두 개의 테이블을 연결해야 한다. 즉 AuthorsBooks(author, book)과 같은 형태의 테이블을 추가로 만든다.

이 테이블은 두 개의 키 필드{author, book}를 가진다. 어떤 필드도 그 자체로 유일한 값을 가지지 않기 때문에 여러 개의 키 필드를 가지는 것이다. 예를 들어 아래와 같은 세 개의 행이 포함될 수 있다.

Author	Book
JRHubb	978-0-07-147698-0
JRHubb	978-0-13-093374-0
AHuray	978-0-13-093374-0

표 5-3 도서 데이터베이스를 위한 연결 테이블

152

이제 스키마에 남아 있는 외래키를 정의할 수 있다.

- AuthorsBooks.author와 Authors.id 참조 관계
- AuthorsBooks.book와 Books.isbn 참조 관계

최종 스키마는 네 개의 테이블로 각 주요키와 3개의 외래키가 정의된다.

- Authors(<u>id</u>, lastName, firstName, yob)
- Books(title, edition, hardcover, publisher, pubYear, <u>isbn</u>, numPages)
- Publishers(<u>id</u>, name, city, country, url)
- AuthorsBooks(<u>author</u>, <u>book</u>)
- Books.publisher와 Publishers.id의 참조 관계
- AuthorsBooks.author와 Authors.id의 참조 관계
- AuthorsBooks.book와 Books.isbn의 참조 관계

이 스키마는 그림 5-2에서 볼 수 있다. 주요키에는 밑줄을 쳤고, 외래키는 화살표로 표시했다.

데이터베이스 생성

이제 스키마가 결정됐다(그림 5-2). 4개의 테이블인 Authors, Books, Publishers, Authors Books가 보인다. 각 테이블은 필드 목록을 포함하고, 주요키에는 밑줄을 쳤다. 외래키 제약 조건은 화살표 선으로 표시했다. 예를 들어, Books.isbn은 AuthorsBooks.book 필드에 대한 외래키다.

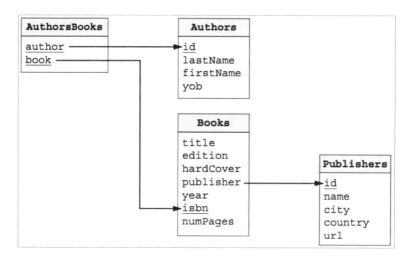

그림 5-2 도서 데이터베이스 스키마

다음 단계는 데이터베이스를 만드는 것이다. 이를 위해 먼저 **적당한 관계형 데이터베이스 시스템**Relational Database System, RDBMS을 선택해야 한다.

사용할 수 있는 데이터베이스 시스템은 매우 많다. 만약 학교나 직장에서 소유하고 접근 가능한 데이터베이스가 있다면 그것을 사용하는 게 가장 좋다. 가장 인기 있는 오라클 RDB, 마이크로소프트 SQL 서버, IBM DB2 등은 다양한 제품군과 무료로 사용 가능한 데이터베이스 시스템을 제공한다. 가장 친숙하게 사용할 수 있는 것은 MySQL로, 부록에서 자세히 확인할 수 있다.

이클립스를 사용해 본 책의 예제 프로그램을 구동하기 위해 SQLite DB를 사용해보겠다. 그러나 여기서 사용하는 모든 SQL 명령문이 MySQL이나 오라클, SQL 서버 또는 DB2에서 원활히 구동된다고 보장하긴 어렵다. 부록의 DBeaver 설정 방법을 참고해 이클립스에서 쉽게 SQLite DB에 접근할 수 있다.[1]

---

1 번역서에서는 이클립스의 DBeaver 플러그인을 사용해 데이터베이스에 접근한다. 넷빈즈 이외의 개발 환경에서는 사용하기 까다로운 자바 DB 대신 간단한 파일 기반의 데이터베이스인 SQLite(https://www.sqlite.org)를 사용했다. – 옮긴이

데이터베이스 개발자는 데이터베이스 시스템과 SQL^{Structured Query Language}을 사용해 의사소통한다. 자바나 파이썬 같은 프로그래밍 언어와는 달리 SQL은 주로 선언적 언어다. 즉 R 또는 OS 명령과 같이 개별 명령에 응답한다. 5장의 뒷부분에서는 JDBC[2]를 사용해 자바 프로그램에서 SQL 명령을 실행하는 방법을 살펴볼 것이다.

그림 5-3 SQLite DB 시작

기본 관계형 데이터베이스의 기본 기능을 모두 갖추면서, 파일 기반의 가볍고 사용하기 쉬운 데이터베이스 시스템인 SQLite를 사용해 Library 데이터베이스를 만들어보자.

1. 부록을 참고해 DBeaver 플러그인을 이클립스에 설치한다.
2. DBeaver 퍼스펙티브로 이동한다.

---

2 Java Database Connectivity

3. Database Navigator 창에서 마우스를 우클릭해 Create New Connection을 선택한다.

4. 그림 5-3과 같이 SQLite를 선택하고 Next 버튼을 클릭한다.

그림 5-4 데이터베이스 기본 정보 입력

5. 그림 5-4와 같이 데이터베이스 파일을 설정하고 기억하기 쉬운 사용자 이름과 비밀번호를 설정한다. Next 버튼을 클릭한 후 Finish Connection creation 창에서 Finish 버튼을 클릭해 생성을 마무리한다.

6. Database Navigator 창에 SQLite – library.data 연결이 생성된다.

7. 연결 항목 하위에는 기본적인 테이블과 뷰, 인덱스 등의 정보를 볼 수 있도록 화면이 구성돼 있다. 현재는 스키마가 전혀 존재하지 않기 때문에 상세 내역을 클릭해도 아무것도 나오지 않을 것이다.

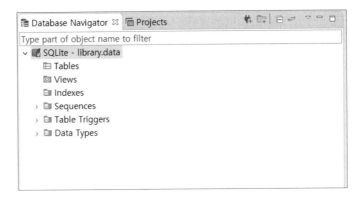

그림 5-5 데이터베이스에 생성 및 연결 완료

8. 이제 연결 항목인 SQLite − library.data에 마우스를 우클릭하고 **SQL Editor**를 선택하면, SQL 편집기가 활성화돼 SQL 명령을 입력하고 실행할 수 있게 된다.

9. `Create table` 명령을 입력한다. 코드 5-1을 참고해 명령을 입력한다. 2행~5행 마지막은 쉼표로 끝나지만 6행은 그렇지 않다(SQL에서 쉼표는 분리자로 종료자가 아니다). 또한 자바와는 달리 SQL은 중괄호 대신 괄호(1행과 7행)를 사용해 필드 정의 목록을 구분한다.

```
□ <SQLite - library.data> Script ⊠
1 create table Publishers (
2     id         char(4)       primary key,
3     name       varchar(32),
4     city       varchar(32),
5     country    char(2),
6     url        varchar(32)
7 );
```

코드 5-1 SQL 테이블 생성 명령

10. 이제 SQL 편집기 창에서 마우스를 우클릭해 Execute > Execute SQL Statement를 선택한다. 만약 오류가 없다면 Statistics 창에 실행 내역이 출력될 것이다. 그렇지 않다면 다시 편집기 창으로 돌아가 코드를 재확인하고 코드 5-1과 비교해 맞게 수정한다. 그 후 다시 SQL 명령을 실행한다. 성공적으로 실행된 후 데이터베

이스의 Tables 노드 아래 Publishers 아이콘이 새로 생길 것이다. 그림 5-6을 참고하라.

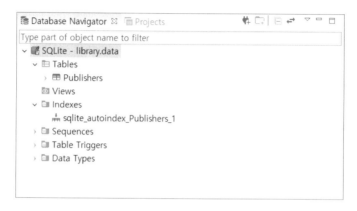

그림 5-6 Publishers 테이블 생성

SQL 명령문

SQL 쿼리 언어는 매우 크고 복잡하다. 이는 50년 가까운 SQL의 역사 때문이다. 또 한편 으로는 IBM, 마이크로소프트, 오라클같이 경쟁이 치열한 데이터베이스 시스템 업체에 의 해 크게 영향을 받아 여러 개선 작업을 거쳐 진화했기 때문이기도 하다. 그러나 두려워할 필요는 없다. 여기에서는 SQL 일부분만을 사용할 것이다.

SQL 명령은 크게 두 종류로 구분한다. 하나는 데이터베이스를 정의하는 데 사용하는 명령 이고, 다른 하나는 정의된 데이터베이스에 접근하는 데 사용하는 명령이다. 앞의 명령을 **데이터 정의어**Data Definition Language, DDL라 하고, 뒤의 명령을 **데이터 조작어**Data Manipulation Language, DML라 한다.[3] 앞서 네 번째 단계에서 사용한 create database 명령이나 코드 5-1에서 사 용한 create table 명령이 데이터 정의어의 예다.

---

3 최근에는 데이터베이스 접근 권한을 설정하는 명령어를 '데이터 제어어(DCL, Data Control Language)'라고도 한다. - 옮긴이

데이터 정의어의 예는 아래와 같다.

```
alter table
drop table
create index
```

데이터 조작어의 예는 아래와 같다.

```
insert into
update
delete from
```

 SQL에서 명령(command)과 명령문(statement)을 같은 의미로 사용한다. SQL 명령문은 모두 대문자로 표현하는 경우가 많다. 그러나 자바나 대부분의 절차적 언어와 달리 SQL은 대소문자를 구분하지 않으므로, 대문자와 소문자의 차이가 없다. 대문자 혹은 소문자를 사용하는지는 보통 코드 스타일에 대한 문제일 뿐이다.

Library 데이터베이스를 계속 생성하기 위한 다음 단계는 Books 테이블에 대한 create table 명령(코드 5-2)을 수행하는 것이다. Books 테이블에는 Publishers 테이블에는 없는 몇 가지 새로운 특징이 있다.

먼저 정수형 데이터인 int 데이터 유형(3, 6, 8행)을 사용한다. 이는 자바의 int와 같다. SQL에서는 int 대신 integer라 쓸 수도 있다.

```
⬛ <SQLite - library.data> Script ☒
 1  create table Books (
 2      title       varchar(64),
 3      edition     int         default 1,
 4      cover       char(4)     check(cover in ('HARD','SOFT')),
 5      publisher   char(4)     references Publishers,
 6      pubYear     int,
 7      isbn        char(13)    primary key,
 8      numPages    int
 9  );
```

코드 5-2 Books 테이블 생성

두 번째로 cover 필드를 정의할 때 오로지 'HARD'와 'SOFT'만 값으로 사용할 수 있도록 정의할 수 있다. 이는 명사형 데이터에서 필수적으로 사용하며, 자바의 열거형(enum)과 비교할 수 있다.

또한 SQL에서 모든 문자열 데이터는 작은따옴표(' ')로 구별된다. 일반적으로 자바 문법에서 사용하는 방식처럼 큰따옴표("HARD")가 아닌 작은따옴표('HARD')임에 유의하자.

마지막으로 5행의 references 키워드가 있다. 이 키워드는 외래키를 강제하며 Books. publisher가 Publishers.id를 참조한다는 의미다. 두 필드를 확인해보면 Books. publisher와 Publishers.id는 모두 같은 데이터 타입인 char(4)이다. 외래키는 참조하는 주요키와 같은 데이터 타입을 가져야 한다.

데이터베이스 구조는 그림 5-7과 같은 구조가 된다.

그림 5-7 데이터베이스 구조

Authors 테이블과 AuthorsBooks 테이블을 만드는 SQL 명령은 코드 5-3과 코드 5-4에서 볼 수 있다.

```
🗋 <SQLite - library.data> Script ⟨⟨
  1  create table Authors (
  2      id          char(8) primary key,
  3      lastName    varchar(16),
  4      firstName   varchar(16),
  5      yob         int
  6  )
```

코드 5-3 Authors 테이블 생성문

코드 5-4에서는 두 개의 외래키 정의가 필요한데, references 키워드를 사용해 정의했다 (2행, 3행). 그리고 두 개의 주요키를 정의할 때는 4행처럼 primary key 키워드를 분리해서 정의한다. Authors.id 같은 단일 주요키일 경우에는 필드 정의에 primary key 키워드를 붙여주거나 별도 분리된 형태의 주요키 정의가 가능하지만, 다중 필드의 키인 경우에는 반드시 아래와 같이 별도 정의해줘야 한다.

```
🗋 <SQLite - library.data> Script ⟨⟨
  1  create table AuthorsBooks (
  2      author  char(8) references Authors,
  3      book    char(13) references Books,
  4      primary key(author, book)
  5  )
```

코드 5-4. AuthorsBooks

언급한 4개의 SQL 명령을 하나의 파일로 묶어 CreateTables.sql이라고 이름 지었다. 이 파일을 **SQL 스크립트**라고 부르고, 코드 5-5에서 볼 수 있다.

162

```
 1  -- ================================================================
 2  --  CreateTables.sql
 3  --  Creates the four tables for the Library database.
 4  --  Data Analysis with Java
 5  --  John R. Hubbard
 6  --  May 4 2017
 7  -- ================================================================
 8
 9  drop table AuthorsBooks;
10  drop table Authors;
11  drop table Books;
12  drop table Publishers;
13
14  create table Publishers (
15      id          char(4)       primary key,
16      name        varchar(32),
17      city        varchar(32),
18      country     char(2),
19      url         varchar(32)
20  );
21
22  create table Books (
23      title       varchar(64),
24      edition     int           default 1,
25      cover       char(4)       check(cover in ('HARD','SOFT')),
26      publisher   char(4)       references Publishers,
27      pubYear     int,
28      isbn        char(13)      primary key,
29      numPages    int
30  );
31
32  create table Authors (
33      id          char(8)       primary key,
34      lastName    varchar(16)   not null,
35      firstName   varchar(16),
36      yob         int           default 0
37  );
38
39  create table AuthorsBooks (
40      author      char(8)       references Authors,
41      book        char(13)      references Books,
42      primary key (author, book)
43  );
```

코드 5-5 모든 4개의 테이블을 생성하는 SQL 스크립트

스크립트는 먼저 7행의 헤더 주석으로 시작하는데, 파일 이름, 목적, 작성자, 날짜 등이 적혀 있다. SQL문 안에서는 이중 하이픈(--) 뒤에 오는 모든 문자는 SQL 해석기에서 처리하지 않고 주석으로 간주한다.

4개의 테이블을 재생성하기에 앞서 먼저 기존 테이블을 지워야 한다. 이는 drop table문을 사용해 9행~12행에 정의했다.

테이블은 생성한 역순으로 삭제해야 외래키 삭제 시 문제를 일으키지 않는다. 예를 들어, Books 테이블이 Publishers 테이블에 의존성(그림 5-2 참고)을 가지고 있다면, Publishers 테이블을 삭제하기 전에 Books 테이블을 삭제해야 한다. 물론, 역으로 테이블을 생성할 때도 마찬가지다. Books 테이블을 생성하기 전에 Publishers 테이블을 먼저 생성해야 한다.

CreateTables.sql 스크립트는 8개의 SQL문을 가지고 있다. 4개는 drop 명령이고, 4개는 create 명령이다. 단일 SQL문인 경우 세미콜론 없이 실행할 수 있지만, CreateTables.sql에서의 각 SQL문은 세미콜론으로 구분돼 있다.

DBeaver SQL 편집기에서 스크립트를 실행하려면, 편집기 창 어디서든 마우스를 우클릭해 Execute > Execute SQL Script를 선택한다.

데이터베이스에 데이터 입력

insert into 명령을 사용해 데이터베이스에 데이터를 입력할 수 있다. 아래 코드를 보자.

```
⟨SQLite - library.data⟩ Script ✖
1  insert into Publishers values (
2      'PPL',
3      'Packt Publishing Limited',
4      'Birmingham',
5      'UK',
6      'packtpub.com'
7  )
```

코드 5-6 1건의 데이터 입력

위 명령을 실행하려면 먼저 SQL 편집기 창을 열어야 한다. 데이터베이스 연결 아이콘에 마우스를 우클릭해 SQL Editor를 선택한다. 위의 SQL문을 입력하고 편집기 어디서든 마우스를 우클릭해 Execute > Execute SQL Statement를 실행한다.

데이터가 정말로 테이블에 입력됐는지 확인하려면 PUBLISHERS 테이블에 마우스를 우클릭해 Read data in SQL console을 선택한다. 결과창은 다음과 같다.

	id	name	city	country	url
1	PPL	Packt Publishing Limited	Birmingham	UK	packtpub.com

그림 5-8 Publishers 테이블 내 데이터

자동으로 SELECT id, name, city, country, url FROM Publishers; 쿼리를 생성한 것을 볼 수 있다. 생성된 쿼리는 자동으로 실행돼 결과를 출력한다.

```
SELECT id, name, city, country, url
FROM Publishers;
```

그림 5-9 결과를 도출하기 위해 실행한 쿼리

insert into 명령문은 두 가지 유형이 존재한다. 하나는 코드 5-6과 같은 형태다. 이 유형은 테이블에 정의된 각 필드에 대한 값이 필요하다. 만약 존재하지 않거나 잘 모르는 값이 있을때는 좀 더 상세한 형태의 insert into 명령문이 필요하다. 그래서 두 번째는 단순히 값이 제공되는 각 필드의 정보와 값을 나열하는 형식이다.

두 번째 유형의 insert 구문은 코드 5-7에서 볼 수 있다.

```
insert into Publishers (id, name, city, country)
values ('A-V', 'Akademie-Verlag', 'Berlin', 'DE')
```

코드 5-7 특정 필드 이름을 입력

Publisher가 URL 값을 갖고 있지 않을 경우, 해당 필드는 비어진 채로 있게 된다. 그림 5-10은 비어 있는 폴더가 〈NULL〉로 표시되는 것을 보여준다.

그림 5-10 Publishers 테이블의 현재 데이터

두 번째 유형의 좋은 점은 값과 필드명을 일치시키기만 하면, 입력하고자 하는 필드 순서를 마음대로 정할 수 있다는 것이다.

배치 모드를 사용해 insert into 명령문을 수행, 데이터를 테이블에 입력할 수도 있다. 단순히 표현하자면 코드 5-5의 create table 명령에서 했던 것처럼 하나의 SQL 파일에 많은 명령문을 하나로 결합한 다음, 파일 자체를 실행하는 것을 의미한다.

배치 파일을 SQL 편집기에서 실행시킨다.

```
<SQLite - library.data> Query
1  insert into Publishers values ('PH', 'Prentice Hall, Inc.', 'Upper Saddle River, NJ', 'US', 'www.prenhall.com');
2  insert into Publishers values ('MHE', 'McGraw-Hill Education', 'New York, NY', 'US', 'www.mheducation.com');
3  insert into Publishers values ('A-W', 'Addison-Wesley Longman, Inc.', 'Reading, MA', 'US', 'www.awl.com');
4  insert into Publishers values ('CUP', 'Cambridge University Press', 'Cambridge', 'UK', 'www.cambridge.org');
```

코드 5-8 배치 모드 입력

166

결과를 확인해보자.

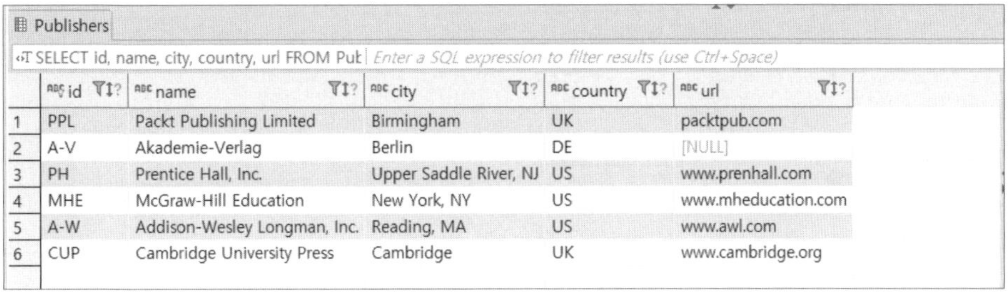

그림 5-11 Publishers 테이블

한 가지 문제는 모든 insert문을 파일에 적어둬야 한다는 점이다. 이보다 더 좋은 방법은 JDBC를 사용하는 것이다.

데이터베이스 쿼리

SQL **데이터베이스 쿼리**는 데이터베이스에 정보를 요청하는 SQL 문법이다. 쿼리가 성공적으로 수행되면 일반적으로 가상의 테이블인 표 형식의 데이터가 반환된다. 그림 5-9는 Publishers 테이블의 드롭다운 메뉴에서 **Read data in SQL console**을 선택했을 때 자동으로 생성된 SQL 쿼리다. 첫 단어인 select가 키워드다.

select 구문은 SQL에서 다른 구문과 비교해 월등히 많은 조건과 변수를 갖고 있다. 위키피디아 페이지를 보면 매우 잘 정리돼 있는데, 그중 몇 가지 유형을 살펴보자.

코드 5-9는 국가가 US가 아닌 출판사의 name, city, country를 반환하는 쿼리로, 결과는 name 기준으로 정렬된다.

코드 5-9 Publishers 테이블 쿼리

where 절과 order by 절은 옵션이다. <> 기호는 '같지 않다'라는 의미다.

코드 5-10의 쿼리는 order by 절에 두 개의 필드를 사용해 정렬하는 예제다. 결과는 첫 번째 필드에 의해 정렬된 결과를 두 번째 필드를 사용해 재정렬한다.

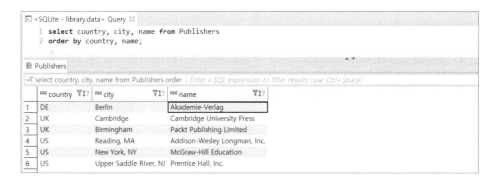

코드 5-10 두 개의 필드를 사용한 정렬

SQL 데이터 유형

표준 SQL은 숫자, 문자열, 비트 스트링, 임시 유형 네 가지 데이터 유형을 갖고 있다.

숫자 형태는 int, smallInt, bigInt, double, decimal(p, s)가 있는데 p는 숫자의 최대 범위고, s는 소수점 자릿수를 의미한다.

문자열 형태는 char(n)과 varchar(n) 등이 있다.

두 가지 비트 스트링은 bit(n)과 bit varying(n)으로 0과 1로 표현되는 단일 비트의 배열 형태다.

임시 유형은 date, time, timestamp 등이 있다. 타임스탬프[timestamp]는 날짜와 시간을 포함하는 특별한 형태의 인스턴스로, 2017-04-29 14:06 같은 형태로 표현된다. ISO 표준 형태의 날짜표시를 사용하며, 예를 들어 April 29, 2017은 2017-04-29로 표시된다.

주요 관계형 데이터베이스 업체의 경쟁으로 인해 SQL 데이터 유형도 다양한 이름이 생겨났다. 예를 들어 integer는 int로 표시하기도 하며, char 대신 character를 사용하기도 한다. MySQL은 int와 char를 사용한다.

JDBC

JDBC는 Java Database Connectivity의 약자로, 자바에서 관계형 데이터베이스에 SQL 명령을 쉽게 실행할 수 있도록 제공해주는 API를 말한다. 이는 데이터베이스 드라이버를 사용해 관계형 데이터베이스를 호출하며, 데이터베이스 드라이버는 데이터베이스 제공자를 통해 다운로드 받을 수 있다. 예를 들면 다음과 같다.

- MySQL의 Connector/J
- 오라클 데이터베이스 11g의 ojdbc6.jar
- 마이크로소프트 SQL 서버의 마이크로소프트 JDBC 드라이버 6.0

DBeaver를 사용하고 있다면 별도의 드라이버 다운로드는 필요 없다. DBeaver가 자동으로 다운로드해주기 때문이다. 그러나 라이브러리를 프로젝트에 추가하는 편이 좋다.

JDBC를 사용하기 위해서는 아래 단계를 통해 설정을 진행해야 한다.

1. https://mvnrepository.com 사이트를 방문한다.

2. 검색창에 SQLite를 검색한다.

3. **SQLite JDBC** 항목을 클릭해 최신 버전을 선택한다.

4. Maven 탭의 내용을 복사해 프로젝트의 pom.xml에 추가한다.

```xml
chapter05/pom.xml
 1 <project xmlns="http://maven.apache.org/POM/4.0.0"
 2     xmlns:xsi="http://www.w3.org/2001/XMLSchema-instance"
 3     xsi:schemaLocation="http://maven.apache.org/POM/4.0.0 http://maven.apache.org/xsd/maven-4.0.0.xsd">
 4     <modelVersion>4.0.0</modelVersion>
 5     <groupId>dawj</groupId>
 6     <artifactId>chapter05</artifactId>
 7     <version>0.0.1-SNAPSHOT</version>
 8
 9     <dependencies>
10         <!-- https://mvnrepository.com/artifact/org.xerial/sqlite-jdbc -->
11         <dependency>
12             <groupId>org.xerial</groupId>
13             <artifactId>sqlite-jdbc</artifactId>
14             <version>3.23.1</version>
15         </dependency>
16     </dependencies>
17 </project>
```

그림 5-12 pom.xml에 JDBC 의존성 추가

JDBC 연결을 확인하기 위해 간단한 테스트 프로그램인 **JDBCTester**를 실행해보자. 코드 5-11을 참고하라.

```java
JDBCTester.java
 8 import java.sql.Connection;
 9 import java.sql.DriverManager;
10 import java.sql.SQLException;
11 import java.sql.Statement;
12
13 public class JDBCTester {
14     private static final String URL = "jdbc:sqlite:C:\\dawj\\db\\library.data";
15     private static final String USR = "dawj";  // 사용자 아이디 입력
16     private static final String PWD = "dawj";  // 사용자 비밀번호 입력
17
18     public static void main(String[] args) {
19         try {
20             Connection conn = DriverManager.getConnection(URL, USR, PWD);
21             Statement stmt = conn.createStatement();
22
23             stmt.close();
24             conn.close();
25         } catch (SQLException e) {
26             System.err.println(e);
27         }
28     }
29 }
```

코드 5-11 데이터베이스에 접속하기 위한 JDBC 프로그램

8행~11행의 import 구문은 20행~21행에서 추가된 DriverManager, Connection, Statement, SQLException 객체들을 선언한 부분으로 모두 java.sql 패키지에 포함돼 있다.

14행~16행을 보면 20행의 DriverManager.getConnection( ) 메소드에서 사용되는 상수가 정의돼 있다. URL은 데이터베이스를 식별하기 위한 위치 정보이고 USR과 PWD 상수는 데이터베이스를 생성할 때 정의한 사용자 이름과 비밀번호다.

Statement 객체는 21행에서 생성한다. 이 객체는 데이터베이스에 실행할 SQL 구문을 포함하고 있다. SQL 구문을 포함하는 코드는 22행의 비어 있는 부분에 채워지게 될 것이다.

코드 5-12의 자바 프로그램은 코드 5-11의 22행 부분을 채운 프로그램이다.

```java
   JDBCTester.java ⊠
19      public static void main(String[] args) {
20          try {
21              Connection conn = DriverManager.getConnection(URL, USR, PWD);
22              Statement stmt = conn.createStatement();
23
24              String sql = String.format("select name, city from Publishers");
25              ResultSet rs = stmt.executeQuery(sql);
26              while (rs.next()) {
27                  String pubName = rs.getString("name");
28                  String pubCity = rs.getString("city");
29                  System.out.printf("%s, %s%n", pubName, pubCity);
30              }
31              rs.close();
32              |
33              stmt.close();
34              conn.close();
35          } catch (SQLException e) {
36              System.err.println(e);
37          }
38      }
```

코드 5-12 Publishers 데이터를 출력하는 프로그램

20행에 String 객체로 정의된 SQL 구문이 실행될 것이다. 25행에서 쿼리 문자열을 executeQuery( ) 메소드를 사용해 stmt 객체에 전달한다. 그리고 결과는 ResultSet 객체에 저장된다.

ResultSet은 테이블과 비슷한 객체로 내부 데이터에 접근을 위해 70개 이상의 getter 메소드를 제공한다. Publishers 테이블에서 두 개의 필드(name과 city)에 대한 결과를 요청했고 총 6개의 데이터가 있는 것을 알고 있기 때문에, rs 객체가 문자열로 이루어진 2차원 배열에 6개의 행을 가진 데이터임을 추측할 수 있다. 26행~30행의 while 반복문은 한 번에 한 행씩 배열을 반복 탐색한다. 27행~28행에서 각 행에 대한 분리된 두 개의 필드 값을 읽어 28행에서 출력한다. 결과는 아래 그림 5-13과 같다.

그림 5-13 JDBC 프로그램 결과

JDBC의 PreparedStatement 사용하기

앞선 예제에서는 JDBC의 Statement 객체를 사용해 Library 데이터베이스에 쿼리를 수행하는 방법을 알아봤다. 이제 조금 더 유연한 PreparedStatement에 대해 알아보자. PreparedStatement는 다른 값을 동적으로 할당해 쿼리를 수행할 수 있다.

코드 5-13의 프로그램은 데이터베이스 테이블에 새로운 데이터를 추가한다. 그림 5-14의 CVS 파일에서 6줄의 데이터를 읽어와 데이터베이스에 저장한다. 각 줄의 데이터는 Library 데이터베이스의 Authors 테이블에 입력된다.

```
📄 Authors1.dat ⊠
1 AhoAV,Aho,Alfred V.,1941
2 Hopcroft,Hopcroft,John E.,1939
3 WirtNik,Wirth,Niklaus,1934
4 Leiserso,Leiserson,Charles E.,1953
5 RivestRL,Rivest,Ronald L.,1947
6 SteinCL,Stein,Clifford S.,1965
```

그림 5-14 외부 데이터 파일

파일에서 내용을 읽기 위해 26행에서 File 객체를 초기화하고 29에서 Scanner 객체를 초기화한다.

27행에서는 insert 구문의 SQL을 sql 이라는 문자열 변수에 입력한다. 다만 물음표(?)를 사용해 변수를 받을 수 있도록 했다. 물음표 부분은 38행~41행에서 실제 값으로 채워진다. PreparedStatement 객체인 ps는 28행에서 sql 문자열을 사용해 초기화한다.

32행~43행의 while 반복문은 파일의 한 줄을 읽는 작업을 반복 수행한다. 33행~37행에서 Scanner 객체는 CSV형태로 4가지 항목이 분리된 한 줄의 내용을 읽는다. 읽어온 각 항목은 38행~41행 사이에서 PreparedStatement 객체에 할당된다. 예를 들어 "WirthNik", "Wirth", "Niklaus" 문자열과 1934 숫자를 적용해 SQL문을 생성하면 아래와 같다.

---

insert into Authors values('WirthNik', 'Wirth', 'Niklaus', 1934)

위 SQL은 42행에서 실행된다.

각 PreparedStatement가 실행될 때마다 테이블에 하나의 데이터가 추가된다. 42행의 rows 변수는 실행에 성공할 때마다 하나씩 증가해, 45행의 출력값은 아래와 같다.

6행이 Authors 테이블에 저장됨

```
AddAuthors.java ☒
18 public class AddAuthors {
19     private static final String URL = "jdbc:sqlite:C:\\dawj\\db\\library.data";
20     private static final String USR = "dawj";   // 데이터베이스 사용자 이름
21     private static final String PWD = "dawj";   // 데이터베이스 비밀번호
22
23     public static void main(String[] args) {
24         try {
25             Connection conn = DriverManager.getConnection(URL, USR, PWD);
26             File file = new File("data/Authors1.dat");
27             String sql = "insert into Authors values(?, ?, ?, ?)";
28             PreparedStatement ps = conn.prepareStatement(sql);
29             Scanner fileScanner = new Scanner(file);
30             int rows = 0;
31             while (fileScanner.hasNext()) {
32                 String line = fileScanner.nextLine();
33                 Scanner lineScanner = new Scanner(line).useDelimiter(",");
34                 String id = lineScanner.next();
35                 String lastName = lineScanner.next();
36                 String firstName = lineScanner.next();
37                 int yob = lineScanner.nextInt();
38                 ps.setString(1, id);
39                 ps.setString(2, lastName);
40                 ps.setString(3, firstName);
41                 ps.setInt(4, yob);
42                 rows += ps.executeUpdate();
43                 lineScanner.close();
44             }
45             System.out.printf("%d 행이 Authors 테이블에 저장됨%n", rows);
46             fileScanner.close();
47             conn.close();
48         } catch (IOException | SQLException e) {
49             System.err.println(e);
50         }
51     }
52 }
```

코드 5-13 데이터를 입력하는 JDBC 프로그램

배치 처리

코드 5-13은 일반적인 입력 처리를 보여줬다. JDBC의 PreparedStatement는 외부 파일에서 완벽한 데이터베이스를 읽어올 수 있다. 아래 예제는 그 방법을 보여준다.

Publishers.dat

```
A-V/Akademie-Verlag/Berlin/DE/
A-W/Addison-Wesley Longman, Inc./Reading, MA/US/www.awl.com
BACH/Bachelier/Paris/FR/
CAMB/Cambridge University Press/Cambridge/UK/www.cambridge.org
EDIS/EdiScience/Paris/FR/www.ediscience.net
MHE/McGraw-Hill Education/New York, NY/US/www.mheducation.com
OXF/Oxford University Press/Oxford/UK/global.oup.com
PPL/Packt Publishing Limited/Birmingham/UK/packtpub.com
PH/Prentice Hall, Inc./Upper Saddle River, NJ/US/www.prenhall.com
PUP/Princeton University Press/Princeton, NJ/US/press.princeton.edu
TEUB/B. G. Teubner/Leipzig/DE/
WHF/W. H. Freeman and Company/New York, NY/US/www.whfreeman.com
```

그림 5-15 Publishers 테이블 데이터 파일

그림 5-15는 Publishers 테이블을 위한 완전한 12개의 데이터를 포함하고 있다. 한 줄은 하나의 레코드를 가지고 있으며 각 필드는 슬래시(/) 문자로 구분돼 있다. 코드 5-14는 모든 데이터를 읽어 Publishers 테이블에 저장한다.

```
📃 LoadPublishers.java ⊠
20 public class LoadPublishers {
21     private static final String URL = "jdbc:sqlite:C:\\dawj\\db\\library.data";
22     private static final String USR = "dawj";   // 데이터베이스 사용자 이름
23     private static final String PWD = "dawj";   // 데이터베이스 비밀번호
24     private static final File DATA = new File("data/Publishers.dat");
25     private static final String SQL =
26             "insert into Publishers values(?, ?, ?, ?, ?)";
27
28     public static void main(String[] args) {
29         try {
30             Connection conn = DriverManager.getConnection(URL, USR, PWD);
31             PreparedStatement ps = conn.prepareStatement(SQL);
32             Scanner fileScanner = new Scanner(DATA);
33             conn.createStatement().execute("delete from AuthorsBooks");
34             conn.createStatement().execute("delete from Books");
35             conn.createStatement().execute("delete from Publishers");
36             int rows = 0;
37             while (fileScanner.hasNext()) {
38                 String line = fileScanner.nextLine();
39                 Scanner lineScanner = new Scanner(line).useDelimiter("/");
40                 String id = lineScanner.next();
41                 String name = lineScanner.next();
42                 String city = lineScanner.next();
43                 String country = lineScanner.next();
44                 String url = (lineScanner.hasNext() ? lineScanner.next() : "");
45                 ps.setString(1, id);
46                 ps.setString(2, name);
47                 ps.setString(3, city);
48                 ps.setString(4, country);
49                 if (url.length() > 0) {
50                     ps.setString(5, url);
51                 } else {
52                     ps.setNull(5, Types.VARCHAR);
53                 }
54                 rows += ps.executeUpdate();
55                 lineScanner.close();
56             }
57             System.out.printf("%d 행이 Publishers 테이블에 저장됨%n", rows);
58             conn.close();
59         } catch (IOException | SQLException e) {
60             System.err.println(e);
61         }
62     }
```

코드 5-14 데이터를 읽어 Publishers 테이블에 입력하는 프로그램

PreparedStatement의 쿼리는 25행에 상수 형태의 문자열 SQL로 정의하고 데이터 파일은 24행에 File 객체인 DATA로 정의된다.

33행~35행에서는 AuthorsBooks, Books, Publishers 테이블을 비우기 위한 delete from 문을 수행하기 위해 Statement 객체를 먼저 사용한다. 오로지 데이터 파일에 있는 데이터만을 Publishers 테이블에 담고 싶기 때문이다. 먼저 AuthorsBooks 테이블을 비우고 Books 테이블을 비우는데, 이는 외래키가 참조됐기 때문이다(그림 5-2). SQL은 추가적인

176

참조 관계가 존재하면 데이터를 지울 수 없다.

코드 5-14는 코드 5-13과 비슷하나 url 필드의 처리가 다르다. 그림 5-15 데이터 파일의 1행과 3행을 보면 몇 Publishers 데이터는 url 필드를 가지고 있지 않다(해당 출판사는 인터넷이 발명되기 전에 사업을 중단했다). 이와 같은 상황에서 데이터베이스 테이블은 NULL 값을 가져야 하고, 비워둬야 한다. 이런 경우 varchar( ) 유형의 NULL 값을 설정해야 하는데, 52행에서 확인할 수 있다.

```
ps.setNull(5, Types.VARCHAR);
```

먼저 44행을 보면 삼항 연산자를 사용해 데이터 파일을 파싱할 때 한 줄의 맨 끝에 도달한 경우 url 필드가 없으면 빈 문자열을 저장한다. 그리고 49행에서 if문을 사용해 url이 존재하는지 아닌지 확인한다.

Authors 테이블 데이터는 그림 5-16에서 확인할 수 있다.

그림 5-16 Authors 테이블 데이터

이 26개의 데이터는 코드 5-15의 프로그램을 사용해 Authors 테이블에 입력된다. 이는 코드 5-14와 같은 방식으로 동작한다.

함께 제공된 소스코드에서 데이터 파일과 프로그램을 확인할 수 있다. 또한 Library 데이터베이스의 다른 두 개의 테이블(Books와 AuthorsBooks)에 대한 데이터 파일도 포함돼 있다.

```java
19 public class LoadAuthors {
20     private static final String URL = "jdbc:sqlite:C:\\dawj\\db\\library.data";
21     private static final String USR = "dawj";   // 데이터베이스 사용자 이름
22     private static final String PWD = "dawj";   // 데이터베이스 비밀번호
23     private static final File DATA = new File("data/Authors.dat");
24     private static final String SQL = "insert into Authors values(?, ?, ?, ?)";
25
26     public static void main(String[] args) {
27         try {
28             Connection conn = DriverManager.getConnection(URL, USR, PWD);
29             PreparedStatement ps = conn.prepareStatement(SQL);
30             Scanner fileScanner = new Scanner(DATA);
31             conn.createStatement().execute("delete from AuthorsBooks");
32             conn.createStatement().execute("delete from Authors");
33             int rows = 0;
34             while (fileScanner.hasNext()) {
35                 String line = fileScanner.nextLine();
36                 Scanner lineScanner = new Scanner(line).useDelimiter("/");
37                 String id = lineScanner.next();
38                 String lastName = lineScanner.next();
39                 String firstName = lineScanner.next();
40                 int yob = lineScanner.nextInt();
41                 ps.setString(1, id);
42                 ps.setString(2, lastName);
43                 ps.setString(3, firstName);
44                 ps.setInt(4, yob);
45                 rows += ps.executeUpdate();
46                 lineScanner.close();
47             }
48             System.out.printf("%d 행이 Authors 테이블에 저장됨%n", rows);
49             conn.close();
50         } catch (IOException | SQLException e) {
51             System.err.println(e);
52         }
53     }
54 }
```

코드 5-15 데이터를 읽어 Authors 테이블에 저장하는 프로그램

데이터베이스 뷰

데이터베이스 뷰는 본질적으로 가상 테이블이다. 뷰는 create view문 내에 select문을 포함해 작성한다. 그 후, 실제 테이블 또는 결과 집합인 것처럼 select 쿼리를 사용해 생성한 뷰에 접근할 수 있다.

코드 5-16의 쿼리는 미국에서 출판한 책을 쓴 저자의 목록을 보여준다. 2행의 from 조건은 Authors 테이블 필드와 Publishers 테이블의 필드 간 연결된 부분 때문에 4개의 테이블을 참조한다(그림 5-2). 3행~5행의 3가지 조건은 데이터베이스 외래키 참조 관계를 정의하는 부분이다. 7행의 order by는 결과를 성last name순으로 정렬하라는 의미이며, 1행의 distinct 키워드는 결과에서 중복된 행은 지우라는 뜻이다.

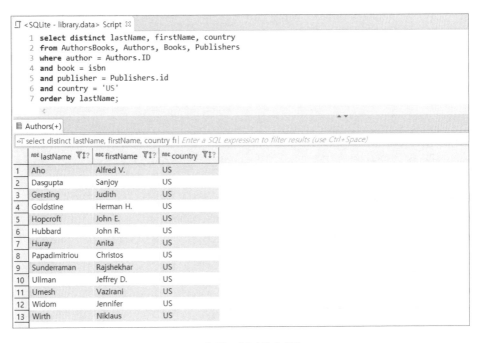

코드 5-16 미국인 작가 선택

위 쿼리의 결과는 **가상 테이블**이다. 이는 일반적인 데이터베이스 테이블과 같은 구조를 가진다. 그러나 여기에서 데이터는 별도 테이블로 저장되지 않는다. 가상 테이블은 실제 테이블에 저장된 데이터에 대한 참조만을 저장한다. 그런데도 가상 테이블 개념은 매우 유용하게도 SQL을 사용해 이름을 지정하고 실제 테이블처럼 사용할 수 있다. 이런 가상 테이블을 데이터베이스 뷰라고 부른다.

코드 5-17처럼 AmericanAuthors라고 이름의 뷰를 만들어보자. 단순하게 앞선 미국인 작가 선택 쿼리에 사용한 select문을 사용해 AmericanAuthors 뷰를 생성한다.

```
🗊 <SQLite - library.data> Script ⊠

1  create view AmericanAuthors as
2      select distinct lastName, firstName, country
3      from AuthorsBooks, Authors, Books, Publishers
4      where author = Authors.ID
5      and book = isbn
6      and publisher = Publishers.id
7      and country = 'US'
8      order by lastName;
```

코드 5-17 AmericanAuthors 뷰 생성

DBeaver의 Database Navigator 창에서 다른 데이터베이스 객체들과 함께 생성한 뷰 객체를 확인할 수 있다.

그림 5-17 데이터베이스 객체

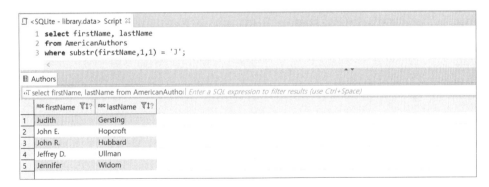

코드 5-18 AmericanAuthors 뷰에 쿼리 수행

이제 AmericanAuthors 뷰에 대해서 데이터베이스 내 다른 4개의 테이블과 마찬가지 방법으로 select 쿼리를 수행할 수 있다. 코드 5–18의 쿼리는 이름이 'J'로 시작되는 모든 저자를 이미 생성한 뷰를 통해 찾는 방법을 보여준다.

SQL의 부분 문자열 추출^{substr} 기능을 사용했음에 주목하자.

```
substr(firstName,1,1)
```

 일부 데이터베이스 업체, 특히 마이크로소프트 SQL 서버에서는 substr 대신 substring이라는 함수를 사용해야 한다.

위 명령은 firstName 필드의 맨 앞 문자를 반환한다.

일반적으로 아래와 같은 유형을 따른다.

```
substr(string, n, length)
```

이는 특정 string에 대해 n번째 문자로부터 length 길이만큼 잘라낸 문자열을 반환한다는 의미다. 여기서 한 가지 주의할 점이 있다. 자바의 경우 문자열의 인덱스가 0부터 시작하지만, SQL에서는 1부터 시작한다. 따라서 첫 번째 문자의 인덱스는 0이 아닌 1이다.

뷰는 동적이다. 만약 뷰가 생성된 대상 테이블의 내용이 변경되면 뷰를 사용하는 쿼리의 결과도 따라서 변하게 된다.

예를 들어, 성이 GERSTING이라는 저자의 이름을 Judith에서 Judith L로 바꿨다고 가정하자. 이 작업은 코드 5–19의 SQL update 구문에 의해 처리될 것이다. 그 후 American Authors 뷰를 다시 조회하면 결과가 바뀐 것을 볼 수 있다.

```
⎯ <SQLite - library.data> Script ⌘
 1  update Authors
 2  set firstName = 'Judith L.'
 3  where id = 'GERSTING';
```

코드 5-19 데이터 변경

뷰는 가상 테이블로 일반 테이블과 동일해 보인다. 그러나 스스로 데이터를 갖지는 않는
다. 즉 select 구문을 수행할 수는 있지만, update 구문을 수행할 수는 없다. 데이터를 변
경하고 싶다면 데이터를 가지고 있는 일반 테이블을 수정해야 한다.

코드 5-20 데이터 변경 후 쿼리 재수행

서브 쿼리

뷰는 별도 쿼리를 위해 가상 테이블처럼 동작하는 데이터베이스 객체라고 이미 정의했다.
서브 쿼리는 본질적으로 쿼리 내에서 정의되고 해당 쿼리에 대해서만 존재하는 임시 뷰다.
따라서 서브 쿼리를 임시 가상 테이블로 생각할 수 있다.

코드 5-21은 미국이 아닌 곳에서 출판한 책의 isbn 코드를 보여주는 EuropeanBooks 뷰
를 생성하는 SQL문이다.

```
[] <SQLite - library.data> Script Ⅹ
    1  create view EuropeanBooks as
    2      select isbn
    3      from Books, Publishers
    4      where publisher = id
    5      and country <> 'US';
```

코드 5-21 EuropeanBooks 뷰 생성

코드 5-22는 4행~5행에 EuropeanBooks 뷰의 모든 isbn 필드를 반환하는 가상 테이블을
서브 쿼리로 포함한다. 1행의 상위 select문에서는 서브쿼리에서 반환한 책의 author 필
드를 반환한다.

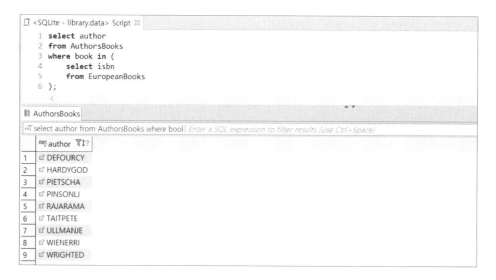

코드 5-22 유럽에서 출판한 책의 저자들

서브 쿼리에서 뷰를 사용하는 것이 필수는 아니다. 그러나 뷰를 사용하면 쿼리를 이해하
기 쉬워진다. 자바 프로그램에서 메소드를 사용하면 메소드의 이름이 실제 메소드가 하는
행위를 명확히 해주는 것처럼 뷰도 같은 역할을 해줄 수 있다.

코드 5-23의 쿼리는 SQL 특성을 두 가지 보여준다. **집계 함수**aggregate function인 avg( )는 특
정 필드의 값에 대한 평균을 반환한다. 예제에서는 numPages 필드에 대한 평균을 구했다.

또한 결과에 대한 이름표를 Average라고 붙였다. 결과는 단일 값으로 약 447이다.

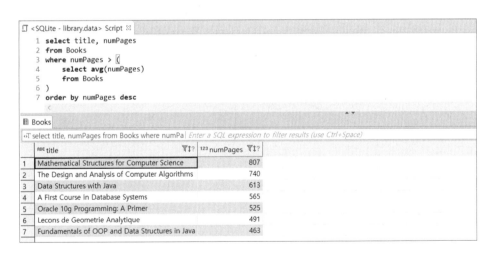

코드 5-23 페이지의 평균 수

표준 SQL에는 5가지 집계 함수 avg( ), sum( ), count( ), max( ), min( )이 있다.

코드 5-24의 쿼리는 서브 쿼리를 사용해 numPages가 평균보다 큰 책을 찾는다. 여기에서 두 가지 다른 SQL 특성을 볼 수 있다. 하나는 어떤 조건이 서브 쿼리에 따라오느냐인데, 여기서는 order by 절이다. 다른 하나는 desc 키워드를 사용해 결과를 내림차순 정렬하는 것이다.

```sql
1 select title, numPages
2 from Books
3 where numPages > (
4     select avg(numPages)
5     from Books
6 )
7 order by numPages desc
```

	title	numPages
1	Mathematical Structures for Computer Science	807
2	The Design and Analysis of Computer Algorithms	740
3	Data Structures with Java	613
4	A First Course in Database Systems	565
5	Oracle 10g Programming: A Primer	525
6	Lecons de Geometrie Analytique	491
7	Fundamentals of OOP and Data Structures in Java	463

코드 5-24 평균보다 페이지 수가 많은 책

테이블 인덱스

데이터베이스 테이블 **인덱스**는 해당 테이블 검색을 쉽게 해주는 테이블에 연결된 객체다.

일반적으로 인덱스의 구현은 데이터베이스 시스템 업체가 독점적으로 설계한다. 보통 **로그 스케일 시간** 내에 저장된 레코드를 찾을 수 있도록 다양한 방법으로 구현되는데, 트리 형태의 분리된 파일로 생각할 수 있다. 즉 조회 시간이 테이블 레코드 수에 대해 로그 형태로 비례해 증가한다는 의미다. 예를 들어 10,000개의 레코드를 가지고 있는 테이블에 3번 조회하는 시간과 100,000,000 레코드에 6번 조회하는 시간이 비슷해야 한다($log\ n^2{=}2\ log\ n$).

인덱스는 추가적인 저장 공간이 필요하다. 또한 인덱스로 인해 삭제나 수정 시 갱신되기까지 약간의 추가 시간이 걸린다. 그러나 큰 테이블을 주로 조회에 사용하는 경우 데이터베이스 관리자는 해당 테이블에 대한 인덱스를 생성하는 것에 신경 써야 한다.

일반적으로 데이터베이스 인덱스는 B-tree를 구현한다. B-tree는 루돌프 바이어[Rudolf Bayer]와 에드워드 M.맥 크레이트[Ed McCreight]가 1971년 보잉 연구소에서 일할 당시 발명했다. B-tree는 키, 값, 레코드 주소를 저장한다. 아래는 B-tree의 일반적인 데이터 구조다.

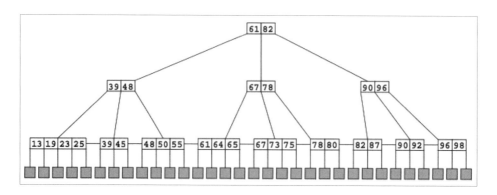

그림 5-18 B-tree 데이터 구조

그림 5-18의 트리는 키가 두 자리 양의 정수인 테이블의 인덱스로 쓸 수 있다. 예를 들어, 키 값 94로 레코드를 찾으려면 검색은 맨 위 루트 트리에서 시작된다. 해당 노드에는 61과 82가 존재하는데, 목표 값이 두 값보다 크기 때문에 82의 오른쪽 링크를 따라 90과 96을 포함하는 노드까지 탐색해 간다. 찾고자 하는 대상은 두 값 사이에 있기 때문에 그 사이의 링크를 따라 다음 노드로 계속 찾아 나간다. 찾고자 하는 노드는 90과 92를 포함하기 때문에 검색은 92의 오른쪽 링크를 따라가고 결국 목표 키 값인 94를 가지는 말단 노드에 도달하게 된다.

그림 5-18의 B-tree는 13개의 키 노드가 3레벨로 31개의 키를 포함하고 있으며, 각 노드는 2개에서 4개의 키를 가지고 있다. 그러나 실제 B-tree는 노드 별로 4개 이상의 노드를 포함하도록 설정할 수 있다. 사실상 각 노드당 20개~40개의 키를 가지는 경우는 일반적이지 않다. 40개의 키 노드가 4레벨로 구성된 B-tree는 100,000,000,000개의 레코드를 가지는 테이블을 인덱싱할 수 있다. 그러나 레벨 4까지만 있으면 검색당 4개의 프로브가 필요하므로 거의 즉각적인 응답을 받을 수 있다.

SQLite는 주요키 기준으로 테이블별 자동으로 인덱스를 생성한다. 데이터베이스의 모든 객체와 마찬가지로 이름을 가지고 있으며, 그림 5-19에서 볼 수 있듯, 인덱스의 이름은 데이터베이스가 자동으로 지어준다.

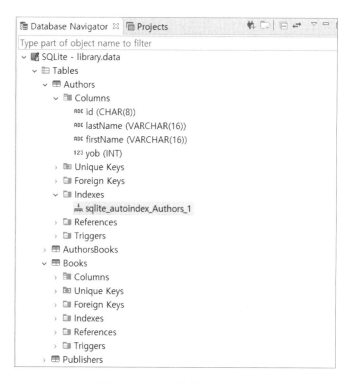

그림 5-19 Authors 테이블의 기본 인덱스

만약 다른 데이터베이스 시스템을 사용하고 있고, 자동으로 키에 대한 인덱스가 생성되지 않는다면 아래와 같이 create index 구문을 사용해 인덱스를 생성할 수 있다.

```
create index AuthorsIndex on Authors(id)
```

AuthorsIndex라는 인덱스는 Authors 테이블의 id 필드를 사용해 생성한다.

▌ 요약

5장에서는 관계형 데이터베이스의 기본 특징을 설명했다. 또한 자바 프로그램을 사용해 데이터베이스에 접근했다. 관계형 데이터베이스 디자인, 주요키와 외래키, 데이터베이스를 생성하고 접근하는 SQL 쿼리 언어, 자바를 사용해 데이터베이스에 접근하는 JDBC API, 데이터베이스 뷰, 서브 쿼리, 테이블 인덱스 등에 대해 알아봤다.

5장에서 제공한 다양한 예제와 실행 코드를 통해 자바를 사용해 관계형 데이터베이스를 다루는 방식을 이해할 수 있다.

06

회귀 분석

데이터를 분석하는 기본적인 목적 중 하나는 데이터의 **추론**이다. 데이터 추론은 데이터에서 일정한 패턴을 발견해 처리하고, 발견한 패턴으로 미래를 예측하거나 관찰되지 않은 다른 데이터에 적용한다. 데이터셋이 수학적 함수와 유사한 패턴을 따르는 것으로 보이면, 해당 함수 또는 클래스를 식별하는 데 사용되는 알고리즘은 회귀 분석으로 특정할 수 있다. 그중 가장 단순한 선형 형태의 함수인 경우 **선형 회귀**linear regression라 부른다.

▌ 선형 회귀

'회귀'라는 용어는 영국의 통계학자인 프랜시스 골턴Francis Galton이 고안했다. 상관관계correlation라는 개념도 정립한 프랜시스 골턴은 유전 연구를 통해 데이터 분석 분야를 개척

했다. 초기 연구 중 하나는 아버지와 아들의 키에 대한 것이었는데, 이 연구에서 아버지의 키가 크더라도 아들의 키는 평균 키에 접근하는 경향을 발견했다. 이 연구는 유명한 논문 인 『Regression towards Mediocrity in Hereditary Stature(유전적 성향의 일반적인 형태로 의 회귀)』로 알려져 있다.

그림 6-1 프랜시스 골턴

선형 회귀는 일반적인 회귀 분석의 가장 단순한 형태다. 기본 개념은 $y=mx+b$가 그리는 선이 주어진 데이터셋 (x,y)에 가장 근접하도록 숫자 m과 b를 찾는 것이다. 여기서 m은 기울기, b는 y절편이다.

엑셀에서의 선형 회귀

마이크로소프트 엑셀은 선형 회귀 분석을 수행하기 매우 좋은 도구다. 그림 6-2는 엑셀에 서의 선형 회귀 방법을 보여준다. 왼쪽 위의 A열과 B열의 1행~11행에서 데이터셋을 볼 수 있다. 변수는 물과 포도당 두 가지이고, 데이터 포인트는 10개다. 데이터는 물과 포도 당의 끓는점을 다양한 기압에서 측정한 값이다(출처: 1950년 논문 『Boiling Points of Aqueous Solutions of Dextrose within the Pressure Range of 200 to 1500 Millimeters』, J. L. 토지센[J. L. Torgesen], V. E. 브라운[V. E. Brown], E. R. 스미스[E. R. Smith], 458–462페이지). 이 데이터는 두 끓는점 사이의 상관관계를 제시하는데, 압력의 영향을 받는다. x를 물의 끓는점으로, y를 포도당의 끓는점으로 가정하자. y는 x에 의존적이라고 확신할 수는 없다. 사실 둘 다 측정하지 않은 변수인 압력에 의존하게 된다. 하지만 결과적으로는 x와 y에 선형 관계가 있을 것이라 기대하게 된다.

그림 6-2의 결과를 보기 위해 아래 절차를 수행한다.

1. 데이터셋을 시트의 왼쪽 위에 입력한다.
2. 데이터 탭의 분석 영역에서 **데이터 분석**을 선택한다.
3. 팝업 메뉴에서 **회귀 분석**을 선택한다.
4. 그림 6-3과 같이 **입력값**과 **출력값**을 설정한다.
5. **확인** 버튼을 누른다.

그래프를 제외한 결과는 그림 6-2에서 확인할 수 있다.

> ⓘ 회귀 분석이나 대부분의 통계 분석 도구를 엑셀에서 실행하기 위해서는 분석 도구를 활성화해야 한다. 파일 > 옵션 > 추가 기능 > 분석 도구를 선택하고 이동 버튼을 눌러 사용 가능한 추가 기능에서 분석 도구를 체크한 후 확인을 누른다.

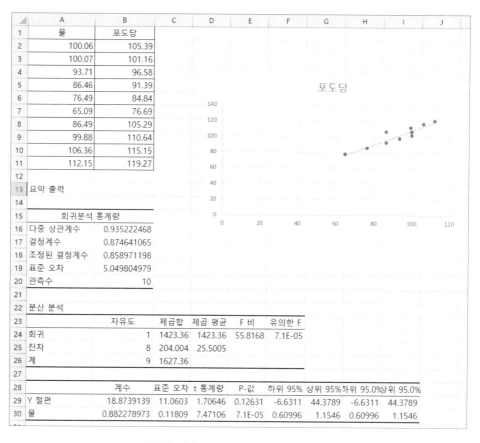

	A	B	C	D	E	F	G	H	I	J
1	물	포도당								
2	100.06	105.39								
3	100.07	101.16								
4	93.71	96.58								
5	86.46	91.39								
6	76.49	84.84								
7	65.09	76.69								
8	86.49	105.29								
9	99.88	110.64								
10	106.36	115.15								
11	112.15	119.27								
12										
13	요약 출력									
14										
15	회귀분석 통계량									
16	다중 상관계수	0.935222468								
17	결정계수	0.874641065								
18	조정된 결정계수	0.858971198								
19	표준 오차	5.049804979								
20	관측수	10								
21										
22	분산 분석									
23		자유도	제곱합	제곱 평균	F 비	유의한 F				
24	회귀	1	1423.36	1423.36	55.8168	7.1E-05				
25	잔차	8	204.004	25.5005						
26	계	9	1627.36							
27										
28		계수	표준 오차	t 통계량	P-값	하위 95%	상위 95%	하위 95.0%	상위 95.0%	
29	Y 절편	18.8739139	11.0603	1.70646	0.12631	-6.6311	44.3789	-6.6311	44.3789	
30	물	0.882278973	0.11809	7.47106	7.1E-05	0.60996	1.1546	0.60996	1.1546	

그림 6-2 마이크로소프트 엑셀에서 선형 회귀 분석

그래프를 포함하기 위해 아래와 같이 진행한다.

1. A1부터 B11까지 셀 22개를 선택한다.

2. 삽입 탭에서 차트 부분의 **분산형**(X, Y) **또는 거품형 차트 삽입 아이콘**을 선택하고 **분산형**(맨 처음에 위치한 아이콘)을 선택한다.

3. 결과로 나타나는 분산형 그래프에서 하나의 데이터 포인트를 선택하면 모든 포인트가 선택된다. 그 후 선택한 포인트에 대해 마우스를 우클릭해 **추세선 추가…**를 선택한다.

분산형 그래프의 점선은 데이터에 대한 회귀선으로, 엑셀에서는 추세선이라 부른다. 회귀선은 데이터 포인트에 가장 적합한 선을 표현한다. 가능한 선 중 수직 방향 거리의 제곱합을 최소화하는 하나의 선이다.

계수 항목 아래의 두 숫자(셀 B29와 B30)는 y절편과 회귀 직선의 기울기다($b=18.8739139$, $m=0.88227897$). 즉 회귀선을 나타내는 식은 아래와 같다.

$$y = 0.88228x + 18.874$$

그림 6-4는 그림 6-2의 분산형 그래프를 확대한 것이다. x와 y가 모두 100 주변에 있는데, 이 세 개의 포인트는 (100.07, 101.16), (100.06, 105.39), (99.88, 110.64)이다.

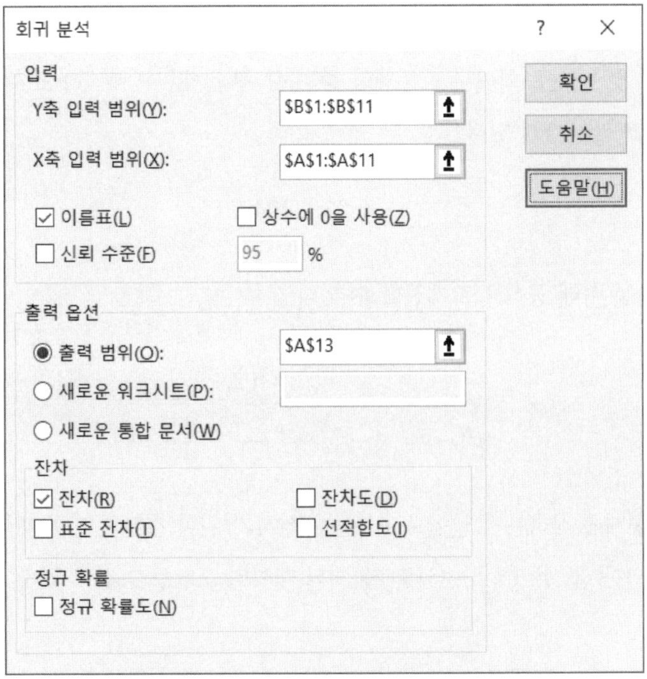

그림 6-3 마이크로소프트 엑셀 선형 회귀 분석 설정창

그림 6-4 확대 그림

두 번째 포인트는 회귀선과 근접해 있다. 회귀선의 두 번째 포인트 값인 x 값은 (100.06, 107.15)이다. 따라서 두 번째 포인트로부터 회귀선까지의 수직 거리는 107.15-105.39=1.76이다. 이 거리를 데이터 포인트에 대한 **잔차**residual라고 부른다. 이런 잔차들의 제곱의 합을 최소화하는 선이 회귀선이다(제곱하는 이유는 피타고라스 정리 때문이다. 우리가 살아가는 유클리드 공간에서의 거리는 점 좌표의 제곱을 더해 계산할 수 있다).

덧붙이자면 회귀선의 y절편, b 기울기, m 외에도 엑셀은 29가지 다른 통계 값을 생성할 수 있다. 그중 첫 번째로 회귀분석 통계량 중 다중 상관계수Multiple R라 표시된 **표본 상관계수**sample correlation coefficient가 있다.

$$r = 0.93522247$$

표본 상관계수는 아래 공식으로 계산할 수 있다.

$$r = \frac{n\sum xy - (\sum x)(\sum y)}{\sqrt{n\sum x^2 - (\sum x)^2}\sqrt{n\sum y^2 - (\sum y)^2}}$$

위 공식이 어떻게 동작하는지 알아보자. r을 계산하기 위한 간단한 가공의 데이터셋을 생성한다. 표 6-1은 (1, 4), (2, 5), (3, 7) 세 개의 데이터 포인트를 갖고 있다.

x	y	x^2	y^2	xy
1	4	1	16	4
2	5	4	25	10
3	7	9	49	21
6	16	14	90	35

표 6-1 r 값 계산

14개의 음영 처리된 셀은 데이터 포인트를 구성하는 여섯 개의 좌푯값으로부터 구성된다.
맨 아래 행 값은 위 세 개의 값을 더한 값이다. 예를 들어보자.

$$\sum y^2 = y_1^2 + y_2^2 + y_3^2 = 4^2 + 5^2 + 7^2 = 16 + 25 + 49 = 90$$

데이터 포인트 수를 나타내는 $n=3$이다.

$$r = \frac{3(35) - (6)(16)}{\sqrt{3(14) - (6)^2}\sqrt{3(90) - (16)^2}} = \frac{105 - 96}{\sqrt{6}\sqrt{14}} = 0.982$$

이 세 개의 데이터에 대한 회귀선 모양은 그림 6-5와 같다.

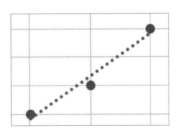

그림 6-5 세 데이터에 대한 회귀선

명백히도 데이터 포인트는 거의 회귀선에 닿아 있다. 이는 결정계수 $r=0.982$를 봐도 알 수
있다. 이 값은 y가 x와 선형적으로 98.2%만큼 일치한다고 해석할 수 있다.

100% 선형적으로 일치한다는 것이 무슨 의미인지 확인해보자. 세 번째 포인트를 조금 내려 (3, 7)에서 (3, 6)으로 바꾼 후 다시 r을 계산해보자.

$$r = \frac{3(32)-(6)(15)}{\sqrt{3(14)-(6)^2}\sqrt{3(77)-(15)^2}} = \frac{96-90}{\sqrt{6}\sqrt{6}} = \frac{6}{6} = 1.00$$

이 세 개의 포인트는 직선 $y=x+3$과 정확히 일치한다.

다른 측면에서 세 번째 포인트를 (3, 4)로 변경 후 다시 r을 계산해보자.

$$r = \frac{3(26)-(6)(13)}{\sqrt{3(14)-(6)^2}\sqrt{3(57)-(13)^2}} = \frac{76-76}{\sqrt{6}\sqrt{8}} = \frac{0}{4\sqrt{3}} = 0.00$$

이 유형은 0%의 상관관계를 가진다.

회귀 상관계수 계산

회귀선 $y=mx+b$의 m과 b는 주어진 데이터셋의 포인트 좌표를 사용해 아래 공식으로 구할 수 있다.

$$m = \frac{n\sum xy - \left(\sum x\right)\left(\sum y\right)}{n\left(\sum x^2\right) - \left(\sum x\right)^2}$$

$$b = \frac{\left(\sum y\right)\left(\sum x^2\right) - \left(\sum x\right)\left(\sum xy\right)}{n\left(\sum x^2\right) - \left(\sum x\right)^2}$$

네 개의 합계가 있다. 각각은 데이터로부터 바로 계산된 값이다. 식을 단순화하기 위해 각 합의 이름을 A, B, C, D라 하자.

$$A = \sum_{i=1}^{n} x_i$$
$$B = \sum_{i=1}^{n} y_i$$
$$C = \sum_{i=1}^{n} x_i^2$$
$$D = \sum_{i=1}^{n} x_i y_i$$

이제 식을 바꾸면 다음과 같다.

$$m = \frac{nD - AB}{nC - A^2}$$
$$b = \frac{BC - AD}{nC - A^2}$$

예를 들어 앞서 주어진 표 6-1의 세 개의 데이터 포인트를 사용하면 $A=6$, $B=16$, $C=14$, $D=35$가 된다.

$$m = \frac{3(35) - (6)(16)}{3(14) - (6)^2} = \frac{9}{6} = 1.5$$

$$b = \frac{(16)(14) - (6)(35)}{3(14) - (6)^2} = \frac{14}{6} = 2.33$$

즉, 회귀선은 $y=1.5x+2.33$이 된다.

m과 b에 대한 수식 유도는 아래와 같이 다변수 계산을 사용한다.

$$f(m,b) = \sum_{i=1}^{n} (y_i - \hat{y}_i)^2 = \sum_{i=1}^{n} (y_i - mx_i - b)^2$$

m과 b에 대한 편미분을 유도해 두 값을 모두 0으로 설정한 다음, m과 b에 대해 동시에 두 방정식을 풀어 값을 얻을 수 있다.

$$\frac{\partial}{\partial m} f(m,b) = \frac{\partial}{\partial m} \sum (y_i - mx_i - b)^2 = \sum 2(y_i - mx_i - b) \frac{\partial}{\partial m}(y_i - mx_i - b)$$

$$= \sum 2(y_i - mx_i - b)(-x_i) = -2\left[\sum x_i y_i - m\sum x_i^2 - b\sum x_i\right] = -2\left[D - mC - bA\right]$$

$$\frac{\partial}{\partial b} f(m,b) = \frac{\partial}{\partial b} \sum (y_i - mx_i - b)^2 = \sum 2(y_i - mx_i - b) \frac{\partial}{\partial b}(y_i - mx_i - b)$$

$$= \sum 2(y_i - mx_i - b)(-1) = -2\left[\sum y_i - m\sum x_i - b\sum 1\right] = -2\left[B - mA - bn\right]$$

이 두 표현식을 0으로 설정하면 다음을 얻을 수 있다.

$$Cm + Ab = D$$
$$Am + nb = B$$

또는 아래와 같이 표현할 수 있다.

$$\left(\sum x_i^2\right)m + \left(\sum x_i\right)b = \sum x_i y_i$$
$$\left(\sum x_i\right)m + nb = \sum y_i$$

이 두 식을 회귀선을 위한 **정규방정식**normal equations이라 부른다.

 여기서 정규(normal)라는 용어는 정규 분포(normal distribution)의 정규와는 다르다.

이제 이 두 방정식을 동시에 풀어 m과 b를 구해보자(크라메르 공식[1]을 활용하자).

$$m = \frac{nD - AB}{nC - A^2}$$
$$b = \frac{BC - AD}{nC - A^2}$$

마지막으로 두 번째 정규방정식의 양변을 n으로 나누면 다음과 같은 식을 얻는다.

$$\left(\frac{1}{n}\sum x_i\right)m + b = \frac{1}{n}\sum y_i$$

더 간단하게 표현해보자.

$$\bar{x}m + b = \bar{y}$$

즉, 좌표가 평균 $\bar{x}$와 $\bar{y}$인 점이 회귀선에 위치한다. 이러한 사실은 평균이 이미 계산돼 있다고 가정할 때, m의 측면에서 b를 계산하기 위한 더 간단한 공식을 제공한다.

$$b = \bar{y} - \bar{x}m$$

분산 분석

상관계수 r의 의미를 더 명확히 하기 위해 4장, '통계'에서 살펴본 표본 분산 개념을 떠올려 보자. y의 좌표가 $\{y_1, y_2, \cdots, y_n\}$인 데이터셋에서 분산은 아래와 같이 구한다.

$$s^2 = \frac{1}{n}\sum_{i=1}^{n}\left(y_i - \bar{y}\right)^2$$

---

1 크라메르 공식(Cramer's rule) 또는 크래머 공식은 유일한 해를 가지며 변수와 방정식의 수가 같은 연립 일차 방정식의 해를 구하는 공식이다. (출처: 위키백과) – 옮긴이

이는 단순히 평균과 편차의 제곱 평균이다. 데이터셋이 {4,7,6,8,5}이고 평균은 $\overline{y}$=6일 때는 아래와 같이 계산할 수 있다.

$$s^2 = \frac{1}{5}\left[(4-6)^2 + (7-6)^2 + (6-6)^2 + (8-6)^2 + (5-6)^2\right] = 2$$

만약 결과를 n으로 나누지 않는다면 **총분산**total variation 값을 얻게 된다.

$$TV = \sum_{i=1}^{n}(y_i - \overline{y})^2$$

위의 예제에서 TV=10이다. 이는 데이터가 평균과 얼마나 차이 나는지 보여주는 간단한 척도다.

선형 회귀를 사용하면 회귀선을 나타내는 식 $y=mx+b$를 사용해 데이터셋에서 x 좌푯값을 대입해 y 값을 계산할 수 있다. 이 y 값을 $\hat{y}_i$이라고 하며, 각 i에 대해 다음과 같이 표현할 수 있다.

$$\hat{y}_i = mx_i + b$$

그림 6-2의 물과 포도당 예제에서 9행의 8번째 데이터는 다음과 같다.

$$(x_8, y_8) = (99.88, 110.64)$$

즉, x_8=99.88, y_8=110.64이고 회귀선은 아래와 같다.

$$y = 0.88228x + 18.874$$

따라서 $\hat{y}_8$은 다음과 같다.

$$\hat{y}_8 = 0.88228x_8 + 18.874 = 0.88228(99.88) + 18.874 = 106.00$$

이렇게 계산한 y 값을 x에 대한 y의 **추정**estimate이라 한다. 물론 이 값은 평균값인 $\overline{y}=$ 100.64와는 차이가 있다.

x_8에 대한 실제 y 값은 y_8=110.64이다. 따라서 세 종류의 값 차이를 확인할 수 있다.

하나는 평균 $\overline{y}$와 y_8간의 편차다.

$$y_8 - \overline{y} = 110.64 - 100.64 = 10.00$$

두 번째는 y_8과 추정(잔차라 부르기도 한다)인 $\hat{y}_8$간의 편차다.

$$y_8 - \hat{y}_8 = 110.64 - 106.00 = 4.64$$

마지막 세 번째는 추정 $\hat{y}_8$과 평균 $\overline{y}$ 간의 편차다.

$$\hat{y}_8 - \overline{y} = 106.00 - 100.64 = 5.36$$

보다시피 첫 번째 편차는 다른 두 편차의 합과 같다.

$$\left(y_8 - \overline{y}\right) = \left(y_8 - \hat{y}_8\right) + \left(\hat{y}_8 - \overline{y}\right)$$

일반적으로 편차 $\left(y_i - \overline{y}\right)$는 잔차 $\left(y_i - \hat{y}_i\right)$와 인자 $\left(\hat{y}_i - \overline{y}\right)$의 합으로 생각할 수 있다.

이전 내용에서 봤듯이 평균 포인트 $(\overline{x}, \overline{y})$는 항상 회귀선에 위치하는 것이 수학적 사실이다. $\hat{y}_i$ 값이 회귀선의 등식으로부터 계산되기 때문으로, 인자 $\left(\hat{y}_i - \overline{y}\right)$는 회귀선 계산으로 '설명된다'고 생각할 수 있다. 따라서 편차 $\left(y_i - \overline{y}\right)$는 설명되지 않은 잔차 부분 $\left(y_i - \hat{y}_i\right)$와 설명된 인자 부분 $\left(\hat{y}_i - \overline{y}\right)$의 합이다.

$$\left(y_i - \overline{y}\right) = \left(y_i - \hat{y}_i\right) + \left(\hat{y}_i - \overline{y}\right)$$

양 변을 제곱하면 다음과 같다.

$$\left(y_i - \overline{y}\right)^2 = \left(y_i - \hat{y}_i\right)^2 + \left(\hat{y}_i - \overline{y}\right)^2 + 2\left(y_i - \hat{y}_i\right)\left(\hat{y}_i - \overline{y}\right)$$

그리고 합을 구한다.

$$\sum_{i=1}^{n}\left(y_i - \overline{y}\right)^2 = \sum_{i=1}^{n}\left(y_i - \hat{y}_i\right)^2 + \sum_{i=1}^{n}\left(\hat{y}_i - \overline{y}\right)^2 + 2\sum_{i=1}^{n}\left(y_i - \hat{y}_i\right)\left(\hat{y}_i - \overline{y}\right)$$

그러나 마지막 합은 0이다.

$$\begin{aligned}
\sum\left(y_i - \hat{y}_i\right)\left(\hat{y}_i - \overline{y}\right) &= \sum\left(y_i - mx_i - b\right)\left(mx_i + b - \overline{y}\right) \\
&= m\sum x_i\left(y_i - mx_i - b\right) + \left(b - \overline{y}\right)\sum\left(y_i - mx_i - b\right) \\
&= m(0) + \left(b - \overline{y}\right)(0) = 0
\end{aligned}$$

이유는 다음과 같다.

$$\sum x_i\left(y_i - mx_i - b\right) = \sum x_i y_i - \left(\sum x_i^2\right)m - \left(\sum x_i\right)b = 0$$
$$\sum\left(y_i - mx_i - b\right) = \sum y_i - \left(\sum x_i\right)m - nb = 0$$

이 식은 정규방정식에서 확인할 수 있다(이전 내용 참고).

따라서 다음과 같다.

$$\sum_{i=1}^{n}\left(y_i - \overline{y}\right)^2 = \sum_{i=1}^{n}\left(y_i - \hat{y}_i\right)^2 + \sum_{i=1}^{n}\left(\hat{y}_i - \overline{y}\right)^2$$

또는 다음과 같다.

$$TV = UV + EV$$

여기에서 다음을 정의할 수 있다.

$$TV = \sum\nolimits_{i=1}^{n} \left(y_i - \overline{y}\right)^2$$
$$UV = \sum\nolimits_{i=1}^{n} \left(y_i - \hat{y}_i\right)^2$$
$$EV = \sum\nolimits_{i=1}^{n} \left(\hat{y}_i - \overline{y}\right)^2$$

이 식은 **총분산** TV, **설명되지 않은 분산**unexplained variation UV, **설명된 분산**explained variation EV를 정의한다.

그림 6–2의 물–포도당 실험에서 분산 데이터는 그림 6–6과 같다.

분산 분석		
	자유도	제곱합
회귀	1	1423.36
잔차	8	204.004
계	9	1627.36

그림 6-6 물-포도당 실험의 분산 분석 결과

이 값은 분산 분석의 제곱합 열에서 확인할 수 있다.

$$TV = \sum\nolimits_{i=1}^{n} \left(y_i - \overline{y}\right)^2 = 1627.361$$
$$UV = \sum\nolimits_{i=1}^{n} \left(y_i - \hat{y}_i\right)^2 = 204.0042$$
$$EV = \sum\nolimits_{i=1}^{n} \left(\hat{y}_i - \overline{y}\right)^2 = 1423.35676$$

선형 회귀 자바 구현

아파치 커먼즈 매쓰 라이브러리는 `stat.regression` 패키지를 포함하고 있다. 이 패키지는 `SimpleRegression` 클래스를 가지고 있는데 6장에서 논의한 다양한 통계 값을 제공한다.

그림 6-7은 데이터 파일인 `Data1.dat` 파일의 내용으로 이전의 물-포도당 실험 데이터다.

```
Data1.dat
1 끓는점
2 10
3 물    포도당
4 100.06   105.39
5 100.07   101.16
6 93.71    96.58
7 86.46    91.39
8 76.49    84.84
9 65.09    76.69
10 86.49   105.29
11 99.88   110.64
12 106.36  115.15
13 112.15  119.27
```

그림 6-7 예제 1의 데이터 소스

데이터 파일의 4행~13행에 데이터 값이 탭 문자로 구분돼 있다. 코드 6-1은 데이터를 읽고 `SimpleRegression` 객체를 사용해 결과창에 통계 값을 추출해 보여준다. 이 값은 이전에 엑셀을 사용해 계산했던 값과 같다.

```
Example1.java ⊠
11 import org.apache.commons.math3.stat.regression.SimpleRegression;
12
13 public class Example1 {
14     public static void main(String[] args) {
15         SimpleRegression sr = getData("data/Data1.dat");
16         double m = sr.getSlope();
17         double b = sr.getIntercept();
18         double r = sr.getR();   // 상관 계수
19         double r2 = sr.getRSquare();
20         double sse = sr.getSumSquaredErrors();
21         double tss = sr.getTotalSumSquares();
22
23         System.out.printf("y = %.6fx + %.4f%n", m, b);
24         System.out.printf("r = %.6f%n", r);
25         System.out.printf("r2 = %.6f%n", r2);
26         System.out.printf("EV = %.5f%n", tss - sse);
27         System.out.printf("UV = %.4f%n", sse);
28         System.out.printf("TV = %.3f%n", tss);
29     }
```

```
🗎 Problems  @ Javadoc  🔍 Declaration  🖥 Console ⊠  🖳 Progress  🗀 Git Staging
<terminated> Example1 [Java Application] C:\Program Files\Java\jdk1.8.0_151\bin\javaw.exe (2(
y = 0.882279x + 18.8739
r = 0.935222
r2 = 0.874641
EV = 1423.35676
UV = 204.0042
TV = 1627.361
```

코드 6-1 SimpleRegression 객체 활용

20행의 변수 sse는 메소드 sr.getSumSquaredErrors( )가 반환하는 값을 할당한다. 이 오차제곱합sum of squared errors은 설명되지 않은 분산(UV)이 되고, 엑셀에서 잔차라 부르는 값이다. 결과창에서 UV는 204.0042이며, 이 값은 그림 6-6의 결과와 같다.

21행의 tts 변수는 sr.getTotalSumSquares( ) 메소드가 반환하는 값을 할당한다. 이 **총제곱합**total sum of squares은 총분산(TV)이며, 결과창에 1627.361을 출력하고 이 값은 역시나 그림 6-6의 결과와 같다.

11행의 import 구문은 SimpleRegression 클래스를 정의한 구문이다. 이 클래스는 코드 6-2의 32행 getData( ) 메소드에서 선언한다.

```
📄 Example1.java ⊠

31    public static SimpleRegression getData(String data) {
32        SimpleRegression sr = new SimpleRegression();
33        try {
34            Scanner fileScanner = new Scanner(new File(data));
35            fileScanner.nextLine();   // 제목 줄 읽기
36            int n = fileScanner.nextInt();
37            fileScanner.nextLine();   // 레이블 읽기
38            fileScanner.nextLine();   // 레이블 읽기
39            for (int i = 0; i < n; i++) {
40                String line = fileScanner.nextLine();
41                Scanner lineScanner = new Scanner(line).useDelimiter("\\t");
42                double x = lineScanner.nextDouble();
43                double y = lineScanner.nextDouble();
44                sr.addData(x, y);
45            }
46        } catch (FileNotFoundException e) {
47            System.err.println(e);
48        }
49        return sr;
50    }
51 }
```

코드 6-2 Example1 프로그램의 getData()메소드

34행에서 정의한 fileScanner 객체는 data 폴더 하위에 있는 데이터 파일을 한 줄씩 읽는 역할을 한다. 35행~38행에서는 파일의 처음 세 줄을 읽어 데이터 포인트 개수를 n이라는 변수에 저장한다. 그 후 39행~45행에서 n개의 포인트를 줄별로 데이터를 읽어서 x와 y 변수에 저장한다. 그리고 44행에서 sr 객체에 해당 값을 추가한다. 41행에서 선언한 lineScanner는 탭 문자인 '\t'를 구분자로 정의한다(역슬래시 기호인 \는 자바에서 그 뒤에 나오는 \ 기호를 문자로 인식하게 해준다. 따라서 \\t는 단일 탭 기호를 나타내는 \t와 같은 의미이다).

코드 6-3 Example2 프로그램은 Example1 프로그램과 유사하며, 프로그램의 결괏값은 같다.

```
 12  public class Example2 {
 13      private static double sX=0, sXX=0, sY=0, sYY=0, sXY=0;
 14      private static int n=0;
 15
 16      public static void main(String[] args) {
 17          getData("data/Data1.dat");
 18          double m = (n*sXY - sX*sY)/(n*sXX - sX*sX);
 19          double b = sY/n - m*sX/n;
 20          double r2 = m*m*(n*sXX - sX*sX)/(n*sYY - sY*sY);
 21          double r = Math.sqrt(r2);
 22          double tv = sYY - sY*sY/n;
 23          double mX = sX/n;    // x의 평균
 24          double ev = (sXX - 2*mX*sX + n*mX*mX)*m*m;
 25          double uv = tv - ev;
 26
 27          System.out.printf("y = %.6fx + %.4f%n", m, b);
 28          System.out.printf("r = %.6f%n", r);
 29          System.out.printf("r2 = %.6f%n", r2);
 30          System.out.printf("EV = %.5f%n", ev);
 31          System.out.printf("UV = %.4f%n", uv);
 32          System.out.printf("TV = %.3f%n", tv);
 33      }
```

Problems @ Javadoc ⓑ Declaration 🖳 Console ⊠ 🔢 Progress 🔩 Git Staging

```
<terminated> Example2 [Java Application] C:\Program Files\Java\jdk1.8.0_151\bin\javaw.exe (2018. 6. 9. 오
y = 0.882279x + 18.8739
r = 0.935222
r2 = 0.874641
EV = 1423.35676
UV = 204.0042
TV = 1627.361
```

코드 6-3 직접 통계 계산

Example2와의 차이점은 SimpleRegression 객체를 사용하지 않고 직접 통계를 계산한다는 것이다. 18행~25행에서 총 8개의 통계 값을 계산하는데, 이는 이전에 수식으로 다룬 내용으로, 회귀선의 기울기 m과 y절편 b, 상관계수 r과 제곱 값인 r^2, 평균 $\bar{x}$, 3가지 분산 통계인 TV, EV, UV 등 이다. 이를 계산하기 위해 5개의 합계를 13행의 공통 변수로 선언 했는데, $\sum x_i, \sum x_i^2, \sum y_i, \sum y_i^2, \sum x_i y_i$이다.

이들은 각각 sX, sXX, sY, sYY, sXY로 표시되고, 42행~52행의 반복문에서 누적 계산한다.

```java
🗋 Example2.java ⌕
35      public static void getData(String data) {
36          try {
37              Scanner fileScanner = new Scanner(new File(data));
38              fileScanner.nextLine();   // 제목 줄 읽기
39              n = fileScanner.nextInt();
40              fileScanner.nextLine();   // 레이블 읽기
41              fileScanner.nextLine();   // 레이블 읽기
42              for (int i = 0; i < n; i++) {
43                  String line = fileScanner.nextLine();
44                  Scanner lineScanner = new Scanner(line).useDelimiter("\\t");
45                  double x = lineScanner.nextDouble();
46                  double y = lineScanner.nextDouble();
47                  sX += x;
48                  sXX += x*x;
49                  sY += y;
50                  sYY += y*y;
51                  sXY += x*y;
52              }
53          } catch (FileNotFoundException e) {
54              System.err.println(e);
55          }
56      }
57 }
```

코드 6-4 Example2 프로그램의 getData() 메소드

코드 6-5 Example3 프로그램은 Example2의 코드를 숨기고 그림 6-8과 같은 이미지를 생성한다.

```java
🗋 Example3.java ⌕
11 public class Example3 {
12      public static void main(String[] args) {
13          Data data = new Data(new File("data/Data1.dat"));
14          JFrame frame = new JFrame(data.getTitle());
15          frame.setDefaultCloseOperation(JFrame.EXIT_ON_CLOSE);
16          RegressionPanel panel = new RegressionPanel(data);
17          frame.add(panel);
18          frame.pack();
19          frame.setSize(500, 422);
20          frame.setResizable(false);
21          frame.setLocationRelativeTo(null);   // 화면 정 중앙에 위치
22          frame.setVisible(true);
23      }
24 }
```

코드 6-5 Example3 프로그램

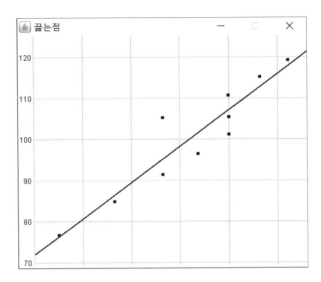

그림 6-8 Example3 결과

Example3 프로그램은 두 개의 보조 클래스를 선언한다. 하나는 13행의 Data 클래스이고 다른 하나는 16행의 RegressionPanel 클래스다. 그 외 코드는 JFrame을 구성하는 코드다.

Data 클래스의 생성자는 코드 6-6에서 확인할 수 있다. Example2 프로그램에서 가져온 코드를 사용한다.

```java
12 public class Data {
13     private String title,xName, yName;
14     private int n;
15     private double[] x, y;
16     private double sX, sXX, sY, sYY, sXY, minX, minY, maxX, maxY;
17     private double meanX, meanY, slope, intercept, corrCoef;
18
19     public Data(File inputFile) {
20         try {
21             Scanner input = new Scanner(inputFile);
22             title = input.nextLine();
23             n = input.nextInt();
24             xName = input.next();
25             yName = input.next();
26             input.nextLine();
27             x = new double[n];
28             y = new double[n];
29             minX = minY = Double.POSITIVE_INFINITY;
30             maxX = maxY = Double.NEGATIVE_INFINITY;
31             for (int i = 0; i < n; i++) {
32                 double xi = x[i] = input.nextDouble();
33                 double yi = y[i] = input.nextDouble();
34                 sX += xi;
35                 sXX += xi*xi;
36                 sY += yi;
37                 sYY += yi*yi;
38                 sXY += xi*yi;
39                 minX = (xi < minX? xi: minX);
40                 minY = (yi < minY? yi: minY);
41                 maxX = (xi > maxX? xi: maxX);
42                 maxY = (yi > maxY? yi: maxY);
43             }
44             meanX = sX/n;
45             meanY = sY/n;
46             slope = (n*sXY - sX*sY)/(n*sXX - sX*sX);
47             intercept = meanY - slope*meanX;
48             corrCoef = slope*Math.sqrt((n*sXX - sX*sX)/(n*sYY - sY*sY));
49         } catch (FileNotFoundException e) {
50             System.err.println(e);
51         }
52     }
```

코드 6-6 Example3에서 사용하는 Data 클래스

Data 클래스는 16개의 게터 메소드getter method로 구성돼 있다. 게터 메소드 목록은 그림 6-9와 같다.

그림 6-9 Data 클래스 멤버 요소

RegressionPanel 클래스 내용은 코드 6-7과 같다.

```java
RegressionPanel.java ⊠
14 public class RegressionPanel extends JPanel {
15     private static final int WIDTH=500, HEIGHT=400, BUFFER=28, MARGIN=40;
16     private final Data data;
17     private double xMin, xMax, yMin, yMax, xRange, yRange, gWidth, gHeight;
18     private double slope, intercept;
19
20     public RegressionPanel(Data data) {
21         this.data = data;
22         this.setSize(WIDTH, HEIGHT);
23         this.xMin = data.getMinX();
24         this.xMax = data.getMaxX();
25         this.yMin = data.getMinY();
26         this.yMax = data.getMaxY();
27         this.slope = data.getSlope();
28         this.intercept = data.getIntercept();
29         this.xRange = xMax - xMin;
30         this.yRange = yMax - yMin;
31         this.gWidth = WIDTH - 2*MARGIN - BUFFER;
32         this.gHeight = HEIGHT - 2*MARGIN - BUFFER;
33         setBackground(Color.WHITE);
34     }
35
36     @Override
37     public void paintComponent(Graphics g) {
38         super.paintComponent(g);
39         Graphics2D g2 = (Graphics2D)g;
40         g2.setStroke(new BasicStroke(1));
41         drawGrid(g2);
42         drawPoints(g2, data.getX(), data.getY());
43         drawLine(g2);
44     }
```

코드 6-7 Example3에서 사용한 RegressionPanel 클래스

이 클래스는 (코드 6-7에는 보이지 않지만) 그래픽 관련 코드를 포함하고 있다. 41행~43행의
paintComponent( ) 메소드에서 호출하는 세 가지 메소드가 그림을 그린다.

- drawGrid( )
- drawPoints( )
- drawLine( )

그려진 그림과 그림 6-2의 엑셀에서 생성한 그래프를 비교해보자.

 전체 코드는 홈페이지에서 다운로드할 수 있는 예제 코드로 확인할 수 있다. 19페이지의 '예제 코드 다운로드' 절을 참고하라.

앤스콤 쿼텟

선형 회귀 알고리즘은 구현이 간단하고, 마이크로소프트 엑셀 또는 아파치 커먼즈 매쓰 자바 API 같이 다양한 도구를 사용할 수 있기 때문에 매력적이다. 그러나 인기가 많은 만큼 잘못 사용하는 경우도 많다.

알고리즘의 기반이 되는 가정은 두 개의 확률 변수 X와 Y가 실제 선형적으로 관련이 있다는 것이다. 상관계수 r은 연구자가 가정이 유효한지 여부를 판단하는 데 도움을 줄 수 있다. $r \approx \pm 1$이면 유효하고, $r \approx 0$이면 유효하지 않다.

예를 들어 물-포도당 데이터의 r 값은 93.5%로 관계가 선형일 가능성이 있음을 보여준다. 물론 확신할 수는 없다. 연구원이 신뢰도를 높이기 위해 할 수 있는 최선의 방법은 더 많은 데이터를 확보해 다시 '수치를 보여주는 것'이다. 사실 예제로 살펴봤던 것처럼 표본 크기가 10이면 그다지 신뢰할 수는 없다.

영국의 통계학자 프랭크 앤스콤Frank Anscombe은 앤스콤 쿼텟Anscombe's quartet이라고 알려진 네 개의 예시를 제시했다. 그림 6-10을 살펴보자.

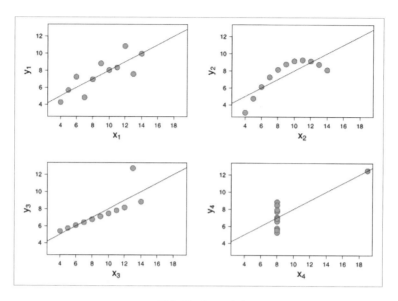

그림 6-10 앤스콤 쿼텟

이 그림은 11개의 포인트를 가진 데이터셋을 각 선형 회귀 알고리즘에 적용한 결과를 보여준다. 데이터 포인트는 각 애플리케이션에서 같은 회귀선이 나오도록 선택했다. 네 개의 데이터셋은 평균과 분산, 상관관계가 서로 같다.

그러나 명백하게 각 데이터셋은 매우 다른 형태를 보여준다. 첫 번째 예제의 산포도는 물–포도당 실험의 데이터 포인트 그래프와 유사해 보인다. 선형 상관계수가 93.5%로, 회귀선이 어느 정도 타당성을 가지고 있다. 두 번째 예제는 캐논볼이나 축구공 같은 지상에서 발사한 발사체의 저속 사진처럼 보이는 이차함수 형태를 가지고 있다. 이 경우 상관계수는 0에 가까울 것이라 생각된다. 세 번째 예제는 10개의 포인트는 거의 완벽하게 선형을 이루지만 마지막 한 포인트가 회귀선에서 멀리 떨어져 있다. 이 경우 해당 값은 측정 오류나 데이터 입력 시 오류로 결론 내리는 것이 좋다.

네 번째 예제 또한 **이상치**outlier(구석 점)가 존재한다. 그러나 여기에는 더 많은 문제가 있다. 모든 데이터 포인트가 같은 x 값을 가지고 있다. 이는 알고리즘 자체의 오류를 일으킬 수 있다. 왜냐하면 기울기 m에 대한 공식의 분모가 거의 0이 되기 때문이다.

$$m = \frac{n\sum y_i^2 - \sum x_i \sum y_i}{n\sum x_i^2 - \left(\sum x_i\right)^2}$$

예를 들어 모든 x_i=8(위 그래프와 같이)이라면 $\sum x_i = 80, \sum x^2 = 640$이 돼, 분모는 $10(640)-(80)^2=0$이 된다.

데이터 포인트는 선형이지만 수직으로 선형이다. 따라서 이 경우 $y=mx+b$의 수식을 가질 수 없다.

앤스콤 쿼텟에서 네 번째 예제의 문제를 해결하려면 x와 y의 역할을 바꾸면 된다. 그러면 $x=b_0+b_1y$ 형식의 방정식이 생긴다. 여기에서 상수 b_0 및 b_1은 아래 공식으로 계산한다.

$$b_1 = \frac{n\sum x_i y_i - \sum x_i \sum y_i}{n\sum y_i^2 - \left(\sum y_i\right)^2}$$

$$b_0 = \overline{x} - b_1\overline{y}$$

이 특이한 데이터셋의 경우 기울기 b_1이 거의 0인 것처럼 보인다.

▌ 다항식 회귀

지금까지의 회귀 분석은 주어진 데이터셋을 나타내기 위한 선형 방정식을 얻는 것을 위주로 이뤄졌다. 그러나 많은 데이터셋이 비선형 관계에서 파생된다. 다행히 비선형 관계를 표현해 줄 수 있는 수학적 모델이 있다.

가장 단순한 비선형 모델은 다항식이다. $y=f(x)b_0+b_1x+b_2x^2+\cdots+b_dx^d$에서 d는 다항식의 차수이고 $b_0, b_1, b_2, \cdots, b_m$은 결정할 계수들이다.

물론 선형 함수라는 것은 단순한 형태의 1차 다항식인 $y = b_0 + b_1 x$이며, 이미 이 내용을 살펴봤다(앞서 살펴본 유도식에서는 b_1과 b_0 대신 m과 b의 관계로 나타냈다). 이때 사용한 방법이 **최소제곱법**method of least squares을 사용한 계수 유도 방법이다.

$$b_1 = \frac{n \sum x_i y_i - \sum x_i \sum y_i}{n \sum x_i^2 - \left(\sum x_i \right)^2}$$

$$b_0 = \overline{y} - b_1 \overline{x}$$

이 공식은 정규방정식으로부터 유도된다.

$$\left(\sum x_i^2 \right) b_1 + \left(\sum x_i \right) b_0 = \sum x_i y_i$$

$$\left(\sum x_i \right) b_1 + n b_0 = \sum y_i$$

이 방정식은 제곱의 합을 최소화함으로써 얻어진다.

$$\sum_{i=1}^{n} \left(y_i - \hat{y}_i \right)^2 = \sum_{i=1}^{n} \left(y_i - b_1 x_i - b_0 \right)^2$$

d가 주어진 데이터셋의 독립적인 포인트 개수보다 작으면, 주어진 데이터셋에 대해 임의의 차수 d의 가장 적합한 다항식을 찾기 위해 위와 같은 최소제곱법을 적용할 수 있다.

예를 들어 $m=2$, $f(x) = b_0 + b_1 x + b_2 x^2$(주어진 데이터셋에 대한 최소제곱 포물선이라고도 한다)에서 합계를 최소화해보자.

$$\sum_{i=1}^{n} \left(y_i - b_2 x_i^2 - b_1 x_i - b_0 \right)^2$$

이 식은 계수 b_0, b_1, b_2를 구하는 데 사용된다. 미적분 관점에서 이 표현식의 형식은 아래와 같다.

$$z = \sum \left(A_i + B_i u + C_i v + D_i w \right)^2$$

이전과 마찬가지로, 편미분 값을 0으로 설정해 z를 최소화한다.

$$\frac{\partial z}{\partial u} = \frac{\partial z}{\partial v} = \frac{\partial z}{\partial w} = 0$$

결과는 2차 회귀에 대한 정규방정식이다.

$$nb_0 + \left(\sum x_i \right) b_1 + \left(\sum x_i^2 \right) b_2 = \sum y_i$$
$$\left(\sum x_i \right) b_0 + \left(\sum x_i^2 \right) b_1 + \left(\sum x_i^3 \right) b_2 = \sum x_i y_i$$
$$\left(\sum x_i^2 \right) b_0 + \left(\sum x_i^3 \right) b_1 + \left(\sum x_i^4 \right) b_2 = \sum x_i^2 y_i$$

이 세 개의 방정식은 세 개의 미지수 b_0, b_1, b_2에 대해 동시에 풀 수 있다.

다음은 특정 차의 정지거리를 브레이크가 걸린 순간의 속도와 연관시킨 예다. 변수는 다음과 같다.

- x는 브레이크를 밟았을 때 차의 속도(mph)
- y는 차가 브레이크를 밟은 지점에서 멈춘 지점까지 이동 거리(피트 단위)

브레이크는 정지 간격 동안 균일하게 동작하고, 실험이 수행되는 동안 항상 같은 힘으로 적용된다고 가정한다.

데이터셋은 다음과 같다.

$$\{(20,52),(30,87),(40,136),(50,203),(60,290),(70,394)\}$$

데이터 포인트 개수인 $n=6$이다.

정규방정식의 모든 합계 계산을 완료하면 다음과 같다.

$$6b_0 + 270b_1 + 13,900b_2 = 1162$$
$$270b_0 + 13,900b_1 + 783,000b_2 = 64220$$
$$13,900b_0 + 783,000b_1 + 46,750,000b_2 = 3,798,800$$

위 식을 단순화하면 아래와 같다.

$$6b_0 + 270b_1 + 13,900b_2 = 1162$$
$$27b_0 + 1390b_1 + 78,300b_2 = 6422$$
$$139b_0 + 7830b_1 + 467,500b_2 = 37,988$$

위와 같은 식을 풀기 위한 몇 가지 방법이 있다. 먼저 다양한 결정 요인을 계산하는 **크래머의 법칙**Cramer 's Rule을 사용할 수 있다. 또한 **가우스 소거법**Gaussian Elimination도 사용할 수 있다. 가우스 소거법은 한 행의 배수를 다른 행의 배수에서 체계적으로 빼서 각 행의 단일 변수를 제외한 모든 변수를 제거한다.

이러한 방법들을 대신해 아파치 커먼즈 매쓰 라이브러리를 사용해 해결할 수도 있다. http://commons.apache.org/proper/commons-math/userguide/linear.html을 방문하면 작동 방법을 상세히 알 수 있다.

코드 6-8은 프로그램의 주요 부분이다.

```
Example4.java ✕
 8 import org.apache.commons.math3.linear.*;
 9
10 public class Example4 {
11     static double[] x = {20, 30, 40, 50, 60, 70};
12     static double[] y = {52, 87, 136, 203, 290, 394};
13     static int n = y.length;  // 6
14
15     public static void main(String[] args) {
16         double[][] a = new double[3][3];
17         double[] w = new double[3];
18         deriveNormalEquations(a, w);
19         printNormalEquations(a, w);
20         double[] b = solveNormalEquations(a, w);
21         printResults(b);
22     }
```

Problems @ Javadoc 🔍 Declaration 📄 Console ✕ 🔁 Progress 🗇 Git Staging

<terminated> Example4 [Java Application] C:₩Program Files₩Java₩jdk1.8.0_151₩bin₩javaw.exe (2018. 6.

```
      6b0 +      270b1 +     13900b2 =     1162
    270b0 +    13900b1 +    783000b2 =    64220
  13900b0 +   783000b1 + 46750000b2 = 3798800
f(t) = 40.73 + -1.170t + 0.08875t^2
f(55) = 244.8
```

코드 6-8 Example4의 결과 및 주요 프로그램

정규방정식은 a[ ][ ]와 w[ ] 두 배열로 캡슐화된다. 행렬 방정식 $a \cdot b = w$는 위 3개의 정규방정식 시스템과 같다.

결과는 세 가지 정규방정식, 결과 이차 방정식, 계산된 값 $f(55) = 244.8$을 보여준다. 이에 따르면 브레이크가 55mph 속도에서 작동했을 때, 실험 차량의 정지 거리는 약 245피트가 될 것으로 예상된다.

일반적인 정규방정식 유도는 코드 6-9와 같다. 이는 앞에서 설명한 합계 공식을 직접 구현한 것이다.

```
J Example4.java ⊠
  24      public static void deriveNormalEquations(double[][] a, double[] w) {
  25          for (int i = 0; i < n; i++) {
  26              double xi = x[i];
  27              double yi = y[i];
  28              a[0][0] = n;
  29              a[0][1] = a[1][0] += xi;
  30              a[0][2] = a[1][1] = a[2][0] += xi*xi;
  31              a[1][2] = a[2][1] += xi*xi*xi;
  32              a[2][2] += xi*xi*xi*xi;
  33              w[0] += yi;
  34              w[1] += xi*yi;
  35              w[2] += xi*xi*yi;
  36          }
  37      }
  38
  39      public static void printNormalEquations(double[][] a, double[] w) {
  40          for (int i = 0; i < 3; i++) {
  41              System.out.printf("%8.0fb0 + %6.0fb1 + %8.0fb2 = %7.0f%n",
  42                      a[i][0], a[i][1], a[i][2], w[i]);
  43          }
  44      }
```

코드 6-9 Example4 프로그램의 정규방정식

정규방정식의 풀이는 코드 6-10에서 49행~55행에 있는 메소드를 사용한다.

이 프로그램은 org.apache.commons.math3.linear 패키지에서 여섯 개의 클래스를 사용
한다.

```
J Example4.java ⊠
  49      private static double[] solveNormalEquations(double[][] a, double[] w) {
  50          RealMatrix m = new Array2DRowRealMatrix(a, false);
  51          LUDecomposition lud = new LUDecomposition(m);
  52          DecompositionSolver solver = lud.getSolver();
  53          RealVector v = new ArrayRealVector(w, false);
  54          return solver.solve(v).toArray();
  55      }
  56
  57      private static void printResults(double[] b) {
  58          System.out.printf("f(t) = %.2f + %.3ft + %.5ft^2%n", b[0], b[1], b[2]);
  59          System.out.printf("f(55) = %.1f%n", f(55, b));
  60      }
  61
  62      private static double f(double t, double[] b) {
  63          return b[0] + b[1]*t + b[2]*t*t;
  64      }
  65 }
```

코드 6-10 정규방정식 풀이

50행에서 선언한 RealMatrix 객체 m은 상관 배열 a[][]를 표현한다. 다음 행에 있는 LUDecomposition 객체 lud는 m 행렬을 LU 분해[LU decomposition]해 하삼각행렬 및 상삼각행렬로 인스턴스화한다. 52행에서 solver 객체를 설정하고 54행에서 결과 행렬 b를 만들기 위해 방정식을 푼다. solve( ) 메소드는 RealVector 객체 v를 입력받는데, v는 53행에서 선언했다.

52행에서 선언한 solver 객체는 LU 분해라고 알려진 알고리즘을 실행한다. L과 U는 각각 "lower[하위]"와 "upper[상위]"를 의미한다. 알고리즘은 행렬 M을 두 행렬 L과 U로 나누는데, $M=LU$이고, L은 하삼각행렬, U는 상삼각행렬이라 한다. 이 알고리즘을 사용하면 원래 행렬을 역변환할 필요 없이 행렬방정식의 해를 구할 수 있게 된다.

$$Mw = v$$
$$LUw = v$$
$$Uw = L^{-1}v$$
$$w = U^{-1}L^{-1}v$$

LU 분해는 가우시안 소거법보다 훨씬 빠르며, 일반적으로 크래머 법칙보다도 더 빠르다.

선형 및 2차 회귀 문제를 풀기 위해 사용했던 최소제곱법은 $y=f(x)=b_0+b_1x+b_2x^2+\cdots+b_dx^d$ 형태의 일반 다항식에서도 같은 방식으로 적용할 수 있다.

다만 수학적으로 제약이 하나 있는데, 다항식 회귀에서 다항식의 차수는 데이터 포인트의 개수보다 작아야 한다($d\langle n\rangle$)는 점이다. 이 제약이 간단한 경우에도 반드시 따라야 한다. 예를 들어 선형 회귀($d=1$)는 두 개의 데이터 포인트가 회귀선을 결정할 수 있다. 이차방정식 회귀($d=2$)의 경우에는 세 개의 데이터 포인트가 포물선을 결정한다.

그렇지만 '데이터가 많을수록 좋다'는 가장 중요한 법칙은 결코 잊지 말아야 한다.

다중 선형 회귀 분석

지금까지 다룬 모든 회귀 모델에는 '변수 y가 오로지 하나의 독립적인 변수 x에 의존한다'는 가정이 있었다. 유사한 모델은 임의의 k개의 독립 변수를 가지는 다변수 함수에 대해서도 동작한다.

$$y = f\left(x_1, x_2, \ldots, x_k\right)$$

이번 시간에는 **다중 선형 함수**를 회귀 모델에 적용하는 방법을 알아볼 것이다.

$$y = a_0 + a_1 x_1 + a_2 x_2 + \cdots + a_k x_k$$

여기서 $k=2$인 두 개의 독립 변수를 가지는 다중선형 회귀를 위한 모델을 개발할 것이다.

$$z = a + bx + cy$$

일반적인 기하학 형태의 분석 모델로 표현하기 위해 상수와 변수의 이름을 변경했다. 이 방정식은 3차원 유클리드 공간에서 평면을 정의한다. 좌표는 x, y, z이다. 평면은 $z=c$에서 z축과 교차한다($x=y=0$). 상수 a와 b는 평면이 xz평면, yz평면과 교차하는 선의 기울기다.

이 경우의 회귀 문제는 다음과 같다.

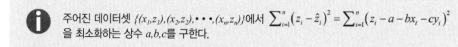

ⓘ 주어진 데이터셋 $\{(x_1,z_1),(x_2,z_2), \bullet\bullet\bullet, (x_n,z_n)\}$에서 $\sum_{i=1}^{n}\left(z_i - \hat{z}_i\right)^2 = \sum_{i=1}^{n}\left(z_i - a - bx_i - cy_i\right)^2$ 을 최소화하는 상수 a, b, c를 구한다.

이는 이미 배운 이차 회귀 문제와 거의 같다.

이차 회귀 문제에서 다중 선형 회귀 문제의 독립변수로 사용하는 변수명 y와의 혼동을 피하고자 종속변수 z의 이름을 변경했다. 최소제곱 알고리즘은 같다. 두 경우 모두 세 개의 미지수 a,b,c를 풀 수 있는 세 가지 정규방정식을 가지게 된다.

정규방정식은 아래와 같다.

$$na + \left(\sum x_i\right)b + \left(\sum y_i\right)c = \sum z_i$$
$$\left(\sum x_i\right)a + \left(\sum x_i^2\right)b + \left(\sum x_i y_i\right)c = \sum x_i z_i$$
$$\left(\sum y_i\right)a + \left(\sum x_i y_i\right)b + \left(\sum y_i^2\right)c = \sum y_i z_i$$

이 정규방정식은 다항식 회귀 문제와 마찬가지로 유도할 수 있으며, 제곱합 함수에 편미분을 적용한다. 합계는 컴퓨터를 이용하거나 직접 손으로 표를 작성해 구할 수 있다.

나이 x와 키 y에 따른 남자아이의 몸무게 z에 대한 데이터셋이 있다. 데이터셋 내용은 {(10,59,71),(9,57,68),(12,61,76),(10,52,56),(9,48,57),(10,55,77),(8,51,55),(11,62,67)}이다. 첫 번째 데이터 포인트를 설명하자면, 10살의 59인치 키를 가진 소년의 몸무게가 71파운드라는 의미다.

이 다중 선형 회귀 문제를 해결하기 위해 코드 6-11의 프로그램을 구현했다. 이 프로그램은 코드 6-10에서 구현한 이차 회귀 프로그램과 비슷하다.

```java
☑ Example5.java ☒
10 public class Example5 {
11     static double[] x = {10, 9, 12, 10, 9, 10, 8, 11};
12     static double[] y = {59, 57, 61, 52, 48, 55, 51, 62};
13     static double[] z = {71, 68, 76, 56, 57, 77, 55, 67};
14     static int n = z.length;  // 8
15
16     public static void main(String[] args) {
17         double[][] a = new double[3][3];
18         double[] w = new double[3];
19         deriveNormalEquations(a, w);
20         printNormalEquations(a, w);
21         double[] b = solveNormalEquations(a, w);
22         printResults(b);
23     }
24
25     public static void deriveNormalEquations(double[][] a, double[] w) {
26         for (int i = 0; i < n; i++) {
27             double xi = x[i];
28             double yi = y[i];
29             double zi = z[i];
30             a[0][0] = n;
31             a[0][1] = a[1][0] += xi;
32             a[0][2] = a[2][0] += yi;
33             a[1][1] += xi*xi;
34             a[1][2] = a[2][1] += xi*yi;
35             a[2][2] += yi*yi;
36             w[0] += zi;
37             w[1] += xi*zi;
38             w[2] += yi*zi;
39         }
40     }
```

📋 Problems @ Javadoc 🔍 Declaration 🖥 Console ☒ 📼 Progress 🗂 Git Staging

```
<terminated> Example5 [Java Application] C:\Program Files\Java\jdk1.8.0_151\bin\javaw.exe (2018. 6. 9. 오후
     8x0 +    79x1 +    445x2 =     527
    79x0 +   791x1 +   4427x2 =    5254
   445x0 + 4427x1 +  24929x2 =   29543
f(s, t) = -5.75 + 1.55s + 1.01t
f(10, 59) = 69.5
f(9, 57) = 65.9
f(11, 64) = 76.1
```

코드 6-11 다중 선형 회귀 예제

특히 printNormalEquations( ) 메소드와 solveNormalEquations( ) 메소드는 똑같다.

결괏값은 이 데이터셋의 정규방정식을 보여준다.

$8a + 79b + 445c = 527$

$79a + 791b + 4427c = 5254$

$445a + 4427b + 24929c = 29543$

결과 계수는 다음과 같다.

$a = -5.747$

$b = 1.548$

$c = 1.013$

따라서 이 문제를 풀 다중 선형 회귀함수는 다음과 같다.

$$f(x, y) = -5.75 + 1.55x + 1.01y$$

확인해보면 회귀함수가 처음 두 데이터 포인트와 상당히 잘 맞는다는 것을 볼 수 있다.

$$f(10, 59) = 69.5 \approx z_1 = 71$$
$$f(9, 57) = 65.9 \approx z_2 = 68$$

이를 기반으로 예측해보면 11살 소년의 키가 64인치일 경우 몸무게는 76.1파운드 정도가 될 것이라 생각할 수 있다.

$$f(11, 64) = -5.75 + 1.55(11) + 1.01(64) = 76.1$$

아파치 커먼즈 구현

아파치 커먼즈 매쓰 라이브러리는 다양한 분야에서 사용할 수 있다. 이미 이 책에서도 다양한 구현체에 이 라이브러리를 사용했다. 예를 들어 코드 6-1에서 사용한 `org.apache.commons.math3.stat.regression.SimpleRegression` 라이브러리가 있다.

코드 6-12의 프로그램은 다중 선형 회귀 문제를 푸는 데 `OLSMultipleLinearRegression` 클래스를 사용한다. 전체 프로그램 행 수는 고작 30행 정도밖에 되지 않는다. 클래스 이름의 **OLS**는 **최소제곱법**^{ordinary least squares, OLS}을 의미한다.

```java
 8 import org.apache.commons.math3.stat.regression.OLSMultipleLinearRegression;
 9
10 public class Example6 {
11     static double[][] x = { {10, 59}, {9, 57}, {12, 61}, {10, 52}, {9, 48},
12             {10, 55}, {8, 51}, {11, 62} };
13     static double[] y = {71, 68, 76, 56, 57, 77, 55, 67};
14
15     public static void main(String[] args) {
16         OLSMultipleLinearRegression mlr = new OLSMultipleLinearRegression();
17         mlr.newSampleData(y, x);
18         double[] b = mlr.estimateRegressionParameters();
19         printResults(b);
20     }
21
22     private static void printResults(double[] b) {
23         System.out.printf("f(s, t) = %.2f + %.2fs + %.2ft%n", b[0], b[1], b[2]);
24         System.out.printf("f(10, 59) = %.1f%n", f(10, 59, b));
25         System.out.printf("f(9, 57) = %.1f%n", f(9, 57, b));
26         System.out.printf("f(11, 64) = %.1f%n", f(11, 64, b));
27     }
28
29     private static double f(double s, double t, double[] b) {
30         return b[0] + b[1]*s + b[2]*t;
31     }
32 }
```

Problems @ Javadoc Declaration Console ⊠ Progress Git Staging

```
<terminated> Example6 [Java Application] C:\Program Files\Java\jdk1.8.0_151\bin\javaw.exe (2018. 6. 9. 오후
f(s, t) = -5.75 + 1.55s + 1.01t
f(10, 59) = 69.5
f(9, 57) = 65.9
f(11, 64) = 76.1
```

코드 6-12 OLSMultipleLinearRegression 클래스 사용

17행의 newSampleData( ) 메소드는 데이터를 mlr 객체에 적재한다. 이 메소드는 두 가지 유형을 가지고 있는데 다른 유형은 세 개의 매개변수를 갖고 있다.[2]

18행의 estimateRegressionParameters( ) 메소드는 계수 배열 b[]를 반환한다. 남은 작업은 결과를 출력하고 코드 6-11의 결괏값과 비교해보는 것뿐이다.

곡선 적합

변수 간 관계는 대부분 비선형이다. 이런 관계에 대해 최소제곱법을 사용하는 데 있어 세 가지 공통적인 접근법이 있다.

- 다항식 회귀를 사용한다.
- 주어진 문제를 선형 문제와 같은 형태로 변환해 선형회귀를 사용한다.
- 곡선 적합 최소제곱법을 사용한다.

이미 첫 번째 접근법은 알아봤다. 이번에는 두 번째 접근법을 살펴볼 것이다.

비선형 문제를 선형으로 변환하는 것인 만큼 지수 감소 형태의 표준 방정식을 고려해야 한다.

$$y = y_0 e^{-rx}$$

여기서 y_0는 y의 초기값이고 r는 감소 비율이다(e는 자연로그의 기본 값으로 $e \approx 2.71828$이다). 연관 있는 두 변수 x와 y에 대한 데이터셋을 가지고 있다고 가정하자. 적용할 변환은 자연로그다. 주어진 방정식의 양변에 자연로그를 취해 다음과 같은 식을 얻는다.

---

2 다른 형식의 newSampleData() 메소드는 (double[] data, int nobs, int nvars) 형태이고, data는 대상 데이터 포인트, nobs는 데이터 포인트 개수, nvars는 변수의 개수다. 자세한 내용은 http://commons.apache.org/proper/commons-math/javadocs/api-3.6.1/index.html을 참고하기 바란다. - 옮긴이

$$\ln y = -rx$$

$ln\ y$를 z로 치환하면 아래와 같이 표시할 수 있다.

$$z = -rx$$

이 식은 선형방정식이다. 데이터셋 또한 같은 방법으로 변환할 수 있다. z와 x를 연관시키는 같은 크기의 데이터셋을 얻는다. 그리고 간단한 선형 회귀를 적용해 아래와 같은 형태의 공식을 유도할 수 있다.

$$z = b_0 + b_1 x$$

그 후 $z=ln\ y, y=e^z$을 적용해 식을 다시 바꾸면 아래와 같다.

$$y = e^z = e^{b_0 + b_1 x} = e^{b_0} e^{b_1 x}$$

상수 $e^{b_0} = y_0$으로, 이는 $x=0$일 때의 y 값이기 때문이다. 따라서 공식은 아래와 같다.

$$y = e^{b_0} e^{b_1 x}$$

여기서 b_0과 b_1은 선형 회귀 알고리즘에서 얻은 상수다.

위 공식은 로그 공식에 대한 최소제곱법이라는 점을 기억하자. 즉 상수 b_0, b_1이 목적 함수를 최소화한다.

$$\sum \left(z_i - b_0 - b_1 x_i \right)^2$$

그러나, 최소화하는 방식은 조금 차이가 있다.

$$\sum \left(y_i - c_0 - e^{c_1 x} \right)^2$$

최소제곱 적합의 일반적인 방법은 더욱 일반적인 형태인 비다항식 함수에서 사용할 수 있다. 예를 들어 기본 함수가 다음과 같은 데이터셋이 있다고 가정하자.

$$f(x) = b_0 + b_1 x + b_2^x$$

이는 다음과 같이 표현할 수도 있다.

$$f(x) = b_0 + b_1 x + b_2 x^2 + b_3^x + x b_4^x$$

목적 함수 $\sum_{i=1}^{n}(y_i - f(x_i))^2$을 최소화하기 위해 같은 미적분 기법을 적용할 수 있다. 편미분을 0이 되도록 하는 정규방정식을 유도한다. 그러나 선형적이지 않은 방정식이므로 LU 분해 같은 방법으로는 문제를 풀 수가 없다.

비선형 방정식을 풀기 위한 수치적 방법이 있다. 경계가 없는 비점근식 함수의 경우 푸리에 급수 또는 다른 직교 계열이 일반적으로 사용되지만, 이 책에서는 다루지 않는다.

아파치 커먼즈 매쓰 라이브러리는 org.apache.commons.math3 패키지에 곡선 적합 curve fitting에 관한 클래스를 가지고 있다. math3.analysis.UnivariateFunction 인터페이스를 사용해 일반적인 곡선 타입을 선택하고 math3.fitting.SimpleCurveFitter 객체에 적용한다. 예를 들어 데이터가 양쪽에서 점근적으로 발생하면 math3.analysis.UnivariateFunction.Logistic 함수가 좋은 선택이 될 수 있다. 이는 의료 분야의 종양 확산 모델이나 경제 성장 데이터에 적합하다.

▌ 요약

6장에서는 선형 회귀, 다항식 회귀, 다중 선형 회귀 등, 더욱 일반적인 곡선 적합을 포함한 회귀 분석의 몇 가지 예를 살펴봤다. 각각의 경우, 최종 목적은 주어진 데이터로부터 함수의 알려지지 않은 값을 예측하기 위해 추론에 사용할 수 있는 함수를 도출하는 것이다.

이러한 회귀 알고리즘 문제에 대해, 정규방정식이라 불리는 선형 방정식을 풀어 문제를 해결할 수 있다는 것을 알게 됐다. 선형 방정식을 풀기 위한 크래머의 법칙, 가우스 소거법, LU 분해와 같은 다양한 알고리즘도 알아봤다.

이런 알고리즘을 구현하기 위해 마이크로소프트 엑셀, 자바로 직접 구현, 아파치 커먼즈 매쓰 라이브러리 등 몇 가지 접근 방식을 시도했다.

07

분류 분석

데이터 분석의 맥락에서 분류의 주 개념은 데이터셋을 이름표가 붙은 하위 셋으로 나누는 것이다. 만약 데이터셋이 데이터베이스 테이블에 있다면, 분류 작업은 도메인(값의 범위)에 레이블 집합인 새 특성(새로운 테이블 열)을 추가하는 것에 불과하다고 할 수 있다.

예를 들어 16개의 과일 정보를 갖고 있는 243쪽 표 7-1의 데이터를 생각해보자.

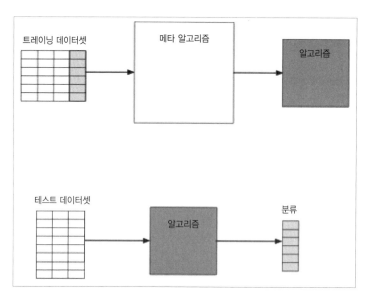

그림 7-1 메타 알고리즘이 분류 알고리즘을 생성

마지막 열은 "단sweet 과일"이라 이름 붙어 있으며, 과일을 분류하는 데 사용할 수 있는 명목상 속성이다. 즉, 달거나 달지 않은 속성을 말한다. 아마 모든 과일을 이 속성으로 분류할 수 있을 것이다. 만약 식료품점에서 처음 보는 과일을 접했을 때 이 과일이 단 과일인지 아닌지 알고 싶다면, 분류 알고리즘이 다른 특성((크기, 색상, 표면))을 기반으로 적절한 답을 예측해줄 수 있다. 그 방법을 7장에서 다룰 것이다.

분류 알고리즘은 **메타 알고리즘**이다. 새로운 객체가 있을 때 분류하기 위한 목적으로 만든 특별한 알고리즘이기 때문이다. 메타 알고리즘의 입력값은 트레이닝 셋으로, 특별한 알고리즘을 생성할 때 매개변수를 계산하기 위해 사용하는 표본 데이터셋이다. 7장에서는 표 7-1의 입력 트레이닝 데이터셋을 몇 가지 메타 알고리즘에 적용해볼 것이다.

메타 알고리즘과 알고리즘의 관계는 그림 7-1에 설명돼 있다. 메타 알고리즘은 입력값으로 트레이닝 데이터셋을 취해 알고리즘을 결과로 반환한다. 알고리즘은 테스트 데이터셋을 입력값으로 취해, 데이터셋의 각 데이터 포인트에 대한 분류 결과를 반환한다. 트레이닝 데이터셋 안에 대상 속성 값(예를 들어 단 과일 같은)이 존재하고 테스트 데이터셋에는 존재하지 않음을 기억하자.

트레이닝 데이터셋을 테스트 데이터셋으로 활용하는 것도 가능하다. 일반적으로 예측값(분류 결과)을 트레이닝 데이터셋의 값과 비교하며, 이는 알고리즘의 정확도를 측정하는 표준 방법이다. 만약 정답을 알고 있는 경우, 알고리즘은 그 정답을 예측해내야 한다.

트레이닝 데이터셋 S는 n+1개의 속성 $\{A_1, A_2, \cdots, A_n, T\}$을 가지는 일반적인 데이터셋으로, 여기에서 T는 분류 대상 속성이다. 대부분의 경우 A_j는 알고리즘에 따라 전부 명사형이거나 전부 숫자형이다. 또한 대부분의 경우 T는 명사형이거나 불리언형이다. S는 $n+1$개의 좌표로 구성된 포인트의 집합인 $(x_1, x_2, \ldots, x_n, y)$라 생각할 수 있다. 분류 알고리즘은 함수 f로 표현하는데, 결과인 $y=f(x_1, x_2, \ldots, x_n)$ 혹은 더 단순하게 $y=f(x_1, x_2, \ldots, x_n)=f(x)$이고, 여기서 $x=(x_1, x_2, \ldots, x_n)$는 전형적인 테스트 데이터셋이다. 이때 알고리즘이 데이터 x의 값 y를 예측한다고 말한다.

▌ 의사 결정 트리

의사 결정 트리decision tree는 트리 형태의 구조로 흐름도와 유사하게 사용한다. 각 내부 노드는 참-거짓 판별 질문을 포함하고 있고, 두 개의 가지branch는 참과 거짓에 해당하는 답의 방향이다. 각 리프 노드leaf node는 결과적인 분류 라벨이 붙어 있다. 루트root에서 리프leaf까지의 경로는 분류 규칙을 표현한다.

의사 결정 트리의 목적은 하나의 결정으로 이어지는 질의의 동적 절차를 제공하는 것으로, 분류 알고리즘의 한 형태다. 대상 속성은 가능한 모든 결정의 집합으로 트리의 리프에 라벨을 지정한다.

이진 탐색 Binary Search 알고리즘은 의사 결정 트리의 필수 알고리즘이다. 예를 들어 전화번호부처럼 알파벳 순서대로 정렬된 이름 목록 중에서 긴 이름을 찾을 때가 있다. 일반적으로 목록의 한가운데서부터 시작해 대상 이름과 현재 트리 노드의 이름을 비교하는 방법을 기반으로 반복적으로 분기하는 방식을 사용한다.

이진 탐색은 그림 7-2에 잘 설명돼 있다.

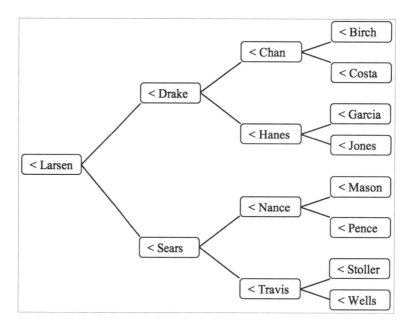

그림 7-2 이진 탐색 의사 결정 트리

Kelly라는 이름을 찾고 있다고 가정해보자. 루트에 위치한 Larsen과 비교한 후 다음 노드인 Drake로 이동한다. 그 후 목표 지점인 Kelly까지 범위를 완전히 좁힐 때까지 Hanes와 Jones 경로를 거치며 계속 탐색한다.

의사결정 트리와 엔트로피와의 관계

의사 결정 트리 생성 표준 분류 알고리즘을 구현하기 위해 먼저 '부분의 엔트로피Entropy of a partition'라는 개념을 이해할 필요가 있다. 먼저 확률론의 기본 내용을 살펴보자.

4장, '통계'에서 표본 공간, 확률 변수, 확률 함수를 정의한 부분을 기억해보자. 예를 들어, 붉은색 주사위와 녹색 주사위를 던지는 실험에서 표본 공간 S는 36개의 결과 요소(예를 들어 (2,3)은 붉은색 주사위가 2, 녹색 주사위가 3이 나온 경우)로 구성돼 있다. 균형 잡힌 주사위임을 가정했을 때, 각 36개의 요소는 같은 횟수가 나올 것이고, 따라서 확률 $p=1/36$이다.

확률 이벤트는 요소 결과의 집합이다. 이벤트의 확률은 기본적인 결과 확률의 합이다. 예를 들어 두 주사위 결과의 합이 5인 이벤트 $E=\{(1,4),(2,3),(3,2),(4,1)\}$이고 이벤트의 확률 $P(E)=4/36=1/9$이다.

엔트로피라는 개념은 19세기 열역학을 연구하면서 발전했다. 1948년 클로드 섀넌^{Claude}은 전송된 메시지 정보를 측정하기 위해 엔트로피를 정보 이론에 적용했다. 최근에 엔트로피는 데이터 과학에서 중요한 개념이 됐다. 기초 확률론의 관점에서의 엔트로피를 알아보자.

표본 공간 S를 고려해, 각 이벤트 $E \subseteq S$에 해당하는 숫자를 할당하는 함수 $I(\ )$을 정의하길 원한다. 이 함수는 실제 실험에서 일어난 일에 대한 지식 전달 정도를 의미하는, 해당 사건의 정보 내용을 측정하는 역할을 한다. 예를 들어, 주사위 실험 결과에서 주사위 숫자의 합이 5인 이벤트 E가 있다고 하자. 이 경우 정확하게 두 주사위가 각각 어떤 숫자가 나왔는지 알 수 없다. 따라서 $I(E)$는 숫자가 (2, 3)인 이벤트 E'를 표현하는 $I(E')$보다 작다. 왜냐하면 숫자가 명확한 이벤트가 더 많은 정보를 가지고 있기 때문이다.

정의하고자 하는 함수 $I(\ )$은 이벤트의 확률에만 의존한다. 즉, 특정 함수 f에 대해서

$$I(E) = f\big(P(E)\big)$$

가 된다.

이 f 함수는 그 함수가 반드시 가지고 있어야 한다는 것을 알고 있는지에 대한 속성으로부터 유도할 수 있다. 예를 들어, $P(E)=1$일 때, 이벤트가 확실하고(100% 확률), 0이라는 정보 콘텐츠가 있다면 $f(I)=0$이다.

더욱 유익한 관찰 방법은 다음과 같다. 두 가지 독립적인 사건이 발생했다는 사실에 대해 아는 정도는 각 사건에 대해 아는 정도의 총합이 돼야 한다.

$$I\left(E \cap F\right) = I\left(E\right) + I\left(F\right)$$

두 가지 사건의 정보를 얻기 위해 돈을 지불하는 것을 생각해보자. 만약 정보가 독립적이라면 두 가지 정보 모두에 대해 지불할 금액은 각 정보에 대한 비용의 합계가 돼야 한다.

놀랍게도, 이제 이 관찰을 통해 알려지지 않은 함수 $f()$를 도출할 수 있고, 따라서 엔트로피 함수 $I()$를 정의할 수 있다. 이는 4장, '통계'에서 배운 독립 이벤트에 대한 설명에서 비롯된 것이다.

$$P\left(E \cap F\right) = P\left(E\right) \cdot P\left(F\right)$$

예를 들어, $P(2,3) = P(2$ 붉은색 주사위$) \cdot P(3$ 녹색 주사위$) = (1/6) \cdot (1/6) = 1/36$이 된다.

따라서 어떠한 두 개의 독립 이벤트 E와 F에 대해 다음 식이 성립된다.

$$
\begin{aligned}
f\left(P\left(E\right)\right) + f\left(P\left(F\right)\right) &= I\left(E\right) + I\left(F\right) \\
&= I\left(E \cap F\right) \\
&= f\left(P\left(E \cap F\right)\right) \\
&= f\left(P\left(E\right) \cdot P\left(F\right)\right)
\end{aligned}
$$

따라서 두 가지 확률 p와 q의 경우 아래와 같이 표현할 수 있다.

$$f\left(p\right) + f\left(q\right) = f\left(p \cdot q\right)$$

수학적으로는 이런 속성을 가진 유일한 함수인 로그함수로 증명할 수 있다.

$$\log\left(xy\right) = \log x + \log y$$

로그의 밑base은 나중에 지정할 것이다. 지금은 어떤 밑이 와도 상관없도록 정의한다. 이제 엔트로피 함수는 아래와 같다고 결론 지을 수 있다.

$$I(E) = K \log\big(P(E)\big)$$

특정 상수 K에 대해, $I(E)$는 정보 내용을 측정하는 함수이기 때문에 양수여야 하며, 확률 값인 $P(E) \le 1$이기에 $log\,(P(E)) \le 0$이다. 이는 상수 K는 양의 상수 K'에 대해 음수여야 한다는 의미다. 즉 $K = -K'$이다. 그러면 아래와 같은 식이 성립된다.

$$I(E) = -K' \log\big(P(E)\big) = -\lg\big(P(E)\big)$$

따라서 단일 결과 x에 대한 확률 p의 엔트로피는 다음과 같다.

$$I(x) = -\lg(p)$$

여기에서 lg는 log_2이며, 이진(밑이 2인) 로그이다.

 모든 로그는 비례한다는 것을 기억하자. 예를 들어 $lg\,x = (ln\,x)/(ln\,2) = 1.442695\,ln\,x$이다.

이 함수 $I(\ )$은 표본 공간 S 자체(모든 기본 결과의 집합)에 대한 함수이며 확률 변수를 만든다. 확률 변수의 기댓값expected value $E(X)$는 합계다.

$$E(X) = \sum xp(x)$$

여기서 합계는 X의 모든 x에 대해 더한 것이다. 예를 들어 하나의 주사위를 던지고 x^2을 지불해야 한다면, 숫자 x가 주어졌을 때 지불해야 할 기대 금액은 다음과 같다.

$$E(X) = \$ \sum x^2 p(x) = \frac{\$21}{6} = \$3.50$$

달리 말하자면, 공정한 게임을 하기 위해서는 $3.50을 지불해야 한다는 의미다.

마지막으로 표본공간 S에 대한 **엔트로피** $H(S)$를 앞에서 도출한 엔트로피 확률 변수의 기댓값과 연결할 수 있다.

$$H(S) = \sum I(x)\, p(x) = \sum \left(-\lg\left(p(x)\right)\right) p(x) = -\sum \left(\lg\left(p\right) p\right)$$

또는 좀 더 단순하게 표현할 수도 있다.

$$H(S) = -\sum_i p_i \lg p_i$$

여기서 $p_i = p(x_i)$이고, 모든 p_i의 합은 0보다 크다.

또 다른 예제로 편향된 동전을 던지는 상황을 가정해보자. 앞면이 나올 확률은 $p_0 = 3/4$이다. 이 경우 엔트로피는 다음과 같다.

$$H(S) = -\sum_i p_i \lg p_i = -p_0 \lg p_0 - p_1 \lg p_1 = -\left(\frac{3}{4}\right)\lg\left(\frac{3}{4}\right) - \left(\frac{1}{4}\right)\lg\left(\frac{1}{4}\right) = 0.81$$

만약 편향된 동전이 아니라고 가정하면 확률은 둘 다 $p_i = 1/2$이다. 이 경우 엔트로피는 다음과 같다.

$$H(S) = -\left(\frac{1}{2}\right)\lg\left(\frac{1}{2}\right) - \left(\frac{1}{2}\right)\lg\left(\frac{1}{2}\right) = -\left(\frac{1}{2}\right)(-1) - \left(\frac{1}{2}\right)(-1) = 1.00$$

일반적으로 S가 균등한 공간이라면, 모든 $p_i = 1/n$이고, 이 경우 엔트로피를 구하는 공식은 다음과 같다.

$$H(S) = -\sum_i p_i \lg p_i = -\sum_i \frac{1}{n} \lg \frac{1}{n} = \sum_i \frac{\lg n}{n} = \frac{\lg n}{n} \sum_i 1 = \frac{\lg n}{n}(n) = \lg n$$

앞의 예에서 n=2인 경우 $H(S)=lg2=1$이다.

엔트로피는 불확실성 또는 임의성의 측정 척도다. 가장 불확실한 것은 모든 결과가 같을 경우다. 따라서 n개의 가능한 결과가 존재하는 표본공간에서 가능한 최대 엔트로피는 $H(S)=lgn$이다.

또 다른 극단적인 경우는 표본공간에 불확실성이 존재하지 않는 경우다. 예를 들어, p_k=1이고 모든 다른 p_i=0일 수 있다. 이런 경우 엔트로피는 $H(S) = -\sum_i p_i \lg p_i = -p_k \lg p_k = -(1)\lg 1 = -(1)(0) = 0$ 이다.

일반적으로 엔트로피는 다음과 같이 나타낼 수 있다.

$$0 \le H(S) \le \lg n$$

ID3 알고리즘

엔트로피 계산 공식을 발전시키는 이유는 7장의 마지막에 ID3 알고리즘의 구현체를 사용해 의사 결정 트리를 생성하기 위함이다.

ID3 알고리즘은 트레이닝 데이터셋으로부터 최적의 의사 결정 트리를 생성하기 위한 알고리즘으로 단지 명사형 속성만을 가진다. 이 알고리즘은 1986년 로스 퀸란^{J. R. Quinlan}이 발명했다. ID3 알고리즘이라는 이름은 **반복적 이등분 3**^{Iterative Dichotomizer 3}을 의미한다.

이 알고리즘은 트리가 적용될 전체 모집단의 상대적으로 작은 하위 집합의 트레이닝 데이터셋에서 의사 결정 트리를 생성한다. 의사 결정 트리의 정확성은 모집단의 무작위 표본과 매우 유사한 형태를 가지는 트레이닝 데이터셋의 대표성에 달려 있다.

예제를 통해 ID3 알고리즘을 더 자세히 알아보자. 앞서 소개했던 처음 보는 과일이 단맛을 내는지 신맛을 내는지 예측하는 문제에 대해 의사 결정 트리를 만들 것이라 가정하자. 트리는 색상, 크기, 표면의 유형(매끈, 거침, 솜털) 같은 이미 관측된 과일의 속성 값을 기반으로 답을 예측할 것이다.

위와 같은 세부 사항들을 기반으로 시작해보자. 대상 속성은 아래와 같다.

단 과일 = {참, 거짓}

그리고, 이미 관측된 속성은 다음과 같다.

색상 = {빨강, 노랑, 파랑, 녹색, 갈색, 주황}
표면 = {매끈, 거침, 솜털}
크기 = {작음, 중간, 큼}

표 7-1에서 확인할 수 있는 데이터는 트레이닝 데이터셋이다. 16개의 데이터 포인트를 갖고 있고, 그중 11개는 단 과일 속성이 참이다.

알고리즘은 트리를 재귀적으로 구성한다. 알고리즘 각 단계에서 의사결정 트리의 흐름을 하위 단계로 나누기 위해 나머지 중에 최적의 속성을 결정한다. 분할 전략은 엔트로피 증가를 기반으로 할 것인데, 속성 A를 나누는 이득은 아래 함수에 의해 계산된다.

$$Gain(A) = H(S) - \sum_i p_i H(a_i)$$

$H(\ )$는 엔트로피 함수이고, p_i는 속성 A에 대한 값이 a_i인 트레이닝 데이터셋의 비율이며, 합계는 속성 A의 모든 값에 대한 것이다.

이름	크기	색상	표면	단과일
사과	중간	빨강	매끈	참
살구	중간	노랑	솜털	참
바나나	중간	노랑	매끈	참
체리	작음	빨강	매끈	참
코코넛	큼	갈색	솜털	참
크랜베리	작음	빨강	매끈	거짓
무화과	작음	갈색	거침	참
자몽	큼	노랑	거침	거짓
금귤	작음	주황	매끈	거짓
레몬	중간	노랑	거침	거짓
오렌지	중간	주황	거침	참
복숭아	중간	주황	솜털	참
배	중간	노랑	매끈	참
파인애플	큼	갈색	거침	참
호박	큼	주황	매끈	거짓
딸기	작음	빨강	거침	참

표 7-1 과일 예제 트레이닝 데이터셋

 부분의 엔트로피 $S=\{S_1, S_2, ..., S_n\}$는 확률 $p_i=|S_i|/|S|$에 대한 상대적 크기를 사용해 표본 공간과 동일하게 정의된다. 또한 $S=\{S_1\}$(즉, $n=1$)인 경우, $E(S)=0$이다.

먼저 크기 속성으로부터 분리하는 것을 고려해보자. 의사 결정 트리는 그림 7-3과 같은 형태가 될 것이다. 단 과일에는 밑줄을 쳤다.

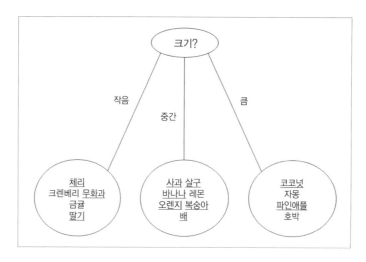

그림 7-3 크기로 구분

과일의 크기에 따라 S를 세 가지 유형 '작음', '중간', '큼'으로 구분했다. 트레이닝 데이터 셋은 각각 크기 5, 7, 4의 노드로 분리된다. 단맛을 내는 과일은 각각 $p_1=3/5$, $p_2=6/7$, $p_3=2/4$의 확률을 가진다. 전체 트레이닝 데이터셋에서 달콤한 과일이 차지하는 비중은 11/16이다. 따라서 *Gain*(크기)는 다음과 같이 계산할 수 있다.

$$H(S) = -\frac{11}{16}\lg\frac{11}{16} - \frac{5}{16}\lg\frac{5}{16} = 0.8960$$

세 가지 유형을 각각 계산하면 다음과 같다.

$$H(작음) = -\frac{3}{5}\lg\frac{3}{5} - \frac{2}{5}\lg\frac{2}{5} = 0.9710$$

$$H(중간) = -\frac{6}{7}\lg\frac{6}{7} - \frac{1}{7}\lg\frac{1}{7} = 0.591$$

$$H(큼) = -\frac{2}{4}\lg\frac{2}{4} - \frac{2}{4}\lg\frac{2}{4} = 1.0000$$

따라서 분할을 통해 얻는 이득은 다음과 같이 계산할 수 있다.

$$\text{Gain}(\text{크기}) = H(S) - \left(\frac{5}{16} H(\text{작음}) + \frac{7}{16} H(\text{중간}) + \frac{4}{16} H(\text{큰}) \right)$$
$$= 0.8960 - \left(\frac{5}{16}(0.9710) + \frac{7}{16}(0.5917) + \frac{4}{16}(1.0000) \right)$$
$$= 0.0838$$

이득은 대략 8% 정도로 매우 적다. 이는 크기를 기준으로 나누는 것은 생산적이지 못하다는 의미다. 트레이닝 데이터셋에 포함된 11개의 단 과일이 사실상 세 유형에 거의 균등하게 분배돼 있기 때문에 어느 정도 예측 가능하다. 달리 말하면 크기는 단 과일과 신 과일을 잘 구분해줄 수 없다는 것이고, 크기를 의사 결정 트리의 첫 번째 분리자로 사용하기는 힘들 것이라는 의미다.

다음 단계는 같은 내용을 다른 두 후보 속성인 색상과 표면에 적용하는 것이다.

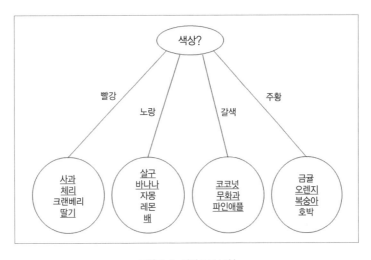

그림 7-4 색상으로 구분

색상을 구분자로 사용했을 경우 단 과일은 각 유형에 대해 3/4, 3/5, 3/3, 2/4를 차지한다. 따라서 이 경우 이득을 계산하면 아래와 같다.

$$
\begin{aligned}
&\text{Gain}\,(\text{색상}) \\
&= H(S) - \left(\frac{4}{16} H(\text{빨강}) + \frac{5}{16} H(\text{노랑}) + \frac{3}{16} H(\text{갈색}) + \frac{4}{16} H(\text{주황}) \right) \\
&= 0.8960 - \left(\frac{4}{16}(0.8113) + \frac{5}{16}(0.9710) + \frac{3}{16}(0) + \frac{4}{16}(1.0000) \right) \\
&= 0.1397
\end{aligned}
$$

이득은 단 13% 수준으로 크기로 분리하는 것보다는 조금 더 좋은 결과를 보인다.

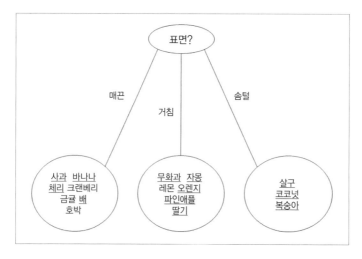

그림 7-5 표면으로 구분

표면 속성의 경우 단 과일의 분포가 유형별로 4/7, 5/6, 3/3이다. 보이는 것처럼 "솜털이 있는 과일이 더 달다"라고 이미 결정했기 때문에 나누는 것이 더 좋아 보인다.

$$\text{Gain}(\text{표면}) = H(S) - \left(\frac{7}{16} H(\text{매끈}) + \frac{6}{16} H(\text{거침}) + \frac{3}{16} H(\text{솜털}) \right)$$

$$= 0.8960 - \left(\frac{7}{16}(0.9852) + \frac{6}{16}(0.6500) + \frac{3}{16}(0) \right) = 0.2212$$

이득은 약 22%로, 크기의 8%나 색상의 13%에 비해 높다. 따라서 첫 번째 의사 결정은 루트 노드에서 표면 속성을 사용해 분리할 것이다.

앞서 계산한 내용에 따르면, 가장 높은 엔트로피 값은 1.0000으로, $Gain(\text{크기})$에서의 H(큼)과 $Gain(\text{색상})$에서의 H(주황)이 그 예인데, 이 경우, 해당 유형의 정확히 반(네 개 중 두 개)이 단 과일이기 때문이다. 1.0이라는 엔트로피값은 이진 속성(단 과일 같은)에서 가능한 최대 엔트로피 값이다. 이 값이 의미하는 바는 노드의 최대 불확실성 또는 정보가 부족하다는 것이다. 하위 유형(색상에서 주황, 크기에서 큼)에서 과일이 단 과일인지 아닌지 판단하는 것은 임의로 결정할 수 있다.

달리 말하면 $Gain(\text{표면})$ 계산에서 H(솜털)=0인데, 이것은 가능한 가장 작은 엔트로피 값이다. 이 값이 의미하는 바는 해당 유형에 불확실한 부분이 없다는 것으로 모든 과일이 단 과일이라는 것이다. 이런 상황이 의사 결정 트리에서 가질 수 있는 가장 좋은 하위 유형 종류다.

이제 알고리즘이 첫 번째 분리자로 표면 속성을 선택했다. 다음 단계는 하위 유형 매끈, 거침, 솜털에 대해 두 번째 레벨 노드 각각에서 다른 두 속성(크기, 색상)으로부터 이득을 검사하는 것이다.

먼저 그림 7-5의 루트로부터 뻗어 나온 '매끈'이라는 가지에 대해 두 속성에 대한 확률을 고려해보자.

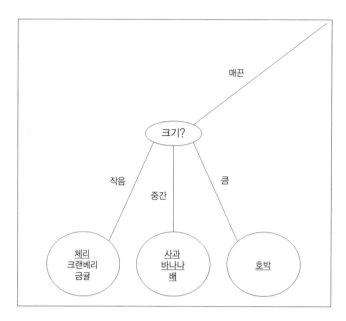

그림 7-6 표면이 매끈한 과일을 크기별로 분리

크기 또는 색상으로 분리해 볼 수 있다.

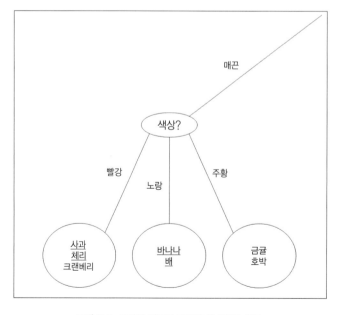

그림 7-7 표면이 매끈한 과일을 색상별로 분리

크기로 나누기 위한 관련 비율을 생각해보자. 그림 7-6에서 보는 것처럼 총 7개 중 4개의 과일이 단 과일이고, 3개의 작은 과일 중 1개가 단 과일이며, 3개의 중간 크기 과일 중 3개 모두가 단 과일이고, 1개의 큰 과일 중 단 과일은 하나도 없다. 따라서 매끈한 과일을 크기에 따라 분리하는 이득을 구하면 다음과 같다.

$$\mathrm{Gain}\left(\text{크기}\,|\,\text{매끈}\right) = 0.9852 - \left(\frac{3}{7}(0.9183) + \frac{3}{7}(0) + \frac{1}{7}(0)\right) = 0.5917$$

색상으로 나누기 위한 관련 비율은, 그림 7-7에서 보는 것처럼 4/7, 2/3, 2/2, 0/2이다. 따라서 매끈한 과일을 색상에 따라 분리하는 이득을 구하면 다음과 같다.

$$\mathrm{Gain}\left(\text{색상}\,|\,\text{매끈}\right) = 0.9852 - \left(\frac{3}{7}(0.9183) + \frac{2}{7}(0) + \frac{2}{7}(0)\right) = 0.5917$$

이득 값이 같다. 크기와 색상은 매끈한 과일을 분리하는 데 유용하다(트레이닝 데이터셋에 따르면). 왜 그런지 확인해보자. 양쪽 모두 첫 번째 하위 유형만 모호하다. 크기 및 색상 모두 첫 번째 하위 유형은 2에서 1로 나뉘며, 두 번째 하위 유형은 모두 단 과일이고, 세 번째 하위 유형은 모두 신맛이다.

이 시점에서 ID3 알고리즘은 두 가지 유형을 고려한다. 일단 매끈한 과일 노드를 나누기 위해 크기 속성을 선택했다고 가정해보자.

다음으로 알고리즘은 그림 7-5에서 거친 과일에 대한 가지를 내리고 두 속성, 크기와 색상에 대해 고려해본다.

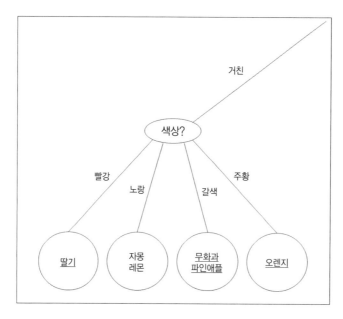

그림 7-8 표면이 거친 과일을 색상별로 분리

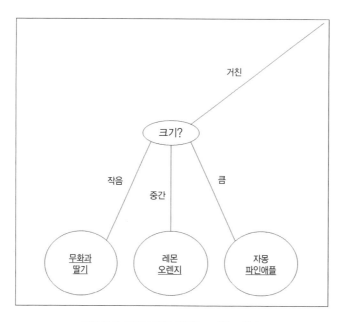

그림 7-9 표면이 거친 과일을 크기별로 분리

크기에 따라 분리한 비율은 그림 7-9에서 보는 것처럼 4/6, 2/2, 1/2, 1/2이다. 따라서 거친 과일을 크기에 따라 분리하는 이득을 구하면 다음과 같다.

$$\text{Gain}(\text{크기} \mid \text{거침}) = 0.6500 - \left(\frac{2}{6}(0) + \frac{2}{6}(1.0000) + \frac{2}{6}(1.0000) \right) = -0.0167$$

색상에 따라 분리한 비율은 그림 7-9에서 보는 것처럼 4/6, 1/1, 0/2, 2/2, 1/1이다. 따라서 거친 과일을 색상에 따라 분리하는 이득을 구하면 다음과 같다.

$$\text{Gain}(\text{색상} \mid \text{거침}) = 0.9183 - \left(\frac{1}{6}(0) + \frac{2}{6}(0) + \frac{2}{6}(0) + \frac{1}{6}(0) \right) = 0.9183$$

색상으로 나누는 경우의 이득이 분명히 크다. 그 증거로 그림 7-8을 보면, 하위 트리가 완벽히 모호하지 않게 거친 표면을 가진 과일을 분류해주고 있다. 즉, 거친 과일이 노란색이면 달지 않고 노란색이 아니면 달다(강조하지만, 가상의 트레이닝 데이터에서 그렇다는 것이다).

이제 남은 것은 표면이 매끈하고 작은 과일 데이터다(그림 7-6). 남은 특성은 색상이다. 매끈하고 작은 {체리, 크랜베리, 금귤}이라는 데이터를 가진 노드에서 체리와 크랜베리는 빨간색이고 금귤은 오렌지색이다. 따라서 알고리즘은 빨간색 과일에 단 과일 항목을 참으로 할당하게 된다. 그리고 주황색의 금귤에는 단 과일 항목을 거짓으로 할당한다.

끝까지 완료한 의사결정 트리는 그림 7-10에서 확인할 수 있다.

이 결과는 트레이닝 셋의 16개 과일 모두를 완전히 분류해주지 않는다. 예를 들어 크랜베리의 경우 잘못된 답에 도달하게 된다. 그러나 이는 트레이닝 셋 자체가 불충분해서이다. 작고, 빨간색에 표면이 매끈한 과일을 찾아보면 크랜베리와 체리로 하나는 달고 다른 하나는 달지 않다.

알고리즘은 두 가지 동점 처리 전략을 쓰고 있다. 우선 무작위 선택이 있다. 예를 들어 표면이 매끈한 과일을 크기와 색상으로 분류할 때 Gain( ) 값이 동일하게 나오면 무작위 선택을 한다. 다른 하나는 알고리즘이 의사결정 트리의 리프 노드에 도달해 더이상 분리할 속성이 없는데, 노드는 여전히 같은 수의 요소 값을 대상 속성에 갖고 있는 경우다. 표면이 매끄럽고 작은 크기의 빨간색 과일을 나타내는 노드는 {체리, 크랜베리} 값을 갖고 있다. 이런 경우에는 모든 트레이닝 셋의 과반수를 차지하는 값을 할당한다. 사용한 트레이닝 셋에서 16개 중 11개는 단 과일 속성이 참이다.

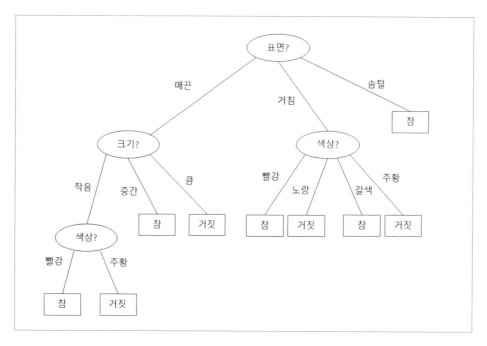

그림 7-10 완성된 의사결정 트리

재귀적인 ID3 알고리즘이 의사결정 트리의 노드를 생성하는 순서는 위의 과일 예제의 순서와 같지 않다. 대신, 트리 순회 방식에 따라 노드를 생성하게 될 것이다. 트리 순회 방식의 순서는 그림 7-11에서 볼 수 있다.

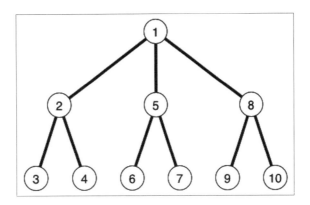

그림 7-11 트리 순회 순서

트리 순회는 루트 노드인 1에서 시작해 가장 좌측의 자식 노드인 2, 그 노드의 가장 좌측의 자식 노드인 3의 순서로 순회하게 된다. 이 과정은 리프 노드에 도달할 때까지 계속된다. 그 후 형제 노드인 4로 이동해 노드를 생성하고, 부모 노드의 형제 노드인 5로 이동하게 된다.

트리 순회의 각 노드에서 모든 부모 노드와 왼쪽의 노드들은 이미 처리된 것으로 간주한다.

자바로 ID3 알고리즘 구현

자바를 사용해 완벽한 ID3 알고리즘을 구현하는 것은 이 책이 다루는 범위 밖이다. 그러나 과일 예제를 사용해 어떻게 알고리즘을 구현하는지 확인할 수는 있다.

코드 7-1은 계산에 사용할 세 가지 유틸리티 메소드를 보여준다. 78행~80행에 이진 로그가 정의돼 있는데, 이는 단순히 아래 식을 구현한 것이다.

$$\log_2 x = \frac{\ln x}{\ln 2}$$

```java
52    /*  분리할 데이터 {A1, A2, ...}의 이득값을 얻는다.
53        Ai는 n[i]의 포인트와, m[i]의 선호 포인트를 가진다.
54    */
55    public static double g(int[] m, int[] n) {
56        int sm = 0, sn = 0;
57        double nsh = 0.0;
58        for (int i = 0; i < m.length; i++) {
59            sm += m[i];
60            sn += n[i];
61            nsh += n[i]*h(m[i],n[i]);
62        }
63        return h(sm, sn) - nsh/sn;
64    }
65
66    /*  n개 중 m개의 선호값에 대한 엔트로피 계산
67    */
68    public static double h(int m, int n) {
69        if (m == 0 || m == n) {
70            return 0;
71        }
72        double p = (double)m/n, q = 1 - p;
73        return -p*lg(p) - q*lg(q);
74    }
75
76    /*  x의 이진 로그 값 계산
77    */
78    public static double lg(double x) {
79        return Math.log(x)/Math.log(2);
80    }
```

코드 7-1 ID3 알고리즘 계산에 사용할 유틸리티 메소드

h(m,n)에 대한 엔트로피 계산 함수는 68행~74행에 정의돼 있다. 구현 공식은 다음과 같다.

$$h = -\left(\frac{m}{n}\right)\lg\left(\frac{m}{n}\right) - \left(\frac{n-m}{n}\right)\lg\left(\frac{n-m}{n}\right)$$

g(m[],n[])에 대한 정의된 Gain( ) 함수는 55행~64행에 구현돼 있고, 공식은 아래와 같다.

$$\text{Gain}(A) = H(S) - \sum_i p_i H(a_i)$$

코드 7-2에서 과일 예제를 풀기 위한 처음 몇 가지 계산에 유틸리티 메소드를 사용하는 것을 볼 수 있다.

```java
  ComputeGain.java ⊠
10 public class ComputeGain {
11     public static void main(String[] args) {
12         System.out.printf("h(11,16) = %.4f%n", h(11,16));
13         System.out.println("Gain(크기):");
14         System.out.printf("\th(3,5) = %.4f%n", h(3,5));
15         System.out.printf("\th(6,7) = %.4f%n", h(6,7));
16         System.out.printf("\th(2,4) = %.4f%n", h(2,4));
17         System.out.printf("\tg({3,6,2},{5,7,4}) = %.4f%n",
18                 g(new int[]{3,6,2},new int[]{5,7,4}));
19         System.out.println("Gain(색상):");
20         System.out.printf("\th(3,4) = %.4f%n", h(3,4));
21         System.out.printf("\th(3,5) = %.4f%n", h(3,5));
22         System.out.printf("\th(2,3) = %.4f%n", h(2,3));
23         System.out.printf("\th(2,4) = %.4f%n", h(2,4));
24         System.out.printf("\tg({3,3,3,2},{4,5,3,4}) = %.4f%n",
25                 g(new int[]{3,3,3,2},new int[]{4,5,3,4}));
```

```
  Problems  @ Javadoc  ⓑ Declaration  🖵 Console ⊠  🖳 Progress  🔥 Git Staging
                                            ■ ✖ ✖ | 🗟 🔠 🗗 🗗 🖃 | 🗗 ▾ 🗖 ▾
<terminated> ComputeGain [Java Application] C:\Program Files\Java\jdk1.8.0_151\bin\javaw.exe (2018. 6.
h(11,16) = 0.8960
Gain(크기):
        h(3,5) = 0.9710
        h(6,7) = 0.5917
        h(2,4) = 1.0000
        g({3,6,2},{5,7,4}) = 0.0838
Gain(색상):
        h(3,4) = 0.8113
        h(3,5) = 0.9710
        h(2,3) = 0.9183
        h(2,4) = 1.0000
        g({3,3,3,2},{4,5,3,4}) = 0.1398
```

코드 7-2 과일 예제 해결을 위한 계산

12행의 첫 계산 값은 전체 트레이닝 셋 S의 엔트로피다. 이는 $h(11,16)$으로, 총 16개의 데이터 포인트 중 11개가 대상 속성이 원하는 값이라는 의미다(단 과일이 참인 것).

$$H(S) = -\frac{11}{16}\lg\frac{11}{16} - \frac{5}{16}\lg\frac{5}{16} = 0.8960$$

14행에서는 크기가 작은 유형의 엔트로피를 계산한다.

$$H(\text{작음}) = -\frac{3}{5}\lg\frac{3}{5} - \frac{2}{5}\lg\frac{2}{5} = 0.9710$$

이는 h(3, 5)로, 5개의 작은 과일 중 3개가 단 과일이기 때문이다.

18행에서는 아래 식을 계산한다.

$$\begin{aligned} \text{Gain}(\text{크기}) &= H(S) - \left(\frac{5}{16}H(\text{작음}) + \frac{7}{16}H(\text{중간}) + \frac{4}{16}H(\text{큼})\right) \\ &= 0.8960 - \left(\frac{5}{16}(0.9710) + \frac{7}{16}(0.5917) + \frac{4}{16}(1.0000)\right) \\ &= 0.0838 \end{aligned}$$

이 식은 다음과 같이 계산한다.

```
g(new int[]{3,6,2}, new int[]{5,7,4})
```

앞에 사용한 배열 {3,6,2}는 m[]이고, 뒤에 사용한 배열 {5,7,4}는 n[]이다. 이 값은 작음, 중간, 큼이라는 범주 별 단 과일의 비율이 각각 3/5, 6/7, 2/4이기 때문에 해당 배열이 정의된다(그림 7-3).

이와 유사한 25행의 표현식을 살펴보자.

```
g(new int[]{3,3,3,2}, new int[]{4,5,3,4})
```

이 식에서 Gain(색상)=0.0260이다. 배열 {3,3,2,2}와 {4,5,3,4}는 빨강, 노랑, 갈색, 주황색의 과일이 각각 3/4, 3/5, 3/3, 2/4의 단 과일 비율을 가지고 있기 때문에 해당 배열이 정의된다(그림 7-4).

웨카 플랫폼

웨카는 머신 러닝 알고리즘을 구현한 자바 라이브러리 및 도구 모음이다. 웨카는 뉴질랜드 와이카토 대학교의 컴퓨터 과학자에 의해 개발 및 운영되고 있다. 웨카 패키지 내에는 이 책에서 다루고 있는 대부분의 분류 알고리즘 구현체가 있다. 다운로드 주소는 http://www.cs.waikato.ac.nz/ml/weka/downloading.html이다.

만약 macOS에서 넷빈즈를 사용하고 있다면 weka.jar 복사본과 data, doc 폴더를 /Library/Java/Extensions/ 폴더에 복사해야 한다. 그리고 **Tools › Libraries** 메뉴로 이동해 **Ant Library Manager** 패널을 선택한다. **Classpath** 탭에서 **Add JAR/Folder**를 선택해 웨카 설치 폴더(예를 들어 /Library/Java/Extensions/weka-3-9-1/)를 선택하고 **Add JAR/Folder** 버튼을 누른다. 마지막으로 **OK** 버튼을 눌러준다.[1]

웨카를 사용하는 더 자세한 방법은 온라인 PDF http://www.cs.waikato.ac.nz/ml/weka/Witten_et_al_2016_appendix.pdf에서 볼 수 있다.

ARFF 파일 유형

웨카는 입력 파일로 **ARFF**Attribute-Relation File Format라 부르는 특별한 형태의 데이터를 사용한다. ARFF에 대한 자세한 내용은 http://weka.wikispaces.com/ARFF에서 볼 수 있다.

코드 7-3의 파일은 전형적인 ARFF 파일이다. 이는 앞서 다운로드 받은 웨카 데이터 폴더에 기본적으로 제공되는 예제 중 하나다. 다만 원래 파일에 존재하는 46행의 주석을 3행의 주석으로 대체했다.

웨카 웹 사이트의 설명에 따르면, ARFF 파일은 설명, 메타데이터, 데이터의 세 가지 구문으로 구분된다. 설명 행은 '%' 표시로 시작되고 메타데이터는 '@' 표시로 시작된다. 데이터 행은 오직 CSV 형식의 데이터만을 가지는데, 한 행에 하나의 데이터 포인트가 표시된다.

---

1 번역서는 윈도우에 메이븐 기반의 이클립스 프로젝트를 기준으로 하기 때문에 해당 절차를 밟을 필요가 없다. – 옮긴이

ARFF 파일을 메타데이터 구분으로 정의한 CSV 파일의 구조화된 형태로 생각할 수 있다. 각 메타데이터 행은 relation, attribute, data라는 키워드로 시작한다. 각 속성 행은 속성 이름과 데이터 유형을 지정한다.

```
 1  % 1. Title: Database for fitting contact lenses
 2  %
 3  % <MORE COMMENTS>
 4  %
 5  % 9. Class Distribution:
 6  %    1. hard contact lenses: 4
 7  %    2. soft contact lenses: 5
 8  %    3. no contact lenses: 15
 9
10  @relation contact-lenses
11
12  @attribute age                {young, pre-presbyopic, presbyopic}
13  @attribute spectacle-prescrip {myope, hypermetrope}
14  @attribute astigmatism        {no, yes}
15  @attribute tear-prod-rate     {reduced, normal}
16  @attribute contact-lenses     {soft, hard, none}
17
18  @data
19  %
20  % 24 instances
21  %
22  young,myope,no,reduced,none
23  young,myope,no,normal,soft
24  young,myope,yes,reduced,none
25  young,myope,yes,normal,hard
26  young,hypermetrope,no,reduced,none
27  young,hypermetrope,no,normal,soft
28  young,hypermetrope,yes,reduced,none
29  young,hypermetrope,yes,normal,hard
30  pre-presbyopic,myope,no,reduced,none
31  pre-presbyopic,myope,no,normal,soft
32  pre-presbyopic,myope,yes,reduced,none
33  pre-presbyopic,myope,yes,normal,hard
34  pre-presbyopic,hypermetrope,no,reduced,none
35  pre-presbyopic,hypermetrope,no,normal,soft
36  pre-presbyopic,hypermetrope,yes,reduced,none
37  pre-presbyopic,hypermetrope,yes,normal,none
38  presbyopic,myope,no,reduced,none
39  presbyopic,myope,no,normal,none
40  presbyopic,myope,yes,reduced,none
41  presbyopic,myope,yes,normal,hard
42  presbyopic,hypermetrope,no,reduced,none
43  presbyopic,hypermetrope,no,normal,soft
44  presbyopic,hypermetrope,yes,reduced,none
45  presbyopic,hypermetrope,yes,normal,none
```

코드 7-3 ARFF 데이터 파일

contact-lenses.arff 파일에서 모든 데이터 유형은 명사형이고, 값이 일련의 문자열로 나열된다. 이 외 가능한 데이터 유형은 숫자형, 문자형, 날짜형이다.

ID3 알고리즘 예제에서 사용한 과일 데이터의 경우 ARFF 형태로 표현하면 코드 7-4와 같다. ARFF 유형은 대소문자를 구분하지 않고 공백은 무시한다는 점에 주의하자.

```
 1 @RELATION 과일
 2 @ATTRIBUTE 이름 String
 3 @ATTRIBUTE 크기 {작음,중간,큼}
 4 @ATTRIBUTE 색상 {빨강,노랑,갈색,주황,녹색}
 5 @ATTRIBUTE 표면 {매끈,거침,솜털}
 6 @ATTRIBUTE 단과일 {거짓,참}
 7 @DATA
 8 사과  중간  빨강  매끈  참
 9 살구  중간  노랑  솜털  참
10 바나나     중간  노랑  매끈  참
11 체리  작음  빨강  매끈  참
12 코코넛     큼    갈색  솜털  참
13 크랜베리   작음  빨강  매끈  거짓
14 무화과     작음  갈색  거침  참
15 자몽  큼    노랑  거침  거짓
16 금귤  작음  주황  매끈  거짓
17 레몬  중간  노랑  거침  거짓
18 오렌지     중간  주황  거침  참
19 복숭아     중간  주황  솜털  참
20 배    중간  노랑  매끈  참
21 파인애플   큼    갈색  거침  참
22 호박  큼    주황  매끈  거짓
23 딸기  작음  빨강  거침  참
```

코드 7-4 ARFF 형태로 표현한 과일 데이터

코드 7-5는 웨카를 사용해 데이터를 관리하는 방법을 보여주는 간단한 프로그램이다. Instances 클래스는 자바의 ArrayList나 HashSet 클래스와 유사한 역할을 해, 데이터셋의 각 데이터 포인트를 표현하는 Instance 객체의 집합을 저장하는 역할을 한다. 따라서 Instances 객체는 데이터베이스의 테이블과 같은 역할을 하고, Instance 객체는 데이터베이스 테이블의 행row과 같은 역할을 한다.

코드 7-4의 데이터 파일은 코드 7-5의 TestDataSource 프로그램 14행에서 DataSource 객체로 연다. 그리고 16행에서 전체 데이터셋을 instances 객체로 읽는다. 17행에서는

단 과일 속성을 대상 속성으로 식별하고, 18행에서는 2번째 속성 값인 색상 속성을 출력한다. 그리고 20행에 instance라고 이름 지은 네 번째 인스턴스는 21행에서 출력된다. 이 데이터는 코드 7-4의 ARFF 파일 11행의 내용과 같은 데이터다. 마지막으로 instance의 첫 번째와 세 번째 필드(체리, 빨강) 값을 22행~23행에서 출력한다.

```
🗋 TestDataSource.java ⌗
 8 import weka.core.Instance;
 9 import weka.core.Instances;
10 import weka.core.converters.ConverterUtils.DataSource;
11
12 public class TestDataSource {
13     public static void main(String[] args) throws Exception {
14         DataSource source = new DataSource("data/fruit.arff");
15
16         Instances instances = source.getDataSet();
17         instances.setClassIndex(instances.numAttributes() - 1);
18         System.out.println(instances.attribute(2));
19
20         Instance instance = instances.get(3);
21         System.out.println(instance);
22         System.out.println(instance.stringValue(0));
23         System.out.println(instance.stringValue(2));
24     }
25 }
       <
```

```
🔲 Problems  @ Javadoc  🔍 Declaration  🖥 Console ⌗  🖅 Progress  ⚙ Git Staging
                                          ▪ ✖ ✖ | 🗐 🖃 🖻 | 🖃 🖃 | ⬐
<terminated> TestDataSource [Java Application] C:\Program Files\Java\jdk1.8.0_151\bin\javaw.exe (20
@attribute 색상 {빨강,노랑,갈색,주황,녹색}
체리,작음,빨강,매끈,참
체리
빨강
```

코드 7-5 instances와 instance 클래스 테스트

웨카를 사용한 자바 구현

웨카는 이전에 사용한 과일 트레이닝 데이터로 만든 의사결정 트리와 같은 작업을 할 수 있다. 다만 데이터 파일에서 이름 속성은 제거할 필요가 있는데, 분류기가 오직 명사형 데이터에서만 동작하기 때문이다. 결과적으로 데이터가 축소된 파일 이름을 AnonFruit. arff로 지정했다.

프로그램과 실행 결과는 코드 7-6에서 볼 수 있다. 19행에서 정의된 J48 클래스는 앞서 설명한 ID3 알고리즘을 확장한 클래스다. 이 클래스는 21행에서처럼 의사결정 트리를 구성한다. 그리고 23행~27행 사이의 반복문을 16개의 과일에 대해 돌면서 단 과일 속성에 대해 실제 값과 의사결정 트리 예측 값을 출력(숫자 형태로)한다. 네 번째 값을 제외한 모든 열매에 대해 두 값이 일치한다는 것을 알 수 있다. 예외인 것은 체리 데이터 포인트로, 데이터 파일에서는 1이지만, 트리는 0을 예측한다.

```java
 8 import weka.classifiers.trees.J48;
 9 import weka.core.Instances;
10 import weka.core.Instance;
11 import weka.core.converters.ConverterUtils.DataSource;
12
13 public class TestWekaJ48 {
14     public static void main(String[] args) throws Exception {
15         DataSource source = new DataSource("data/AnonFruit.arff");
16         Instances instances = source.getDataSet();
17         instances.setClassIndex(3);  // 대상 속성: (단과일)
18
19         J48 j48 = new J48();  // ID3 알고리즘 확장
20         j48.setOptions(new String[]{"-U"});  // 모호하지 않은 트리 사용
21         j48.buildClassifier(instances);
22
23         for (Instance instance : instances) {
24             double prediction = j48.classifyInstance(instance);
25             System.out.printf("%4.0f%4.0f%n",
26                     instance.classValue(), prediction);
27         }
28     }
29 }
30
```

Console ☒

<terminated> TestWekaJ48 [Java Application] C:\Program Files\Java\jre1.8.0_151\bin\javaw.exe (2018. 3. 25. 오

```
   1    1
   1    1
   1    1
   1    0
   1    1
   0    0
   1    1
   0    0
   0    0
   0    0
   1    1
   1    1
   1    1
   1    1
   0    0
   1    1
```

코드 7-6 웨카 J48 분류기를 과일 데이터에 적용

그림 7-10처럼 구성한 의사결정 트리를 다시 떠올려보면, 체리와 크랜베리가 모두 포함된 노드를 하나 생성했다. 이는 두 과일 모두 매끈한 표면에 크기가 작으며, 빨간색이기 때문이다. 양쪽 모두 참(단 과일 속성)을 할당해 동점 처리를 했는데, 이유는 전체 데이터셋에서 단 과일이 참인 경우가 더 많기 때문이다. 분명히 웨카의 J48 클래스는 기본값 대신 단 과일은 0이라는 값을 사용한다(크랜베리는 여섯 번째 과일이다). 이전에 언급했듯이 트레이닝 데이터셋이 내부적으로 일관성이 없다면 충돌은 발생하지 않을 것이다.

베이지안 분류기

나이브 베이즈 분류naive Bayes classification 알고리즘은 베이즈 이론에 기반한 분류 절차다. 베이즈 이론은 4장, '통계'에서 언급했는데, 아래와 같은 공식으로 표시할 수 있다.

$$P(E \mid F) = \frac{P(F \mid E)P(E)}{P(F)}$$

E와 F라는 이벤트가 일어날 확률을 각각 $P(E)$, $P(F)$라고 할 때, 구하고자 하는 값은 주어진 F가 참일 때 E의 조건부 확률이다. $P(E|F)$는 주어진 E가 참일 때 F의 조건부 확률이다. 이 공식의 목적은 확률 $P(F|E)$가 주어졌을 때 이 확률의 역치인 $P(E|F)$를 구하는 것이다.

분류 분석의 관점에서 데이터 포인트의 모집단이 m개의 관련 없는 카테고리 $C_1, C_2, \cdots, C_m$으로 분리된다고 가정하자. 그러면 특정 데이터 포인트 x는 특정 카테고리 C_i에 속하게 된다.

$$P(C_i \mid \mathbf{x}) = \frac{P(\mathbf{x} \mid C_i)P(C_i)}{P(\mathbf{x})}$$

베이지안 알고리즘은 데이터 포인트 x가 어떤 카테고리 C_i에 있을 가능성이 가장 높은지를 예측한다. 이는 $P(C_i \mid x)$를 최대화하는 C_i를 찾는 것이다. 그러나 분모 $P(x)$가 상수이기 때문에 $P(x \mid C_i)P(C_i)$를 최대화하는 C_i와 같은 수식으로 볼 수 있다.

그래서 베이지안 알고리즘은 각 $i=1,2,\cdots,n$에 대해 $P(x \mid C_i)P(C_i)$를 구하고 그중 가장 큰 것을 선택해야 한다. 그러면 데이터 포인트 x는 해당 카테고리에 속하는 것으로 분류된다.

이 알고리즘을 앞선 분류 분석의 개념에 녹이려면, 먼저 속성 집합 $A_1, A_2, \cdots, A_n$이 명목상 관계형 테이블인 트레이닝 셋 S를 가지고 있음을 상기하자. 각 속성 A_j를 가능한 값 집합 $\{a_{j1}, a_{j2}, \cdots, a_{jk}\}$로 식별할 수 있다. 예를 들어 이전에 사용한 크기 속성은 각 값 집합인 {작음, 중간, 큼}으로 식별된다.

대상 속성은 일반적으로 정의된 속성 집합 중 마지막 값인 A_n에 정의된다. 이전 과일 예제에서 이 속성은 '단 과일'이었으며, 속성 집합은 {거짓, 참}이었다. 분류 알고리즘의 목적은 새로운 데이터 포인트 x가 입력됐을 때 대상 속성이 어떤 값인지, 즉 단 과일이 맞는지 아닌지 예측하는 것이다.

여기서 카테고리는 대상 속성의 값에 해당한다. 따라서 과일 예제에서는 두 가지 카테고리가 있다. C_1=모든 단 과일, 그리고 C_2=모든 신 과일이다.

목표는 각 $i=1,2,\cdots,n$에 대해 $P(x \mid C_i)P(C_i)$를 구해 가장 큰 값을 구하는 것이다. 확률은 모두 상대적인 빈도로 계산된다. 따라서 각 $P(C_i)$는 단순하게 트레이닝 데이터셋 중 C_i 카테고리의 데이터 포인트 개수를 전체 데이터 포인트 개수로 나눈 것이다.

각 $P(x \mid C_i)$를 계산하기 위해 x는 벡터 $x=(x_1, x_2, \cdots, x_n)$이고, 이는 속성 값 A_j와 같다는 것을 기억하자. 예를 들어 x가 과일 콜라라면 트레이닝 데이터셋에 따라 x=(작음,빨강,매끈)이 될 것이다. 속성은 모두 서로 독립적이라 가정해 아래와 같이 표시할 수 있다.

$$P\left(x_j \wedge x_k\right) = P\left(x_j\right) P\left(x_k\right)$$

예를 들어 작고 빨강 속성의 확률은 작을 확률과 빨간색일 확률의 곱과 같다. 따라서 각 $P(x \mid C_i)$는 다음과 같이 계산할 수 있다.

$$P(\mathbf{x} \mid C_i) = P(x_1 \mid C_i) P(x_2 \mid C_i) \cdots P(x_n \mid C_i)$$

각 $P(x_i \mid C_i)$는 단순히 속성 A_j의 값 x_j를 가지는 C_i 카테고리의 데이터 포인트 개수이다. 예를 들어 그림 7-2의 트레이닝 셋에서 x=사과라면, 다음과 같이 계산할 수 있다.

$$P(\mathbf{x} \mid C_i) = P(작음 \mid C_i) P(빨강 \mid C_i) \cdots P(매끈 \mid C_i)$$

조건부 확률 $P(작음 \mid C_i)$는 C_i 카테고리에 속하는 작은 과일의 비율이다. 만약 C_i가 단 과일의 카테고리라면 $P(작음 \mid C_i)$는 단 과일이면서 작은 과일의 비율로, 트레이닝 데이터셋에 따르면 3/11이다. 이 경우 다음과 같이 계산할 수 있다.

$$P(\mathbf{x} \mid C_i) = \left(\frac{3}{11}\right)\left(\frac{3}{11}\right)\left(\frac{4}{11}\right) = \frac{36}{1331}$$

알고리즘을 완료하기 위해 $P(x \mid C_1)P(C_1)$과 $P(x \mid C_2)P(C_2)$를 계산해 비교해야 한다. C_1과 C_2는 각각 달고 신 과일 카테고리이고, x=(작음, 빨강, 매끈)이다.

$$P(\mathbf{x} \mid C_1)P(C_1) = \left(\frac{36}{1331}\right)\left(\frac{11}{16}\right) = 0.0186$$

$$P(\mathbf{x} \mid C_2) = \left(\frac{2}{5}\right)\left(\frac{1}{5}\right)\left(\frac{3}{5}\right) = \frac{6}{125}$$

$$P(\mathbf{x} \mid C_2)P(C_2) = \left(\frac{6}{125}\right)\left(\frac{5}{16}\right) = 0.0150$$

'콜라'라는 과일이 단 과일인지 아닌지 예측해 보고 싶다고 가정하자. $P(x \mid C_1)P(C_1) > P(x \mid C_2)P(C_2)$이기에 $P(C_1 \mid x) > P(C_2 \mid x)$라는 것을 알 수 있다. 따라서 x의 분류 카테고리는 C_1이 되고 콜라라는 과일은 단 과일이라는 것을 예측할 수 있다. 사실, 신선한 콜라 열매는 달지 않다.

웨카를 사용한 자바 구현

베이지안 분류 알고리즘을 구현하기 위해, 코드 7-4에서 봤던 과일 예제 데이터 파일인 Fruit.arff를 사용해 특별한 과일 예제를 생성할 것이다. 코드 7-7은 해당 데이터의 인스턴스를 캡슐화하는 클래스를 정의한 것이다.

```java
14 public class Fruit {
15     String name, size, color, surface;
16     boolean sweet;
17
18     public Fruit(String name, String size, String color, String surface,
19             boolean sweet) {
20         this.name = name;
21         this.size = size;
22         this.color = color;
23         this.surface = surface;
24         this.sweet = sweet;
25     }
26
27     @Override
28     public String toString() {
29         return String.format("%-12s%-8s%-8s%-8s%s",
30                 name, size, color, surface, (sweet? "참": "거짓") );
31     }
32
33     public static Set<Fruit> loadData(File file) {
34         Set<Fruit> fruits = new HashSet();
35         try {
36             Scanner input = new Scanner(file);
37             for (int i = 0; i < 7; i++) {   // 메타 데이터 읽기
38                 input.nextLine();
39             }
40             while (input.hasNextLine()) {
41                 String line = input.nextLine();
42                 Scanner lineScanner = new Scanner(line);
43                 String name = lineScanner.next();
44                 String size = lineScanner.next();
45                 String color = lineScanner.next();
46                 String surface = lineScanner.next();
47                 boolean sweet = (lineScanner.next().equals("참"));
48                 Fruit fruit = new Fruit(name, size, color, surface, sweet);
49                 fruits.add(fruit);
50             }
51         } catch (FileNotFoundException e) {
52             System.err.println(e);
53         }
54         return fruits;
55     }
56
57     public static void print(Set<Fruit> fruits) {
58         int k=1;
59         for (Fruit fruit : fruits) {
60             System.out.printf("%2d. %s%n", k++, fruit);
61         }
62     }
63 }
```

코드 7-7 Fruit 클래스

알고리즘은 코드 7-8의 프로그램으로 구현한다.

```
 AnonFruit.arff    TestWekaJ48.java    BayesianTest.java ☒    Fruit.arff    Fruit.java
11 public class BayesianTest {
12     private static Set<Fruit> fruits;
13
14     public static void main(String[] args) {
15         fruits = Fruit.loadData(new File("data/Fruit.arff"));
16         Fruit fruit = new Fruit("콜라", "작음", "빨강", "매끈", false);
17         double n = fruits.size();    // 트레이닝 셋 안의 모든 과일 개수
18         double sum1 = 0;             // 단 과일 개수
19         for (Fruit f : fruits) {
20             sum1 += (f.sweet? 1: 0);
21         }
22         double sum2 = n - sum1;      // 신 과일 개수
23         double[][] p = new double[4][3];
24         for (Fruit f : fruits) {
25             if (f.sweet) {
26                 p[1][1] += (f.size.equals(fruit.size)? 1: 0)/sum1;
27                 p[2][1] += (f.color.equals(fruit.color)? 1: 0)/sum1;
28                 p[3][1] += (f.surface.equals(fruit.surface)? 1: 0)/sum1;
29             } else {
30                 p[1][2] += (f.size.equals(fruit.size)? 1: 0)/sum2;
31                 p[2][2] += (f.color.equals(fruit.color)? 1: 0)/sum2;
32                 p[3][2] += (f.surface.equals(fruit.surface)? 1: 0)/sum2;
33             }
34         }
35         double pc1 = p[1][1]*p[2][1]*p[3][1]*sum1/n;
36         double pc2 = p[1][2]*p[2][2]*p[3][2]*sum2/n;
37         System.out.printf("pc1 = %.4f, pc2 = %.4f%n", pc1, pc2);
38         System.out.printf("예측결과%s 은(는) %s.%n",
39                 fruit.name, (pc1 > pc2? "달다": "시다"));
40     }
41 }
   <

 Console ☒
<terminated> BayesianTest [Java Application] C:\Program Files\Java\jre1.8.0_151\bin\javaw.exe (2018. 3. 25.
pc1 = 0.0186, pc2 = 0.0150
예측결과 콜라 은(는) 달다.
```

코드 7-8 나이브 베이즈 분류기

웨카는 나이브 베이즈 알고리즘의 좋은 구현체를 제공한다. 대부분의 코드는 weka.
classifiers.bayes.NaiveBayes 패키지에 있다. 참고 문서는 http://weka.sourceforge.
net/doc.dev/weka/classifiers/bayes/NaiveBayes.html에서 확인할 수 있다.

코드 7-9는 웨카를 사용한 분류기 프로그램이다.

```java
TestWekaBayes.java ☒
 8 import java.util.List;
 9 import weka.classifiers.Evaluation;
10 import weka.classifiers.bayes.NaiveBayes;
11 import weka.classifiers.evaluation.Prediction;
12 import weka.core.Instance;
13 import weka.core.Instances;
14 import weka.core.converters.ConverterUtils.DataSource;
15
16 public class TestWekaBayes {
17     public static void main(String[] args) throws Exception {
18         DataSource source = new DataSource("data/AnonFruit.arff");
19         Instances train = source.getDataSet();
20         train.setClassIndex(3);   // 대상 속성 : 단과일
21
22         NaiveBayes model=new NaiveBayes();
23         model.buildClassifier(train);
24
25         Instances test = train;
26         Evaluation eval = new Evaluation(test);
27         eval.evaluateModel(model,test);
28         List <Prediction> predictions = eval.predictions();
29
30         int k = 0;
31         for (Instance instance : test) {
32             double actual = instance.classValue();
33             double prediction = eval.evaluateModelOnce(model, instance);
34             System.out.printf("%2d.%4.0f%4.0f", ++k, actual, prediction);
35             System.out.println(prediction != actual? " *": "");
36         }
37     }
38 }
```

```
Console ☒
<terminated> TestWekaBayes [Java Application] C:\Program Files\Java\jre1.8.0_151\bin\javaw.exe (2018. 3. 25. 오후
 1.   1   1
 2.   1   1
 3.   1   1
 4.   1   1
 5.   1   1
 6.   0   1 *
 7.   1   1
 8.   0   0
 9.   0   0
10.   0   1 *
11.   1   1
12.   1   1
13.   1   1
14.   1   1
15.   0   0
16.   1   1
```

코드 7-9 웨카를 사용한 베이즈 분류기

결괏값은 트레이닝 데이터셋(코드 7-4)을 기반으로 실제 값과 각 16개 과일 인스턴스에 대한 예측 값(1= 단 과일, 0=신 과일)을 보여준다. 과일 이름은 표시하지 않았다. 이 결과를 코드 7-6의 결과와 비교해보자. 베이즈 분류기는 두 개의 잘못된 예측 값을 도출했고, J48은 단 하나의 오류만을 도출했다.

서포트 벡터 머신 알고리즘

최근 들어 각광받는 기계 분류는 **서포트 벡터 머신**, 즉 SVM을 사용하는 것이다. SVM은 블라디미르 바프닉Vladimir Vapnik이 1995년 고안한 아이디어로, 데이터셋을 두 카테고리로 분류하는 데 적용된다. 즉 대상 속성은 단 과일 속성처럼 참이나 거짓 같은 두 가지 값만이 존재한다.

주요 개념은 n차원 유클리드 공간의 요소 값으로서 트레이닝 데이터내의 각 데이터 포인트를 보는 것으로, 여기서 n은 목표가 아닌 속성의 수다. 그 다음 SVM 알고리즘은 데이터 포인트 집합을 두 가지 카테고리로 나눌 수 있는 최적의 초평면을 찾는다.

예를 들어 과일 트레이닝 셋에는 목표 속성이 아닌 속성이 세 가지 있다. 크기, 색상, 표면이 그것이다. 따라서 SVM 알고리즘을 실행하기 위해 각 12개의 데이터 포인트를 $\mathbb{R}^3$ (3차원 유클리드 공간)에 대응해야 한다. 예를 들어 첫 데이터 포인트인 (사과, 중간, 빨강, 매끈, 참)은 데이터 포인트 (2,1,1)에 표시될 것이다.

표 7-2는 대응 결과를 보여준다.

이름	크기	색상	표면	단과일
사과	2	1	1	참
살구	2	2	3	참
바나나	2	2	1	참
체리	1	1	1	참
코코넛	3	3	3	참
크랜베리	1	1	1	거짓
무화과	1	3	2	참

자몽	3	2	2	거짓
금귤	1	4	1	거짓
레몬	2	2	2	거짓
오렌지	2	4	2	참
복숭아	2	4	3	참
배	2	2	1	참
파인애플	3	3	2	참
호박	3	4	1	거짓
딸기	1	1	2	참

표 7-2 삼차원 공간에 대응한 과일 데이터

여기에는 몇 가지 데이터 충돌이 있는데, **체리와 크랜베리**는 모두 (1,1,1)에 대응되고, **바나나와 배**는 모두 (2,2,1)에 대응된다. 만약 알고리즘이 이 매핑 값에서 카테고리를 나누는 초평면을 발견하는 데 실패한다면 다른 대응 형태를 찾는 것을 시도해야 한다. 예를 들어 "작음"에 1, "중간"에 2, "큼"에 3 이라는 대응 대신 "작음"에 2, "중간"에 3, "큼"에 1을 대응할 수도 있는 것이다.

이 내용을 설명할 수 있는 간단한 예제를 살펴보자. 트레이닝 셋은 두 가지 속성인 A_1과 A_2를 가진다. 각 속성은 $A_1=\{a_{11}, a_{12}, a_{13}\}, A_2=\{a_{21}, a_{22}, a_{23}\}$의 범위를 가지고 있다고 가정하자. 게다가 트레이닝 셋인 $S=\{x, y, z\}$, 세 개의 데이터 포인트를 가지고 있고 각 속성 값은 표 7-3과 같다. SVM 알고리즘은 S를 Target이라는 속성 값 기준 두 개의 카테고리 $C_1=\{x, z\}, C_2=\{y\}$로 나눠주는 초평면을 구할 것이다.

만약 알고리즘 대응이 1은 a_{11}, 2는 a_{12}, 3은 a_{13}, 1은 a_{21}, 2는 a_{22}, 3은 a_{23}이라면, 이는 표 7-3을 표 7-4로 변환할 수 있을 것이다.

Name	A1	A2	Target
x	a11	a21	T
y	a12	a22	F
z	a13	a23	T

표 7-3 예제 트레이닝 셋

Name	A1	A2	Target
x	1	1	T
y	2	2	F
z	3	3	T

표 7-4 대응된 트레이닝 셋

이 세 데이터 포인트는 그림 7-12처럼 표로 그릴 수 있다.

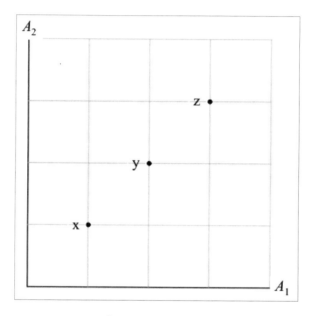

그림 7-12 표 7-4 트레이닝 셋

이 경우, T 지점(x와 z)의 사이에 F 지점(y)이 있기 때문에 둘을 나눌 초평면을 그릴 수가 없다.

그러나 속성 A_2의 값을 표 7-5처럼 조금 변경하면, 그래프는 그림 7-13과 같이 변하고 S를 C_1과 C_2 카테고리로 나눌 수 있는 최적의 초평면을 찾을 수 있다.

Name	A1	A2	Target
x	1	2	T
y	2	3	F
z	3	1	T

표 7-5 속성 재 대응

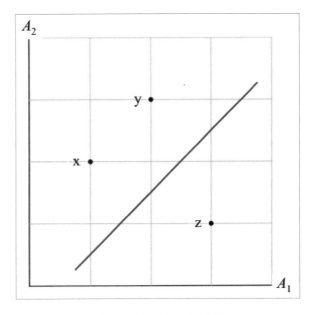

그림 7-13 표 7-5 트레이닝 셋

다만 한 가지 어려운 점은, 이러한 전략을 구사할 때 n 값의 순열이 $n!$로 나타난다는 점이다. 즉 n=3일 경우에는 오직 3!=6의 순열을 가지고, 모든 경우의 수를 확인하는 데 문제가 없지만, 만약 속성이 약 30개의 값을 가진다고 가정하면(물론 가장 안 좋은 상황을 가정함), 순열은 30!=2.65 · 1032이 돼 확인하기 어렵다. 물론 실질적인 예제는 아니다. 하지만 10개의 속성 값이라 할지라도 10!=3,628,800이 된다.

SVM 알고리즘의 목표는 모든 주어진 데이터 포인트(트레이닝 셋)를 두 개의 주어진 카테고리로 분리하는 초평면을 찾는 것이다. 찾은 초평면은 후에 미지의 데이터가 입력됐을 때 이 데이터를 분류하는 데 사용될 것이다. 이상적으로는 트레이닝 데이터 포인트로부터 가장 가까운 같은 거리에 존재하는 평행한 초평면을 얻길 원한다. 다시 말해, 가능한 한 멀리 떨어져 있는 두 개의 평행한 초평면 사이에 어떤 데이터 포인트도 존재하지 않는 것을 확인하고 싶은 것이다. 둘 사이의 거리를 '마진'이라 부른다. 최종 초평면은 마진의 중앙에 위치하게 된다. 그림 7-14를 보면, 마진의 끝에 해당하는 선에 걸쳐 있는 데이터 포인트는 열린 원으로 표현돼 있다.

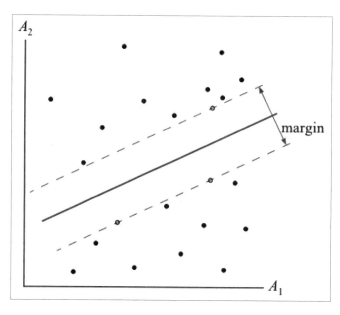

그림 7-14 데이터 포인트로 분리한 초평면의 차이

만약 편평한 형태의 초평면으로는 두 카테고리에 따라 데이터 포인트를 분리할 수 없는 수도 있다. 그러면 다른 접근 방식으로 곡선 형태의 초평면을 찾아야 한다. 이 경우 그림 7-15처럼 평범한 2차원 곡선이 된다.

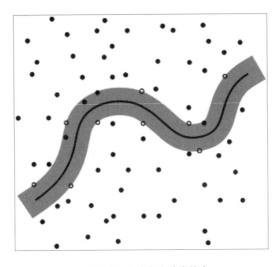

그림 7-15 초평면 간 간격 차이

┃ 로지스틱 회귀

앞서 설명했듯이 분류 알고리즘은 트레이닝 셋을 입력값으로 해 처리 과정을 거쳐 데이터 포인트를 분류하는 함수를 결과로 도출한다. ID3 알고리즘의 경우는 분류 함수가 의사결정 트리를 만들어준다. 나이브 베이즈 알고리즘은 트레이닝 셋으로부터 비율 값을 계산해주는 함수를 도출한다. SVM 알고리즘은 데이터 포인트가 초평면의 어느 방향에 위치하는지 알 수 있는 초평면 공식을 도출한다.

위와 같은 세 가지 알고리즘은 트레이닝 셋이 명사형이라는 것을 가정했다. 만약 속성 값이 숫자형이라면 선형 회귀를 적용할 수 있다. 이는 6장, '회귀 분석'에서 다뤘다. 로지스틱 회귀는 문제에서 불리언 형태의 데이터를 숫자 형태로 변환해 선형 회귀를 통해 변환된 문제를 해결한다. 그리고 결과를 다시 주어진 문제 형태로 되돌린다. 간단한 예제를 통해 개념을 이해해보자.

어떤 지역 시의원 후보가 당선되기 위해 얼마나 많은 돈을 써야 하는지 궁금해한다고 가정하자. 한 정치 조사 회사가 비슷한 상황이었던 이전 선거에 대해 표 7-6과 같은 데이터를 수집했다.

소요 달러 (× $1000)	선거 횟수	승리 횟수	상대 빈도
1-10	6	2	2/6 = 0.3333
11-20	5	2	2/5 = 0.4000
21-30	8	4	4/8 = 0.5000
31-40	9	5	5/9 = 0.5556
41-50	5	3	3/5 = 0.6000
51-60	5	4	4/5 = 0.8000

표 7-6 정치 후보 예시 데이터

표 7-6을 보면 여섯 명의 후보 중 유세에 $1,000-$10,000를 쓴 후보는 선거에서 단 두 번만 승리했다. 상대빈도 p의 범위는 $0 \leq p \leq 1$이다. 지출 비용 x($1,000 이내)가 주어졌을 때 다른 후보자들이 선거에 승리할 확률을 예측하고 싶다.

p에 대한 선형 회귀를 실행하는 대신, p의 함수인 종속 변수 y에 선형 회귀를 실행할 것이다. 함수를 선택하기에 앞서서 먼저 승산을 살펴보자. p가 승리할 확률이면, $p/(1-p)$는 승산odds이다. 예를 들어 $1,000-$10,000의 후보자 여섯 중 두 명이 승리했다면 네 명은 패배한 것이다. 이 비율을 빈도에 투영시키면 이길 확률은 2:4 또는 2/4=0.5이다. 마찬가지로 $p/(1-p)$=0.3333/(1-0.3333)=0.3333/0.6667=0.5000이 된다.

x	p	이길 확률	y
5	0.3333	0.5000	−0.6931
15	0.4000	0.6667	−0.4055
25	0.5000	1.0000	0.0000
35	0.5556	1.2500	0.2231
45	0.6000	1.5000	0.4055
55	0.8000	4.0000	1.3863

표 7-7 변환된 데이터

이벤트의 **승산**은 ≥0인 어떤 수도 될 수 있다. 완벽한 변환 함수를 완료하기 위해 승산에 자연로그를 씌운다. 결과는 음수 혹은 양수의 실수가 될 수 있다. 이 마지막 단계에서는 $y=0$에 초점을 맞추어 더 균형 잡힌 분포를 산출하며, 이는 균등 비율에 해당한다($p=1/2$이면 $p/(1-p)=1, ln1=0$).

따라서 p로부터(0에서 1 사이) y로의 변환 공식은 아래와 같다.

$$y = \ln\left(\frac{p}{1-p}\right)$$

이 함수는 **로짓 함수**^{logit function}로 알려져 있다. 이 값은 표 7-7의 시의원 후보 예제 데이터의 **값이다**(여기서 x는 값의 간격에 대한 평균을 나타낸다. 즉 25는 $20,001에서 $30,000 범위의 지출을 나타낸다).

상대 빈도 p에서 변수 y로의 변환을 만든 후, 알고리즘은 x에 대한 y의 선형 회귀를 풀게 된다. 이는 로짓 함수를 변환해야 한다.

$$y = \ln\left(\frac{p}{1-p}\right)$$

$$\frac{p}{1-p} = e^{y}$$

$$\frac{1}{p} - 1 = \frac{1-p}{p} = e^{-y}$$

$$\frac{1}{p} = 1 + e^{-y}$$

$$p = \frac{1}{1+e^{-y}}$$

이 함수를 **시그모이드 곡선**sigmoid curve이라고 부른다. 이는 좀 더 일반적인 **로지스틱 함수**의 특별한 유형으로 다음과 같이 표현한다.

$$f(x) = \frac{1}{1+e^{-k(x-x_0)}}$$

여기서 x_0은 경사가 최대가 되는 억제 지점의 x 값이고, k는 최대 기울기의 두 배다. 이 곡선은 인구 증가에 대한 연구에서 1840년대 피에르 F. 버룰스트Pierre F. Verhulst에 의해 처음 연구되고 이름 지어졌다.

그림 7-16의 그래프는 $k=1$, $x_0=0$ 매개변수를 사용한 그래프다.

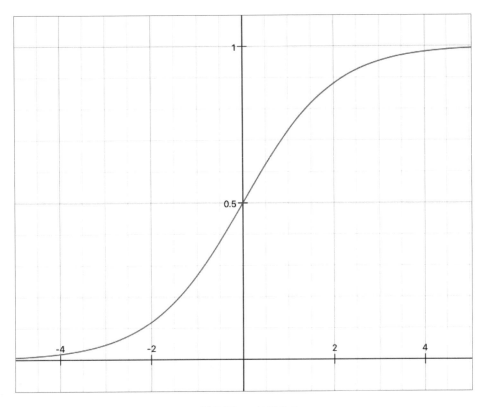

그림 7-16 로지스틱 곡선

$x=0$방향의 왼쪽과 $x=1$방향의 오른쪽에 점근선이 있음을 알 수 있으며, $(0,0.5)$의 변곡점에 대해 대칭이라는 것을 알 수 있다.

코드 7-10은 이 값을 계산하는 자바 프로그램이며, 결과는 그림 7-17과 같다.

```
Console ☒
<terminated> LogisticRegression [Java Applicat
기울기 = 0.0373, 절편 = -0.9661


x =  5, y = -0.7797
x = 15, y = -0.4067
x = 25, y = -0.0338
x = 35, y =  0.3392
x = 45, y =  0.7121
x = 55, y =  1.0851

x =  5, p = 0.3144
x = 15, p = 0.3997
x = 25, p = 0.4916
x = 35, p = 0.5840
x = 45, p = 0.6709
x = 55, p = 0.7475
```

그림 7-17 코드 7-10 프로그램 수행 결과

결과는 표 7-8에서 볼 수 있다.

x	p	y	$\hat{p}$
5	0.3333	−0.780	0.3144
15	0.4000	−0.407	0.3997
25	0.5000	0.034	0.4916
35	0.5556	0.339	0.5840
45	0.6000	0.712	0.6709
55	0.8000	1.085	0.7475

표 7-8 로지스틱 회귀 결과

프로그램은 12행~14행에 입력 데이터를 하드코딩한다. 그리고 19행~23행에서 y 값을 생성했다. commons.math3 라이브러리를 사용해 로짓 함수를 구현한 것에 주목하자.

```java
 8 import org.apache.commons.math3.analysis.function.*;
 9 import org.apache.commons.math3.stat.regression.SimpleRegression;
10
11 public class LogisticRegression {
12     static int n = 6;
13     static double[] x = {5, 15, 25, 35, 45, 55};
14     static double[] p = {2./6,2./5, 4./8, 5./9, 3./5, 4./5};
15     static double[] y = new double[n];     // y = logit(p)
16
17     public static void main(String[] args) {
18
19         //  p 값을 y r값으로 변환
20         Logit logit = new Logit();
21         for (int i = 0; i < n; i++) {
22             y[i] = logit.value(p[i]);
23         }
24
25         //  선형 회귀 분석을 위한 배열 입력값 구성
26         double[][] data = new double[n][n];
27         for (int i = 0; i < n; i++) {
28             data[i][0] = x[i];
29             data[i][1] = y[i];
30         }
31
32         // x에 대한 y의 선형 회귀 구동
33         SimpleRegression sr = new SimpleRegression();
34         sr.addData(data);
35
36         //  결과 출력
37         System.out.println(String.format("기울기 = %.4f, 절편 = %.4f%n%n",
38                 sr.getSlope(), sr.getIntercept()));
39         for (int i = 0; i < n; i++) {
40             System.out.printf("x = %2.0f, y = %7.4f%n", x[i], sr.predict(x[i]));
41         }
42         System.out.println();
43
44         //  y 값을 다시 p 값으로 변환
45         Sigmoid sigmoid = new Sigmoid();
46         for (int i = 0; i < n; i++) {
47             double p = sr.predict(x[i]);
48             System.out.printf("x = %2.0f, p = %6.4f%n", x[i], sigmoid.value(p));
49         }
50     }
51 }
```

코드 7-10 로지스틱 회귀 예제

라이브러리에서 SimpleRegression 객체를 사용하기 위해 먼저 25행~30행에서 x와 y 데이터를 이차원 배열로 구성한다. 만들어진 데이터는 34행에서 SimpleRegression 객체에 추가된다. 37행~38행에서는 sr 객체를 얻어 x에 대한 y의 회귀선의 기울기와 y절편을 출력한다. 그 후 40행에 predict( ) 메소드를 사용해 y 값을 출력한다. 마지막으로 48행에서 시그모이드 함수를 사용해 p 값을 출력한다.

이 트레이닝 데이터셋을 사용해서 만든 회귀선은 다음과 같다.

$$y = 0.0373x - 0.9661$$

따라서 이 데이터에 대한 로지스틱 회귀 곡선의 공식은 다음과 같다.

$$p = \frac{1}{1 + e^{-0.0373x + 0.9661}}$$

이를 이용해 후보자가 선거 유세에 x만큼의 돈을 소비한 후, 지방 선거에서 이길 확률을 추정하는 데 사용할 수 있다. 예를 들어 \$48,000(x=48)을 소비했을 때 당첨 확률은 다음과 같다.

$$p = \frac{1}{1 + e^{-0.0373(48) + 0.9661}} = \frac{1}{1 + e^{-0.824}} = \frac{1}{1 + 0.439} = 0.695$$

K-최근접 이웃 알고리즘

최근접 이웃 알고리즘은 사용 가능한 가장 단순한 분류 방법 중 하나다. 필요한 것은 일종의 척도(거리 함수)와 유사한 지점이 속성 공간에서 서로 가까운 경향이 있다는 가정뿐이다.

이 알고리즘의 이름에 있는 k는 가정된 상수를 나타낸다. 이 값은 대상 특성의 값(카테고리)을 알 수 있는 인접 네트워크의 임곗값으로 사용된다. 그들 중 가장 일반적인 값은 새로운 데이터 포인트에 할당된다.

k-NN알고리즘의 동작 원리를 예제를 통해 알아보자. 그림 7-18의 데이터 포인트를 보자.

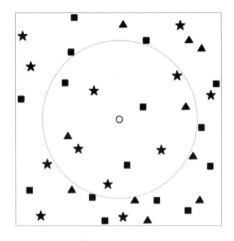

그림 7-18 K-최근접 이웃 알고리즘 예제

보이는 부분의 트레이닝 셋에는 총 37개의 데이터 포인트가 있다. 각각 x좌표, y좌표, 모양이라는 세 가지 속성 값을 갖고 있다. 모양 속성은 세 개의 카테고리로 나눌 수 있다. 이는 삼각형, 사각형, 별 모양이다. 37개의 포인트 중 10개는 삼각형, 15개는 사각형이고, 나머지 12개는 별 모양이다. 알고리즘은 작은 원으로 표시된 부분에 새롭게 분류되지 않은 포인트가 추가될 경우 카테고리를 예측해야 한다.

알고리즘의 첫 번째 단계는 상수 k의 값을 할당하는 것이다. $k=5$를 선택할 것인데, 이는 같은 카테고리에서 5개의 포인트를 찾을 때까지 계속 알고리즘을 실행할 것이라는 의미다. 알고리즘은 원의 반경을 $r=0$에서 시작해 새로운 포인트를 중심으로 원의 반경을 넓혀 가면서, 얼마나 많은 데이터 포인트가 각 유형별로 존재하는지 세어 나간다. 그림 7-18의 다이어그램은 원이 다섯 번째 별 모양을 포함한 직후의 상황을 보여준다. $k=5$가 임곗값이 므로 확장이 중지된다. 확장되는 동그라미 안에 다섯 개의 이미지를 가지는 첫 번째 카테고리는 별 모양이다. 이 시점에 다른 카테고리는 사각형 세 개, 삼각형은 두 개밖에 없다. 따라서 알고리즘은 새로운 포인트가 별 모양이라 예측한다.

상수 k의 값을 변경하면 알고리즘 결과에 불안정한 효과를 줄 수 있다. 예를 들어 5 대신 k=2를 선택했다면 그림 7-19처럼 새로운 포인트가 별이 아닌 사각형이라 예측했을 것이다.

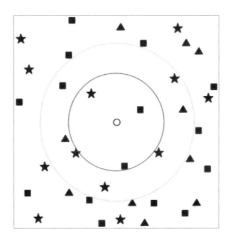

그림 7-19 k=5 대신 k=2를 사용

물론 이 특별한 트레이닝 셋은 유사한 포인트 사이가 가깝지 않다는 점도 보여준다.

트레이닝 셋의 각 지점에서 k를 사용해 알고리즘을 실행하고, 정확히 예측된 알고리즘 수를 간단하게 계산해 특정 k의 선택에 대한 정확성을 계산할 수 있다. 그림 7-20은 k=2를 사용해 37개의 데이터셋 중 2개를 테스트하는 것을 보여준다.

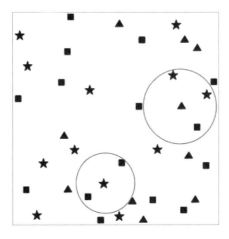

그림 7-20 정확도 테스트

둘 다 잘못된 예측이다. 삼각형을 별 모양으로 예측했고, 별 모양은 사각형으로 예측했다. 이 트레이닝 데이터셋은 유용하지 않다.

코드 7–11의 자바 프로그램은 기본값 k=1을 사용해 k–NN알고리즘을 테스트한 것이다. k–NN 알고리즘을 웨카에서 구현하기 위해 **IBk** 클래스를 사용했음을 확인하자.

```java
 8 import weka.classifiers.lazy.IBk;  // k 최근접 이웃 알고리즘
 9 import weka.core.Instances;
10 import weka.core.Instance;
11 import weka.core.converters.ConverterUtils.DataSource;
12
13 public class TestIBk {
14     public static void main(String[] args) throws Exception {
15         DataSource source = new DataSource("data/AnonFruit.arff");
16         Instances instances = source.getDataSet();
17         instances.setClassIndex(3);  // 대상 속성 : 단과일
18
19         IBk ibk = new IBk();
20         ibk.buildClassifier(instances);
21
22         for (Instance instance : instances) {
23             double prediction = ibk.classifyInstance(instance);
24             System.out.printf("%4.0f%4.0f%n",
25                     instance.classValue(), prediction);
26         }
27     }
28 }
```

```
Console ⊠
<terminated> TestIBk [Java Application] C:₩Program Files₩Java₩jre1.8.0_151₩bin₩javaw.exe (2018. 3. 26. 오전 5:14:5
   1   1
   1   1
   1   1
   1   0
   1   1
   0   0
   1   1
   0   0
   0   0
   0   0
   1   1
   1   1
   1   1
   1   1
   0   0
   1   1
```

코드 7-11 웨카 IBk 클래스 사용 k-NN 구현

이 프로그램은 코드 7-8의 베이즈 알고리즘 테스트와 유사하다.

k의 선택에 대한 정확도는 트레이닝 셋 내의 데이터 포인트에 대한 정확한 예측 비율로 정의할 수 있다. 비율이 낮으면 k의 값을 조정해 더 나은 정확도를 추구할 수 있다.

위 예제에서는 오직 이차원(단 두 개의 속성만 존재, 대상 속성은 제외함) 문제만 다뤘다. 사실 더 현실적인 문제는 20차원을 가질 수도 있다. 더 높은 차원의 분류에서는 몇몇 차원을 제거함으로써 정확성을 향상하는 시도를 할 수 있다. 이는 하나 혹은 몇 개의 속성을 무시할 수도 있다는 의미다.

기본 k-NN알고리즘의 정확도 향상을 위한 몇 가지 전략이 있다. 가중치 벡터 $w=(w_1, w_2, \ldots w_n)$를 사용해 속성에 가중치를 줄 수 있는데, 개별적인 가중치 숫자인 w_i는 미리 지정하고, 계속 조정해 나가면서 정확도를 향상한다. 이는 거리 함수를 다음과 같이 재정의하는 것과 같다.

$$d(\mathbf{x}, \mathbf{y}) = \sum_{i=1}^{n} w_i (x_i - y_i)^2$$

사실상, 앞서 언급한 속성 무시 전략은 이 가중치 전략의 특별한 유형으로 볼 수 있다. 예를 들어 $n=6$인 속성이 있고, 여기서 세 번째 속성을 무시하려는 경우 $w=(1,1,0,1,1,1)$로 가중치 벡터를 정의하면 된다.

모든 분류 알고리즘의 품질은 알고리즘을 초기화하는 트레이닝 데이터셋에 달려 있다. 테스트 데이터셋을 수정하면 이를 기반으로 했던 분류 알고리즘이 수정될 수 있다. 그래서 일부 분류 알고리즘은 쉽게 변경할 수 있는 매개변수를 사용한다. k-NN알고리즘은 그중 매개변수 k에 의존한다.

여기 **후방제거**backward elimination라고 하는 알고리즘이 하나 있다. 이 알고리즘의 전략을 확인해보자. α는 트레이닝 셋 기반으로 정확한 예측을 한 비율인 정확도로 정의한다.

1. 트레이닝 셋의 모든 속성을 사용해 a를 계산한다.
2. $i=1$부터 n까지 아래 내용을 반복한다.
    1. 속성 A_i를 제거한다.
    2. a'을 계산한다.
    3. 만약 $a' < a$이면 A_i 속성을 복구한다.

k-NN 알고리즘은 아래 항목을 포함한 다양한 중요한 애플리케이션에서 분류 처리에 쓰이고 있다.

1. 얼굴 인식
2. 문자 인식
3. 유전자 표현
4. 추천 시스템

퍼지 분류 알고리즘

퍼지 수학의 일반적인 개념은 집합 구성원을 확률 분포로 대체하는 것이다. 일부 알고리즘에서 불리언 문장 $x \in A$를 확률론적 문장인 $P(x > x_0)$로 대체할 경우, 이를 퍼지 알고리즘으로 변환한다.

분류 알고리즘의 목적은 데이터 포인트가 속한 카테고리를 예측하는 것이다. 이 과일은 단 과일인가? 이 정치인이 선거에서 승리할 것인가? 이 데이터 포인트는 어떤 색인가? 퍼지 분류 알고리즘을 사용하면 "가능한 다양한 결과에 대해 이 데이터 포인트의 확률 분포가 무엇인가?"라고 대답하게 된다.

모든 데이터 포인트가 대상 속성의 단일 카테고리에 속하도록 요구하는 대신, 모든 데이터 포인트에 대해 각 카테고리에 속할 확률을 지정하는 확률 벡터 p가 있다고 가정해보자.

$$\mathbf{p} = \left(p_1, p_2, \cdots, p_n \right), \forall p_i \geq 0, \sum p_i = 1$$

예를 들어 별 모양-사각형-삼각형 예제에서 벡터 $p=(1/3,2/3,0)$은 데이터 포인트가 별 모양 또는 사각형임을 나타내며, 사각형 데이터일 가능성이 별 모양 데이터일 가능성보다 두 배 크다. 또는 어떤 상태에서 다른 상태로 변화하는 유동적인 데이터를 생각할 때, 그 데이터 포인트는 항상 별 모양 또는 사각형임을 나타내며, 사각형 데이터 포인트가 보통은 별 모양 데이터 포인트보다 두 배임을 말한다. 이 모델은 자유주의, 보수주의와 같은 정치적 지향점으로 유권자를 분류하는 응용 프로그램에 적합할 수 있다.

▌ 요약

7장에서는 의사결정 트리, ID3, 나이브 베이즈, SVM, 로지스틱 회귀, k-NN 등 데이터를 분류하는 데 사용하는 몇 가지 주요 알고리즘에 대해 알아봤으며, 아파치 커먼즈 매쓰 라이브러리와 웨카를 사용해 자바로 구현했다.

08

클러스터 분석

클러스터링 알고리즘은 데이터 포인트의 서로 간 접근성에 따라 그룹을 식별하는 것이다. 이 알고리즘은 데이터셋을 유사한 데이터 포인트의 서브 셋으로 분리하는 분류 알고리즘과 유사하다. 그러나, 분류 알고리즘은 이미 단과일 같이 식별할 클래스가 정해져 있지만, 클러스터링 알고리즘은 미지의 그룹을 스스로 찾아내야 한다.

▌ 거리 측정

데이터셋 S의 거리를 측정할 때 함수 $d:S \times S \to \mathbb{R}$이고, 이는 모든 $x, y, z \in S$에 대해 아래 내용을 만족한다.

1. $d(p,q)=0 \Leftrightarrow p=q$

2. $d(p,q)=d(q,p)$

3. $d(p,q) \leq d(p,r)+d(r,q)$

일반적으로 숫자 $d(p,q)$는 p와 q 사이의 거리로 생각할 수 있다. 이 해석에 따르면 위 세 가지 조건은 명백하다. 특정 점에서 자신까지의 거리는 0이고, 만약 두 점 사이의 거리가 0이라면 두 점은 같은 점이다. p와 q 사이의 거리는 q와 p 사이의 거리와 같다. p와 q 사이의 거리는 p에서 r 사이의 거리와 r에서 q 사이의 거리의 합보다 클 수 없다. 마지막 3번에 해당하는 속성을 삼각 부등식triangle inequality이라 부른다.

수학적으로 비어 있지 않은 공간 S와 정의된 거리 d가 함께 존재할 때 거리 공간metric space이라 한다. 가장 간단한 예로 $\mathbb{R}^n = \left\{ (x_1, \cdots, x_n) : x_j \in \mathbb{R} \right\}$이고 d는 유클리드 거리인 n 차원 유클리드 공간 $(\mathbb{R}^n, d)$이 있다.

$$d(\mathbf{x}, \mathbf{y}) = \sqrt{\sum_{j=1}^{n} (x_j - y_j)^2}$$

2차원 공간인 경우, $\mathbb{R}^2 = \left\{ (x_1, x_2) : x_1, x_2 \in \mathbb{R} \right\}$이고, $d(\mathbf{x}, \mathbf{y}) = \sqrt{(x_1 - y_1)^2 + (x_2 - y_2)^2}$ 이다. 이는 직교 좌표계상에서 점간 거리를 구하는 평범한 공식으로, 그림 8-1에서 볼 수 있는 피타고라스 정리와 같다.

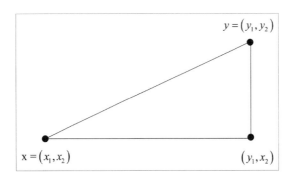

그림 8-1 2차원에서 유클리드 거리

예를 들어 $x=(1,3), y=(5,6)$이라면, $d(\mathbf{x}, \mathbf{y}) = \sqrt{(1-5)^2 + (3-6)^2} = \sqrt{16+9} = 5$이다. 3차원인 경우에는 $\mathbb{R}^3 = \left\{ (x_1, x_2, x_3) : x_1, x_2, x_3 \in \mathbb{R} \right\}$이고, $d(\mathbf{x}, \mathbf{y}) = \sqrt{(x_1 - y_1)^2 + (x_2 - y_2)^2 + (x_3 - y_3)^2}$이다.

이는 그림 8–2로 설명할 수 있다.

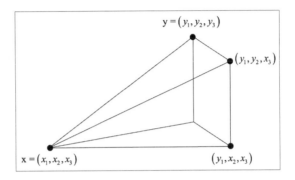

그림 8-2 3차원에서 유클리드 거리

매개변수 $p \geq 1$일 때, 민코프스키 거리Minkowski metric, 즉, $\mathbb{R}^n$에서의 유클리드 거리를 일반화해 보면 아래와 같다.

$$d(\mathbf{x}, \mathbf{y}) = \sqrt[p]{\sum_j |x_j - y_j|^p}$$

(수학적으로는 L^p거리, 르베르 공간에서의 거리[1]로 부른다.)

예를 들어 $p=4$일 경우 아래와 같이 표현한다.

$$d(\mathbf{x}, \mathbf{y}) = \sqrt[4]{\sum_j |x_j - y_j|^4}$$

---

1 https://ko.wikipedia.org/wiki/르베그_공간 – 옮긴이

$x=(1,3)$, $y=(5,6)$ 사이의 거리는 아래와 같이 계산한다.

$$d(\mathbf{x},\mathbf{y}) = \sqrt[4]{|1-5|^4 + |3-6|^4} = \sqrt[4]{337} = 4.28$$

민코프스키 거리의 가장 특별한 형태는 $p=1$일 때이다.

$$d(\mathbf{x},\mathbf{y}) = \sqrt[1]{\sum_j |x_j - y_j|^1} = \sum_j |x_j - y_j|$$

2차원인 경우 아래와 같이 표현한다.

$$d(\mathbf{x},\mathbf{y}) = \sum_j |x_j - y_j| = |x_1 - y_1| + |x_2 - y_2|$$

예를 들어 $x=(1,3)$, $y=(5,6)$인 경우, $d(x,y)=|1-5|+|3-6|=4+3=7$이다.

맨해튼 거리Manhattan metric 또는 택시 거리taxicab metric라 부르는 특별한 형태의 예제가 있다. 2차원 모델의 경우, 마치 맨해튼 거리와 같이 격자 사이를 통과하는 거리로 표현되는데, 그림 8-3을 보면 이해가 쉬울 것이다.

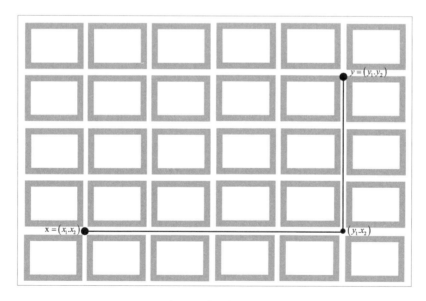

그림 8-3 2차원 맨해튼 거리

290

수학적으로 p를 무한한 값으로 접근할 경우 민코프스키 거리는 체비쇼프 거리Chebyshev metric에 수렴한다.

$$d(\mathbf{x}, \mathbf{y}) = \max\left\{\left|x_j - y_j\right|\right\}$$

2차원일 경우 아래와 같이 표현할 수 있다.

$$d(\mathbf{x}, \mathbf{y}) = \max\left\{\left|x_1 - y_1\right|, \left|x_2 - y_2\right|\right\}$$

예를 들어 $x=(1,3)$, $y=(5,6)$라면 거리값은 다음과 같다.

$$d(\mathbf{x}, \mathbf{y}) = \max\left\{\left|1 - 5\right|, \left|3 - 6\right|\right\} = \max\left\{4, 3\right\} = 4$$

이를 다른 말로 체스판 거리chessboard metric라 부르기도 한다. 왜냐하면 체스판에서 왕이 한 사각형에서 다른 사각형으로 이동하기 위한 정확한 이동 수이기 때문이다.

또 다른 특별한 거리는 머신 러닝에서 유용하게 사용하는 캔버라 거리Canberra metric이다.

$$d(\mathbf{x}, \mathbf{y}) = \sum_{j=1}^{n} \frac{\left|x_j - y_j\right|}{\left|x_j\right| + \left|y_j\right|}$$

이는 맨해튼 거리의 가중치 버전이다.

예를 들어 $x=(1,3)$, $y=(5,6)$이라면 캔버라 거리는 다음과 같다.

$$d(\mathbf{x}, \mathbf{y}) = \sum_{j=1}^{2} \frac{\left|x_j - y_j\right|}{\left|x_j\right| + \left|y_j\right|} = \frac{\left|1 - 5\right|}{\left|1\right| + \left|5\right|} + \frac{\left|3 - 6\right|}{\left|3\right| + \left|6\right|} = \frac{4}{6} + \frac{3}{9} = 1$$

캔버라 거리를 n 차원으로 확장해보자. 이는 다음과 같은 삼각부등식을 따른다.

$$\left| x_j - y_j \right| = \left| x_j + \left(-y_j \right) \right| \le \left| x_j \right| + \left| -y_j \right| = \left| x_j \right| + \left| y_j \right|$$

$$\frac{\left| x_j - y_j \right|}{\left| x_j \right| + \left| y_j \right|} \le 1$$

$$d\left(\mathbf{x}, \mathbf{y} \right) = \sum_{j=1}^{n} \frac{\left| x_j - y_j \right|}{\left| x_j \right| + \left| y_j \right|} \le \sum_{j=1}^{n} 1 = n$$

예를 들어 직교 좌표계인 $\mathbb{R}^2$내에서 모든 캔버라 거리는 2보다 적거나 같다. 더 직관적이지 않은 점은 모든 0이 아닌 점이 원점에서 같은 거리라는 사실이다.

$$d\left(\mathbf{x}, \mathbf{0} \right) = \sum_{j=1}^{n} \frac{\left| x_j - 0 \right|}{\left| x_j \right| + \left| 0 \right|} = \sum_{j=1}^{n} \frac{\left| x_j \right|}{\left| x_j \right|} = \sum_{j=1}^{n} 1 = n$$

코드 8-1의 프로그램은 `org.apache.commons.math3.ml.distance` 패키지에 정의된 메소드를 사용해 위 예제를 계산하는 프로그램이다.

```
TestMetrics.java ✕

 8 import org.apache.commons.math3.ml.distance.*;
 9
10 public class TestMetrics {
11     public static void main(String[] args) {
12         double[] x = {1, 3}, y = {5, 6};
13
14         EuclideanDistance eD = new EuclideanDistance();
15         System.out.printf("유클리디안 거리 = %.2f%n", eD.compute(x,y));
16
17         ManhattanDistance mD = new ManhattanDistance();
18         System.out.printf("맨해튼 거리 = %.2f%n", mD.compute(x,y));
19
20         ChebyshevDistance cD = new ChebyshevDistance();
21         System.out.printf("체비쇼프 거리 = %.2f%n", cD.compute(x,y));
22
23         CanberraDistance caD = new CanberraDistance();
24         System.out.printf("캔버라 거리 =  %.2f%n", caD.compute(x,y));
25     }
26 }
```

```
Console ✕
<terminated> TestMetrics [Java Application] C:\Program Files\Java\jre1.8.0_151\bin\javaw.exe (2018. 4. 1. 오후
유클리디안 거리 = 5.00
맨해튼 거리 = 7.00
체비쇼프 거리 = 4.00
캔버라 거리 =  1.00
```

코드 8-1 커먼즈 매쓰 라이브러리를 사용한 거리 측정 테스트

마지막으로 그림 8-4를 보면 각 거리에 대한 기하학적 비교가 가능하다. 기하학적으로 2차원의 단위 공 형태를 보여준다.

$$B_2 = \left\{ \mathbf{x} \in \mathbb{R}^2 : d\left(\mathbf{x}, 0\right) \le 1 \right\}$$

유클리드, 맨해튼, 체비쇼프 거리를 각각 표현하면 아래와 같다.

유클리드 거리   맨해튼 거리   체비쇼프 거리

그림 8-4 다른 거리 공간별 단위 공 모양

차원의 저주

대부분의 클러스터링 알고리즘은 데이터 공간에 존재하는 데이터 포인트 사이의 거리에 의존한다. 그러나 사실 유클리드 기하학에 따르면 차원이 증가하면서 평균 거리도 증가한다.

예를 들어, 단위 하이퍼 큐브hypercube[2]를 살펴보자.

$$H_n = \left\{ \mathbf{x} \in \mathbb{R}^n : 0 \le x_j \le 1 \, \text{for} \, j = 1, \cdots, n \right\}$$

1차원 하이퍼 큐브는 단위 간격이 [0,1]이다. 두 데이터 포인트는 각각 0과 1일 때 가장 멀리 떨어져 있고, 이때의 거리는 $d(0,1)=1$이다.

2차원 하이퍼 큐브는 단위 정사각형이다. 두 데이터 포인트가 H_2 공간 상에서 가장 멀리 떨어져 있는 지점은 구석 지점인 $0=(0,0)$, $x=(1,1)$로 거리는 $d(\mathbf{0},\mathbf{x}) = \sqrt{2}$ 이다.

n차원 하이퍼 큐브인 H_n에서 두 구석 지점은 $0=(0,0,\cdots,0)$, $x=(1,1,\cdots,1)$이고 거리는 $d(\mathbf{0},\mathbf{x}) = \sqrt{n}$ 이다.

고차원의 공간일수록 무조건 데이터 포인터가 멀어지는 것은 아니다. 그러나, 두 벡터는 수직이 되려는 경향을 보인다. 이를 확인하기 위해 $x=(x_1,\cdots,x_n)$, $y=(y_1,\cdots,y_n)$는 $\mathbb{R}^n$ 공간 내에 존재하는 데이터 포인트라 가정하자. 벡터의 스칼라 곱을 구하는 공식이 $\mathbf{x} \cdot \mathbf{y} = \sum_j x_j y_j = x_1 y_1 + \cdots + x_n y_n$ 임을 기억하자. 물론 코사인 법칙에 따라 $\mathbf{x} \cdot \mathbf{y} = |\mathbf{x}||\mathbf{y}|\cos\theta$ 로 계산할 수도 있다. 이때, θ는 두 벡터 간의 각도이다.

단순화시키기 위해 $|x| = |y| = 1$(x,y가 유닛 벡터라는 의미이다)이라 가정하자. 그러면 아래와 같은 공식을 얻을 수 있다.

$$\cos\theta = \sum_{j=1}^{n} x_j y_j$$

---

2 직역하면 초입방체라고 한다. https://ko.wikipedia.org/wiki/초입방체 – 옮긴이

이제 차원의 수가 큰 경우를 생각해보자. 즉 $n=100$이고 x, y가 유닛 벡터라면, 요소 값인 x_j, y_j는 작아야 한다. 이는 우변의 합이 작아야 한다는 뜻이고, 이는 곧 θ가 90°에 가까워야 한다는 것으로, 벡터가 수직에 가깝다는 의미다.

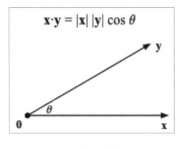

그림 8-5 스칼라 곱

만약 x, y가 단위 벡터라면 아래와 같은 공식을 가진다.

$$\cos\theta = \frac{\sum_{j=1}^{n} x_j y_j}{|x||y|}$$

n이 크면 몫이 0에 가까워지고, 앞서 내린 결론인 x와 y는 수직에 가깝다는 사실과 같은 결론이 난다.

예를 들어, $n=100, x=(-1,1,-1,1,\cdots,1), y=(1,2,3,4,\cdots,100)$이라면 다음과 같은 값이 나온다.

$$|\mathbf{x}|^2 = \sum_j \left((-1)^j\right)^2 = \sum_j (-1)^{2j} = \sum_j 1 = 100 \Rightarrow |\mathbf{x}| = 10$$

$$|\mathbf{y}|^2 \sum_j j^2 = 338,350 \Rightarrow |\mathbf{y}| = \sqrt{338,350} = 581.7$$

$$\mathbf{x} \cdot \mathbf{y} = \sum_j x_j y_j = \sum_j (-1)^j j = -1+2-3+4-\cdots+100 = 50$$

$$\cos\theta = \frac{\mathbf{x} \cdot \mathbf{y}}{|\mathbf{x}||\mathbf{y}|} = \frac{50}{(10)(581.7)} = 0.008596 \Rightarrow \theta = 89.5°$$

위 예제를 통해 $x \cdot y$가 일반적으로 $|x||y|$보다 훨씬 작은 이유를 알 수 있다. 평균적으로 $x_j y_j$의 약 절반이 음수라고 기대할 수 있다.

따라서 고차원에서 대부분의 벡터는 수직에 가깝다. 이는 두 데이터 포인트 x, y 간 거리가 각 포인트의 원점으로부터 거리보다 크다는 의미다. 대수적으로, $x \cdot y \approx 0$이다.

$$\left| \mathbf{x} - \mathbf{y} \right|^2 = (\mathbf{x} - \mathbf{y}) \cdot (\mathbf{x} - \mathbf{y}) = \mathbf{x} \cdot \mathbf{x} - 2\mathbf{x} \cdot \mathbf{y} + \mathbf{y} \cdot \mathbf{y} \approx \mathbf{x} \cdot \mathbf{x} + \mathbf{y} \cdot \mathbf{y} = \left| \mathbf{x} \right|^2 + \left| \mathbf{y} \right|^2 \geq \left| \mathbf{x} \right|^2$$

따라서, 같은 이유로 거리 $|x - y|$는 $|x|$보다 크고 $|y|$보다 클 것이다. 이를 차원의 저주라 부른다.

계층적 클러스터링

8장에서 살펴본 몇 가지 클러스터링 알고리즘 중, 아마도 계층적 클러스터링이 가장 단순할 것이다. 다만 단순한 대신 작은 데이터셋을 가지는 유클리드 공간에서만 잘 동작한다.

일반적으로 m개의 포인트 S를 가지는 공간 $\mathbb{R}^n$에서 주어진 수 k만큼의 클러스터 $C_1, C_2, \cdots, C_k$를 분리하고, 분리된 클러스터 중 가까운 것끼리 더 연관성을 가지는 것을 계층적 클러스터링이라 한다(브렌단 프레이, 다니엘라 듀크의 논문 Clustering by Passing Messages Between Data Points, 207년 2월 16일 사이언스지 개재, http://science.sciencemag.org/content/315/5814/972).

알고리즘의 자세한 내용은 아래와 같다.

1. m개의 데이터 포인트 별 각 클러스터를 생성한다.
2. $m-k$ 횟수만큼 아래 내용을 반복한다.
   - 중심점centroid이 근접한 두 개의 클러스터를 찾는다.
   - 두 클러스터를 각 데이터 포인트를 포함하는 하나의 새로운 클러스터로 대체한다.

296

클러스터의 중심점은 클러스터 데이터 포인트의 좌표정보 평균에 해당하는 좌표 포인트이다. 예를 들어 클러스터 C={(2,4),(3,5),(6,6),(9,1)}의 중심점은 (5,4)인데, ((2+3+6+9))/4=5, ((4+5+6+1))/4=4이다. 그림 8-6을 보자.

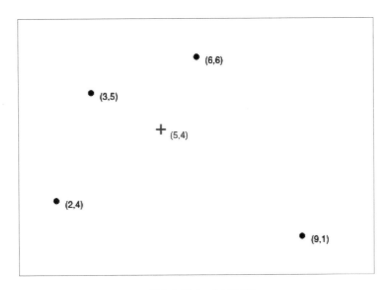

그림 8-6 클러스터의 중심점

이 알고리즘의 자바 구현체는 코드 8-2이고, 실행 결과 중 일부는 그림 8-7에서 볼 수 있다. 코드 8-3과 코드 8-4의 Point 클래스와 Cluster 클래스를 사용한다.

데이터셋은 코드 8-2의 11행~12행에 정의돼 있다.

```java
 10 public class HierarchicalClustering {
 11     private static final double[][] DATA = {{1,1}, {1,3}, {1,5}, {2,6}, {3,2},
 12         {3,4}, {4,3}, {5,6}, {6,3}, {6,4}, {7,1}, {7,5}, {7,6}};
 13     private static final int M = DATA.length;   // 데이터 포인트 개수
 14     private static final int K = 3;              // 클러스터 개수
 15
 16     public static void main(String[] args) {
 17         HashSet<Cluster> clusters = load(DATA);
 18         for (int i = 0; i < M - K; i++) {
 19             System.out.printf("%n%2d 클러스터:%n", M-i-1);
 20             coalesce(clusters);
 21             System.out.println(clusters);
 22         }
 23     }
 24
 25     private static HashSet<Cluster> load(double[][] data) {
 26         HashSet<Cluster> clusters = new HashSet();
 27         for (double[] datum : DATA) {
 28             clusters.add(new Cluster(datum[0], datum[1]));
 29         }
 30         return clusters;
 31     }
 32
 33     private static void coalesce(HashSet<Cluster> clusters) {
 34         Cluster cluster1=null, cluster2=null;
 35         double minDist = Double.POSITIVE_INFINITY;
 36         for (Cluster c1 : clusters) {
 37             for (Cluster c2 : clusters) {
 38                 if (!c1.equals(c2) && Cluster.distance(c1, c2) < minDist) {
 39                     cluster1 = c1;
 40                     cluster2 = c2;
 41                     minDist = Cluster.distance(c1, c2);
 42                 }
 43             }
 44         }
 45         clusters.remove(cluster1);
 46         clusters.remove(cluster2);
 47         clusters.add(Cluster.union(cluster1, cluster2));
 48     }
 49 }
```

코드 8-2 계층적 클러스터링 구현

13개의 데이터 포인트는 17행의 cluster라는 해시 셋에 저장된다. 그 후 18행~22행의 반복문을 $m-k$번만큼 수행해 알고리즘을 실행한다.

코드 8-4에서 정의한 클래스 Cluster는 두 개의 객체를 포함하고 있는데, 하나는 데이터 포인트 셋이고 하나는 중심점이다. 이 중 중심점은 단일 포인트이다. 두 클러스터 간 거리는 중심점의 유클리드 거리로 정의한다. 간단하게 표현하기 위해 코드 8-4에서 일부 코드는 숨겼다.

프로그램은 HashSet<Cluster> 클래스를 사용해 클러스터의 셋을 구현했다. 이는 Cluster 클래스가 hashCode( ) 메소드와 equals( ) 메소드를 재정의(코드 8-4의 60행~76행)했기 때문이다. 따라서 Point 클래스에서도 같은 메소드를 재정의해야 한다(코드 8-3의 24행~42행).

Point 클래스는 비공개 필드로 long 형태의 xb와 yb를 정의한다. 이 필드는 double 행태의 x와 y 값에 대한 64bit 표현을 유지해, 값이 같은지를 결정하는 보다 믿을 수 있는 방법을 제공한다.

그림 8-7의 결괏값은 프로그램 코드 19행~21행의 내용으로 생성된다. 21행에서 println( ) 메소드를 호출하면 Cluster 클래스의 78행~81행에 있는 toString( ) 메소드를 호출해 실행한다.

33행~48행에 정의된 coalesce( ) 메소드는 알고리즘의 두 번째 단계를 구현한다. 36행~44행에 있는 이중 반복문은 인접한 두 개의 클러스터를 찾아주는 역할을 한다(2단계의 첫 번째 부분). 찾은 클러스터는 해시 셋인 cluster 셋에서 제거하고 이를 합쳐 cluster 셋에 추가한다(2단계의 두 번째 부분).

그림 8-7의 결과는 이중 반복문의 두 단계가 진행되면서 6개의 클러스터가 5개로, 5개의 클러스터가 4개로 줄어드는 것을 보여준다.

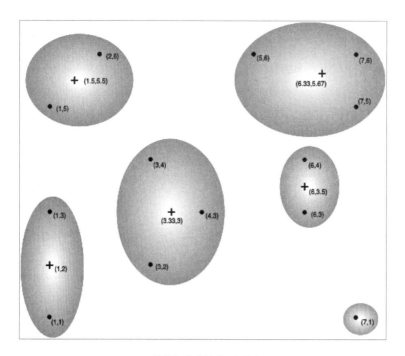

```
 Console ✕
<terminated> HierarchicalClustering [Java Application] C:₩Program Files₩Java₩jre1.8.0_151₩bin₩javaw.exe (2018. 4. 1. 오후 8:19:29)
  6 클러스터:
[
{(1.50,5.50),[(2.00,6.00), (1.00,5.00)]},
{(3.33,3.00),[(3.00,2.00), (4.00,3.00), (3.00,4.00)]},
{(1.00,2.00),[(1.00,1.00), (1.00,3.00)]},
{(6.33,5.67),[(7.00,6.00), (7.00,5.00), (5.00,6.00)]},
{(7.00,1.00),[(7.00,1.00)]},
{(6.00,3.50),[(6.00,3.00), (6.00,4.00)]}]

  5 클러스터:
[
{(6.20,4.80),[(6.00,3.00), (7.00,6.00), (7.00,5.00), (6.00,4.00), (5.00,6.00)]},
{(1.50,5.50),[(2.00,6.00), (1.00,5.00)]},
{(3.33,3.00),[(3.00,2.00), (4.00,3.00), (3.00,4.00)]}, |
{(1.00,2.00),[(1.00,1.00), (1.00,3.00)]},
{(7.00,1.00),[(7.00,1.00)]}]

  4 클러스터:
[
{(6.20,4.80),[(6.00,3.00), (7.00,6.00), (7.00,5.00), (6.00,4.00), (5.00,6.00)]},
{(1.50,5.50),[(2.00,6.00), (1.00,5.00)]},
{(7.00,1.00),[(7.00,1.00)]},
{(2.40,2.60),[(1.00,1.00), (3.00,2.00), (4.00,3.00), (3.00,4.00), (1.00,3.00)]}]
```

그림 8-7 계층적 클러스터링 프로그램의 결과 일부

이 세 단계는 그림 8-8, 그림 8-9, 그림 8-10으로 설명할 수 있다.

그림 8-8 6개 클러스터 결과

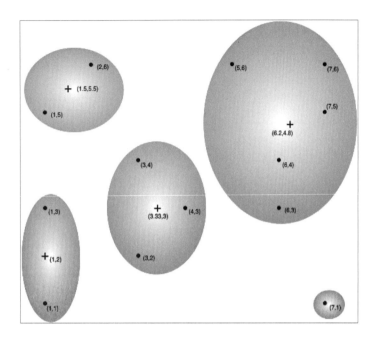

그림 8-9 5개 클러스터 결과

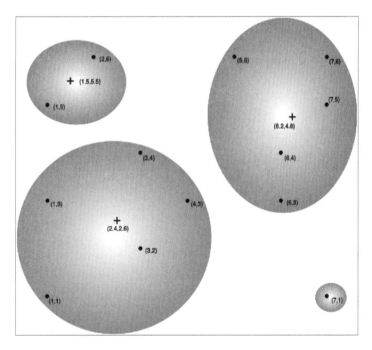

그림 8-10 4개 클러스터 결과

그림 8-8의 6개의 클러스터 중 중심점이 (6.00, 3.50)인 것과 (6.33, 5.67)인 클러스터가 가까이 있다. 따라서 둘을 통합하고 5개의 값을 가지는 중심점이 (6.20, 4.80)인 클러스터로 대체한다.

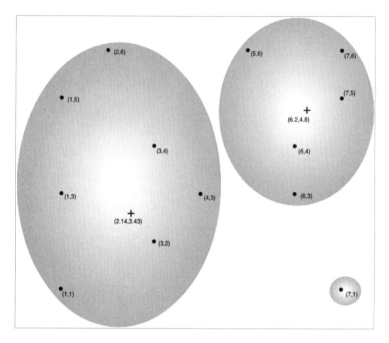

그림 8-11 3개 클러스터 결과

클러스터 개수를 정의한 숫자 K는 1부터 M까지 설정할 수 있다. K=1이면 실제 의미 있는 값은 없지만, 그림 8-12처럼 원본 데이터에 대한 덴드로그램dendrogram을 생성할 수 있다. 이는 전체 클러스터링 절차를 각 병합 단계별로 식별해 시각적으로 계층화 구조를 보여준다.

덴드로그램이 모든 절차를 완전히 증명해주지는 않는다. 예를 들어 (3, 4)와 (4, 3)이 병합해 (3, 2)가 된 것은 알 수 있지만, (1, 5)와 (2, 6)이 (1, 1)과 (1, 3) 이전에 병합된 것인지 이후인지는 알 수 없다.

계층적 클러스터링은 이해하기도 구현하기도 쉽지만, 아주 효과적이지는 않다. 코드 8-2에서 보여준 기본적인 프로그램은 $O(n^3)$배로 동작한다. 이는 실행된 작업의 수가 데이터셋의 포인트 수의 세제곱에 비례함을 의미한다. 따라서 데이터 포인트의 개수가 2배가 되면 프로그램은 8배 더 긴 시간 동안 실행된다. 이는 큰 데이터셋에서는 사용할 수 없다는 의미다.

코드 8-2를 살펴보면 왜 $O(n^3)$의 실행 속도를 보이는지 알 수 있다. $n=13$일 때, 주 반복문(18행~22행)은 대략 n번 정도 반복된다. 각 반복 실행마다 coalesce() 메소드를 호출하게 되는데, 이 메소드는 이중 반복문(36행~44행)을 가지고 있다. 각 반복문은 c회 반복하는데, 여기서 c는 클러스터의 개수다. 숫자를 n에서 대략 $n/2$인 k로 줄이면 coalesce() 메소드는 대략 $(n/2)^2$회 실행할 것이고 이는 n^2에 비례한다. 즉, n번 호출하면 거의 $O(n^3)$번 실행된다.

```
📄 Point.java ⊠
 8  public class Point {
 9      private final double x, y;
10
11◉     public Point(double x, double y) {▯
15
16◉     public double getX() {▯
19
20◉     public double getY() {▯
23
24◉     @Override
▲25    public int hashCode() {
26         int xhC = new Double(x).hashCode();
27         int yhC = new Double(y).hashCode();
28         return (int)(xhC + 79*yhC);
29     }
30
31◉     @Override
▲32    public boolean equals(Object object) {
33         if (object == null) {
34             return false;
35         } else if (object == this) {
36             return true;
37         } else if (!(object instanceof Point)) {
38             return false;
39         }
40         Point that = (Point)object;
41         return bits(that.x) == bits(this.x) && bits(that.y) == bits(this.y);
42     }
43
44◉     private long bits(double d) {
45         return Double.doubleToLongBits(d);
46
47     }
48
49◉     @Override
▲50    public String toString() {
51         return String.format("(%.2f,%.2f)", x,y);
52     }
53 }
```

코드 8-3 Point 클래스

위와 같은 형태의 프로그램 분석을 복잡도 분석complexity analysis이라고 하며, 컴퓨터 알고리즘에서는 표준으로 생각하는 척도다. 주개념은 알고리즘을 식별할 간단한 함수인 $f(n)$을 찾는 것이다. $O(n^3)$은 느리다는 의미다. 문자 O는 "~의 순서"라는 의미로, $O(n^3)$는 n^3의 순서라는 의미다.

계층적 클러스터링 알고리즘을 더 정교한 데이터 구조를 사용해 성능을 향상할 수 있다. 객체의 우선순위 큐(균형 잡힌 이진 트리 구조)를 유지하는 방법인데, 각 객체를 데이터 포인트와 포인트 간 거리의 쌍으로 구성하는 것이다. 객체는 우선순위 큐에 입력 혹은 삭제할 수 있으며 $O(log\ n)$의 속도로 실행된다. 따라서 전체 알고리즘 실행 속도는 $O(n^2 log\ n)$이 되고 이는 $O(n^2)$만큼의 속도를 낸다.

이러한 성능 향상은 속도와 계산의 단순화라는 고전적인 대안의 좋은 예이다. 알고리즘을 더 복잡하게 만드는 대신 더 빠르게(더 효율적으로) 실행할 수 있다. 물론 자동차나 비행기에 대해서도 똑같이 말할 수 있다.

코드 8-3의 Point 클래스는 유클리드 공간의 2차원 포인트의 개념을 캡슐화한다. hashCode( )와 equals( ) 메소드는 반드시 포함(Object 객체의 기본 메소드는 재정의)돼야 하는데, 왜냐하면 이 클래스를 HashSet의 요소 유형으로 사용하려고 하기 때문이다(코드 8-4 참고).

24행~29행에 정의한 코드는 일반적인 구현을 정의한다. 26행의 Double(x).hashCode( ) 표현은 x 값을 나타내는 Double 객체의 해시 코드를 반환한다.

31행~42행은 일반적인 equals( ) 메소드 구현과 유사하게 정의한다. 첫 표현식(33행~39행)은 객체가 null인지, 자신하고 같은 객체인지, Point 클래스의 인스턴스가 아닌지를 확인하고, 유형별 적절한 행동을 취한다. 만약 세 가지 확인내용을 다 통과한다면 40행에서 새로운 Point 객체로 형변환해 x와 y 필드에 접근할 수 있도록 해준다.

입력 객체의 double 필드와 일치하는지 여부를 확인하기 위해, 지정된 double 값을 나타내는 모든 비트를 포함하는 long 값을 반환하는 bits( ) 메소드를 사용한다.

```
Cluster.java ⊠

 10  public class Cluster {
 11      private final HashSet<Point> points;
 12      private Point centroid;
 13
 14⊕     public Cluster(HashSet points, Point centroid) {□
 18
 19⊕     public Cluster(Point point) {□
 24
 25⊕     public Cluster(double x, double y) {□
 28
 29⊖     public Point getCentroid() {
 30          return centroid;
 31      }
 32
 33⊖     public void add(Point point) {
 34          points.add(point);
 35          recomputeCentroid();
 36      }
 37
 38⊖     public void recomputeCentroid() {
 39          double xSum=0.0, ySum=0.0;
 40          for (Point point : points) {
 41              xSum += point.getX();
 42              ySum += point.getY();
 43          }
 44          centroid = new Point(xSum/points.size(), ySum/points.size());
 45      }
 46
 47⊖     public static double distance(Cluster c1, Cluster c2) {
 48          double dx = c1.centroid.getX() - c2.centroid.getX();
 49          double dy = c1.centroid.getY() - c2.centroid.getY();
 50          return Math.sqrt(dx*dx + dy*dy);
 51      }
 52
 53⊖     public static Cluster union(Cluster c1, Cluster c2) {
 54          Cluster cluster = new Cluster(c1.points, c1.centroid);
 55          cluster.points.addAll(c2.points);
 56          cluster.recomputeCentroid();
 57          return cluster;
 58      }
 59
▲61⊕     public int hashCode() {□
 64
▲66⊕     public boolean equals(Object object) {□
 77
▲79⊕     public String toString() {□
 82  }
```

코드 8-4 Cluster 클래스

웨카 구현

코드 8-5의 프로그램은 코드 8-2의 프로그램과 같은 기능을 수행한다.

```java
 8 import java.util.ArrayList;
 9 import weka.clusterers.HierarchicalClusterer;
10 import static weka.clusterers.HierarchicalClusterer.TAGS_LINK_TYPE;
11 import weka.core.Attribute;
12 import weka.core.Instance;
13 import weka.core.Instances;
14 import weka.core.SelectedTag;
15 import weka.core.SparseInstance;
16
17 public class WekaHierarchicalClustering {
18     private static final double[][] DATA = {{1,1}, {1,3}, {1,5}, {2,6}, {3,2},
19         {3,4}, {4,3}, {5,6}, {6,3}, {6,4}, {7,1}, {7,5}, {7,6}};
20     private static final int M = DATA.length;   // 데이터 포인트 개수
21     private static final int K = 3;                 // 클래스터 개수
22
23     public static void main(String[] args) {
40     private static Instances load(double[][] data) {
41         ArrayList<Attribute> attributes = new ArrayList<Attribute>();
42         attributes.add(new Attribute("X"));
43         attributes.add(new Attribute("Y"));
44         Instances dataset = new Instances("Dataset", attributes, M);
45         for (double[] datum : data) {
46             Instance instance = new SparseInstance(2);
47             instance.setValue(0, datum[0]);
48             instance.setValue(1, datum[1]);
49             dataset.add(instance);
50         }
51         return dataset;
52     }
53 }
```

```
Console ⊠
<terminated> WekaHierarchicalClustering [Java Application] C:₩Program Files₩Java₩jre1.8.0_151₩bin₩javaw.exe
(1,1): 0
(1,3): 0
(1,5): 0
(2,6): 0
(3,2): 0
(3,4): 0
(4,3): 0
(5,6): 1
(6,3): 1
(6,4): 1
(7,1): 2
(7,5): 1
(7,6): 1
```

코드 8-5 웨카로 구현한 계층적 클러스터링

결과가 그림 8-11과 같은 것을 볼 수 있다. 처음 7개의 포인트는 클러스터 번호 0, (7, 1)을 제외하고 나머지는 클러스터 번호 1이다.

40행~52행의 load( ) 메소드는 ArrayList를 사용해 두 속성 *x*, *y*를 정의한다. 44행에서 Instances 객체인 dataset을 생성해 13개의 데이터 포인트를 45행~50행의 반복문을 사용해 읽어온다. 그리고 24행으로 반환해준다.

25행~26행에서는 클러스터 간 거리를 계산하는 데 사용할 중심점을 정의한다.

알고리즘은 29행에서 buildClusterer( ) 메소드에 의해 실행된다. 그리고 30행~34행의 반복문에서 결과를 출력한다. clusterInstance( ) 메소드는 instance에 정의된 클러스터 번호를 반환한다.

그림 8-12에서 볼 수 있는 덴드로그램을 프로그램에서 생성할 수 있다. 덴드로그램 생성을 위해 코드 8-5의 프로그램에서 아래 세 가지 부분을 변경해야 한다.

1. 31행에서 클러스터 번호를 1로 설정한다.
2. 39행에 코드를 추가한다. displayDendrogram(hc.graph( ));
3. 코드 8-6의 내용을 displayDendrogram( )라는 메소드로 추가한다.

```
59    public static void displayDendrogram(String graph) {
60        JFrame frame = new JFrame("Dendrogram");
61        frame.setSize(500, 400);
62        frame.setDefaultCloseOperation(JFrame.EXIT_ON_CLOSE);
63        Container pane = frame.getContentPane();
64        pane.setLayout(new BorderLayout());
65        pane.add(new HierarchyVisualizer(graph));
66        frame.setVisible(true);
67    }
```

코드 8-6 덴드로그램 출력을 위한 메소드

결과는 그림 8-13과 같다.

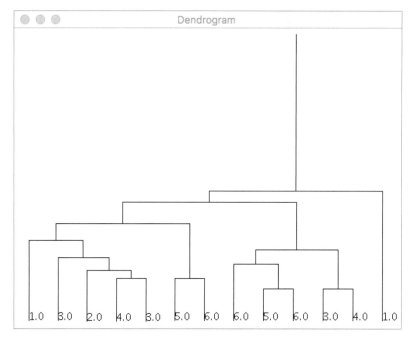

그림 8-13 프로그램에서 생성한 덴드로그램

이는 실제로 그림 8-12의 트리와 같다.

핵심이 되는 코드는 65행이다. HierarchyVisualizer( ) 생성자는 graph 문자열을 받아 만드는데, 그 문자는 프레임의 ContentPane 객체에 추가돼 표시된다.

K-평균 클러스터링

계층적 클러스터링의 대안으로 인기 있는 K-평균 알고리즘이 있다. 이 알고리즘은 7장, '분류 분석'에서 다뤘던 분류 알고리즘인 K-최근접 이웃 알고리즘K-Nearest Neighbor, KNN과 관련이 있다.

계층적 클러스터링과 마찬가지로 K-평균 알고리즘은 클러스터 개수인 k를 입력값으로 요구한다(이 버전은 K-평균++ 알고리즘이라 부르기도 한다).

알고리즘은 다음과 같다.

1. 데이터셋으로부터 k를 선택한다.
2. 초기 데이터 포인트 중 하나를 중심점으로 하는 k개의 클러스터를 만든다.
3. 이미 중심점이 아닌 각 데이터 포인트 x에 대해 다음 절차를 반복한다.
   ○ x와 근접한 중심점 y를 찾는다.
   ○ x를 중심점의 클러스터에 추가한다.
   ○ 클러스터의 중심점을 재계산한다.

또한 알고리즘을 초기화하기 위해 각 클러스터마다 k 포인트가 필요하다. 이러한 초기 포인트는 무작위로 선택할 수 있고, 경험적 방법으로 선택할 수도 있다. 한 가지 방법은 주어진 데이터셋에서 표본을 추출해 계층적 클러스터링을 실행한 후, 그 결과로 클러스터의 중심점을 선택할 수 있다.

K-평균 알고리즘은 코드 8-7에 구현돼 있다.

```java
🗋 KMeans.java ⊠
12 public class KMeans {
13     private static final double[][] DATA = {{1,1}, {1,3}, {1,5}, {2,6}, {3,2},
14         {3,4}, {4,3}, {5,6}, {6,3}, {6,4}, {7,1}, {7,5}, {7,6}};
15     private static final int M = DATA.length;  // 데이터 포인트 개수
16     private static final int K = 3;  // 클러스터 개수
17     private static HashSet<Point> points;
18     private static HashSet<Cluster> clusters = new HashSet();
19     private static Random RANDOM = new Random();
20
21     public static void main(String[] args) {
22         points = load(DATA);
23
24         // 임의의 포인트 p를 선택한다.
25         int i0 = RANDOM.nextInt(M);
26         Point p = new Point(DATA[i0][0], DATA[i0][1]);
27         points.remove(p);
28
29         // p를 포함하는 단일 데이터 셋 생성
30         HashSet<Point> initSet = new HashSet();
31         initSet.add(p);
32
33         // K-1 데이터 포인트를 initSet에 추가
34         for (int i = 0; i < K; i++) {
35             p = farthestFrom(initSet);
36             initSet.add(p);
37             points.remove(p);
38         }
39
40         // initSet에서 각 포인트에 대한 클러스터를 생성
41         for (Point point : initSet) {
42             Cluster cluster = new Cluster(point);
43             clusters.add(cluster);
44         }
45
46         // 남은 각 포인트를 가장 가까운 클러스터에 업데이트
47         for (Point point : points) {
48             Cluster cluster = closestTo(point);
49             cluster.add(point);
50             cluster.recomputeCentroid();
51         }
52
53         System.out.println(clusters);
54     }
```

코드 8-7 K-평균 클러스터링

loadData( ) 메소드는 앞서 코드 8-2에서 봤던 메소드와 같다. 다른 4개의 메소드는 코드 8-8에서 볼 수 있다.

```java
56    /* 특정 포인트와 가장 가까운 중심점이 있는 클러스터를 반환한다.
57     */
58    private static Cluster closestTo(Point point) {
59        double minDist = Double.POSITIVE_INFINITY;
60        Cluster c = null;
61        for (Cluster cluster : clusters) {
62            double d = distance2(cluster.getCentroid(), point);
63            if (d < minDist) {
64                minDist = d;
65                c = cluster;
66            }
67        }
68        return c;
69    }
70
71    /* 특정 셋과 가장 멀리 떨어진 포인트를 반환한다.
72     */
73    private static Point farthestFrom(Set<Point> set) {
74        Point p = null;
75        double maxDist = 0.0;
76        for (Point point : points) {
77            if (set.contains(point)) {
78                continue;
79            }
80            double d = dist(point, set);
81            if (d > maxDist) {
82                p = point;
83                maxDist = d;
84            }
85        }
86        return p;
87    }
88
89    /* 데이터 셋 에서 p와 가장 가까이 있는 포인트와의 거리를 반환한다.
90     */
91    public static double dist(Point p, Set<Point> set) {
92        double minDist = Double.POSITIVE_INFINITY;
93        for (Point point : set) {
94            double d = distance2(p, point);
95            minDist = (d < minDist ? d : minDist);
96        }
97        return minDist;
98    }
99
100   /* 두 지점간의 유클리디안 거리의 제곱을 구한다.
101    */
102   public static double distance2(Point p, Point q) {
103       double dx = p.getX() - q.getX();
104       double dy = p.getY() - q.getY();
105       return dx*dx + dy*dy;
106   }
```

코드 8-8 코드 8-7에서 사용한 메소드

실행 결과는 그림 8-14에서 볼 수 있다.

```
Console ⌘
<terminated> KMeans [Java Application] C:₩Program Files₩Java₩jre1.8.0_151₩bin₩javaw.exe (2018. 4. 2. 오전 12:10:51)
[[6.0, 3.0], [6.0, 4.0], [7.0, 1.0], [7.0, 5.0], [7.0, 6.0]]
[[2.0, 6.0], [5.0, 6.0]]
[[1.0, 1.0], [1.0, 3.0], [1.0, 5.0], [3.0, 2.0], [3.0, 4.0], [4.0, 3.0]]
```

그림 8-14 코드 8-7 실행 결과

22행에서 프로그램은 데이터를 읽어 points에 저장한다. 그리고 임의의 포인트를 선택하고 데이터셋에서 제거한다. 29행~31행에서 initSet이라는 이름의 새로운 포인트를 생성하고 임의의 포인트에 추가한다. 그 후, 33행~38행에서 절차를 반복해 K-1만큼의 포인트를 더 추가한다. 각 선택된 먼 거리의 포인트는 initSet에 저장된다. 이 1단계 작업이 끝나고 2단계 작업은 40행~44행에 구현돼 있다. 그리고 3단계 작업은 46행~51행에 구현돼 있다.

1단계 구현은 임의의 포인트를 선택하면서부터 시작된다. 따라서 프로그램을 실행할 때마다 다른 결과가 나올 수 있다. 이 프로그램의 결과는 앞서 계층적 클러스터링의 결과인 그림 8-11과는 상당히 다르다.

아파치 커먼즈 매쓰 라이브러리는 이 알고리즘을 KMeansPlusPlusClusterer 클래스로 구현했다. 코드 8-9는 이를 사용해 클러스터링을 구현한 예제이다.

```
 J KMeansPlusPlus.java ▣
10 import org.apache.commons.math3.ml.clustering.CentroidCluster;
11 import org.apache.commons.math3.ml.clustering.DoublePoint;
12 import org.apache.commons.math3.ml.clustering.KMeansPlusPlusClusterer;
13 import org.apache.commons.math3.ml.distance.EuclideanDistance;
14
15 public class KMeansPlusPlus {
16     private static final double[][] DATA = {{1,1}, {1,3}, {1,5}, {2,6}, {3,2},
17         {3,4}, {4,3}, {5,6}, {6,3}, {6,4}, {7,1}, {7,5}, {7,6}};
18     private static final int M = DATA.length;   // 데이터 포인트 개수
19     private static final int K = 3;   // 클러스터 개수
20     private static final int MAX = 100;   // 최대 반복 횟수
21     private static final EuclideanDistance ED = new EuclideanDistance();
22
23     public static void main(String[] args) {
24         List<DoublePoint> points = load(DATA);
25         KMeansPlusPlusClusterer<DoublePoint> clusterer;
26         clusterer = new KMeansPlusPlusClusterer(K, MAX, ED);
27         List<CentroidCluster<DoublePoint>> clusters = clusterer.cluster(points);
28
29         for (CentroidCluster<DoublePoint> cluster : clusters) {
30             System.out.println(cluster.getPoints());
31         }
32     }
33
34     private static List<DoublePoint> load(double[][] data) {
35         List<DoublePoint> points = new ArrayList(M);
36         for (double[] pair : data) {
37             points.add(new DoublePoint(pair));
38         }
39         return points;
40     }
41 }
   <

 ▣ Console ▣
<terminated> KMeansPlusPlus [Java Application] C:\Program Files\Java\jre1.8.0_151\bin\javaw.exe (2018. 4. 2. 오전 12:18:34)
[[5.0, 6.0], [6.0, 3.0], [6.0, 4.0], [7.0, 5.0], [7.0, 6.0]]
[[1.0, 1.0], [1.0, 3.0], [1.0, 5.0], [2.0, 6.0], [3.0, 2.0], [3.0, 4.0], [4.0, 3.0]]
[[7.0, 1.0]]
```

코드 8-9 아파치 커먼즈 매쓰 라이브러리 K-평균++

결괏값은 앞서 본 클러스터링 프로그램과 유사하게 나온다.

단계 1의 다른 결정론적 구현은 먼저 계층적 클러스터링을 적용한 다음 각 클러스터에서 해당 중심점에 가장 가까운 지점을 선택하는 것이다. 그림 8-11의 예제 데이터셋에서 초기값은 {(3, 2), (7, 1), (6, 4)} 또는 {(3, 2), (7, 1), (7, 5)}인데, (6, 4)와 (7, 5)가 중심점인 (6.2, 4.8)에서 같은 거리에 위치하기 때문이다.

가장 간단한 형태의 K-평균은 최초 k 값을 임의의 수로 설정한다. 이 방법은 여기서 설명한 다른 두 가지 방법에 비교해 빠르지만 결과가 만족스럽지 않을 수 있다. 웨카는 코드 8-10처럼 SimpleKMeans 클래스가 구현돼 있다.

```java
KMeans.java ⊠
 9 import weka.clusterers.SimpleKMeans;
10 import weka.core.Attribute;
11 import weka.core.Instance;
12 import weka.core.Instances;
13 import weka.core.SparseInstance;
14
15 public class KMeans {
16     private static final double[][] DATA = {{1,1}, {1,3}, {1,5}, {2,6}, {3,2},
17         {3,4}, {4,3}, {5,6}, {6,3}, {6,4}, {7,1}, {7,5}, {7,6}};
18     private static final int M = DATA.length;   // 데이터 포인트 개수
19     private static final int K = 3;             // 클러스터 개수
20
21     public static void main(String[] args) {
22         Instances dataset = load(DATA);
23         SimpleKMeans skm = new SimpleKMeans();
24         System.out.printf("%d clusters:%n", K);
25         try {
26             skm.setNumClusters(K);
27             skm.buildClusterer(dataset);
28             for (Instance instance : dataset) {
29                 System.out.printf("(%.0f,%.0f): %s%n",
30                         instance.value(0), instance.value(1),
31                         skm.clusterInstance(instance));
32             }
33         } catch (Exception e) {
34             System.err.println(e);
35         }
36     }
37
38     private static Instances load(double[][] data) {
39         ArrayList<Attribute> attributes = new ArrayList<Attribute>();
40         attributes.add(new Attribute("X"));
41         attributes.add(new Attribute("Y"));
42         Instances dataset = new Instances("Dataset", attributes, M);
43         for (double[] datum : data) {
44             Instance instance = new SparseInstance(2);
45             instance.setValue(0, datum[0]);
46             instance.setValue(1, datum[1]);
47             dataset.add(instance);
48         }
49         return dataset;
50     }
51 }
```

코드 8-10 웨카를 사용한 K-평균 클러스터링

결과는 그림 8-15와 같다.

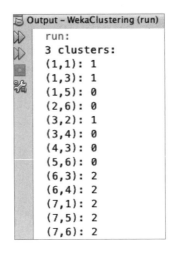

그림 8-15 코드 8-10 결과

프로그램은 weka.clusterers 패키지의 HierarchicalClusterer를 적용한 코드 8-15와 매우 유사하다. 그러나 결과는 덜 만족스럽다. (7, 1) 포인트를 위의 4개 포인트와 같은 클러스터로 묶었고, (3, 2)7는 (1, 1), (1, 3)과 묶였지만, 가까운 (3, 4)는 묶이지 않았다.

K-중간점 클러스터링

K-중간점 클러스터링 알고리즘은 K-평균 알고리즘과 유사하다. 다만 포인트의 평균이 아닌 중간점medoid이라 불리는 각 클러스터의 중앙점을 사용한다는 점이 다르다. 주요 개념은 클러스터의 중간점으로부터 각 점까지의 평균 거리를 최소화하는 것이다. 보통 맨해튼 거리를 사용해 계산한다. 이 평균은 거리가 있는 경우에만 최소화되기 때문에 알고리즘은 데이터 포인트와 중간점 간 거리의 합을 최소화하는 방식으로 진행된다. 이 거리의 합을 **구성 비용**cost of the configuration이라 한다.

알고리즘은 다음과 같다.

1. 데이터셋에서 k개의 중간점을 선택한다.

2. 각 데이터 포인트를 인접한 중간점에 할당한다. 이는 k 클러스터로 정의된다.

3. 각 클러스터 C_j에 대해 다음을 수행한다.

    ○ 합계 $s = \sum_j s_j$를 계산한다. 이 때 각 $s_j = \sum \{ d(\mathbf{x}, \mathbf{y}_j) : \mathbf{x} \in C_j \}$이다. 그리고 s를 최소화하는 C_j내의 값으로 중간점 y_j를 변경한다.

    ○ 중간점 y_j가 변경되면 각 x를 중간점에 인접하도록 재할당한다.

4. 3 단계를 값이 최소화될 때까지 반복한다.

그림 8-16은 위 알고리즘을 그림으로 설명했다. 10개의 데이터 포인트를 2개의 클러스터로 나누었으며, 두 개의 중간점은 흑색점으로 표시했다. 초기 설정은 아래와 같다.

$$C_1 = \{ (1,1), (2,1), (3,2), (4,2), (2,3) \}, \text{with } \mathbf{y_1} = \mathbf{x_1} = (1,1)$$
$$C_2 = \{ (4,3), (5,3), (2,4), (4,4), (3,5) \}, \text{with } \mathbf{y_2} = \mathbf{x_{10}} = (3,5)$$

합계는 다음과 같다.

$$s_1 = d(\mathbf{x_2}, \mathbf{y_1}) + d(\mathbf{x_3}, \mathbf{y_1}) + d(\mathbf{x_4}, \mathbf{y_1}) + d(\mathbf{x_5}, \mathbf{y_1}) = 1 + 3 + 4 + 3 = 11$$
$$s_2 = d(\mathbf{x_6}, \mathbf{y_1}) + d(\mathbf{x_7}, \mathbf{y_1}) + d(\mathbf{x_8}, \mathbf{y_1}) + d(\mathbf{x_9}, \mathbf{y_1}) = 3 + 4 + 2 + 2 = 11$$
$$s = s_1 + s_2 = 11 + 11 = 22$$

알고리즘의 3단계의 첫 번째 부분은 C_1의 중간점을 $y_1 = x_3 = (3,2)$로 변경하는 것으로, 클러스터가 변경된다. 3단계의 두 번째 부분은 다음과 같다.

$$C_1 = \{ (1,1), (2,1), (3,2), (4,2), (2,3), (4,3), (5,3) \}, \text{with } \mathbf{y_1} = \mathbf{x_3} = (3,2)$$
$$C_2 = \{ (2,4), (4,4), (3,5) \}, \text{with } \mathbf{y_2} = \mathbf{x_{10}} = (3,5)$$

합계는 다음과 같다.

$$s_1 = 3 + 2 + 1 + 2 + 2 + 3 = 13$$
$$s_2 = 2 + 2 = 4$$
$$s = s_1 + s_2 = 13 + 4 = 17$$

결과 구성 비용은 그림 8-16의 두 번째 그래프와 같다.

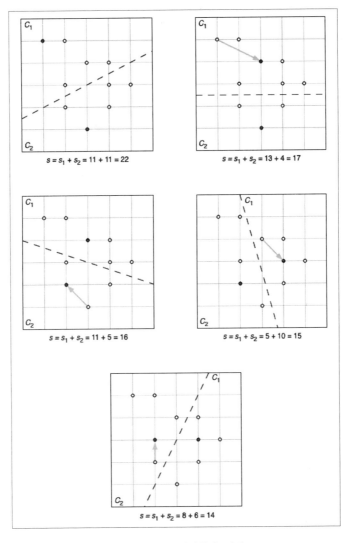

그림 8-16 K-중간점 클러스터링

알고리즘 3단계에서, 클러스터 C_2에 대해서도 같은 절차를 반복한다. 결과 구성 비용은 그림 8-16의 세 번째 그래프와 같고, 다음과 같이 계산된다.

$$C_1 = \{(1,1),(2,1),(3,2),(4,2),(4,3),(5,3)\}, \text{with } \mathbf{y}_1 = \mathbf{x}_3 = (3,2)$$
$$C_2 = \{(2,3),(2,4),(4,4)(3,5)\}, \text{with } \mathbf{y}_2 = \mathbf{x}_8 = (2,4)$$
$$s = s_1 + s_2 = (3+2+1+2+3)+(1+2+2) = 11+5 = 16$$

알고리즘은 중간점이 두 번 더 바뀔 때까지 계속된다. 최종적으로 그림 8-16의 다섯 번째 그래프에서 보이는 구성 비용으로 변화된다.

이 버전의 K-중간점 클러스터링은 중간점 주변 분할Partitioning Around Medoids, PAM이라고도 부른다.

K-평균 클러스터링처럼 K-중간점 클러스터링도 거대한 데이터셋에는 부적합하다. 그러나 그림 8-14와 같은 이상치 문제를 극복한다.

유사성 전파 클러스터링

앞서 소개한 클러스터링 알고리즘(계층적 클러스터링, K-평균 클러스터링, K-중간점 클러스터링)은 클러스터의 개수인 k가 미리 정의돼 있어야 한다는 단점이 있다. 그러나 유사성 전파 클러스터링 알고리즘은 k가 미리 정의돼 있지 않아도 괜찮다. 유사성 전파 클러스터링 알고리즘은 2007년 토론토 대학교의 브렌단 프레이Brendan J. Frey와 델버트 듀크Delbert Dueck 가 개발했고, 가장 널리 사용하는 클러스터링 알고리즘이 됐다(브렌단 프레이와 델버트 듀크의 논문 Clustering by Passing Messages Between Data Points, 사이언스지 315, 2007년 2월 16일 자, http://science.sciencemag.org/content/315/5814/972).

K-중간점 클러스터링과 유사하게, 유사성 전파 알고리즘은 표본exemplars이라 부르는 클러스터의 중앙점, 즉, 데이터셋에서 클러스터를 대표할 수 있는 값을 선택한다. 이는 데이터 포인트 간 메시지 전달message-passing을 통해 이루어진다.

이 알고리즘은 3개의 2차원 배열을 사용해 동작한다.

- s_{ij}=x_i와 x_j 간 유사도
- r_{ik}= 신뢰도, x_i에서 x_k까지의 메시지의 표본 x_i에 대한 x_k의 적합도
- a_{ik}= 가용성, x_k에서 x_i까지의 메시지의 표본 x_i에 대한 x_k의 적합도

r_{ik}는 x_i에서 x_k 간 메시지이고, a_{ik}는 x_k와 x_i 간 메시지라 생각할 수 있다. 알고리즘은 이 값을 반복적으로 재계산해 데이터 포인트와 표본 간 전체 유사도를 최대화하는 데 목적이 있다.

그림 8-17은 메시지 전달 작업이 어떻게 이루어지는지 보여준다. 배열 값 r[i][k]를 갱신해 데이터 포인트 x_i는 메시지 r_{ik}를 데이터 포인트 x_k로 전달한다. 이 값은 x_i의 관점에서 후보 값 x_k가 x_i의 표본으로 얼마나 적합한지를 표현한다. 그 후 x_k는 배열 값 a[i][k]를 갱신해 메시지 a_{ik}를 데이터 포인트 x_i로 보낸다. 이 값은 x_k의 관점에서 후보 값 x_k가 x_i의 표본으로 얼마나 적합한지를 표현한다. 두 유형 모두 더 큰 배열 값이 더 높은 적합성을 가진다.

알고리즘은 유사도 값인 s_{ij}=$-d(x_i, x_j)^2$을 설정하는 것부터 시작한다. 이때 d( )는 $i \neq j$일 때의 유클리드 거리다. 거리에 제곱하는 것은 단순히 제곱근을 계산하는 불필요한 단계를 제거하기 위함이다. 기호를 변경하면 x_i가 x_k보다 x_j에 더 가까울 때 $s_{ij} \rangle s_{ik}$를 보장한다. 즉, x_i가 x_k보다 x_j와 더 유사하다는 의미다. 예를 들어, 그림 8-17에서 x_1=(2,4), x_2=(4,1), x_3=(5,3)인데, x_2가 x_1보다 x_3에 더 가깝고 s_{23}=$-5$$\rangle$$-13$=$s_{21}$로 $s_{23} \rangle s_{21}$이다.

또한 s_{ii}를 $i \neq j$인 s_{ij}의 평균으로 설정한다. 클러스터의 개수를 줄이기 위해 공통 값을 다른 클러스터의 평균값 대신에 최솟값으로 줄일 수 있다. 그리고 알고리즘은 모든 신뢰도 r_{ik}와 가용성 a_{ik}를 반복적으로 갱신한다.

일반적으로 x_i의 표본이 될 후보 값 x_k의 적합도는 다음과 같은 합계로 구할 수 있다.

$$a_{ik} + r_{ik}$$

이 합계는 x_k의 관점(가용성)에서 표현의 적합도와 x_i의 관점(신뢰도)에서 결합한 적합도를 측정한다. 합계가 최댓값에 수렴할 때 표현에 적합하다고 결정할 수 있다.

역으로, 특정 $j \neq k$에 대해 $a_{ij} + r_{ij}$가 커질수록 데이터 포인트 x_i의 표본으로서 x_k가 덜 적합하다. 이는 다음과 같은 공식 변경이 일어난다.

$$r_{ik} = s_{ik} - \max\left\{ a_{ij} + s_{ij} : j \neq k \right\}$$

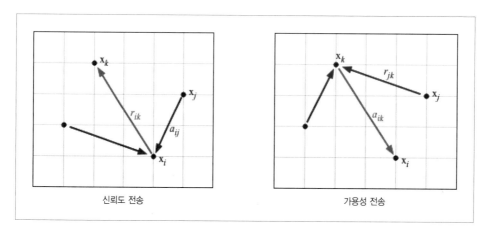

그림 8-17 유사성 전파

x_k가 데이터 포인트 x_i를 나타내려면 두 포인트가 유사(높은 s_{ik})해야 하지만, 여기서 다른 어떤 x_j가 더 나은 대표 포인트가 되길 원하지 않는다($j \neq k$일 때, 낮은 $a_{ij} + s_{ij}$).

이를 고려해 초기에 모든 a_{ij}(그리고 r_{ij})는 0이 될 것이다. 따라서 첫 반복문은 다음과 같다.

$$r_{ik} = s_{ik} - \max\left\{ s_{ij} : j \neq k \right\}$$

즉, 각 신뢰도 값이 유사도 값에서 가장 근접한 경쟁자의 유사도 값을 뺀 것과 같다.

320

각 후보 표본 x_k는 가용성 a_{ik}를 측정하는 데 다른 데이터 포인트 x_i를 표현하기 위해 자기 자신에 대한 신뢰도 r_{kk}를 추가한다. 양의 신뢰도인 r_{jk}는 다른 포인트에서 받아온다.

$$a_{ik} = \min\left\{0, r_{kk} + \sum\left\{\max\left\{0, r_{jk}\right\} : j \neq i \wedge j \neq k\right\}\right\}$$

합계의 임계치는 0으로 설정했음을 기억하자. 따라서 음의 값만이 a_{ik}에 할당될 것이다.

자기 자신의 가용성 a_{kk}는 x_k가 표현하는 자기 자신을 분리 갱신하는 점수를 측정한다.

$$a_{kk} = \sum\left\{\max\left\{0, r_{jk}\right\} : j \neq k\right\}$$

이는 단순히 자기 자신의 점수가 x_k에 대한 다른 포인트의 긍정적인 점수(신뢰도)로 누적되는 것을 반영한다.

알고리즘을 정리하면 다음과 같다.

1. 유사도를 초기화한다.
    ○ $s_{ij} = -\mathrm{d}(x_i, x_j)^2, i \neq j$
    ○ s_{ii} = 다른 s_{ij} 값의 평균

2. 수렴할 때까지 반복한다.
    ○ 신뢰도를 갱신한다.

    $$r_{ik} = s_{ik} - \max\left\{a_{ij} + s_{ij} : j \neq k\right\}$$

    ○ 가용성을 갱신한다.

    $$a_{ik} = \min\left\{0, r_{kk} + \sum_j\left\{\max\left\{0, r_{jk}\right\} : j \neq i \wedge j \neq k\right\}\right\}, \text{for } i \neq k;$$
    $$a_{kk} = \sum_j\left\{\max\left\{0, r_{jk}\right\} : j \neq k\right\}$$

만약 $a_{ik} + r_{ik} = max_j\{a_{ij} + r_{ij}\}$라면, 포인트 x_k는 포인트 x_i의 표본이 될 것이다.

이 알고리즘은 코드 8–11의 프로그램에 구현돼 있다.

```java
  8  public class AffinityPropagation {
  9      private static double[][] x = {{1,2}, {2,3}, {4,1}, {4,4}, {5,3}};
 10      private static int n = x.length;              // 데이터 포인트 개수
 11      private static double[][] s = new double[n][n];  // 유사도
 12      private static double[][] r = new double[n][n];  // 신뢰도
 13      private static double[][] a = new double[n][n];  // 가용성
 14      private static final int ITERATIONS = 10;
 15      private static final double DAMPER = 0.5;
 16
 17      public static void main(String[] args) {
 18          initSimilarities();
 19          for (int i = 0; i < ITERATIONS; i++) {
 20              updateResponsibilities();
 21              updateAvailabilities();
 22          }
 23          printResults();
 24      }
 25
 26      private static void initSimilarities() {
 38
 39      private static void updateResponsibilities() {
 54
 55      private static void updateAvailabilities() {
 67
 68      /*  x 에서 y까지의 유클리디안 거리의 음의 제곱근 반환
 70      private static double negSqEuclidDist(double[] x, double[] y) {
 75
 76      /*  r[i][k]와 r[k][k]를 제외한 양의 r[j][k]의 합을 반환
 78      private static double sumOfPos(int i, int k) {
 87
 88      private static void printResults() {
102  }
```

Problems | Console ⊠

<terminated> AffinityPropagation [Java Application] C:\Program Files\Java\jre1.8.0_151\bin\javaw.exe (

데이터 포인트 0는 데이터 포인트 1의 표본
데이터 포인트 1는 데이터 포인트 1의 표본
데이터 포인트 2는 데이터 포인트 4의 표본
데이터 포인트 3는 데이터 포인트 4의 표본
데이터 포인트 4는 데이터 포인트 4의 표본

코드 8-11 유사성 전파 클러스터링

322

이 프로그램은 그림 8-18에 표시된 작은 데이터셋인 {(1, 2), (2, 3), (4, 1), (4, 4), (5, 3)}를 사용해 구동한다.

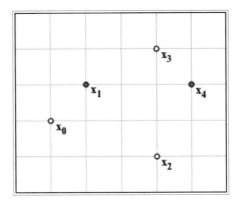

그림 8-18 예제 입력 데이터셋

결괏값이 보여주듯, 다섯 개의 포인트는 두 개의 클러스터로 구성된다. 표본은 각각 $x_1=(2,3), x_4=(5,3)$이다.

main( ) 메소드는 18행에서 유사도 배열 s[ ][ ]를 초기화한다. 그리고 19행~22행의 주 반복문을 실행해 신뢰도 배열 r[ ][ ]과 가용성 배열 a[ ][ ]를 갱신한다. 마지막으로 23행에서 결과를 출력한다.

initSimilarities( ) 메소드의 내용은 코드 8-12와 같다.

```
26    private static void initSimilarities() {
27        double sum = 0;
28        for (int i = 0; i < n; i++) {
29            for (int j = 0; j < i; j++) {
30                sum += s[i][j] = s[j][i] = negSqEuclidDist(x[i], x[j]);
31            }
32        }
33        double average = 2*sum/(n*n - n);   // j < i일 때, s[i][j]의 평균
34        for (int i = 0; i < n; i++) {
35            s[i][i] = average;
36        }
37    }
```

코드 8-12 유사도 배열을 초기화

이 코드는 알고리즘 1단계를 구현한 코드다. 30행에서 두 개의 데이터 포인트 x_i와 x_j의 유클리드 거리의 음의 제곱근을 구해서 s[i][j]와 s[j][i] 양쪽에 할당한다. 값은 보조 메소드인 negSqEuclidDist( )를 사용해 계산하는데, 이는 68행~74행에 정의돼 있다 (코드 8-16). 이 값의 합은 sum이라는 변수에 누적되고 33행에서 평균을 계산해 average 변수에 할당한다(2007년에 프레이와 듀크는 논문에서 중앙값을 이용하는 것을 추천했지만, 이 책에서는 평균을 대신 사용했다). 평균값은 알고리즘의 1단계에서 명시한 대로 모든 직교 요소인 s[i][i]에 다시 할당된다(35행).

35행에서 직교 요소인 s_{ii}에 할당된 초기값은 값을 조정해 표본의 개수(클러스터 수)에 영향을 줄 수 있다. 논문에서는 프레이와 듀크가 25개 데이터 포인트를 가지는 예제를 사용해 설명했는데, 초기값을 −100에서 −0.1까지 조정해 가면서 클러스터의 개수도 하나에서 25개까지로 다양하게 조정할 수 있었다. 따라서 일반적으로 실제 데이터를 가지고 구동할 때 평균값을 사용해 알고리즘을 실행하고 초기값을 바꿔가며 다른 클러스터 개수가 나오도록 조정해 재구동하는 작업이 필요하다.

30행의 sum 변수 할당은 i 반복문이 0에서 $n-1$회까지, j 반복문이 0에서 $i-1$회까지 실행되므로 총 $(n^2-n)/2$회 실행된다(예를 들어 $n=5$인 경우 sum 변수에는 총 20회의 할당이 이루어진다). 따라서 33행의 average를 구할 때는 sum 변수를 $(n^2-n)/2$로 나눠줘야 한다. 이는 대각선 아래에 있는 모든 요소의 평균값이다. 그리고 이 값은 35행에서 각 직교 요소에 할당된다.

30행에서 두 번 할당하기 때문에 배열 s[][]는 대각선에 대해 대칭인 행렬임에 유의하자. 따라서 상수인 평균은 대각선 위의 모든 요소의 평균이다.

updateResponsibilities( ) 메소드는 코드 8-13과 같다.

```
39    private static void updateResponsibilities() {
40        for (int i = 0; i < n; i++) {
41            for (int k = 0; k < n; k++) {
42                double oldValue = r[i][k];
43                double max = Double.NEGATIVE_INFINITY;
44                for (int j = 0; j < n; j++) {
45                    if (j != k) {
46                        max = Math.max(max, a[i][j] + s[i][j]);
47                    }
48                }
49                double newValue = s[i][k] - max;
50                r[i][k] = DAMPER*oldValue + (1 - DAMPER)*newValue;
51            }
52        }
53    }
```

코드 8-13 신뢰도 배열 갱신

이 코드는 알고리즘의 2단계를 구현한 것이다. 43행~48행에서 $max\{a_{ij}+s_{ij}:j \neq k\}$ 값이 계산된다. 최댓값은 49행에서 $s_{ik}-max\{a_{ij}+s_{ij}:j \neq k\}$를 구하는 데 사용된다. 감쇠된 값은 50행에서 r_{ik} 할당된다.

```
55    private static void updateAvailabilities() {
56        for (int i = 0; i < n; i++) {
57            for (int k = 0; k < n; k++) {
58                double oldValue = a[i][k];
59                double newValue = Math.min(0, r[k][k] + sumOfPos(i,k));
60                if (k == i) {
61                    newValue = sumOfPos(k,k);
62                }
63                a[i][k] = DAMPER*oldValue + (1 - DAMPER)*newValue;
64            }
65        }
66    }
```

코드 8-14 가용성 배열 갱신

50행과 63행에서 사용한 감쇠 비율은 수치 진동을 방지하기 위해 프레이와 듀크가 0.5의 댐핑 계수를 권장했다. DAMPER라는 상수가 댐핑 계수를 나타내고 이는 코드 8-11의 15행에서 초기화되는 값이다.

```
 88    private static void printResults() {
 89        for (int i = 0; i < n; i++) {
 90            double max = a[i][0] + r[i][0];
 91            int k = 0;
 92            for (int j = 1; j < n; j++) {
 93                double arij = a[i][j] + r[i][j];
 94                if (arij > max) {
 95                    max = arij;
 96                    k = j;
 97                }
 98            }
 99            System.out.printf("데이터 포인트 %d는 데이터 포인트 %d의 표본%n", i, k);
100        }
101    }
102 }
```

코드 8-15 결과 출력

updateAvailabilities( ) 메소드는 코드 8-14에서 볼 수 있다. 이는 알고리즘의 2단계 중 두 번째 부분을 구현한 것이다. 59행에서 $\min\left\{0, r_{kk} + \sum\left\{\max\left\{0, r_{jk}\right\} : j \neq i \wedge j \neq k\right\}\right\}$ 값을 구한다. 합계는 부가 메소드인 sumOfPos( ) 메소드에서 구하는데 76-86에 정의돼 있다(코드 8-16).

```
 68    /*   x 에서 y까지의 유클리디안 거리의 음의 제곱근 반환
 69    */
 70    private static double negSqEuclidDist(double[] x, double[] y) {
 71        double d0 = x[0] - y[0];
 72        double d1 = x[1] - y[1];
 73        return -(d0*d0 + d1*d1);
 74    }
 75
 76    /*   r[i][k]와 r[k][k]를 제외한 양의 r[j][k]의 합을 반환
 77    */
 78    private static double sumOfPos(int i, int k) {
 79        double sum = 0;
 80        for (int j = 0; j < n; j++) {
 81            if (j != i && j != k) {
 82                sum += Math.max(0, r[j][k]);
 83            }
 84        }
 85        return sum;
 86    }
```

코드 8-16 부가 메소드

sumOfPos 메소드는 r_{ik}와 r_{kk}를 제외한 양의 r_{jk}의 합을 구한다. 요소 a_{ik}는 63행에서 감쇠된 값을 할당한다. 직교 요소인 a_{kk}는 61행에서 sumOfPos(k,k) 값으로 재할당되는데, 이는 알고리즘의 2단계의 두 번째 부분에 명시돼 있다.

printResults( ) 메소드는 코드 8-15를 참고하면 된다. 이 메소드는 데이터셋의 각 데이터 포인트에 대한 표본(클러스터 표시)을 계산해 출력한다. 이는 알고리즘에 명시된 기준에 의해 결정되는데, $a_{ik}+r_{ik}=max\{a_{ij}+r_{ij}\}$일 때 포인트 x_k가 포인트 x_i의 표본이다. 색인 k는 90행~98행의 각 i를 계산해 99행에서 결과를 출력해준다.

2007년의 원본 논문에서 프레이와 듀크는 10회 반복 동안 변하지 않고 할당될 때까지 반복문을 수행하라 추천하고 있다. 이 책에서 사용하는 데이터셋은 논문보다 더 작기에 단순히 10회 반복만 하도록 구현했다.

2009년 박사 논문에서 듀크는 "모순된 결과를 해결하기 위해 K-중심점 클러스터링을 한 번 실행해야 할 수도 있다"라고 했다(2009년 토론토대학 논문, Affinity Propagation: Clustering Data by Passing Messages).

▌ 요약

8장에서는 다양한 거리 측정 방법을 논의하고, 고차원 클러스터링의 문제점을 알아봤다. 계층적 클러스터링, K-평균 클러스터링, K-중심점 클러스터링 등 다양한 클러스터링 방식도 살펴봤다. 각 알고리즘에 대해서는 자바를 기본으로 웨카나 아파치 커먼즈 매쓰 라이브러리를 사용해 구현했다.

09

추천 시스템

대부분의 온라인 구매자는 아마존의 추천 시스템이 친숙할 것이다.

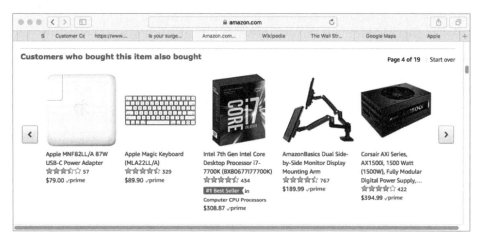

그림 9-1 아마존(Amazon.com) 추천 시스템

소비자가 하나의 아이템을 살펴볼 때, 웹 사이트는 팔 수 있는 유사한 다른 아이템 목록을 보여준다. 이는 아마존의 (놀라운) 상품, 고객, 판매 데이터베이스에 접속한 추천 시스템으로부터 나온 것이다.

온라인 추천 시스템은 다양한 재화와 서비스 판매자를 통해 동작하고 있다. 넷플릭스^{Netflix}는 영화를, 애플^{Apple}은 음악을, 오디블^{Audible}은 책을, 옐프^{Yelp}는 식당을 추천한다.

추천 시스템은 고객이 이전에 선택한 내용 및 다른 많은 고객의 선택을 비교 분석한 정보를 기반으로 고객의 선호 상품을 예측하는 알고리즘이다. 이 알고리즘은 아마존과 넷플릭스에서 주로 사용했으며, 현재는 웹 상에서 널리 쓰이고 있다.

클러스터링 알고리즘은 추천 항목이 같은 클러스터에 있는 다른 데이터 포인트라는 의미에서 추천 시스템을 구성하는 하나의 메커니즘을 제공한다. 더 자세하게는 K-평균 클러스터링을 사용해 클러스터가 의미하는 내용을 추천해 줄 수 있다. 클러스터링 알고리즘과 분류 알고리즘은 모두 추천 시스템을 구현하는 데 사용할 수 있다. 9장에서는 추천 시스템을 위해 고안된 특별한 몇 가지 알고리즘에 대해 살펴볼 것이다.

▎ 유틸리티 행렬

대부분의 추천 시스템은 입력 데이터로 아이템에 대한 사용자의 선호도를 사용한다. 선호도는 일반적으로 각 사용자를 나타내는 행^{row}과 각 아이템을 나타내는 열^{column}로 구성된 행렬로 나타낸다. 이러한 행렬을 유틸리티 행렬$^{utility\ matrix}$이라 부른다. 예를 들어, 넷플릭스는 사용자의 투표를 통해 하나에서 다섯 개 사이의 별점을 매긴다. 따라서 유틸리티 행렬에서 값의 범위가 0에서 5 사이인 정수형의 u_{ij}는 사용자 i가 영화 j에 대해 매긴 별점이다. 값이 0인 경우는 별점을 매기지 않은 상태다.

예를 들어 표 9-1은 사용자가 각자의 맥주 선호도를 1부터 5 사이의 정수로 투표한 유틸리티 행렬이다. 5가 가장 높은 선호도를 나타낸다. 빈칸은 사용자가 해당 아이템에 투표하지 않았다는 의미다. 맥주 이름은 BL=버드 라이트, G=기네스, H=하이네켄, PU=필스너 우르켈, SA=스텔라 아르투아, $SNPA$=시에라 네바다 페일 에일, W=바르슈타이너이다.

 대부분 내용이 비어 있다.

	BL	G	H	PU	SA	SNPA	W
x_1		5		4			2
x_2	2		3			5	3
x_3	1		4		3		
x_4	3	4		5		4	
x_5			4		3	3	

표 9-1 5점 척도 맥주 선호도 투표 유틸리티 행렬

추천 시스템의 목적은 유틸리티 행렬의 비어 있는 항목을 채우는 데 있다. 예를 들어 "x_1 사용자가 BL 맥주를 얼마나 선호하는가?"라는 항목이 현재는 비어 있지만, 추천을 통해 예상 선호도를 확인하고 싶다고 가정하자.

해당 시스템에서 x_1은 BL 맥주에 대해 x_4와 같은 3점을 줄 것이라 예측할 수 있다. 왜냐하면 두 사용자가 G와 PU 맥주에 유사한 점수(4점과 5점)를 매겼기 때문이다. 혹은 더 많은 데이터를 확보해, x_4와 마찬가지로 대부분 사용자가 G와 $SNPA$를 같게 평가할 수 있다. 그래서 x_1도 마찬가지라 고려해 $SNPA$에 5점을 매긴다.

한 가지 접근 방식은 아이템에 대한 속성을 평가하는 방법을 비교하는 것이다. 맥주를 예로 들면, 사용자의 평가 속성을 가볍고/진하고, 쓰고/부드럽고, 알코올 함량이 높고/낮고, 맥아 향/보리 향 등으로 세분화할 수 있다. 그리고 이러한 속성 값을 아이템 별로 측정해 사용자별 유사도를 측정할 수 있다. 이를 콘텐츠 기반 추천content-based recommendation이라 부른다.

또 얼마나 많은 사용자가 해당 아이템에 투표했는지를 계산해 아이템의 유사도를 계산할 수도 있다. 이를 아이템 기반 추천item-based recommendation이라 부른다. 이는 보통 유사도 측정 방식을 구현하게 되는데, 이 속성의 대상이 되는 항목 쌍 (y,z)에 번호를 할당하는 함수 $s(y,z)$는 다음과 같다.

1. 모든 벡터 y,z에 대해 $0 \leq s(y,z) \leq 1$
2. 모든 벡터 y,z에 대해 $s(y,z)=s(z,y)$
3. $y=z$일 때, $s(y,z)=1$
4. y와 z가 매우 유사할 때, $s(y,z) \approx 1$
5. y와 z가 매우 다를 때, $s(y,z) \approx 0$
6. y가 w보다 z와 더 유사할 때, $s(y,z) \rangle s(y,w)$

만약 m명의 사용자와 n개의 아이템이 있다면, 데이터를 $m \times n$ 유틸리티 행렬(u_{ij})과 $n \times n$ 유사도 행렬(s_{jk})로 표현할 수 있다. u_{ij}는 사용자 x_i가 아이템 y_j에 투표한 값이고, s_{jk}는 두 아이템 y_1, y_2간 $s_{jk}=s(y_1, y_2)$로 표현되는 유사도 값이다.

이런 규칙에 따라 유틸리티 행렬의 i^{th} 행은 사용자 x_i가 투표한 모든 값을 표현하고, i^{th} 열은 아이템 y_j에 대한 모든 투표 값, 유사도 벡터의 $(j,k)^{th}$ 엔트리는 y_j, y_k 아이템의 유사도를 나타낸다.

유틸리티 행렬은 사용자가 투표를 통해 제공된 실제 목록으로부터 생성한다. 유사도 행렬은 유틸리티 행렬과 유사도 측정 방법을 사용해 생성한다.

▌ 유사도 측정

유사도 측정은 역 거리 함수inverse distance function와 유사하다. 사실, 만약 $d(y,z)$가 모든 아이템 집합의 거리 함수라면 아래와 같이 적용할 수 있다.

$$s(\mathbf{y}, \mathbf{z}) = \frac{1}{1 + d(\mathbf{y}, \mathbf{z})}$$

위의 식도 유사도 측정식인 만큼, 앞서 언급한 유사도 측정의 6가지 속성을 만족시키는지 확인해야 한다.

미리 정의된 거리 함수를 사용하지 않고, 주어진 유틸리티 행렬 내용을 기반으로 유사도를 측정한다면 몇 가지 방법이 있다.

유틸리티 행렬이 불리언(모든 값이 1 또는 0, 예를 들어, 사용자가 아이템을 구매할지 말지를 표현하는 값)이라면, 해밍 거리Hamming metric를 적용할 수 있다. 이 경우 유틸리티 행렬의 각 열은 사용자가 아이템을 구매할지 말지를 나타내는 불리언 벡터다. 두 개의 불리언 벡터 간 해밍 거리는 차이가 나는 벡터 슬롯의 개수다. 예를 들어 $y=(1,1,1,0,0,1,0,0)$, $z=(1,0,1,1,1,0,0,1)$이라면 y와 z 간의 해밍 거리 $d_H(y,z)=5$이다. 왜냐하면 두 개의 벡터는 두 번째, 네 번째, 다섯 번째, 여섯 번째, 여덟 번째 값이 같지 않기 때문이다.

해밍 거리는 n이 벡터의 크기일 때, $d_H(y,z) \le n$라는 조건을 가진다. 따라서, 이 거리 함수는 앞에서 언급한 다섯 번째 특성을 만족하지 않는다. 그러나 아래의 유도된 대안 공식은 독자가 검증한 것처럼 동작한다.

$$s_H(\mathbf{y}, \mathbf{z}) = \frac{n - d_H(\mathbf{y}, \mathbf{z})}{n + d_H(\mathbf{y}, \mathbf{z})}$$

이 경우 유사도 측정의 여섯 가지 조건을 모두 만족한다.

해밍 유사도는 더 일반적인 숫자 값을 가지는 유틸리티 행렬에서는 잘 동작하지 않는다. 문제는 실수에서 행렬 간 값이 같을 확률이 매우 적다는 점이다. 이를 확인하기 위해 테스트 프로그램을 돌려보자.

```java
  8 public class HammingTest {
  9     public static void main(String[] args) {
 10         int count = 0;
 11         for (int i = 0; i < 1000000000; i++) {
 12             long a = Double.doubleToLongBits(Math.random());
 13             long b = Double.doubleToLongBits(Math.random());
 14             if (a == b) {
 15                 ++count;
 16             }
 17         }
 18         System.out.println(count);
 19     }
 20 }
```

```
Problems  Console
<terminated> HammingTest [Java Application] C:\Program Files\Java\jre1.8.0_151\bin\javaw.exe
0
```

코드 9-1 실수에서 동일 값 테스트

이 프로그램은 0에서 1 사이의 임의의 double 형태의 값을 long 형태로 변환해 일치하지 않은지를 10억 번 비교한다. 테스트 결과에 따르면 임의의 실수 벡터인 경우 해밍 거리는 벡터의 크기 n과 거의 일치한다.

▌코사인 유사도

만약 n 차원의 벡터로써 유틸리티 행렬의 y 열을 $y=(y_1, y_2, \ldots, y_n)$이라 하면, 유클리드 내적을 사용해 각도 θ에 대한 코사인값을 두 벡터로부터 구해낼 수 있다.

$$\mathbf{y} \cdot \mathbf{z} = |\mathbf{y}||\mathbf{z}|\cos\theta$$

$$\cos\theta = \frac{\mathbf{y} \cdot \mathbf{z}}{|\mathbf{y}||\mathbf{z}|} = \frac{\sum_{j=1}^{n} y_j z_j}{\sqrt{\sum_{j=1}^{n} y_j^2} \sqrt{\sum_{j=1}^{n} z_j^2}}$$

이를 코사인 유사도라 부른다.

만약 $y=(2,1,3), z=(1,3,2)$라 하면 다음과 같이 계산할 수 있다.

$$s(\mathbf{y},\mathbf{z}) = \cos\theta = \frac{2\cdot1+1\cdot3+3\cdot2}{\sqrt{2^2+1^2+3^2}\sqrt{1^2+3^2+2^2}} = \frac{11}{14} = 0.7857$$

코사인 유사도를 유사도 측정의 여섯 가지 속성 측면에서 확인해보자. 만약 u와 v가 평행하다면, $s(y,z)=\cos\theta=\cos0=1$이다. 이는 $y=(2,1,2)$, $z=(4,2,4)$일 때의 결과물이다. 반면 $y=(2,0,2)$, $z=(0,4,0)$이라면 두 값은 수직이며, $s(y,z)=\cos\theta=\cos90°=0$이다.

이러한 극단 점들에 대해 유틸리티 행렬의 관점에서 해석할 수 있다. 만약 $y=(2,1,2)$, $z=(4,2,4)$라면 $z=2y$이다. 이는 세 명의 사용자가 모두 아이템 z를 아이템 y의 두 배로 평가한다는 점에서 매우 유사하다. 그러나 두 번째 예제인 $y=(2,0,2)$, $z=(0,4,0)$인 경우 유사도를 알 수 없다. 아이템 y를 평가한 사람들은 아이템 z를 평가하지 않았고, 반대의 경우도 마찬가지기 때문이다.

예제 $u=(2,0,2)$, $v=(0,4,0)$은 값이 0으로 사용자가 특정 옵션을 선택하지 않았음을 나타내기 때문에 해석하기가 쉽지 않다. 더 나은 예제는 $u=(4,1,1)$, $v=(1,4,4)$이다. 여기서 u는 아이템 1과 매우 비슷하고, 아이템 2, 아이템 3과는 비슷하지 않으며, v는 그 반대다. 따라서 코사인 유사도는 $s(u,v)=4/11=0.3636$으로 매우 낮다.

▌간단한 추천 시스템

여기 아이템과 아이템 간 불리언 형태의 유틸리티 행렬이 있다.

$u_{ij} = 1 \Leftrightarrow$ 사용자 i가 아이템 j를 산다.

추천 알고리즘 1은 다음과 같다. (i,j)쌍의 입력 목록을 줬을 때, 사용자 x_i가 아이템 y_j를 구매하는 상황을 표현해보자.

1. 유틸리티 행렬 (u_{ij})를 m행과 n열로 초기화한다. 이때, m은 사용자의 수, n은 아이템의 수다.

2. 입력 데이터의 각 (i,j)쌍에 대해 u_{ij}=1로 설정한다.

3. 유사도 행렬(s_{jk})를 n 행과 n 열로 초기화한다.

4. j=1$\cdots$$n$,$k$=1$\cdots$$n$까지 j^{th}의 벡터 u와 k^{th}의 벡터 v를 유틸리티 행렬에서 가져와 코사인 유사도 s_{jk}=$s(u,v)$를 각각 구해 설정한다.

5. 주어진 사용자—구매 쌍 (i,j)에 대해 다음과 같이 진행한다(u_{ij}=1).

   ◦ 사용자 i가 구매하지 않은 아이템 집합 S를 찾는다.

   ◦ S 내의 아이템을 아이템 j와 얼마나 유사한지에 따라 정렬한다.

6. S의 상위 n_1요소를 추천한다. 이때, n_1은 n보다 훨씬 작은 특별한 상수다.

위의 알고리즘을 구현하기 위해서는 구매 목록 자료가 필요하다. 코드 9-2의 프로그램은 임의의 목록을 생성하는데, 값 쌍 (i,j)는 사용자 i와 아이템 j를 표현한다.

```java
14  public class DataGenerator1 {
15      static final Random RANDOM = new Random();
16      static final int NUM_USERS = 5;
17      static final int NUM_ITEMS = 12;
18      static final int NUM_PURCHASES = 36;
19
20      public static void main(String[] args) {
21          HashSet<Purchase> purchases = new HashSet(NUM_PURCHASES);
22          while (purchases.size() < NUM_PURCHASES) {
23              purchases.add(new Purchase());
24          }
25
26          File outFile = new File("data/Purchases1.dat");
27          try {
28              PrintWriter out = new PrintWriter(outFile);
29              out.printf("%d users%n", NUM_USERS);
30              out.printf("%d items%n", NUM_ITEMS);
31              out.printf("%d purchases%n", NUM_PURCHASES);
32              for (Purchase purchase : purchases) {
33                  out.println(purchase);
34                  System.out.println(purchase);
35              }
36              out.close();
37          } catch (FileNotFoundException e) {
38              System.err.println(e);
39          }
40      }
41
42      static class Purchase {
74  }
```

HammingTest.java   DataGenerator1.java

코드 9-2 사용자-아이템 쌍을 생성하는 프로그램이 프로그램은 36개의 (i,j)쌍을 생성하는데, $1 \leq i \leq 5$, $1 \leq j \leq 12$의 조건을 가진다. 즉 36개의 쌍은 5명의 사용자와 12개의 아이템을 표현한다는 의미다. 이 값들은 Purchases1.dat 이라는 외부 파일에 저장된다. 파일 내용은 그림 9-2와 같다.

```
..java    Purchases1.dat
 1   5 users
 2   12 items
 3   36 purchases
 4    5    1
 5    3    6
 6    1   11
 7    3    7
 8    4    5
 9    2   10
10    5    3
11    5    4
12    3    9
13    4    7
14    2   12
15    5    6
16    3   11
17    1    3
18    4    9
19    2    1
20    5    7
21    1    4
22    3   12
23    2    2
24    1    5
25    5    9
26    3    1
27    2    4
28    5   10
29    3    2
30    1    7
31    2    5
32    5   11
33    3    3
34    1    8
35    2    6
36    5   12
37    2    7
38    3    5
39    1   10
```

그림 9-2 구매 파일

파일 내용을 보면 3개의 헤더 라인이 명시돼 있는데, 사용자와 아이템의 수, 그리고 구매 건 수다.

내부 정적 클래스인 Purchase 클래스(42행~73행)는 코드 9-3과 같다.

```java
 42    static class Purchase {
 43        int user;
 44        int item;
 45
 46        public Purchase() {
 47            this.user = RANDOM.nextInt(NUM_USERS) + 1;
 48            this.item = RANDOM.nextInt(NUM_ITEMS) + 1;
 49        }
 50
 51        @Override
 52        public int hashCode() {
 53            return NUM_ITEMS*this.user + NUM_USERS*this.item;
 54        }
 55
 56        @Override
 57        public boolean equals(Object object) {
 58            if (object == null) {
 59                return false;
 60            } else if (object == this) {
 61                return true;
 62            } else if (!(object instanceof Purchase)) {
 63                return false;
 64            }
 65            Purchase that = (Purchase)object;
 66            return that.user == this.user && that.item == this.item;
 67        }
 68
 69        @Override
 70        public String toString() {
 71            return String.format("%4d%4d", user, item);
 72        }
 73    }
```

코드 9-3 DataGenerator1 프로그램 내부의 Purchase 클래스

user와 item에 대한 임의의 값은 기본 생성자 내부인 47행과 48행에서 생성한다.
hashCode( )와 equals( ) 메소드는 Set 또는 Map 컬렉션을 사용해 객체 내부에 포함한다.

코드 9-4의 Filter1 프로그램은 추천 알고리즘의 1-4단계를 구현했다. Purchases1.dat
파일을 사용해 유틸리티 행렬과 유사도 행렬을 저장할 Utility1.dat 파일과 Similarity1.
dat 파일을 생성한다. 행렬을 정렬하고 계산하기 위한 메소드는 코드 9-5와 코드 9-6에
서 볼 수 있다. 유틸리티 행렬의 엔트리들은 Purchases1.dat 파일로부터 직접 읽는다. 유

사도 행렬의 엔트리들은 코드 9-7의 cosine( ) 메소드와 보조 역할을 하는 dot( ), norm( ) 메소드를 사용해 계산한다. 결과 파일인 Utility1.dat, Similarity1.dat 파일은 그림 9-3과 그림 9-4에서 볼 수 있다.

코드 9-7의 90행~91행의 코드는 0으로 나누는 일을 피하기 위한 코드다. 만약 분모가 0이면 유틸리티 벡터의 j^{th}열 또는 k^{th}열도 0인 벡터가 된다. 이는 즉, 모든 값이 0이 되는 것이다. 이 경우 코사인 유사도는 기본적으로 0.0이 된다.

추천 알고리즘 1의 다섯 번째와 여섯 번째 단계는 코드 9-8의 Recommender1 프로그램에서 볼 수 있다. 이 프로그램의 메소드는 코드 9-9에서 코드 9-12까지 각각 표현돼 있다. 두 개의 예제를 돌려본 결과는 그림 9-5와 그림 9-6에서 볼 수 있다.

```java
J Filter1.java ⊠
31    public static int[][] computeUtilityMatrix(File file)
32            throws FileNotFoundException {
33        Scanner in = new Scanner(file);
34        //  다섯줄의 헤더 라인을 먼저 읽는다.
35        m = in.nextInt();  in.nextLine();
36        n = in.nextInt();  in.nextLine();
37        in.nextLine();  in.nextLine();  in.nextLine();
38
39        //  유틸리티 행렬을 읽는다.
40        int[][] u = new int[m+1][n+1];
41        while (in.hasNext()) {
42            int i = in.nextInt();  // 사용자
43            int j = in.nextInt();  // 아이템
44            u[i][j] = 1;
45        }
46        in.close();
47        return u;
48    }
49
50    public static void storeUtilityMatrix(int[][] u, File file)
51            throws FileNotFoundException {
52        PrintWriter out = new PrintWriter(file);
53        out.printf("%d users%n", m);
54        out.printf("%d items%n", n);
55        for (int i = 1; i <= m; i++) {
56            for (int j = 1; j <= n; j++) {
57                out.printf("%2d", u[i][j]);
58            }
59            out.println();
60        }
61        out.close();
62    }
```

코드 9-4 구매 목록을 사용하는 프로그램

```java
 13  public class Filter1 {
 14      private static int m;  // 사용자 수
 15      private static int n;  // 아이템 수
 16
 17⊜     public static void main(String[] args) {
 18          File purchasesFile = new File("data/Purchases1.dat");
 19          File utilityFile = new File("data/Utility1.dat");
 20          File similarityFile = new File("data/Similarity1.dat");
 21          try {
 22              int[][] u = computeUtilityMatrix(purchasesFile);
 23              storeUtilityMatrix(u, utilityFile);
 24              double[][] s = computeSimilarityMatrix(u);
 25              storeSimilarityMatrix(s, similarityFile);
 26          } catch (FileNotFoundException e) {
 27              System.err.println(e);
 28          }
 29      }
 30
 31⊕     public static int[][] computeUtilityMatrix(File file) ⬚
 49
 50⊕     public static void storeUtilityMatrix(int[][] u, File file)⬚
 63
 64⊕     public static double[][] computeSimilarityMatrix(int[][] u) {⬚
 73
 74⊕     public static void storeSimilarityMatrix(double[][] s, File file)⬚
 86
 87⊜     /*  u[][]의 j번째와 k번째 열의 코사인 유사도를 반환한다.
 88      */
 89⊕     public static double cosine(int[][] u, int j, int k) {⬚
 93
 94⊜     /*  u[][]의 j번째와 k번째 열의 내적을 반환한다.
 95      */
 96⊕     public static double dot(int[][] u, int j, int k) {⬚
103
104⊜     /*  u[][]의 j번째 열의 노름을 반환한다.
105      */
106⊕     public static double norm(int[][] u, int j) {⬚
109  }
```

코드 9-5 유틸리티 행렬 계산 및 저장

```
J Filter1.java ✕
  64      public static double[][] computeSimilarityMatrix(int[][] u) {
  65          double[][] s = new double[n+1][n+1];
  66          for (int j = 1; j <= n; j++) {
  67              for (int k = 1; k <= n; k++) {
  68                  s[j][k] = cosine(u, j, k);
  69              }
  70          }
  71          return s;
  72      }
  73
  74      public static void storeSimilarityMatrix(double[][] s, File file)
  75              throws FileNotFoundException {
  76          PrintWriter out = new PrintWriter(file);
  77          out.printf("%d items%n", n);
  78          for (int i = 1; i <= n; i++) {
  79              for (int j = 1; j <= n; j++) {
  80                  out.printf("%6.2f", s[i][j]);
  81              }
  82              out.println();
  83          }
  84          out.close();
  85      }
```

코드 9-6 유사도 행렬 계산 및 저장

```
Filter1.java ⊠

87     /*   u[][]의 j번째와 k번째 열의 코사인 유사도를 반환한다.
88      */
89     public static double cosine(int[][] u, int j, int k) {
90         double denominator = norm(u,j)*norm(u,k);
91         return (denominator == 0 ? 0 : dot(u,j,k)/denominator);
92     }
93
94     /*   u[][]의 j번째와 k번째 열의 내적을 반환한다.
95      */
96     public static double dot(int[][] u, int j, int k) {
97         double sum = 0.0;
98         for (int i = 0; i <= m; i++) {
99             sum += u[i][j]*u[i][k];
100        }
101        return sum;
102    }
103
104    /*   u[][]의 j번째 열의 노름를 반환한다.
105     */
106    public static double norm(int[][] u, int j) {
107        return Math.sqrt(dot(u,j,j));
108    }
109 }
```

코드 9-7 유사도 계산을 위한 메소드

```
...java   Utility1.dat ⊠   Similarity1.

1  5 users
2  12 items
3   0 0 1 1 1 0 1 1 0 1 1 0
4   1 1 0 1 1 1 1 0 0 1 0 1
5   1 1 1 0 1 0 1 0 1 0 1 1
6   0 0 0 0 1 0 1 0 1 0 0 0
7   0 0 1 1 0 1 1 0 1 1 1 1
```

그림 9-3 Utility1.dat 파일

```
...java   Utility1.dat ⊠   Similarity1.dat ⊠   Recommender1.java ⊠   HammingTest.java ⊠

1  12 items
2   1.00  1.00  0.41  0.41  0.71  0.50  0.63  0.00  0.41  0.41  0.41  0.82
3   1.00  1.00  0.41  0.41  0.71  0.50  0.63  0.00  0.41  0.41  0.41  0.82
4   0.41  0.41  1.00  0.67  0.58  0.41  0.77  0.58  0.67  0.67  1.00  0.67
5   0.41  0.41  0.67  1.00  0.58  0.82  0.77  0.58  0.33  1.00  0.67  0.67
6   0.71  0.71  0.58  0.58  1.00  0.35  0.89  0.50  0.58  0.58  0.58  0.58
7   0.50  0.50  0.41  0.82  0.35  1.00  0.63  0.00  0.41  0.82  0.41  0.82
8   0.63  0.63  0.77  0.77  0.89  0.63  1.00  0.45  0.77  0.77  0.77  0.77
9   0.00  0.00  0.58  0.58  0.50  0.00  0.45  1.00  0.00  0.58  0.58  0.00
10  0.41  0.41  0.67  0.33  0.58  0.41  0.77  0.00  1.00  0.33  0.67  0.67
11  0.41  0.41  0.67  1.00  0.58  0.82  0.77  0.58  0.33  1.00  0.67  0.67
12  0.41  0.41  1.00  0.67  0.58  0.41  0.77  0.58  0.67  0.67  1.00  0.67
13  0.82  0.82  0.67  0.67  0.58  0.82  0.77  0.00  0.67  0.67  0.67  1.00
```

그림 9-4 Similarity1.dat 파일

```
Recommender1.java ⊠

14  public class Recommender1 {
15      private static int m;              //  사용자 수
16      private static int n;              //  아이템 수
17      private static int[][] u;          // 유틸리티 행렬
18      private static double[][] s;       // 유사도 행렬
19      private static int user;           // 현재 사용자
20      private static int bought;         // 사용자가 구매한 현재 아이템
21
22⊕     public static void main(String[] args) {⬚
28
29⊕     public static void readFiles() {⬚
39
40⊕     public static void readUtilMatrix(File f) throws FileNotFoundException {⬚
53
54⊕     public static void readSimilMatrix(File f) throws FileNotFoundException {⬚
67
68⊕     public static void getInput() {⬚
77
78⊕     private static Set<Item> itemsNotYetBought() {⬚
87
88⊕     private static void makeRecommendations(Set<Item> set, int numRecs) {⬚
99
100⊕    static class Item implements Comparable<Item> {⬚
118 }
```

코드 9-8 Recommender1 프로그램

```
Recommender1.java ⊠

22      public static void main(String[] args) {
23          readFiles();
24          getInput();
25          Set<Item> set = itemsNotYetBought();
26          makeRecommendations(set, n/4);
27      }
28
29      public static void readFiles() {
30          File utilityFile = new File("data/Utility1.dat");
31          File similarityFile = new File("data/Similarity1.dat");
32          try {
33              readUtilMatrix(utilityFile);
34              readSimilMatrix(similarityFile);
35          } catch (FileNotFoundException e) {
36              System.err.println(e);
37          }
38      }
```

코드 9-9 Recommender1 프로그램을 위한 메소드

알고리즘의 5단계는 25행에서 호출하는 메소드에 구현돼 있다. 그리고 6단계는 26행에서 호출하는 makeRecommendations( ) 메소드에 구현돼 있다. 여기서 n_1에 대한 값으로 $n/4$를 선택했음을 상기하자.

코드 9–11의 getInput( ) 메소드는 사용자 수와 아이템 수를 입력받아 새로운 구매 항목을 표현해준다. itemsNotYetBought( ) 메소드는 사용자가 아직 구매하지 않은 Item 객체의 집합을 반환한다. TreeSet<Item> 클래스를 사용해 각 항목이 추가(82행)돼도 항상 정렬된 상태를 유지한다. 정렬 방식은 compareTo( ) 메소드를 재정의한 코드 9–12의 107–112행 부분을 참고하자. 두 개의 아이템을 비교해 bought 아이템과의 유사도가 이전 다른 아이템보다 큰지 확인한다. 이는 알고리즘 다섯 번째 단계의 두 번째 항목이다. 따라서 26행에서 makeRecommendation( ) 메소드를 통과하게 되면 결과는 이미 bought 아이템에 대한 내림차순 유사도로 정렬되는 것이다.

```java
Recommender1.java
40    public static void readUtilMatrix(File f) throws FileNotFoundException {
41        Scanner in = new Scanner(f);
42        m = in.nextInt();  in.nextLine();
43        n = in.nextInt();  in.nextLine();
44        u = new int[m+1][n+1];
45        for (int i = 1; i <= m; i++) {
46            for (int j = 1; j <= n; j++) {
47                u[i][j] = in.nextInt();
48            }
49            in.nextLine();
50        }
51        in.close();
52    }
53
54    public static void readSimilMatrix(File f) throws FileNotFoundException {
55        Scanner in = new Scanner(f);
56        n = in.nextInt();
57        in.nextLine();
58        s = new double[n+1][n+1];
59        for (int j = 1; j <= n; j++) {
60            for (int k = 1; k <= n; k++) {
61                s[j][k] = in.nextDouble();
62            }
63            in.nextLine();
64        }
65        in.close();
66    }
```

코드 9-10 Recommender1 프로그램에서 사용하는 파일 읽기 메소드

```
 1 Recommender1.java ⊠
 68    public static void getInput() {
 69        Scanner input = new Scanner(System.in);
 70        System.out.print("사용자 번호 입력: ");
 71        user = input.nextInt();
 72        System.out.print("아이템 번호 입력: ");
 73        bought = input.nextInt();
 74        System.out.printf("사용자 %d(이)가 아이템 %d(을)를 구매함.%n", user, bought);
 75        u[user][bought] = 1;
 76    }
 77
 78    private static Set<Item> itemsNotYetBought() {
 79        Set<Item> set = new TreeSet();
 80        for (int j = 1; j <= n; j++) {
 81            if (u[user][j] == 0) {   // 사용자가 아직 구매하지 않은 아이템 j
 82                set.add(new Item(j));
 83            }
 84        }
 85        return set;
 86    }
```

코드 9-11 Recommender1 프로그램을 위한 메소드

```
 1 Recommender1.java ⊠
 88    private static void makeRecommendations(Set<Item> set, int numRecs) {
 89        System.out.printf("추천하는 아이템 %d개:", numRecs);
 90        int count = 0;
 91        for (Item item : set) {
 92            System.out.printf("  %d", item.index);
 93            if (++count == numRecs) {
 94                break;
 95            }
 96        }
 97        System.out.println();
 98    }
 99
100    static class Item implements Comparable<Item> {
101        int index;
102
103        public Item(int index) {
104            this.index = index;
105        }
106
107
108        public int compareTo(Item item) {
109            double s1 = s[bought][this.index];
110            double s2 = s[bought][item.index];
111            return (s1 > s2 ? -1 : 1);
112        }
113
114        @Override
115        public String toString() {
116            return String.format("%d", index);
117        }
118    }
119 }
```

코드 9-12 Recommender1 프로그램을 위한 내부 클래스

내부에 위치한 Item 클래스는 Comparable<Item> 인터페이스의 구현체로, Set<Item> 인터페이스를 사용하는 데 필요하다. 다시 말하면 이 클래스는 compareTo(Item) 메소드(108행~112행)를 구현해야 한다는 의미다. 109행~110행에서 (유사도 행렬로부터) 유사도 값을 구하기 위해 암시적 인수 this와 명시적 인수 item의 색인 번호를 활용해 bought 아이템인 s1과 s2를 정의한다. 만약 s1 > s2라면 this가 item보다 bought 아이템과 유사하다는 의미이며 −1을 반환한다. 이는 this가 앞선 item 집합의 항목들보다 우선해야 함을 의미한다. 결국 해당 항목을 다른 bought 아이템들보다 앞에 세워 정렬하게 된다. 결국 91행~96행의 for-each 반복문은 전체 집합의 첫 numRecs 만큼의 요소 값들을 추천하게 된다.

Recommender1 프로그램을 실행한 첫 번째 예제 결과는 그림 9-5와 같다.

그림 9-5 Recommender1 프로그램의 첫 실행 결과

입력창은 #1 사용자가 #1 아이템을 구매했음을 말해준다. 유틸리티 행렬(그림 9-3)에 따르면 #1 아이템, #2 아이템, #6 아이템, #9 아이템, #12 아이템을 #1 사용자가 아직 구매하지 않았음을 알 수 있다. 따라서 25행에 정의된 집합은 {2, 6, 9, 12}이다. 그러나 유사도 행렬(그림 9-4)에 따라 정렬된 집합은 위 네 가지 아이템의 유사도가 첫 번째 행의 값에서 확인할 수 있듯(구매 아이템이 #1), 각각 1.00, 0.50, 0.41, 0.82이다. 따라서 정렬된 결과는 (2, 12, 6, 9)이다. n/4는 12/4=3이므로 26행의 makeRecommendations() 메소드는 첫 세 개 아이템인 2, 12, 6을 출력해준다.

같은 프로그램을 다른 예제로 돌려보자, 그림 9-6을 참고한다.

그림 9-6 Recommender1 프로그램의 두 번째 실행 결과

이번에는 #2 사용자가 #3 아이템을 구매한 경우다. #2 사용자가 아직 구매하지 않은 아이템은 #8 아이템, #9 아이템, #11 아이템이다. 유사도는 각각 0.58, 0.67, 1.00으로 정렬하면 (11, 9, 8)이 추천된다.

첫 번째 실행 시 #2 아이템의 #1 아이템에 대한 유사도는 1.00(100%를 의미한다)이다. 이는 사실상 유틸리티 행렬의 두 번째 열과 첫 번째 열이 일치한다는 의미로, 둘 다 (0, 1, 1, 0, 0)이다. 두 번째 실행했을 때 #3 아이템과 #11 아이템은 100%의 유사도를 보이고, 둘다 (1, 0, 1, 0, 1)이다. 두 번의 실행 모두 맨 앞에 추천되는 아이템은 같다고 판단되는 아이템이다.

▌ 아마존 아이템 기반 협업 필터링

아마존이 초기에 적용한 추천 알고리즘은 이전에 구현한 Recommender1의 개선 버전이다. 가장 큰 차이점은 다섯 번째 단계로, 여기에 하위 두 개의 단계가 추가됐다. 하위 단계에서 n_1개의 가장 유사한 아이템을 선택하고 인기도 별로 정렬한다.

두 번째 알고리즘은 아래와 같다.

1. 유틸리티 행렬 (u_{ij})를 m 행과 n 열로 초기화한다. 이때, m은 사용자의 수, n은 아이템의 수다.
2. 입력 데이터의 각 (i,j)쌍에 대해 u_{ij}=1로 설정한다.
3. 유사도 행렬(s_{jk})를 n 행과 n 열로 초기화한다.

4. $j=1\cdots n, k=1\cdots n$까지 j^{th}의 벡터 u와 k^{th}의 벡터 v를 유틸리티 행렬에서 가져와 코사인 유사도 $s_{jk}=s(u,v)$를 각각 구해 설정한다.

5. 주어진 사용자–구매 쌍 (i,j)에 대해 다음과 같이 진행한다($u_{ij}=1$).
   - 사용자 i가 구매하지 않은 아이템 집합 S를 찾는다.
   - S 내의 아이템을 아이템 j와 얼마나 유사한지에 따라 정렬한다.
   - S의 상위 n_1 아이템을 S'라 한다.
   - S'를 인기도 순서로 정렬한다.

6. S'의 상위 n_2 요소를 추천한다.

Recommender2 프로그램은 코드 9-13 내용과 같이 구현한다.

```java
 Recommender2.java ⊠
15  public class Recommender2 {
16      private static int m;              //  사용자 수
17      private static int n;              //  아이템 수
18      private static int[][] u;          //  유틸리티 행렬
19      private static double[][] s;       //  유사도 행렬
20      private static int user;           //  현재 사용자
21      private static Item itemBought;        //  사용자가 구매한 현재 아이템
22
23⊕     public static void main(String[] args) {▯
30
31⊕     public static void readFiles() {▯
41
42⊕     public static void readUtilMatrix(File f) throws FileNotFoundException {▯
55
56⊕     public static void readSimilMatrix(File f) throws FileNotFoundException {▯
69
70⊕     public static void getInput() {▯
84
85⊕     private static Set<Item> itemsNotYetBought() {▯
94
95⊕     private static Set<Item> firstPartOf(Set<Item> set1, int n1) {▯
106
107⊕    private static void makeRecommendations(Set<Item> set, int n2) {▯
118
119⊕    static class Item {▯
161 }
```

코드 9-13 Recommender2 프로그램

만약 코드 9-8과 비교한다면 두 프로그램 간 유사도를 볼 수 있을 것이다. 사실 세 가지 입력 메소드인 readFiles( ), readUtilMatrix( ), readSimulMatrix( )는 같다.

두 프로그램 간 구조적인 차이점은 내부 Item 클래스다. Recommender1 프로그램에서 Item 클래스(코드 9-12)는 Comparable<Item> 인터페이스의 compareTo( ) 메소드를 구현해 bought 아이템을 유사도에 따라 정렬해 TreeSet에 저장한다. 그러나 Recommender2 프로그램은 알고리즘 5단계의 두 번째 절차에 따른 정렬뿐만 아니라 네 번째 절차인 인기도에 따른 재정렬도 필요하다. Item 클래스는 이제 다른 두 가지의 정렬 메커니즘을 가지게 되는데, 하나는 유사도고 다른 하나는 인기도다.

자바에서 클래스는 하나의 compareTo( ) 메소드만을 가질 수 있다. 요소 값에 따라 추가적인 비교가 필요하다면 각 메소드를 위한 내부 Comparator 클래스를 구현해야 한다. 이는 코드 9-14의 138행~145행에 정의된 내부 PopularityComparator 클래스와, 145행~154행에 정의된 내부 SimilarityComparator 클래스에 있으며, 각 클래스는 내부에 compare( ) 메소드를 가지고 있다. 이 메소드는 126행~132행의 popularity( ) 메소드와 134행~136행의 similarity 메소드와 함께 구현돼 있다. 두 메소드 모두 129행과 135행에서 암시적 인수인 this.index에 접근한다. 이 인수는 유틸리티 행렬과 유사도 행렬의 인덱스다.

popularity( ) 메소드에서 128행~130행의 for 반복문은 현재 아이템을 구매한 사용자의 수를 계산한다. sum은 compare( ) 메소드에서 사용돼, 해당 측정값으로 설정된 요소 값을 정렬한다.

similarity( ) 메소드는 현재 아이템(암시적 인수)과 특정 아이템 간의 유사도를 반환한다. 코사인값은 compare( ) 메소드에서 사용돼, Recommender1 프로그램의 compareTo( ) 메소드와 같은 방식을 가진다.

코드 9-15, Recommender2 프로그램의 gietInput( ) 메소드와 itemsNotYetBought( ) 메소드는 Recommender1 프로그램의 메소드와 거의 비슷하다.

```
  Recommender2.java
119    stat chapter09/src/main/java/dawj/ch09/Recommender2.java
120        int index;
121
122        public Item(int index) {
123            this.index = index;
124        }
125
126        public int popularity() {
127            int sum = 0;
128            for (int i = 1; i <= m; i++) {
129                sum += u[i][this.index];
130            }
131            return sum;
132        }
133
134        public double similarity(Item item) {
135            return s[this.index][item.index];
136        }
137
138        public class PopularityComparator implements Comparator<Item> {
139
140            public int compare(Item item1, Item item2) {
141                int p1 = item1.popularity();
142                int p2 = item2.popularity();
143                return (p1 > p2 ? -1 : 1);
144            }
145        }
146
147        public class SimilarityComparator implements Comparator<Item> {
148
149            public int compare(Item item1, Item item2) {
150                double s1 = Item.this.similarity(item1);
151                double s2 = Item.this.similarity(item2);
152                return (s1 > s2 ? -1 : 1);
153            }
154        }
155
156        @Override
157        public String toString() {
158            return String.format("%d", index);
159        }
160    }
161 }
```

코드 9-14 Recommender2 프로그램의 Item 클래스

```java
Recommender2.java ×
70      public static void getInput() {
71          Scanner input = new Scanner(System.in);
72          System.out.print("사용자 번호 입력: ");
73          user = input.nextInt();
74          System.out.print("아이템 번호 입력: ");
75          int bought = input.nextInt();
76          if (u[user][bought] == 1) {
77              System.out.printf("사용자 %d(이)가 이미 아이템%d(을)를 구매했음.%n", user, bought);
78              System.exit(0);
79          }
80          System.out.printf("사용자 %d(이)가 아이템 %d(을)를 구매함.%n", user, bought);
81          u[user][bought] = 1;
82          itemBought = new Item(bought);
83      }
84
85      private static Set<Item> itemsNotYetBought() {
86          Set<Item> set = new TreeSet(itemBought.new SimilarityComparator());
87          for (int j = 1; j <= n; j++) {
88              if (u[user][j] == 0) {  // 사용자가 아직 구매하지 않은 아이템 j
89                  set.add(new Item(j));
90              }
91          }
92          return set;
93      }
```

코드 9-15 Recommender2 프로그램을 위한 메소드

getInput( ) 메소드의 유일한 차이점은 76행~79행에 추가된 내용으로 특정 사용자가 특정 아이템을 구매한 내역에 이미 존재하는지 확인하는 부분이다.

itemsNotYetBought( ) 메소드에서 내부 SimilarityComparator 클래스는 86행에서 itemBought 객체에 바인딩된다. 조금은 생소한 표현인 item.Bought.new 형태로 기본 생성자인 SimilarityComparator( )를 호출한다. 이는 set 객체가 86행에서 생성돼 바인딩될 때, 어떻게 itemBought 객체가 클래스의 compare( ) 메소드의 암시적 인자가 되는지를 보여준다. 달리 말하면 Item.this 참조는 150행과 151행에서 itemBought 객체를 참조하게 된다.

코드 9-16은 firstPartOf( ) 메소드와 makeRecommendations( ) 메소드를 보여준다.

```java
📄 Recommender2.java ⊠
 95    private static Set<Item> firstPartOf(Set<Item> set1, int n1) {
 96        Set<Item> set2 = new TreeSet(itemBought.new PopularityComparator());
 97        int count = 0;
 98        for (Item item : set1) {
 99            set2.add(item);
100            if (++count == n1) {
101                break;
102            }
103        }
104        return set2;
105    }
106
107    private static void makeRecommendations(Set<Item> set, int n2) {
108        System.out.printf("추천하는 아이템 %d개:", n2);
109        int count = 0;
110        for (Item item : set) {
111            System.out.printf("  %d", item.index);
112            if (++count == n2) {
113                break;
114            }
115        }
116        System.out.println();
117    }
```

코드 9-16 Recommender2 프로그램을 위한 다른 메소드

itemsNotYetBought( ) 메소드는 사용자가 아직 구매하지 않은 아이템의 집합을 itemBought 아이템에 대한 유사도별로 정렬해 반환한다. firstPartOf( ) 메소드는 해당 아이템의 첫 n1 개의 아이템을 선택해 인기도순으로 정렬해 반환한다.

main( ) 메소드는 코드 9-17과 같다.

```java
📄 Recommender2.java ⊠
 23    public static void main(String[] args) {
 24        readFiles();
 25        getInput();
 26        Set<Item> set1 = itemsNotYetBought();
 27        Set<Item> set2 = firstPartOf(set1, n/3);
 28        makeRecommendations(set2, n/4);
 29    }
```

코드 9-17 Recommender2 프로그램의 main 메소드

26행은 알고리즘 5단계의 처음 두 부분을 구현했다. 현재 사용자가 아직 구매하지 않은 모든 아이템을 set1로 생성한다. 이미 살펴봤듯, 이 데이터는 현재 아이템인 itemBought와의 유사도에 따라 정렬돼 있다. 27행은 세 번째와 네 번째 부분을 구현했다. set1의 첫 n/3요소의 서브 집합인 set2를 생성한다. 그리고 아이템의 인기도에 따라 정렬한다. 마지막으로 28행에서 알고리즘의 6단계인 set2의 첫 n/4 요소를 추천하는 것을 구현했다.

여기에서 n_1과 n_2에 대한 n/3과 n/4의 선택은 다소 임의적이고 일반적으로 전체 아이템의 개수인 n에 의존적이다. 그리고 당연히 $n_2 \langle n_1 \ll n$이다. 테스트를 위해 $n_1=4$, $n_2=3$으로 가정해보자.

Recommender2 프로그램의 실행 결과는 그림 9-7과 그림 9-8에서 볼 수 있다.

그림 9-7 Recommender2 프로그램의 실행 1

그림 9-8 Recommender2 프로그램의 실행 2

첫 번째 실행에서는 Recommender1 프로그램 실행 때와 같은 입력값인 #1 사용자와 #1 아이템을 사용했다(그림 9-5). 결과는 (12, 9, 2)로 Recommender1의 결과인 (2, 12, 6)과는 다르다. 이는 #12 아이템과 #9 아이템이 #2 아이템과 #6 아이템보다 더 인기 있기 때문이다. 그림 9-9의 유틸리티 행렬을 보면 #12 아이템과 #9 아이템이 3명의 다른 사용자가 구매했으나, #2 아이템과 #6 아이템은 단 두 명의 다른 사용자가 구매한 것을 확인할 수 있다.

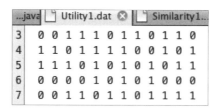

그림 9-9 유틸리티 행렬

두 번째 실행은 #4 사용자가 #1 아이템을 구매하는 경우다. #4의 유틸리티 행렬의 행 값은 (0, 0, 0, 0, 1, 0, 1, 0, 1, 0, 0, 0)이다. 첫 번째 열 외에 값이 0인 열은 2, 3, 4, 6, 8, 10, 11, 12열이다. 이 열들을 #1 아이템에 대한 유사도 순으로 정렬하면 (2, 12, 6, 3, 4, 10, 11, 8)이 된다. 알고리즘은 상위 n_1(4)개의 아이템을 선택해 set2는 {2, 12, 6, 3}이 된다. 그러나 인기도순으로 재정렬해야 한다. 따라서 실제 set2는 {12, 3, 2, 6}이다. 마지막으로 알고리즘은 이 중 첫 n_2(3)개의 아이템을 선택해 추천한다.

▌ 사용자 등급 구현

많은 온라인 업체들은 구매한 고객에게 상품에 대한 등급을 매겨달라 요청한다. 일반적으로 5점 척도의 별점을 사용한다. Recommender2 프로그램을 수정해 숫자 형태의 등급을 매겨보자. 새로운 프로그램을 테스트하기 위해 DataGenerator와 Filter 프로그램을 수정해야 한다.

수정한 DataGenerator 프로그램은 코드 9–18과 같다.

```java
14 public class DataGenerator3 {
15     static final Random RANDOM = new Random();
16     static final int NUM_USERS = 5;
17     static final int NUM_ITEMS = 12;
18     static final int MAX_RATING = 5;
19     static final int NUM_PURCHASES = 36;
20     static final double MU = 3.0;      // 평균 등급
21     static final double SIGMA = 1.0;   // 표준편차
22
23⊕    public static void main(String[] args) {□
44 |
45⊖    static class Purchase {
46         int user;
47         int item;
48         double rating;
49
50⊕        public Purchase() {
51             this.user = RANDOM.nextInt(NUM_USERS) + 1;
52             this.item = RANDOM.nextInt(NUM_ITEMS) + 1;
53             this.rating = randomRating();
54         }
55
56⊕        public double randomRating() {
57             double x =  MU + SIGMA*RANDOM.nextGaussian();
58             x = Math.max(1, x);         //  x >= 1.0
59             x = Math.min(MAX_RATING, x); //  x <= 5.0
60             return Math.floor(2*x)/2;    // 0.5, 1.0, 1.5, 2.0, . . .
61         }
62
64⊕        public int hashCode() {□
67
69⊕        public boolean equals(Object object) {□
80
82⊕        public String toString() {□
85     }
86 }
```

코드 9-18 임의의 등급을 생성하는 프로그램

(숨겨진 코드는 코드 9–2의 DataGenerator1 프로그램과 같다) 이 프로그램은 데이터 집합 {1.0, 1.5, 2.0, 2.5, …,5.0}으로부터 평균 3.0, 표준편차 1.0인 정규 분포 형태의 임의의 등급을 생성한다.

Filter 프로그램에서 유일하게 수정해야 할 작업은 필요에 의해 int를 double로 바꾸는 것이다. 예제를 실행했을 때 결과는 그림 9–10, 그림 9–11과 과 같다.

DataGenerator3.java ⊗	Purchases3.dat	Filter3.java ⊗	Utility3.dat ⊗

```
1  5 users
2  12 items
3    0.0  2.5  0.0  2.5  0.0  3.5  3.0  0.0  0.0  2.5  0.0  2.0
4    3.0  0.0  2.0  0.0  4.5  2.5  3.0  0.0  0.0  2.5  0.0  2.0
5    1.5  0.0  4.0  5.0  4.0  0.0  2.5  3.5  0.0  0.0  2.5  3.5
6    4.0  3.5  3.0  1.5  0.0  0.0  0.0  0.0  0.0  2.5  2.5  2.0
7    0.0  2.0  0.0  1.0  0.0  4.5  2.5  0.0  0.0  0.0  3.0  3.0
```

그림 9-10 DataGenerator3 프로그램에서 생성한 유틸리티 행렬

```
1   12 items
2    1.00  0.57  0.85  0.44  0.62  0.23  0.44  0.29  0.00  0.77  0.57  0.64
3    0.57  1.00  0.41  0.48  0.00  0.60  0.48  0.00  0.00  0.73  0.67  0.66
4    0.85  0.41  1.00  0.77  0.77  0.15  0.54  0.74  0.00  0.54  0.70  0.77
5    0.44  0.48  0.77  1.00  0.57  0.36  0.69  0.85  0.00  0.39  0.71  0.84
6    0.62  0.00  0.77  0.57  1.00  0.30  0.71  0.66  0.00  0.43  0.36  0.66
7    0.23  0.60  0.15  0.36  0.30  1.00  0.85  0.00  0.00  0.56  0.47  0.71
8    0.44  0.48  0.54  0.69  0.71  0.85  1.00  0.45  0.00  0.63  0.54  0.89
9    0.29  0.00  0.74  0.85  0.66  0.00  0.45  1.00  0.00  0.00  0.54  0.61
10   0.00  0.00  0.00  0.00  0.00  0.00  0.00  0.00  0.00  0.00  0.00  0.00
11   0.77  0.73  0.54  0.39  0.43  0.56  0.63  0.00  0.00  1.00  0.31  0.60
12   0.57  0.67  0.70  0.71  0.36  0.47  0.54  0.54  0.00  0.31  1.00  0.85
13   0.64  0.66  0.77  0.84  0.66  0.71  0.89  0.61  0.00  0.60  0.85  1.00
```

그림 9-11 DataGenerator3 프로그램에서 생성한 유사도 행렬

#9 아이템은 누구도 구매하지 않았다. 그래서 유틸리티 행렬의 모든 엔트리 값이 0.0이다. 따라서 유사도 행렬에서 #9행 또는 #9열에 해당하는 모든 엔트리 값은 0.0이다. 즉 어떤 아이템도 유사하다고 할 수 없다는 의미다.

Recommender2 프로그램을 수정하기 위해 숫자 형태의 등급을 수용해야 한다. 따라서 int 형의 데이터를 double로 바꾸는 것뿐만 아니라 내부 Item 클래스의 popularity( ) 메소드도 조정해야 한다. Recommender2 프로그램에서 아이템의 인기도는 단순히 그 아이템을 구매한 사용자의 수로 측정했다. 이는 모든 아이템의 등급이 같았기에 가능한 이야기다. 그러나 이제, 각각 다른 등급 값을 가지고 있기 때문에 각 아이템 간 등급의 평균을 계산하고 이를 통해 인기도를 결정해야 한다.

이제 Recommender3 프로그램의 `getInput()` 메소드는 3개의 입력값이 필요하다. 현재 사용자, 사용자가 구매한 아이템, 그리고 사용자가 아이템에 부여한 등급이다. 코드 9-19의 70-85행을 보자.

```java
Recommender3.java ⊠
15  public class Recommender3 {
16      private static int m;              // 사용자 수
17      private static int n;              // 아이템 수
18      private static double[][] u;       // 유틸리티 행렬
19      private static double[][] s;       // 유사도 행렬
20      private static int user;           // 현재 사용자
21      private static Item itemBought;    // 사용자가 구매한 현재 아이템
22
23⊖     public static void main(String[] args) {□
30
31⊖     public static void readFiles() {□
41
42⊖     public static void readUtilMatrix(File f) throws FileNotFoundException {□
55
56⊖     public static void readSimilMatrix(File f) throws FileNotFoundException {□
69
70⊖     public static void getInput() {
71          Scanner input = new Scanner(System.in);
72          System.out.print("사용자 번호 입력: ");
73          user = input.nextInt();
74          System.out.print("아이템 번호 입력: ");
75          int item = input.nextInt();
76          if (u[user][item] > 0) {
77              System.out.printf("사용자 %d(이)가 이미 아이템%d(을)를 구매했음.%n", user, item);
78              System.exit(0);
79          }
80          System.out.print("아이템 등급 (1-5): ");
81          double rating = input.nextDouble();
82          System.out.printf("사용자 %d(이)가 아이템 %d(에)게 %4.2f.%n 등급을 부여함.", user, item, rating);
83          u[user][item] = rating;
84          itemBought = new Item(item);
85      }
```

코드 9-19 Recommender3 프로그램의 getInput() 메소드

```
  121    static class Item {
  122        int index;
  123
  124        public Item(int index) {
  125            this.index = index;
  126        }
  127
  128        public double popularity() {
  129            double sum = 0.0;
  130            int count = 0;
  131            for (int i = 1; i <= m; i++) {
  132                double value = u[i][this.index];
  133                if (value > 0) {
  134                    sum += value;
  135                    ++count;
  136                }
  137            }
  138            return (count > 0 ? sum/count : 0.0);
  139        }
  140
  141        public double similarity(Item item) {
  144
  145        public class PopularityComparator implements Comparator<Item> {
  152
  153
  154        public class SimilarityComparator implements Comparator<Item> {
  161
  163        public String toString() {
  166    }
  167 }
```

코드 9-20 Recommender3 프로그램의 Item 클래스

아이템의 선호도를 측정하기 위해 등급의 합계 대신 평균을 사용한 이유를 살펴보자. 유틸리티 행렬의 처음 두 열을 (5.0, 4.0, 0.0, 0.0, 0.0), (2.0, 2.0, 2.0, 2.0 1.5)이라 가정하자. 두 아이템의 등급 합은 9.0과 9.5이다. 만약 합계 방법을 사용했다면, 이 두 아이템은 선호도가 높다고 가정할 수 있다. 그러나 두 아이템의 평균 등급을 구하면 4.5와 1.9로 첫 번째 아이템에 대한 선호도가 확실히 높다. 질문으로 되돌아가서 어떤 것이 더 인기도를 나타내 주는 것일까? 이는 단지 소프트웨어 디자인에 대한 질문이며 답은 평균을 사용하는 것이다.

그림 9-12는 Recommender3 프로그램을 실행한 결과다. #1 사용자가 #1 아이템을 구매하고 2.5의 등급을 매겼다. 아직 구매하지 않은 아이템의 집합은 {3, 5, 8, 9, 11}이다. #1 아이템에 대한 유사도순으로 정렬한 결과는 set1 = (3, 5, 11, 8, 9)이고, 이때 각 유사도는 0.85, 0.62, 0.57, 0.29, 0.0이다(그림 9-11). 상위 4개(n/3)를 선택하면 (3, 5, 11, 8)

이 된다. 이를 인기도순으로 재정렬하면 set2 = (5, 8, 3, 11)이 되고 각 인기도는 4.25, 3.50, 3.00, 2.67이다(그림 9–10). 이 중 상위 3개(n/4)는 (5, 8, 3)이 된다.

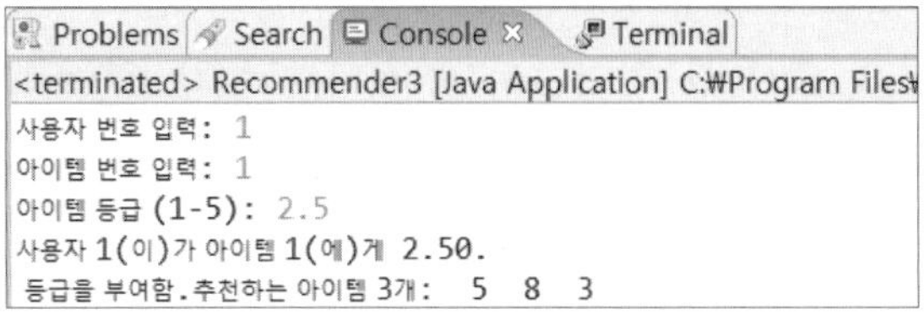

```
 Problems   Search   Console ⊠    Terminal
<terminated> Recommender3 [Java Application] C:\Program Files\
사용자 번호 입력: 1
아이템 번호 입력: 1
아이템 등급 (1-5): 2.5
사용자 1(이)가 아이템 1(에)게 2.50.
등급을 부여함.추천하는 아이템 3개:  5  8  3
```

그림 9-12 Recommender3 프로그램 실행

거대 희소 행렬

이러한 추천 시스템을 상용 목적으로 구현하려면 유틸리티 행렬과 유사도 행렬이 내부 배열에 저장하기에는 너무 커진다. 예를 들어 아마존의 경우 수백만 개의 판매 아이템과 수억 명의 고객 정보를 가지고 있다. 즉 $m=100{,}000{,}000, n=1{,}000{,}000$이고, 유틸리티 행렬은 $m \cdot n=100{,}000{,}000{,}000{,}000$개의 엔트리를 가지고 유사도 행렬은 $n_2=1{,}000{,}000{,}000{,}000$개의 엔트리를 가지게 된다. 더군다나, 평균적으로 고객은 100개의 아이템을 구매하고, 이에 따라 $100n=100{,}000{,}000$엔트리가 0이 아닌 값으로 채워져서 단 0.0001%만을 차지하게 돼, 매우 희소한 형태의 행렬이라 볼 수 있다.

희소 행렬sparse matrix은 거의 모든 엔트리 값이 0인 행렬을 말한다. 이 경우 2차원 형태의 배열을 행렬로 저장하는 것은 비효율적이어서, 실제로는 다른 형태의 데이터 구조가 사용된다.

희소 행렬을 저장할 수 있는 몇 가지 좋은 데이터 구조가 있다. 맵map은 수학 함수 $y=f(x)$를 구현한 데이터 구조로, 독립 변수 x를 입력값으로 종속 변수 y를 결괏값으로 생각한다. 맵의 문법상 입력값인 x는 키key로, 결괏값인 y는 값value으로 부른다.

수학 함수 $y=f(x)$는 변수값으로 정수, 실수, 벡터 외에 일반적인 수학 객체를 사용할 수 있다. 일차원 배열은 키 x의 범위가 정수 {0, 1, 2,…, n-1}인 맵이다. a(i) 대신 a[i]라 쓰겠지만 사실 같은 것이다. 이차원 배열인 유사도는 키 x의 범위가 정수인 쌍의 집합 {(0, 0), (0, 1), (0, 2),..., (1, 0), (1, 1),(1, 2),…, (m, 0), (m, 1), (m, 2),…, (m-1,n-1)}인 맵이다. 여기서 $a((i,j))$ 대신 a[i][j]라고 쓸 것이다.

맵의 자바 구현체는 java.util.Map<K, V> 인터페이스를 따르고 다양한 형태의 클래스가 구현돼 있다(자바 8은 맵 인터페이스의 19개 구현 객체를 제공한다). 데이터 형태를 정의하는 매개변수인 K와 V는 각각 키와 값을 나타낸다. 가장 많이 쓰이는 구현체는 HashMap과 TreeMap 클래스이다. HashMap 클래스는 해시 테이블hash table 데이터 구조를 구현한 자바의 표준 클래스이다. TreeMap 클래스는 레드—블랙 트리red-black tree 데이터 구조를 구현한 클래스로 V 클래스에 정의된 정렬 규칙에 따라 요소 값의 정렬 구조를 유지해준다.

코드 9—21의 SparseMatrix 클래스는 희소 행렬의 기본 구현을 보여준다. 이 클래스는 Map<Key, Double>객체에 데이터를 저장하고 Key 클래스는 내부에 정의돼 있다. 유틸리티 행렬에 이차원의 배열 대신 이러한 SparseMatrix 클래스를 사용함으로써 얻는 이점은, 단순히 Purchases.dat 파일로부터 가져온 데이터만을 저장하는 것보다 각 요소 값이 실제 구매(사용자, 아이템) 정보를 저장할 수 있다는 것이다.

 자바 문법을 생각해 보면 내부 클래스는 정적 형태가 아니다. 정의한 Key 클래스가 정적 클래스일 수 없는 이유는 이 클래스의 hashCode() 메소드가 정적 필드가 아닌 n에 접근해야 하기 때문이다.

```java
SparseMatrix.java ⊠
11  public class SparseMatrix {
12      private final int m, n;   // 행렬의 차원
13      private final Map<Key,Double> map;
14
15⊕     public SparseMatrix(int m, int n) {▯
20
21⊖     public void put(int i, int j, double x) {
22          map.put(new Key(i,j), x);
23      }
24
25⊖     public double get(int i, int j) {
26          return map.get(new Key(i,j));
27      }
28
29⊖     public class Key implements Comparable {
30          int i, j;
31
32⊕         public Key(int i, int j) {▯
36
37⊖         @Override
38          public int hashCode() {
39              return i*n + j;
40          }
41
42⊖         @Override
43          public boolean equals(Object object) {
44              if (object == null) {
45                  return false;
46              } else if (object == this) {
47                  return true;
48              } else if (!(object instanceof Key)) {
49                  return false;
50              }
51              Key that = (Key)object;
52              return that.i == this.i && that.j == this.j;
53          }
54
55⊖         @Override
56          public String toString() {▯
57              return String.format("(%d,%d)", i, j);
58          }▮
59
60
61⊖         public int compareTo(Object object) {
62              if (object == null) {
63                  return -1;
64              } else if (object == this) {
65                  return 0;
66              } else if (!(object instanceof Key)) {
67                  return -1;
68              }
69              Key that = (Key)object;
70              return this.hashCode() - that.hashCode();
71          }
72      }
73  }
```

코드 9-21 SparseMatrix 클래스

이 클래스를 사용하기 위해 몇 가지 코드를 수정해야 한다.

- 유틸리티 행렬 u를 double[][] 형태에서 SparseMatrix 형태로 변경한다.
- 초기화를 double[m+1][n+1]을 new SparseMatrix(m, n)으로 변경한다.
- 값 접근 방식을 u[i][j]에서 u.get(I, j)로 변경한다.
- 값 할당 방식을 u[i][j] = x를 u.put(I, j, x)로 변경한다.

이 구현 방식은 단순성을 위해 효율성을 포기한다. 왜냐하면 많은 수의 객체를 생성하기 때문이다. 모든 엔트리는 두 개의 다른 객체를 포함하는 객체이고, put( )과 get( )에 대한 모든 호출은 또 다른 객체를 생성한다.

좀 더 효율적인 구현을 위해 int형 이차원 배열을 키로 사용하고 double 형태의 일차원 배열을 값으로 사용한다.

- int[][] key;
- double[] u;

key[i][j]의 값은 u[] 배열의 색인이 된다. 달리 말하면 u_{ij}는 u[key[i][j]]에 저장이 된다는 것이다. key[] 배열은 사전식 순서$^{lexicographic order}$로 관리된다.

이 클래스는 희소하지 않으므로 유사도 행렬에 대해서는 좋은 구현체가 아니지만, 대칭 형태를 띈다. 따라서 코드 9-22와 같이 computeSimilarityMatrix( ) 메소드의 동작을 절반만 실행할 수 있다.

```
Filter4.java

68    public static double[][] computeSimilarityMatrix(SparseMatrix u) {
69        double[][] s = new double[n+1][n+1];
70        for (int j = 1; j <= n; j++) {
71            for (int k = 1; k < j; k++) {
72                s[j][k] = s[k][j] = cosine(u, j, k);
73            }
74        }
75        for (int j = 1; j <= n; j++) {
76            s[j][j] = 1.0;
77        }
78        return s;
79    }
```

코드 9-22 유사도 행렬 계산에 더 효율적인 메소드

72행에서 값을 두 번 할당해 중복된 cosine(u, k, j)를 다시 계산하는 부분을 제거한다. 또한 75행~77행에 정확한 값을 모든 직교 요소에 cosine( ) 메소드 계산 없이 할당한다.

▋ 임의 접근 파일 사용

유사도 행렬과 유틸리티 행렬을 저장하는 다른 방법으로 RandomAccessFile 객체를 사용하는 방법이 있다. 코드 9-23을 확인해보자.

```java
11  public class RandomAccessFileTester {
12      private static final int W = Double.BYTES;  // 8
13
14      public static void main(String[] args) {
15          String filespec = "data/Similarity4.dat";
16          try {
17              RandomAccessFile inout = new RandomAccessFile(filespec, "rw");
18              for (int i = 0; i < 100; i++) {
19                  inout.writeDouble(Math.sqrt(i));
20              }
21              System.out.printf("현재 파일 길이:%d.%n", inout.length());
22
23              for (int i = 4; i < 10; i++) {
24                  inout.seek(i*W);
25                  double x = inout.readDouble();
26                  System.out.printf("%1d의 제곱근은 %.8f.%n", i, x);
27              }
28              System.out.println();
29
30              inout.seek(7*W);
31              inout.writeDouble(9.99999);
32
33              for (int i = 4; i < 10; i++) {
34                  inout.seek(i*W);
35                  double x = inout.readDouble();
36                  System.out.printf("%1d 의 제곱근은 %.8f.%n", i, x);
37              }
38              inout.close();
39          } catch (IOException e) {
40              System.err.println(e);
41          }
42      }
43  }
```

```
Problems    Search    Console    Terminal
<terminated> RandomAccessFileTester [Java Application] C:₩Program Files₩Java₩jre1.8.0_151₩bin₩javaw.exe (2018. 4. 30. 오전
현재 파일 길이:800.
4의 제곱근은 2.00000000.
5의 제곱근은 2.23606798.
6의 제곱근은 2.44948974.
7의 제곱근은 2.64575131.
8의 제곱근은 2.82842712.
9의 제곱근은 3.00000000.

4 의 제곱근은 2.00000000.
5 의 제곱근은 2.23606798.
6 의 제곱근은 2.44948974.
7 의 제곱근은 9.99999000.
8 의 제곱근은 2.82842712.
9 의 제곱근은 3.00000000.
```

코드 9-23 임의 접근 파일 사용

이 테스트 프로그램은 17행에서 inout이라는 이름의 임의 접근 파일을 생성한다. 12행에 정의된 상수 W는 바이트 수(8)로 자바가 double 값을 저장하는 데 사용한다. 데이터를 파일에 쓸 필요가 있으므로 생성자의 두 번째 인수로 문자열 rw를 전달하는데, 이는 파일에 읽기 및 쓰기를 모두 하겠다는 의미다. 18행~20행의 반복문은 100개의 제곱근을 파일에 쓴다. 21행의 결과 출력 부분에서는 파일 크기가 800바이트인지 확인한다.

23행~27행의 반복문에서 단 100개 요소의 배열을 사용해 파일에 직접 접근(임의 접근)한다. 접근할 때는 읽을 위치를 찾고, 읽는 두 단계의 작업이 필요하다. seek( ) 메소드는 파일의 읽기-쓰기 포인터를 접근을 시작할 위치로 설정한다. 이때 인자는 시작점의 바이트 주소로 오프셋offset이라 부른다. 이는 파일의 시작점으로부터의 거리를 의미한다.

23행~27행의 반복문은 i의 범위인 4에서 9까지 총 6번 실행된다. i 번째 실행 시 8i에서 부터 8비트(1 바이트)를 읽어 8i + 7 비트까지 읽는다. 예를 들어 i = 4일 경우 32비트부터 39비트까지 읽게 된다. 이때 오프셋은 32이다. 매번 읽은 바이트는 x에 double 값으로 저장된다. 26행에서는 해당 수를 출력한다.

30행~31행의 구문은 파일에 저장된 값을 변경하는 방법을 보여준다. seek( ) 메소드는 읽기-쓰기 포인터를 56 바이트(7*8) 이동하고 writeDouble( ) 메소드는 다음 8바이트를 숫자 9.99999를 표현하는 코드로 덮어쓴다. 33행~37행의 반복문은 2.64575131가 9.99999로 바뀌었음을 보여준다.

해당 코드는 논리적으로 아래와 같다.

```
Double a = new double[100];
for (int i = 4; i < 10; i++) {
    a[i] = Math.sqrt(i);
}
a[7] = 9.99999;
```

이런 관점에서 임의 파일 접근은 배열과 같다. 물론 파일은 배열보다 훨씬 크다.

코드 9-23의 프로그램은 일차원 배열을 임의 접근 파일에 접근해 저장하는 방법을 보여준다. 그러나 유사도 배열은 이차원이다. 단순히 생각해보면 이차원 배열을 처리하는 방법은 훨씬 복잡할 것 같다. 그러나 사실은 간단한 계산만으로도 이차원 배열을 일차원 형태로 바꿀 수 있다. 실제로 SparseMatrix 구현체에서 이미 이를 수행했다. 코드 9-21의 39행에서 i*n + j를 내부 Key 클래스의 hashCode( )메소드에서 사용했다. 예를 들어 key(2,7)의 해시코드는 n이 10이라 가정했을 때 2*10+7=27이다. 이 사전식 정렬은 이차원 배열을 선형화한다.

임의 접근 파일은 텍스트 파일이 아니다. 해당 파일은 일반적인 텍스트 편집기로는 읽을 수 없다. 그러나 RandomAccessFile 클래스에서 제공하는 read 메소드를 사용해 청크 단위로 읽을 수 있다. 이 클래스는 readDouble( ) 메소드나 readLine( ) 메소드를 제공한다.

코드 9-24는 임의 접근 파일을 사용해 유사도 행렬을 저장하고 계산하는 방법을 보여준다.

```java
 81⊖    public static void computeSimilarityMatrix(SparseMatrix u, RandomAccessFile s)
 82            throws IOException {
 83        for (int j = 1; j <= n; j++) {
 84            for (int k = 1; k <= j; k++) {
 85                double x = cosine(u, j, k);
 86                s.seek((j*n + k - n - 1)*W);
 87                s.writeDouble(x);
 88                s.seek((j + k*n - n - 1)*W);
 89                s.writeDouble(x);
 90            }
 91        }
 92        for (int j = 1; j <= n; j++) {
 93            s.seek((j - 1)*(n + 1)*W);
 94            s.writeDouble(1.0);
 95        }
 96    }
```

코드 9-24 임의 접근 파일에 유사도 저장

86행, 88행, 93행에서 사용한 seek( ) 메소드의 매개변수는 오프셋이다. 계산식은 조금 조작했다(그리고 일반적으로 해당 부분을 이해할 필요는 없다). 유사도 행렬은 1기반 인덱스[one-based] indexing를 사용한다. 여기에서는 희소 유사도 행렬을 임의 접근 파일에 저장하는 방식에 대해서만 집중하기 바란다.

▌ 넷플릭스 대회

2006년, 넷플릭스는 100만 달러 상당의 상금을 걸고 현재 넷플릭스가 보유하고 있는 알고리즘을 능가하는 최고의 추천 알고리즘을 찾기 위한 대회를 열었다. 2년 후 이 경연의 우승은 벨코어의 실용적 혼돈 시스템BellKor for their Pragmatic Chaos system이 차지했다. 그러나 넷플릭스는 우승한 시스템을 사용하지 않았다. 실제 구현하기에는 너무 큰 비용이 들기 때문이었다. 우승자는 100가지가 넘는 다양한 방법을 조합해 시스템을 구성한 것으로 알려졌다. 한편, 일부 상위 수상자들은 자신의 추천 시스템을 확장해 판매하기 시작했다. 그 결과 추천 알고리즘 일부가 특허에 등록됐다.

대회는 누구에게나 열려 있다. 테스트에 필요한 데이터는 모두 넷플릭스에서 제공한다. 주 데이터셋은 100,480,507개이고, 각각 사용자 아이디, 영화 아이디, 등급 번호(1-5척도)를 가지고 있다. 또한 480,000개가 넘는 고객 아이디와 17,000개가 넘는 영화 아이디도 포함된다. 매우 큰 유틸리티 행렬이고 99% 정도가 비어 있는 희소 행렬이다.

넷플릭스의 추천 시스템은 매일 300억 건이 넘는 추천 결과를 산출한다. 대회의 요구사항은 적어도 현재 시스템보다 10% 이상의 효율을 가져와야 한다는 것이다. 지금까지 총 50,000개 이상의 팀이 참여했다.

지금도 http://academictorrents.com/에서 데이터를 다운로드 받을 수 있다. 용량은 대략 2GB다.

█ 요약

9장에서는 일반적으로 사용하는 추천 시스템의 전략과 초창기 아마존에서 사용했던 알고리즘을 자바로 구현하는 방법을 알아봤다. 첫 번째 단계는 코사인 유사도를 포함한 유사도 측정의 방식을 확인하는 것이다. 또한 사용자가 정한 등급을 추천 시스템에서 사용하기도 했다. 유틸리티 행렬의 수학적인 구조를 알아보고 이와 연관해서 희소 행렬도 언급했다. 그리고 임의 접근 파일로 구현했다. 마지막으로 넷플릭스 대회를 통해 데이터 과학자들이 추천 시스템에 갖는 관심과 흥미를 확인했다.

10

NoSQL 데이터베이스

5장, '관계형 데이터베이스'에서는 관계형 데이터베이스를 알아보고, 데이터 처리를 위한 SQL 쿼리 언어를 알아봤다. 관계형 데이터베이스에서 데이터는 테이블에 저장되고 구조화된 데이터셋 형태인 점을 기억하자.

다양한 현대 소프트웨어 환경에서 데이터는 너무 유동적이고 다양하며, 크기가 커서 관계형 데이터베이스를 엄격하게 설계한다면 이득을 보기 어렵다. 이런 경우 비관계형 데이터베이스를 사용한다. SQL 쿼리 언어는 비관계형 데이터베이스에 적용되지 않기 때문에 비관계형 데이터베이스는 NoSQL 데이터베이스라는 이름으로 발전했다. NoSQL 데이터베이스는 페이스북, 아마존, 구글 같은 유명 웹 기반 회사에서 인기를 끌었다. 비관계형 데이터베이스 환경에서 데이터를 관리하고 분석하는 방법을 이해하기 위해 이 데이터베이스가 어떻게 동작하는지 먼저 알아볼 필요가 있다.

맵 데이터 구조

NoSQL 데이터베이스의 내부 데이터 구조는 관계형 데이터베이스와 매우 비슷하다. 맵 데이터 구조(딕셔너리 혹은 연관 배열이라 부르기도 함)는 `java.util.Map<K, V>` 인터페이스와 이를 구현한 19개의 클래스로 구현했다. 이 중 `HashMap<K, V>`은 전통적인 해시 테이블 데이터 구조를 구현한 클래스다. 유형 매개변수인 K와 V는 키와 값을 나타낸다.

9장, '추천 시스템'에서 설명했듯, 맵 데이터 구조의 필수 특성은 구조적인 키-값 메커니즘이다. 수학 함수 $y=f(x)$처럼 키-값 메커니즘은 입력-출력을 처리한다. 수학적 용어로 x는 입력값, y는 출력값이다. 데이터 구조 측면에서 키는 입력값이고, 값은 출력값이다.

수학적 함수 관점에서 생각해 보면 각 x 값은 오직 하나의 y 값과 쌍을 이룬다. 즉, f(7)=12이면서 f(7)=16일 수 없다는 것이다. 달리 말하면 입력값은 유일해야 한다. 따라서 대학교에서 학생에게 학생 ID를 부여하는 것처럼, x 값은 y 값에 대한 (유일한) 식별자로 간주할 수 있다.

이러한 방식을 설명하기 위한 좋은 예제로 책의 색인이 있다. 핵심은 색인에 알파벳 순서대로 정렬된 키워드와, 각 키워드를 잘 찾을 수 있게 연결해 놓은 페이지 번호인 값이다. 여기서 각 키워드는 색인에 한 번만 등장하는 점을 기억하자.

관계형 데이터베이스 테이블에서 하나의 키에 대해 하나 혹은 그 이상의 속성(열)이 정의된다. 가장 단순한 형태인 경우 속성 하나가 키가 된다. 이 경우,

- 키 열의 모든 값은 유일(중복 없음)해야 한다.
- 행에 있는 다른 모든 항목의 벡터는 해당 행의 값을 구성한다.
- 데이터베이스 시스템은 키를 활용한 빠른 검색을 위한 효과적인 색인 메커니즘을 제공한다.

표 10-1은 5장, '관계형 데이터베이스'의 표 5-1과 같은 내용이다.

ID	Last Name	First Name	Date of Birth	Job Title	Email
49103	Adams	Jane	1975-09-02	CEO	jadams@xyz.com
15584	Baker	John	1991-03-17	Data Analyst	jbaker@xyz.com
34953	Cohen	Adam	1978-11-24	HR Director	acohen@xyz.com
23098	Davis	Rose	1983-05-12	IT Manager	rdavis@xyz.com
83822	Evans	Sara	1992-10-10	Data Analyst	sevans@xyz.com

표 10-1 관계형 데이터베이스 테이블

키 속성은 ID이다. 예를 들어 아이디 값이 23098인 경우 Rose Davis라는 직원을 나타낸다. 해당 키에 대한 값은 같은 행의 다른 다섯 개 필드의 벡터로, ("Davis", "Rose", "1983-05-12", IT Manager", rdavis@xyz.com)이다. 23098이라는 입력값으로부터 위 벡터가 출력값이 될 것이다.

코드 10-1은 위 테이블을 자바에서 구현하는 방법을 보여주는 간단한 프로그램이다. 13행에 선언된 HashMap 객체인 map은 Map<Integer, Employee> 형태로 초기 크기가 100이다. 20행~31행에 정의된 내부 Employee 클래스는 표 10-1에서 키를 제외한 다른 다섯 개 필드를 나타내는 다섯 개의 문자열 값으로 이루어진 간단한 벡터를 표현한다. 15행~17행에서는 Rose Davis의 데이터를 map에 입력하는데 키는 23098이고, 값은 15행에서 선언한 rose 객체다. put() 메소드는 두 개의 인수를 가지는데 하나는 키이고 다른 하나는 값이다.

오늘날 우리가 구매하는 대부분의 상품은 ID를 갖고 있다. 예를 들어 도서의 경우 두 가지의 다른 국제 표준 도서 번호^{International Standard Book Numbers}, ISBN인 ISBN-10과 ISBN-13 (그림 10-1 참고)을 갖고 있고, 자가용의 경우 17자리의 차대번호^{vehicle identification number, VIN}를 갖고 있다.

```
Example1.java ⊠

11 public class Example1 {
12     public static void main(String[] args) {
13         Map<Integer,Employee> map = new HashMap();
14
15         Employee rose = new Employee("Davis", "Rose", "1983-05-12",
16             "IT Manager", "rdavis@xyz.com");
17         map.put(23098, rose);
18     }
19
20     static class Employee {
21         String lastName, firstName, dob, title, email;
22
23         public Employee(String lastName, String firstName, String dob,
24             String title, String email) {
25             this.lastName = lastName;
26             this.firstName = firstName;
27             this.dob = dob;
28             this.title = title;
29             this.email = email;
30         }
31     }
32 }
```

코드 10-1 표 10-1의 데이터 구조를 자바 맵으로 구현

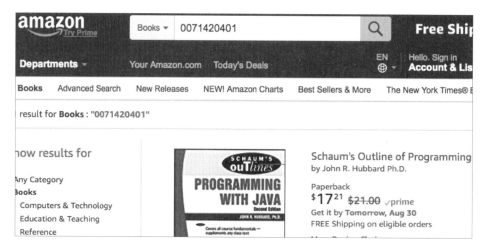

그림 10-1 ISBN 식별자를 사용해 책 구입

월마트와 같은 오프라인 매장은 바코드 방식의 12자리 범용 상품 부호^{Universal Product Codes,} UPCs를 사용한다. 또한 아마존은 자사 상품 식별을 위해 자체적인 아마존 표준 식별 번호 Amazon Standard Identification Number, AISM를 사용한다. 꼭 구매하는 상품만 키를 가지고 있는 것은 아니다. 웹 페이지를 나타내는 주소도 일종의 키다.

ID로서의 키는 문자열이나 벡터, 외부 파일로 정의된 값과 연결될 수 있다. 키-값 형식의 패러다임은 어디에서나 존재한다. 따라서 자연스럽게 SQL과 NoSQL, 두 데이터베이스의 기반이 됐다.

▌ SQL과 NoSQL

데이터베이스는 데이터 구조의 일반화다. 메모리 같은 내부 데이터나, 디스크나 클라우드 같은 외부 데이터 모두 해당한다. 데이터 컨테이너로서 논리적 구조와 물리적 구조를 갖고 있다.

아주 간단한 데이터 구조를 가정해보자. 일차원의 문자열 배열 a[]가 있다. 이 데이터의 논리적 구조는 그림 10-2와 같다.

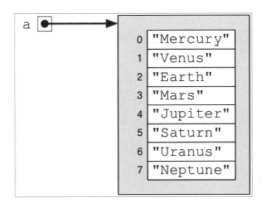

그림 10-2 문자열 배열

이는 변수 a를 참조하는 객체다. 이 객체 내부는 문자열을 저장할 수 있는 일련의 번호가 지정된 저장 구역이 있다.

그러나 물리적 구조는 메모리의 바이트 숫자로, 프로그래머에게 숨겨져 있다. 2바이트의 유니코드 문자를 사용해 8개의 문자열에 해당하는 16바이트 인코딩 공간을 할당한다. 또한 a 배열의 이름, 저장된 요소 값의 데이터 형태(문자열), 16진수로 된 16바이트 공간의 시작 주소 같은 정보 데이터도 저장하고 있다.

실제 저장 공간이 디스크나 클라우드에 있고, 복잡성이 더 큰 것을 제외하면, 데이터베이스 구조에 같은 물리적 구조가 적용된다. 다행스럽게도, 소프트웨어 설계자나 엔지니어는 대부분의 시간을 논리적 구조를 상상하는 데 할애할 수 있다.

5장, '관계형 데이터베이스'에서 논했듯, 관계형 데이터베이스의 논리적 구조는 테이블의 컬렉션과 관련 연결이다. 이는 데이터베이스 시스템이 관리하고, 대부분 SQL 쿼리 언어를 사용한 프로그램으로 제어한다.

NoSQL 데이터베이스는 데이터 저장에 테이블을 사용하지 않는다. 논리적 구조는 키-값 맵의 대량 컬렉션으로 생각할 수 있다. 그리고 각각은 분리된 문서로 저장된다. 조금 전에 확인했듯, NoSQL 데이터베이스도 관계형 테이블과 유사하게 키 속성을 가진다. 그러나 SQL을 사용하지 않고 보다 덜 가벼운 구조다. 트레이드오프는 웹 기반의 소프트웨어에서 몇 가지 작업을 할 경우, 특히 매우 큰 데이터를 갖고 있을 때 더 유연하고 효율적이라는 장점이 있다.

관계형 데이터베이스와 SQL 언어는 1970년대에 개발됐으며, 안정적인 기관 데이터의 보안 관리 같은 분야에서 표준 데이터베이스 환경이 됐다. 그러나 발전된 웹 전자상거래 환경에서 데이터 관리에 대한 요구사항이 변경돼, 데이터셋은 점점 커지고 다양해졌다. NoSQL 데이터베이스 시스템은 이런 요구사항 변경에 대응하기 위해 발전됐다.

몽고DB, 카산드라, HBase, 오라클 NoSQL 데이터베이스 등 몇 가지 인기 있는 NoSQL 데이터베이스가 있다. 그중 몽고DB에 대해 알아보자.

몽고 데이터베이스 시스템

몽고 데이터베이스 시스템 즉, 몽고DB는 2007년에 처음 개발된 이후로 가장 널리 쓰이는 NoSQL 데이터베이스 시스템이 됐다. 이름의 유래는 humongous(엄청난)이라는 단어를 일부 잘라서 만들었으며, 매우 큰 데이터셋에서 잘 동작한다는 특징을 강조했다(또한 영화 불타는 안장Blazing Saddles에 출연한 NFL에서 뛰어난 태클을 구사하는 플레이어 이름인 알렉스 카라스Alex Karras에서 유래되기도 했다). 이 데이터베이스 시스템은 도큐먼트 지향 데이터베이스 document-oriented database라 할 수 있다.

몽고DB는 https://www.mongodb.com/download-center에서 다운로드 받을 수 있다.

상세 설치 방법은 부록에서 확인하자.

몽고DB를 설치한 후, mongod 명령을 사용해 데이터베이스 시스템을 기동하면 그림 10-3 과 같은 화면을 볼 수 있다. 여기서 몽고DB 명령을 사용할 수 있다.[1]

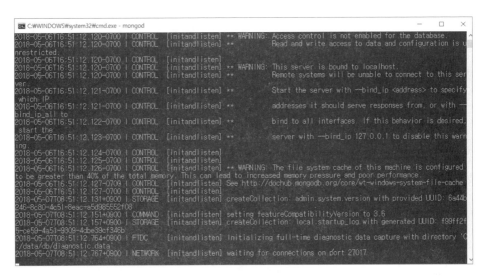

그림 10-3 명령줄을 사용해 몽고 데이터베이스 시스템 시작

---

1 원서는 macOS 기반이나, 국내 PC 환경상 윈도우 PC를 대상으로 진행했다. - 옮긴이

결과창을 보면 몇 줄의 알림 메시지가 떠 있고, 일시 정지돼 있다.

명령창을 새로 하나 더 띄우고 mongo 명령을 실행하면 그림 10-4와 같은 화면이 나온다.

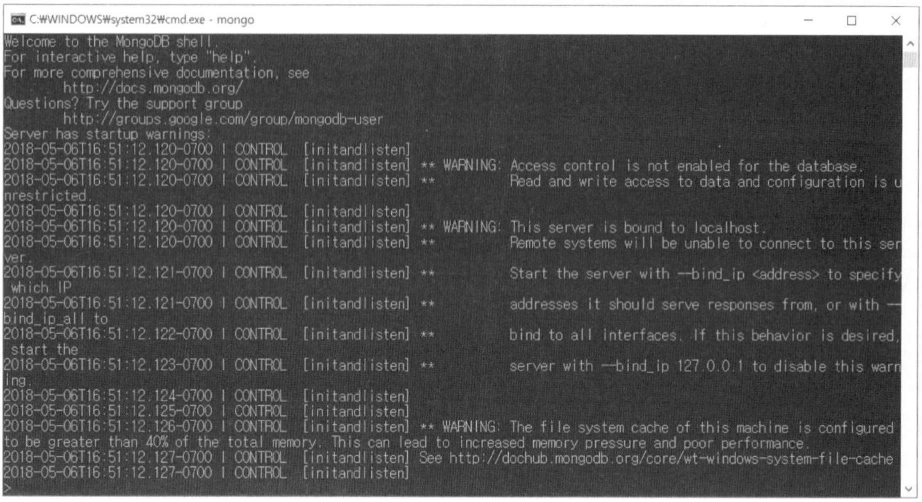

그림 10-4 명령어창을 사용해 몽고DB 셸을 시작

mongo 명령은 몽고DB 셸을 시작해 다양한 몽고DB 명령을 수행할 수 있게 해준다. 명령 프롬프트가 '>'로 바뀐 것을 볼 수 있다.

몽고 셸 시작 시 세 개의 경고 메시지가 보일 것이다. 처음 경고는 관리자 권한이 있는 사용자를 비밀번호를 함께 생성해 접근 제한을 둘 필요가 있다는 것으로, 상세한 내용은 아래 주소를 참고하기 바란다.

https://docs.mongodb.com/master/tutorial/enable-authentication/

두 번째 경고는 서버가 localhost 주소로 바인딩됐다는 것으로, 외부에서 접근하기 위해서는 -bind_ip <아이피 주소> 옵션을 사용할 것을 알려준다.

세 번째 경고는 파일 시스템 캐시가 전체 메모리의 40% 이상으로 설정돼 있다는 경고 메시지다.

```
> show dbs
admin   0.000GB
config  0.000GB
local   0.000GB
> use friends
switched to db friends
> tom = {fname:"Tom", lname:"Jones", dob:"1983-07-25", sex:"M"}
{ "fname" : "Tom", "lname" : "Jones", "dob" : "1983-07-25", "sex" : "M" }
> tom
{ "fname" : "Tom", "lname" : "Jones", "dob" : "1983-07-25", "sex" : "M" }
> db.friends.insert(tom);
WriteResult({ "nInserted" : 1 })
> ann = {fname:"Ann", lname:"Smith", dob:"1986-04-19", sex:"F"}
{ "fname" : "Ann", "lname" : "Smith", "dob" : "1986-04-19", "sex" : "F" }
> jim = {fname:"Jim", lname:"Chang", dob:"1986-04-19", sex:"M"}
{ "fname" : "Jim", "lname" : "Chang", "dob" : "1986-04-19", "sex" : "M" }
> db.friends.insert(ann);
WriteResult({ "nInserted" : 1 })
> db.friends.insert(jim);
WriteResult({ "nInserted" : 1 })
> show dbs
admin   0.000GB
config  0.000GB
friends 0.000GB
local   0.000GB
>
```

그림 10-5 몽고DB에 데이터베이스 생성

그림 10-5를 보면 3개의 문서 컬렉션을 사용해 몽고DB의 데이터베이스를 생성하는 명령을 실행한다. 데이터베이스의 이름은 friends이다.

처음 show dbs 명령은 시스템에 기본으로 생성된 단 3개의 데이터베이스만을 보여주는데, admin, config, local이다. 그 후, tom, ann, jim이라는 세 개의 문서를 생성한다. 그리고 데이터베이스에 db.friends.insert( )문으로 문서를 추가한다. 마지막 show dbs 명령은 friends 데이터베이스가 생성됐음을 확인하는 명령이다.

find( ) 명령은 그림 10-6처럼 사용할 수 있다.

```
> db.friends.find()
{ "_id" : ObjectId("5aefef9a1bc7f20d6836625d"), "fname" : "Tom", "lname" : "Jones", "dob" :
"1983-07-25", "sex" : "M" }
{ "_id" : ObjectId("5aefef9a1bc7f20d6836625e"), "fname" : "Ann", "lname" : "Smith", "dob" :
"1986-04-19", "sex" : "F" }
{ "_id" : ObjectId("5aefef9a1bc7f20d6836625f"), "fname" : "Jim", "lname" : "Chang", "dob" :
"1986-04-19", "sex" : "M" }
>
> oid = ObjectId("59b6b601f631b9abe9ca0e60")
ObjectId("59b6b601f631b9abe9ca0e60")
> oid.getTimestamp()
ISODate("2017-09-11T16:12:49Z")
>
```

그림 10-6 몽고DB의 find()와 getTimestamp() 메소드를 사용

find( ) 명령은 friends 데이터베이스의 모든 데이터 컬렉션을 나열한다. 세 개의 문서는 각각 _id 필드에 ObjectID라 불리는 항목이 있다. 각 객체는 문서가 생성된 시간과 식별된 컴퓨터 이름, 생성된 프로세스 정보를 가지고 있다. 보다시피 getTimestamp( ) 명령은 참조 객체에 저장된 시간 정보를 보여준다.

NoSQL 데이터베이스는 구조적으로 다양한 기본 방식 측면에서 관계형 데이터베이스와 다르다. 그러나 논리적으로 데이터 구조를 포함한 몇 가지 유사점을 가지고 있는데, 표 10-2를 살펴보자.

관계형 데이터베이스	몽고DB
데이터베이스	데이터베이스
테이블(관계)	컬렉션
행(레코드, 튜플)	문서
엔트리(필드, 요소 값)	키-값 쌍

표 10-2 관계형 데이터베이스와 몽고DB 데이터 구조

관계형 데이터베이스는 주로 테이블의 집합으로 생각할 수 있다. 이와 유사하게 몽고DB 데이터베이스는 컬렉션의 집합으로 생각하면 된다. 관계형 데이터베이스 테이블이 행의 집합으로 데이터 유형과 스키마가 테이블에 종속적이다. 이와 비슷하게 컬렉션은 문서의 집합으로 각 문서는 이진 JSON 파일로 저장된다. 이 파일을 BSON 파일이라 한다. JSON 파일은 2장, '데이터 처리'에서 논한 적 있다. 마지막으로 관계형 데이터베이스 테이블 행은 데이터 엔트리의 순차적인 저장 형식으로 한 열마다 하나의 데이터를 가지고 있다. 반면 몽고DB의 문서는 키-값 쌍으로 구성돼 있다.

이런 데이터 모델을 도큐먼트 스토어document store라고 한다. 도큐먼트 스토어는 IBM 도미노나 아파치 CouchDB 등 다른 NoSQL 데이터베이스 시스템에서도 많이 사용한다. 이와 대조적으로 아파치 카산드라나 HBase는 컬럼 스토어column store 데이터 모델을 사용한다. 이는 하나의 열이 시간 데이터와 키-값 쌍으로 정의되는 구조다.

관계형 데이터베이스 대신 NoSQL을 사용하면 데이터 디자인 절차가 얼마나 자유로워지는지 확인할 수 있다. 관계형 데이터베이스는 테이블을 생성하기 전에 테이블, 스키마, 데이터 유형, 키 및 외래키를 지정하는 다소 엄격하게 정의된 예비 데이터 아키텍처가 필요하다. 몽고DB에서 필요한 유일한 예비 데이터 디자인은 데이터 삽입 전 컬렉션을 정의하는 것이다.

관계형 데이터베이스 w에서 z가 테이블 x의 열 y의 값이라 하면, x는 $w.x.y.z$를 참조할 수 있다. 이는 데이터베이스, 테이블, 열을 이름 공간 식별자로 제공한다. 반면에 유사한 이름 공간 식별자를 몽고DB에서는 $w.x.y.k.z$로 정의하는데, x는 컬렉션 이름, y는 문서 이름, k는 x컬렉션의 키-값 쌍의 키를 나타낸다.

앞서 몽고DB 셸은 `db.name.insert()` 명령을 사용했을 때 스스로 데이터베이스와 같은 이름의 컬렉션을 자동으로 생성하는 것을 확인했다. 따라서 이미 `friends`라는 이름의 컬렉션을 가지고 있다. 그림 10-7의 코드는 `relatives`라는 이름의 컬렉션을 생성하는 방법을 보여준다.

```
> db.createCollection("relatives")
{ "ok" : 1 }
> show collections
friends
relatives
> db.relatives.insert({'fname':'Jack','relation':'grandson'})
WriteResult({ "nInserted" : 1 })
> db.relatives.insert([
...     {'fname':'Henry','relation':'grandson'},
...     {'fname':'Sara','relation':'daughter'}
... ])
BulkWriteResult({
        "writeErrors" : [ ],
        "writeConcernErrors" : [ ],
        "nInserted" : 2,
        "nUpserted" : 0,
        "nMatched" : 0,
        "nModified" : 0,
        "nRemoved" : 0,
        "upserted" : [ ]
})
> db.relatives.find()
{ "_id" : ObjectId("5af001131bc7f20d68366260"), "fname" : "Jack", "relation" : "grandson" }
{ "_id" : ObjectId("5af001131bc7f20d68366261"), "fname" : "Henry", "relation" : "grandson" }
{ "_id" : ObjectId("5af001131bc7f20d68366262"), "fname" : "Sara", "relation" : "daughter" }
>
```

그림 10-7 별도의 몽고DB 컬렉션을 생성

show collections 명령은 가지고 있는 모든 컬렉션인 두 개의 컬렉션을 보여준다.

다음으로, 세 개의 문서를 relatives 컬렉션에 삽입한다. 아래 특징을 확인해보자.

- 문자열을 구분하기 위해서는 큰따옴표(")혹은 작은따옴표(') 중 어느 것이라도 사용할 수 있다.
- 모든 괄호와 중괄호, 대괄호, 큰따옴표, 구두점 등을 정확히 일치시킨다면 명령을 여러 줄로 분산시켜 실행할 수 있다.
- insert 명령은 여러 건의 문서를 대괄호([ ])를 사용해 분리 삽입할 수 있다. 이를 **대량 쓰기**bulk write라 부른다.

 길이가 긴 명령을 사용하려면, 먼저 별도의 텍스트 편집기를 사용해 명령어를 편집한 후, 이를 복사해서 명령창에서 실행시키는 것이 좋다. 이를 위해 올바른 인용 문자를 사용해야 한다.

다음 예제는 그림 10-8에서 볼 수 있는 복합 쿼리다.

```
> db.friends.find({$and:[{'sex':'M'},{'dob':{$gt:'1985-01-01'}}]}).pretty()
{
        "_id" : ObjectId("5aefef9a1bc7f20d6836625f"),
        "fname" : "Jim",
        "lname" : "Chang",
        "dob" : "1986-04-19",
        "sex" : "M"
}
>
```

그림 10-8 몽고DB 복합 쿼리

find( ) 명령은 두 가지 조건의 조합을 인수로 받고 있다. 조합 형식은 논리적 AND로, 자바에서는 &&로 표기하고 몽고DB에서는 $and로 표기한다. 예를 들어 두 조건이 'sex'가 'M'이고 'dob' > '1985-01-01'인 위의 경우가 있다. 이를 달리 말하면 "남자이고 1985년 1월 1일 이후에 출생한 친구를 찾아줘"다.

뒤에 붙어 있는 pretty( ) 메소드는 셸에게 다중 행으로 결과를 정렬해서 보여주라는 의미다.

몽고DB에서 두 논리적 연산자인 AND와 OR는 각각 $and와 $or로 표기한다. 다른 여섯 개의 수학적 연산인 <,≤,>,≥,≠,=는 각각 $lt:, $lte:, $gt:, $gte:, $ne:, :로 표현한다.

위 문법을 사용해 update 명령에 들어가는 인수를 추측할 수 있다. 그림 10-9를 참고하자.

```
> db.friends.update({'fname':'Tom'},{$set:{'phone':'123-456-7890'}})
WriteResult({ "nMatched" : 1, "nUpserted" : 0, "nModified" : 1 })
> db.friends.find().pretty()
{
        "_id" : ObjectId("5aefef9a1bc7f20d6836625d"),
        "fname" : "Tom",
        "lname" : "Jones",
        "dob" : "1983-07-25",
        "sex" : "M",
        "phone" : "123-456-7890"
}
{
        "_id" : ObjectId("5aefef9a1bc7f20d6836625e"),
        "fname" : "Ann",
        "lname" : "Smith",
        "dob" : "1986-04-19",
        "sex" : "F"
}
{
        "_id" : ObjectId("5aefef9a1bc7f20d6836625f"),
        "fname" : "Jim",
        "lname" : "Chang",
        "dob" : "1986-04-19",
        "sex" : "M"
}
>
```

그림 10-9 몽고DB의 update() 명령 사용

여기서 친구 Tom의 문서에 전화번호를 추가했다.

update( ) 메소드를 사용해 이미 존재하는 필드를 수정하거나 새로운 필드를 추가할 수 있다.

update( ) 메소드는 첫 번째 인수에 정의한 주어진 조건을 만족하는 모든 데이터를 변경한다. 만약 {'fname'='Tom'} 대신 {'sex'='M'}를 사용했다면 sex라는 필드가 M으로 설정된 모든 문서에 전화번호가 추가됐을 것이다.

몽고DB 프롬프트 사용을 끝내려면 quit( ) 메소드를 사용하면 세션을 제거하고 운영체제의 명령창으로 돌아온다. 그림 10-10을 보자.

```
C:₩Users₩naimtenor>mongo
MongoDB shell version v3.6.4
connecting to: mongodb://127.0.0.1:27017
MongoDB server version: 3.6.4
Server has startup warnings:
2018-05-06T16:51:12.120-0700 I CONTROL  [initandlisten]
2018-05-06T16:51:12.120-0700 I CONTROL  [initandlisten] ** WARNING: Access control is not ena
bled for the database.
2018-05-06T16:51:12.120-0700 I CONTROL  [initandlisten] **          Read and write access to
data and configuration is unrestricted.
2018-05-06T16:51:12.120-0700 I CONTROL  [initandlisten]
2018-05-06T16:51:12.120-0700 I CONTROL  [initandlisten] ** WARNING: This server is bound to l
ocalhost.
2018-05-06T16:51:12.120-0700 I CONTROL  [initandlisten] **          Remote systems will be un
able to connect to this server.
2018-05-06T16:51:12.121-0700 I CONTROL  [initandlisten] **          Start the server with --b
ind_ip <address> to specify which IP
2018-05-06T16:51:12.121-0700 I CONTROL  [initandlisten] **          addresses it should serve
 responses from, or with --bind_ip_all to
2018-05-06T16:51:12.122-0700 I CONTROL  [initandlisten] **          bind to all interfaces. I
f this behavior is desired, start the
2018-05-06T16:51:12.123-0700 I CONTROL  [initandlisten] **          server with --bind_ip 127
.0.0.1 to disable this warning.
2018-05-06T16:51:12.124-0700 I CONTROL  [initandlisten]
2018-05-06T16:51:12.125-0700 I CONTROL  [initandlisten]
2018-05-06T16:51:12.126-0700 I CONTROL  [initandlisten] ** WARNING: The file system cache of
this machine is configured to be greater than 40% of the total memory. This can lead to incre
ased memory pressure and poor performance.
2018-05-06T16:51:12.127-0700 I CONTROL  [initandlisten] See http://dochub.mongodb.org/core/wt
-windows-system-file-cache
2018-05-06T16:51:12.127-0700 I CONTROL  [initandlisten]
> show dbs
admin    0.000GB
config   0.000GB
friends  0.000GB
local    0.000GB
> use friends
switched to db friends
> show collections
friends
relatives
> quit()

C:₩Users₩naimtenor>
```

그림 10-10 몽고DB 셸 세션 종료

온라인으로 제공되는 몽고DB 매뉴얼은 https://docs.mongodb.com/manual/introduction에서 확인할 수 있다. 소스와 예제가 다양하게 준비돼 있다.

도서관 데이터베이스

5장, '관계형 데이터베이스'에서는 SQLite를 사용해 관계형 데이터베이스에 Library 데이터베이스를 생성했다. 데이터베이스 설계는 그림 5-2에서 볼 수 있다(같은 데이터베이스로 MySQL이나 다른 관계형 데이터베이스를 사용해 구성할 수도 있다). 여기서는 몽고DB를 사용해 같은 데이터를 처리할 것이다.

앞서 언급했듯, 할 수 있는 유일한 예비 설계는 데이터베이스 이름과 컬렉션의 이름이다. library라는 이름으로 데이터베이스를 만들고, authors, publishers, books라는 이름의 컬렉션을 만들 것이다. 그림 10-11을 참고하자.

```
> use library
switched to db library
> db.createCollection('authors')
{ "ok" : 1 }
> db.createCollection('publishers')
{ "ok" : 1 }
> db.createCollection('books')
{ "ok" : 1 }
>
```

그림 10-11 library 데이터베이스 생성

이제 데이터를 삽입할 수 있다. 그림 10-12를 보자.

```
> db.authors.insert({'_id':'AhoAV','lname':'Aho','fname':'Alfred V.','yob':1941})
WriteResult({ "nInserted" : 1 })
> db.authors.insert({'_id':'HopcroftJE','lname':'Hopcroft','fname':'John E.','yob':1939})
WriteResult({ "nInserted" : 1 })
> db.authors.insert({'_id':'WirthN','lname':'Wirth','fname':'Niklaus','yob':1934})
WriteResult({ "nInserted" : 1 })
> db.authors.insert({'_id':'LeisersonCE','lname':'Leiserson','fname':'Charles E.','yob':1953}
)
WriteResult({ "nInserted" : 1 })
> db.authors.insert({'_id':'RivestRL','lname':'Rivest','fname':'Ronald L.','yob':1947})
WriteResult({ "nInserted" : 1 })
> db.authors.insert({'_id':'SteinCL','lname':'Stein','fname':'Clifford S.','yob':1965})
WriteResult({ "nInserted" : 1 })
>
```

그림 10-12 authors 컬렉션에 문서 삽입

authors 컬렉션에 총 여섯 개의 문서를 삽입해 여섯 명의 저자를 표현한다.

각 문서가 네 개의 필드(_id, lname, fname, yob)로 구성된 것을 확인하자. 첫 세 개의 필드
는 문자열이고 마지막 하나는 정수형 데이터다. _id 필드의 값은 저자의 성과 이름 및 중
간이름의 첫 번째 문자의 조합으로 만들었다.

이제 결과를 확인해보자.

```
> db.authors.find().sort({'_id':1})
{ "_id" : "AhoAV", "lname" : "Aho", "fname" : "Alfred V.", "yob" : 1941 }
{ "_id" : "HopcroftJE", "lname" : "Hopcroft", "fname" : "John E.", "yob" : 1939 }
{ "_id" : "LeisersonCE", "lname" : "Leiserson", "fname" : "Charles E.", "yob" : 1953 }
{ "_id" : "RivestRL", "lname" : "Rivest", "fname" : "Ronald L.", "yob" : 1947 }
{ "_id" : "SteinCL", "lname" : "Stein", "fname" : "Clifford S.", "yob" : 1965 }
{ "_id" : "WirthN", "lname" : "Wirth", "fname" : "Niklaus", "yob" : 1934 }
>
```

그림 10-13 authors 컬렉션의 내용 확인

sort( ) 메소드를 사용해 문서 조회 결과를 _id 필드 값의 알파벳 순서에 따라 정렬해서 보
여줄 수 있다. 1은 sort( ) 메소드의 인수로 오름차순으로 정렬한다는 의미다. −1이면 내
림차순으로 정렬한다.

다음으로 네 개의 문서를 publishers 컬렉션에 삽입하고 결과를 확인한다.

```
> db.publishers.insert({'_id':'PACKT','name':'Packt Publishers Limited','city':'Birmingham',
'country':'UK'})
WriteResult({ "nInserted" : 1 })
> db.publishers.insert({'_id':'A-W','name':'Addison-Wesley Longman, Inc.','city':'Reding, MA'
,'country':'US'})
WriteResult({ "nInserted" : 1 })
> db.publishers.insert({'_id':'MIT','name':'The MIT Press','city':'Cambridge, MA','country':'
US'})
WriteResult({ "nInserted" : 1 })
> db.publishers.insert({'_id':'PH','name':'Prentice Hall, Inc.','city':'Upper Saddle River, N
J','country':'US'})
WriteResult({ "nInserted" : 1 })
>
> db.publishers.find().sort({'_id':1})
{ "_id" : "A-W", "name" : "Addison-Wesley Longman, Inc.", "city" : "Reding, MA", "country" :
"US" }
{ "_id" : "MIT", "name" : "The MIT Press", "city" : "Cambridge, MA", "country" : "US" }
{ "_id" : "PACKT", "name" : "Packt Publishers Limited", "city" : "Birmingham", "country" : "U
K" }
{ "_id" : "PH", "name" : "Prentice Hall, Inc.", "city" : "Upper Saddle River, NJ", "country"
: "US" }
>
```

그림 10-14 publishers 컬렉션에 문서를 삽입

또한 **books** 컬렉션에도 문서를 삽입할 것이다.

```
> db.books.insert({'_id':'9781491901632','title':'Hadoop: The Definitive Guide','author':'Whi
teT','publisher':'OREILLY','year':2015})
WriteResult({ "nInserted" : 1 })
> db.books.insert({'_id':'9781449344689','title':'MongoDB: The Definitive Guide','author':'Ch
odorowK','publisher':'OREILLY','year':2013})
WriteResult({ "nInserted" : 1 })
> db.books.insert({'_id':'0201000237','title':'Algorithms and Data Structures','author':['Aho
AV','HopcroftJE','UllmanJD'],'publisher':'A-W','year':1982})
WriteResult({ "nInserted" : 1 })
> db.books.find().pretty()
{
        "_id" : "9781491901632",
        "title" : "Hadoop: The Definitive Guide",
        "author" : "WhiteT",
        "publisher" : "OREILLY",
        "year" : 2015
}
{
        "_id" : "9781449344689",
        "title" : "MongoDB: The Definitive Guide",
        "author" : "ChodorowK",
        "publisher" : "OREILLY",
        "year" : 2013
}
{
        "_id" : "0201000237",
        "title" : "Algorithms and Data Structures",
        "author" : [
                "AhoAV",
                "HopcroftJE",
                "UllmanJD"
        ],
        "publisher" : "A-W",
        "year" : 1982
}
>
```

그림 10-15 books 컬렉션에 문서를 삽입

세 번째 책의 경우 author 키에 객체의 배열을 사용했음에 주목하자.

"author " : ["AhoAV ", "HopcroftJE ", "UllmanJD "]

이는 자바 문법으로 표현하면 다음과 같다.

String[] authors = {"AhoAV ", "HopcroftJE ", "UllmanJD "}

또한 여기서, 외래키를 사용하는 관계형 데이터베이스와는 달리, 몽고DB는 참조 대상을 삽입하기 전에 미리 정의할 필요가 없다. 그림 10-15의 첫 번째 insert 구문에서 사용된 author 키 "WhiteT"는 참조의 대상이 되는 authors 컬렉션에 삽입된 적이 없는 문서다.

명령줄에서 위와 같이 별도의 insert( ) 호출을 사용해 NoSQL 컬렉션을 쓰는 것은 시간도 많이 소요되고 오류가 발생하기도 쉽다. 더 나은 접근법은 이제부터 설명할 프로그램 내에서 대량으로 삽입을 실행하는 것이다.

몽고DB를 사용한 자바 개발

자바를 사용해 몽고DB에 접근하기 위해서는 몽고-자바-드라이버 JAR 파일을 다운로드 받아야 한다. 아래 주소에서 받을 수 있다.

http://central.maven.org/maven2/org/mongodb/mongo-java-driver

3.7.0 같은 최신의 안정화 버전을 선택하고, JAR 파일을 다운로드 받는다. mongo-java driver-3.7.0.jar와 mongo-java-driver-3.7.0-javadoc.jar가 있다.[2]

---

2 예제 코드는 메이븐 기반의 프로젝트로 구성돼 있어서, 별도로 JAR 파일을 다운로드할 필요가 없다. – 옮긴이

코드 10-2의 프로그램은 friends 데이터베이스를 예제로 몽고DB 데이터베이스에 자바를 사용해 접근하는 방법을 보여준다.

```java
public class PrintMongDB {
    public static void main(String[] args) {
        MongoClient client = new MongoClient("localhost", 27017);
        MongoDatabase friends = client.getDatabase("friends");
        MongoCollection relatives = friends.getCollection("relatives");

        Bson bson = Sorts.ascending("fname");
        FindIterable<Document> docs = relatives.find().sort(bson);
        int num = 0;
        for (Document doc : docs) {
            String name = doc.getString("fname");
            String relation = doc.getString("relation");
            System.out.printf("%4d. %s, %s%n", ++num, name, relation);
        }
    }
}
```

```
Problems  Search  Console  Terminal
<terminated> PrintMongDB [Java Application] C:\Program Files\Java\jre1.8.0_151\bin\javaw.exe (2018. 5. 7. 오후 5
   1. Henry, grandson
   2. Jack, grandson
   3. Sara, daughter
```

코드 10-2 컬렉션의 문서를 출력하는 자바 프로그램

18행~20행은 relatives 컬렉션에 접근하는 데 필요한 세 개의 객체(MongoClient, MongoDatabase, MongoCollection)를 정의하는 코드다. 코드 나머지 부분에서 컬렉션의 모든 문서를 반복해 순서를 매기고 알파벳 순서대로 출력한다.

23행에서는 relatives 컬렉션의 find( ) 메소드를 사용해 특별한 Iterable 객체를 생성한다. 이는 22행에서 정의된 bson 객체에 의해 지정된 순서에 따라 문서에 접근한다. 25행~29행의 반복문은 각 문서의 두 필드 값을 출력해준다.

입력된 데이터는 그림 10-7에서 확인할 수 있다.

 BSON 객체는 이진화 인코딩 형식의 JSON 객체(2장, '데이터 처리' 참고)로, 빠른 접근이 가능하다.

코드 10-3의 프로그램은 세 개의 새로운 문서를 relatives 컬렉션에 삽입하고 전체 컬렉션 내용을 출력한다.

```java
public class InsertMongoDB {
    public static void main(String[] args) {
        MongoClient client = new MongoClient("localhost", 27017);
        MongoDatabase friends = client.getDatabase("friends");
        MongoCollection relatives = friends.getCollection("relatives");

        addDoc("John", "son", relatives);
        addDoc("Bill", "brother", relatives);
        addDoc("Helen", "grandmother", relatives);

        printCollection(relatives);
    }

    public static void addDoc(String fname, String relation,
            MongoCollection collection) {
        Document doc = new Document();
        doc.put("fname", fname);
        doc.put("relation", relation);
        collection.insertOne(doc);
    }

    public static void printCollection(MongoCollection collection) {
        Bson bson = Sorts.ascending("fname");
        FindIterable<Document> docs = collection.find().sort(bson);
        int num = 0;
        for (Document doc : docs) {
            String name = doc.getString("fname");
            String relation = doc.getString("relation");
            System.out.printf("%4d. %s, %s%n", ++num, name, relation);
        }
    }
}
```

```
Problems  Search  Console  Terminal
<terminated> InsertMongoDB [Java Application] C:\Program Files\Java\jre1.8.0_151\bin\javaw.exe (2018. 5. 7.
    1. Bill, brother
    2. Helen, grandmother
    3. Henry, grandson
    4. Jack, grandson
    5. John, son
    6. Sara, daughter
```

코드 10-3 컬렉션에 문서를 삽입하는 자바 프로그램

각 삽입 단계는 29행~35행에 정의된 addDoc 메소드에서 관리한다. 이 메소드는 새로운 문서를 생성하고 이 문서를 컬렉션에 추가한다.

출력은 37행~46행에 정의된 메소드에서 담당한다. 이 메소드는 코드 10-2의 22행~29행의 내용과 같다.

출력값을 보면 세 개의 새로운 문서가 추가됐음을 확인할 수 있다. 결과는 fname 필드에 따라 정렬된다.

MongoDatabase는 MongoCollection 객체의 집합이고, MongoCollection은 Document 객체의 집합이며, Document는 키-값 쌍으로 이루어진 Map임을 기억하자. 예를 들어 42행에서 처음으로 만나는 문서의 키-값 쌍은 {"fname":"Jack"}이다.

NoSQL 데이터베이스는 컬렉션의 키-값 쌍이 테이블과 유사하다는 점에서 논리적으로 **관계형 데이터베이스**와 유사하다. 코드 10-2 프로그램을 사용해 뽑아낸 여섯 쌍의 키-값 쌍을 표 10-3 같이 관계형 데이터베이스에 저장할 수도 있다. 각 문서는 테이블의 한 행을 표현한다.

fname	relation
Bill	brother
Helen	grandmother
Henry	grandson
Jack	grandson
John	son
Sara	daughter

표 10-3 키-값 쌍

하지만 NoSQL 컬렉션은 관계형 데이터베이스의 테이블에 비해 더 일반적이다. 컬렉션의 문서는 서로 다른 요소 값 개수를 가질 수 있고, 다른 필드와 데이터 형태를 가질 수 있어 독립적이다. 그러나 테이블은 모든 행이 같은 구조 즉, 같은 수의 필드(열)와 같은 데이터 형태(스키마)를 가져야 한다.

5장, '관계형 데이터베이스'에서 테이블 스키마는 테이블 내부에서 일련의 열과 같은 순서의 일련의 데이터 유형이 정의된 것이라 했다. 각 테이블은 유일한 스키마를 가지고, 모든 테이블의 행은 스키마에 정의된 규칙을 따라야 한다. 그러나 NoSQL의 컬렉션은 하나의 유일한 스키마가 없다. 각 문서는 자기만의 스키마를 가지고 키-값 쌍이 추가되거나 제거될 때마다 매번 변할 수도 있다. 따라서 NoSQL 컬렉션을 **동적 스키마**dynamic schema라고도 부른다.

코드 10-4의 프로그램은 library 데이터베이스의 authors 컬렉션에 데이터를 적재한다. 5장, '관계형 데이터베이스'에서 사용한 데이터 파일과 같은 Authors.dat 파일로부터 데이터를 읽을 것이다.

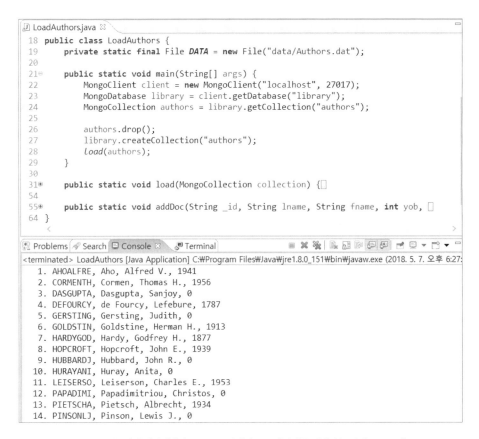

코드 10-4 파일 데이터에서 authors 컬렉션으로 데이터를 적재하는 자바 프로그램

22행~24행에서 MongoClient, MongoDatabase, MongoCollection 객체를 그림 10-11에서 정의한 authors 컬렉션을 표현한 authors 객체로 초기화한다. 26행~27행에서는 authors 컬렉션을 삭제하고 재생성한다. 그 후 28행에서 데이터 파일에 있는 모든 데이터를 load(collection) 메소드를 호출해 authors 컬렉션에 삽입한다.

코드 10-4의 결괏값은 load(collection) 메소드에서 만든 것이다. 각 문서(데이터베이스 객체)가 적재된 후 출력한다. load(collection) 메소드는 코드 10-5와 같다.

```java
31    public static void load(MongoCollection collection) {
32        try {
33            Scanner fileScanner = new Scanner(DATA);
34            int n = 0;
35            while (fileScanner.hasNext()) {
36                String line = fileScanner.nextLine();
37                Scanner lineScanner = new Scanner(line).useDelimiter("/");
38                String _id = lineScanner.next();
39                String lname = lineScanner.next();
40                String fname = lineScanner.next();
41                int yob = lineScanner.nextInt();
42                lineScanner.close();
43
44                addDoc(_id, lname, fname, yob, collection);
45                System.out.printf("%4d. %s, %s, %s, %d%n",
46                        ++n, _id, lname, fname, yob);
47            }
48            System.out.printf("%d 문서가 authors 컬렉션에 삽입됨.%n", n);
49            fileScanner.close();
50        } catch (IOException e) {
51            System.err.println(e);
52        }
53    }
```

코드 10-5 LoadAuthors 프로그램의 load() 메소드

5장, '관계형 데이터베이스'의 예제처럼, Scanner 객체를 사용해 파일로부터 데이터를 읽는다. lineScanner는 분리된 각 필드 값을 읽어 세 개의 String 객체와 하나의 int 값으로 변환해 44행의 addDoc() 메소드에 넘겨준다.

addDoc( ) 메소드는 코드 10-6과 같다.

```java
📄 LoadAuthors.java ✕
55    public static void addDoc(String _id, String lname, String fname, int yob,
56        MongoCollection collection) {
57        Document doc = new Document();
58        doc.put("_id", _id);
59        doc.put("lname", lname);
60        doc.put("fname", fname);
61        doc.put("yob", yob);
62        collection.insertOne(doc);
63    }
```

코드 10-6 LoadAuthors 프로그램의 addDoc() 메소드

```
> show dbs
admin    0.000GB
config   0.000GB
friends  0.000GB
library  0.000GB
local    0.000GB
> use library
switched to db library
> show collections
authors
books
publishers
> db.authors.find({yob:{$gt:1935}}).sort({yob:-1})
{ "_id" : "STEINCLI", "lname" : "Stein", "fname" : "Clifford S.", "yob" : 1965 }
{ "_id" : "CORMENTH", "lname" : "Cormen", "fname" : "Thomas H.", "yob" : 1956 }
{ "_id" : "LEISERSO", "lname" : "Leiserson", "fname" : "Charles E.", "yob" : 1953 }
{ "_id" : "RIVESTRO", "lname" : "Rivest", "fname" : "Ronald L.", "yob" : 1947 }
{ "_id" : "ULLMANJE", "lname" : "Ullman", "fname" : "Jeffrey D.", "yob" : 1942 }
{ "_id" : "AHOALFRE", "lname" : "Aho", "fname" : "Alfred V.", "yob" : 1941 }
{ "_id" : "WIENERRI", "lname" : "Wiener", "fname" : "Richard", "yob" : 1941 }
{ "_id" : "HOPCROFT", "lname" : "Hopcroft", "fname" : "John E.", "yob" : 1939 }
>
```

그림 10-16 authors 컬렉션에서 몽고DB의 find() 메소드 사용

그림 10-16의 셸 캡처 화면은 authors 컬렉션에 적재된 데이터를 확인한 것이다. find
({yob:{$gt:1935}})는 yob 필드가 1935보다 큰 문서를 반환하는 명령이다.

addDoc( ) 메소드는 57행에 Document 객체를 선언하고, 이 객체의 put( ) 메소드를 이용해
네 개의 필드에 해당하는 값을 입력한다. 그리고 62행에서 collection 매개변수의 컬렉
션 관리 명령을 사용해 문서를 컬렉션에 삽입한다.

Publishers.dat 파일과 Books.dat 파일을 사용해 publishers와 books 컬렉션에 데이터를 적재하는 유사한 자바 프로그램을 구동할 수 있다.

5장, '관계형 데이터베이스'에서 Library 데이터베이스를 관계형 데이터베이스에 구축할 때, AuthorsBooks.dat 파일로부터 그림 5-2에 정의된 외래키를 분리된 테이블의 연결 관계로 정의하고 데이터를 적재했다. 그러나 몽고DB 같은 NoSQL 데이터베이스는 외래키를 지원하지 않는다. 그래서 다른 방법으로 그림 10-17과 같이 각 books 문서에 author나 authors 필드를 포함시킨다. 그림 10-17은 ISBN 0130933740을 가지는 자바의 데이터 구조를 사용해 book 문서에 두 명의 저자를 추가하는 방법을 보여준다.

먼저 find( ) 메소드를 사용해 book 문서의 현재 상태를 확인한다. 해당 포인트에서 문서는 일곱 개의 필드를 갖고 있다. 다음으로 updateOne( ) 메소드를 사용해 "authors"라는 키 이름을 가진 필드를 추가한다. 해당 키에 대한 정의된 값은 배열 ["JubbardJR","HurayA"] 이다. 마지막으로 find( ) 쿼리를 반복해 문서가 여덟 개의 필드를 가지는지 확인하고, 마지막 한 필드가 authors 필드인지 확인한다.

 TIP 몽고DB 구문에서 작은따옴표(')를 큰따옴표(") 대신 사용할 수 있다. 큰따옴표는 셸 출력 시 사용된다. 일반적으로 명령어 창에 입력 시 작은따옴표를 더 선호하는데, 단순하게 작은따옴 표는 시프트 키(Shift)를 누르지 않아도 되기 때문이다.

책에서 다루지는 않지만 LoadBooks 자바 프로그램을 사용해 데이터를 읽고, AuthorsBooks. dat 파일을 통해 정보를 처리할 수 있다.

자바 프로그램은 코드 10-7에서 볼 수 있듯, AuthorsBooks.dat 파일로부터 모든 저자를 books 컬렉션에 추가한다.

```
> db.books.find({'_id':'0130933740'}).pretty()
{
        "_id" : "0130933740",
        "title" : "Data Structures with Java",
        "edition" : 1,
        "publisher" : "PH",
        "year" : 2004,
        "cover" : "HARD",
        "pages" : 613
}
> db.books.updateOne({'_id':'0130933740'},{$set:{'authors':['JubbardJR','HurayA']}})
{ "acknowledged" : true, "matchedCount" : 1, "modifiedCount" : 1 }
> db.books.find({'_id':'0130933740'}).pretty()
{
        "_id" : "0130933740",
        "title" : "Data Structures with Java",
        "edition" : 1,
        "publisher" : "PH",
        "year" : 2004,
        "cover" : "HARD",
        "pages" : 613,
        "authors" : [
                "JubbardJR",
                "HurayA"
        ]
}
>
```

그림 10-17 update() 메소드를 사용해 books 컬렉션에 필드를 추가

이전에 살펴본 자바 프로그램처럼 이 프로그램은 두 개의 Scanner 객체를 사용해 특정 파일에서 데이터를 읽어온다. 29행~40행의 반복문은 한 번에 한 줄씩 읽어 author_id와 book_id 문자열 값을 추출한다.

중요한 코드는 36행~39행이다. 36행에서 Document 객체는 author_id로 캡슐화됐다. 37행에서 updateOne() 메소드를 호출해 doc 객체를 author 키에 값으로 설정해 book_id로 식별된 books 문서에 추가한다. 만약 존재하지 않는 경우 먼저 생성하고 doc 객체를 추가한다.

그림 10-18의 몽고 셸 세션은 코드 10-7 프로그램의 실행을 확인하기 위함이다.

```
> db.books.find({'_id':'013600637X'}).pretty()
{
        "_id" : "013600637X",
        "title" : "A First Course in Database Systems",
        "edition" : 3,
        "publisher" : "PH",
        "year" : 2008,
        "cover" : "HARD",
        "pages" : 565
}
> db.books.find({'_id':'013600637X'}).pretty()
{
        "_id" : "013600637X",
        "title" : "A First Course in Database Systems",
        "edition" : 3,
        "publisher" : "PH",
        "year" : 2008,
        "cover" : "HARD",
        "pages" : 565,
        "author" : [
                {
                        "author_id" : "ULLMANJE"
                },
                {
                        "author_id" : "WIDOMJEN"
                }
        ]
}
```

그림 10-18 authors에 books 컬렉션을 추가

같은 쿼리인 _id가 013600637X인 books 문서를 찾는 요청을 두 번 실행했다. 자바 프로그램을 실행시키기 전과 후에 각각 실행했는데, 두 번째 응답에서 authors 항목에 ULLMANJE와 WIDOMJEN가 문서의 author 배열 형태로 추가된 것을 볼 수 있다.

▌ 지리 정보 데이터베이스를 위한 몽고DB 확장

몽고DB의 GeoJSON 객체는 Point, LineString, Polygon, MiltiPoint, MultiLineString, MultiPolygon, GeometryCollection 유형을 지원한다. 이 객체들은 이차원 지리 정보나 지리학적 지구 표면 데이터를 다루는 데 사용한다.

몽고DB는 지리 정보 데이터베이스를 뉴욕시의 식당 위치에 활용한 좋은 튜토리얼을 제공한다. 튜토리얼 위치는 https://docs.mongodb.com/manual/tutorial/geospatial-tutorial/이다.

GeoJSON 객체는 다음과 같은 형식을 가진다.

```
<필드>: { 유형: <GeoJSON-유형>, coordinates: [경도, 위도] }
```

여기서 GeoJSON-유형이란 앞서 나열한 일곱 가지(Point, LineString, Polygon, MiltiPoint, MultiLineString, MultiPolygon, GeometryCollection) 중 하나를 말하며, 경도와 위도는 범위 $-180 <경도< 180$, $-90 <위도< 90$의 값을 가진다. 예를 들어 아래 GeoJSON 객체는 런던의 웨스트민스터 사원을 가리킨다.

```
"location": {"type": "Point", "coordinates": [-0.1275, 51.4994]}
```

GeoJSON 객체는 (x,y) 좌표로, 위도보다 경도를 앞에 둔다는 점을 유의하자. 이는 그림 10-19처럼 위도가 앞에 오는 Geo URI와는 반대다.

그림 10-19 웨스트민스터 사원의 Geo URI. 위도가 경도보다 앞에 등장한다.

그림 10-20은 GeoJSON 문서로 몽고DB에 places 컬렉션을 표현해 개발하는 방법을 설명한다.

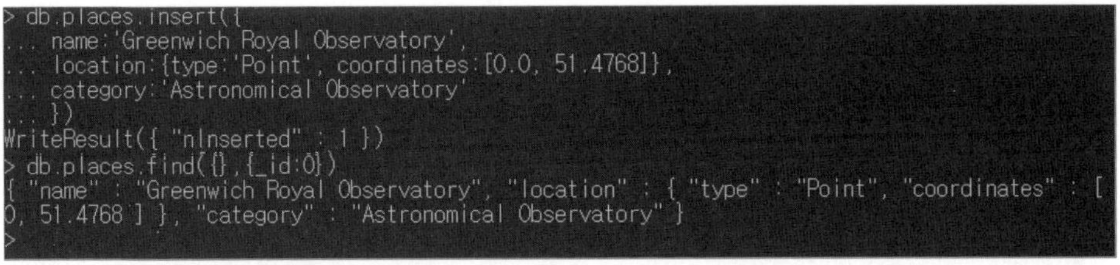

```
> db.places.insert({
...  name:'Greenwich Royal Observatory',
...  location:{type:'Point', coordinates:[0.0, 51.4768]},
...  category:'Astronomical Observatory'
...  })
WriteResult({ "nInserted" : 1 })
> db.places.find({},{_id:0})
{ "name" : "Greenwich Royal Observatory", "location" : { "type" : "Point", "coordinates" : [
0, 51.4768 ] }, "category" : "Astronomical Observatory" }
>
```

그림 10-20 places 컬렉션에 GeoJSON 문서를 삽입

몽고DB에서의 인덱스

데이터베이스 필드의 인덱스에 대해 다시 떠올려보면 트리 구조를 사용해 해당 필드에 대한 쿼리를 효과적으로 처리해 속도를 향상할 수 있다. 5장, '관계형 데이터베이스'에서 B-트리 데이터 구조(그림 5-18)가 데이터베이스 인덱스 구현을 위한 공통 메커니즘이라고 설명했다.

관계형 데이터베이스와 유사하게, 몽고DB 또한 인덱스를 지원한다. 예를 들어 books 컬렉션이 책당 1,000,000건의 문서를 포함하고 있다고 가정해보자. 그리고 이 상황에서 아래 쿼리가 실행돼야 한다.

```
db.books.find({year:{"$gte":1924,"$lt":1930}})
```

이는 1924년부터 1930년 사이에 출간된 모든 책의 목록을 얻는 것이다. 만약 year 필드의 인덱스가 생성돼 있었다면, 응답이 즉시 올 수 있었을 것이다. 그러나 실상은 1,000,000건의 문서를 하나하나 확인해야 한다.

각 컬렉션에 필수 필드인 _id 필드는 자동으로 인덱스가 생성된다. 이는 유니크 인덱스로 입력받는 어떤 문서라도 컬렉션에 이미 존재하는 같은 _id 값을 삽입할 수 없도록 방지한다.

다른 필드에 대한 인덱스를 생성하기 위해서는 db.collection.createIndex(key) 메소드를 그림 10-21과 같이 사용해야 한다. 값 1은 인덱스가 특정 필드 값의 오름차순 순서로 정렬됨을 의미한다.

```
> db.books.createIndex({'year':1})
{
        "createdCollectionAutomatically" : false,
        "numIndexesBefore" : 1,
        "numIndexesAfter" : 2,
        "ok" : 1
}
>
```

그림 10-21 books.year 필드에 대한 인덱스 생성

관계형 데이터베이스에서 인덱스는 많은 공간을 차지하고 삽입 및 삭제 프로세스를 느리게 만든다. 따라서 모든 필드에 대해 인덱스를 생성하는 것은 좋지 않다. 가장 좋은 전략은 제일 일반적으로 검색 대상이 되는 필드에 대해 인덱스를 생성하는 것이다. 예를 들어 library 데이터베이스의 경우 books.year 필드, books.author.author_id 필드와 books.title 필드, publishers.name 필드에 인덱스를 생성할 수 있을 것이다.

몽고DB는 **복합 인덱스**도 제공한다. 일반적인 문법은 아래와 같다.

```
db.collection.createIndex({<필드1>: <유형>, <필드2>: <유형2> ... })
```

예를 들어 db.books.createIndex({year:1, title:1}) 명령은 이차원의 복합 인덱스를 생성할 것이다. 먼저 year 필드의 인덱스를 생성하고, 그 후 title 필드를 각 year에 대해 인덱스를 생성한다. 이 인덱스는 아래와 같은 빈번한 쿼리 처리에 유리하다.

```
db.books.find({}, {year:1, title:1, publisher:1}).sort({year:1})
```

또한 지리 정보 데이터베이스 컬렉션도 인덱스를 생성할 수 있다. 몽고DB는 두 가지 특별한 지리 정보 인덱스를 지원한다. 하나는 평이한 이차원 지리 정보 데이터고, 다른 하나

는 구 형태의 지리 정보 데이터다. 앞의 인덱스는 그래픽 애플리케이션에서 유용한 반면, 뒤의 인덱스는 지구 표면의 지리학적 위치에 적용이 쉽다. 두 가지 다른 접근 방식을 취하는 이유가 있다. 일반적인 평면 삼각형은 항상 세 각의 합이 180도인 반면, 구형 삼각형의 경우 모든 세 각이 직각일 수 있어 합계가 270도가 될 수 있기 때문이다. 적도를 기반으로 두 면이 북극에서 자오선으로 내려오는 구형 삼각형을 생각해보자.

왜 NoSQL인가? 왜 몽고DB인가?

지난 10년 간 데이터셋의 크기는 특히 웹 기반의 엔터프라이즈 환경에서 매우 빠르게 성장해 왔다. 저장 공간은 이제 테라바이트 범위를 요구하고 있다. 이런 요구사항의 증가로, 개발자는 서버의 사양을 올리거나(수직적 확장), 데이터를 다수의 독립적인 서버에 분배할 것이냐(수평적 확장)를 두고 고민하게 됐다. 성장하는 데이터베이스는 관리 및 수직적 확장이 쉽다. 그러나 그러한 옵션은 매우 비싸거나 크기 제한이 있는 경우가 많다. 수평적 확장은 명백히 더 좋은 옵션이지만, 표준 관계형 데이터베이스에서는 쉽고 저렴하게 분배할 수가 없다.

몽고DB는 도큐멘트 기반 데이터베이스 시스템으로 쉽게 수평적 확장을 할 수 있다. 데이터베이스 클러스터 간 자동으로 균형을 맞춰주고 서버에서 필요 시 문서를 클러스터 간 투명하게 재배포하는 것도 가능하다.

타 NoSQL 데이터베이스 시스템

이미 언급했듯, 몽고DB는 NoSQL 데이터베이스 시스템에서 상위에 랭크돼 있다(http://www.kdnuggets.com/2016/06/top-nosql-database-engines.html). 그리고 그 뒤를 아파치 카산드라Apache Cassandra, 레디스Redis, 아파치 HBase, Neo4j 등이 따르고 있다.

몽고DB는 **도큐멘트 데이터 모델**document data model을 사용한다. 데이터베이스는 컬렉션의 집합이고, 이는 문서의 집합으로 구성돼 있다. 각 문서는 키-값 쌍으로 구성돼 있고, BSON 파일에 저장돼 있다.

카산드라와 HBase는 **컬럼 데이터 모델**column data model을 사용한다. 각 데이터 포인트는 세 가지로 키, 값, 시간으로 이루어져 있다. 카산드라는 자체적인 쿼리 언어를 가지고 있는데, SQL과 유사한 형태의 CQL이라 부른다.

레디스는 **키-값 데이터 모델**key-value data model을 사용한다. 데이터베이스는 사전의 집합으로 구성되며 각각은 키-값 레코드의 집합이다. 여기서 값은 필드의 순서다.

Neo4J는 **그래프 데이터 모델**graph data model을 사용한다. 데이터베이스는 데이터를 포함한 노드에 대한 그래프다. 싸이퍼 쿼리문Cypher query language을 지원한다. 자바를 지원하는 다른 그래프 데이터베이스는 그래프베이스와 오리엔트DB가 있다.

위 데이터베이스들은 모두 자바 API가 있다. 따라서 몽고DB 데이터베이스에서 사용한 것처럼 같은 자바 프로그램을 작성할 수 있다.

▌ 요약

10장에서는 NoSQL 데이터베이스와 몽고DB 데이터베이스 시스템을 소개했다. 관계형 SQL 데이터베이스와 비관계형 NoSQL 데이터베이스의 차이를 구조와 사용성 관점에서 논했다. 5장, '관계형 데이터베이스'에서 사용한 Library 데이터베이스를 몽고DB 데이터베이스에서 재구성했고, 자바 애플리케이션 프로그램을 사용해 구동해보기도 했다. 마지막으로 지리 정보 데이터베이스에 대해 간략히 알아보고, 몽고DB에서 인덱스를 생성하는 법도 알아봤다.

11

빅데이터 분석

"개척 시대에는 무거운 짐을 끌기 위해 황소를 사용했다. 한 마리의 황소로 통나무를 옮길 수 있으면 더 큰 황소를 키우려고 하지 않았다. 더 성능이 좋은 컴퓨터를 만들기 위해 노력하지 말고 더 많은 컴퓨터 시스템을 만들기 위해 노력해야 한다."

– 그레이스 호퍼Grace Hopper, (1906–1992)

빅데이터라는 용어는 일반적으로 단일 파일 서버에서 관리하기에는 너무 큰 대규모 데이터 셋의 저장, 검색 및 분석을 위한 알고리즘을 의미한다. 이러한 알고리즘은 구글에서 처음 상업적으로 시도했다. 초기 벤치마크 알고리즘인 페이지랭크PageRank와 맵리듀스MapReduce 는 11장에서 가장 주목해서 볼 알고리즘이다.

▌ 확장, 데이터 스트라이핑, 샤딩

관계형 데이터베이스는 매우 큰 데이터베이스를 운영하기에 아주 적절하지는 않다. 10장, 'NoSQL 데이터베이스'에서 봤듯, NoSQL 데이터베이스 시스템이 개발된 데는 이유가 있다.

급격하게 증가하는 데이터셋을 관리하기 위해 두 가지 접근법을 고려할 수 있다. 하나는 **수직적 확장**이고 다른 하나는 **수평적 확장**이다. 수직적 확장은 단일 서버의 처리 용량을 증가시키는 전략으로, 중앙처리장치를 더 빠른 것으로 변경하거나, 메모리 용량을 늘리거나, 저장 공간을 더 확보하는 것 등이 있다. 수평적 확장은 데이터셋을 시스템 내 몇 개의 서버로 분산 저장하는 것이다. 수직적 확장은 이미 존재하는 소프트웨어에 별도 재설정 작업이 필요 없다는 장점이 있으나, 수평적 확장에 비해 성능 향상이 제한적이라는 단점이 있다. 수평적 확장의 가장 큰 단점은 기존 소프트웨어에 조정이 필요하다는 것인데, 맵리듀스 같은 프레임워크는 이런 조정을 상당히 관리하기 쉽게 만들어준다.

데이터 스트라이핑 Data striping은 단일 시스템의 하드디스크와 같은 여러 저장 장치 전반에 걸쳐 상대적으로 작은 덩어리로 데이터를 분산시키는 것을 의미한다. 이 방식은 관계형 데이터베이스 시스템에서 사용돼 온 방식으로 더 빠른 데이터 접근을 가능하게 하고, 데이터의 중복 저장을 제공한다.

매우 큰 데이터셋을 적용하기 위해 수평적 확장을 사용하면, 데이터가 클러스터에 체계적으로 분산돼야 한다. 몽고DB는 **샤딩**sharding이라는 기술을 사용해 데이터 분산을 처리한다.

샤딩은 문서 집합을 **샤드**라 부르는 하위 집합으로 나눈다.

몽고DB에서 샤딩은 해시 기반 샤딩과 범위 기반 샤딩의 두 가지 방식으로 실행할 수 있다. 이는 맵 인터페이스를 구현하기 위해 해시맵과 트리맵 두 가지를 선택한 자바의 의도와 유사하다. 기본적으로 컬렉션 키에서 범위 쿼리를 수행할지 여부에 달려있다. 예를 들어 `library.books` 컬렉션의 키는 `isbn`이다. 이 경우 "ISBN이 1107015000과 1228412000 사이인 모든 책을 찾아주세요" 같은 검색어를 실행하지는 않을 것이다. 따라서 이 경우 해시 기반 샤딩이 적합하다. 반면, 연도 필드를 사용할 때는 범위 기반 조회를 할 가능성이 높다. 이 경우에는 범위 기반 샤딩이 더 적합하다.

▍ 구글 페이지랭크 알고리즘

1990년 웹이 처음 시작된 지 얼마 안 됐을 무렵, 많은 수의 검색 엔진이 정보를 찾는 데 활용됐다. 당시에는 1995년에 소개된 알타비스타^AltaVista가 가장 인기가 많았다. 이 검색 엔진은 웹 페이지가 지정한 주제에 따라 페이지를 분류했다.

그런데 이런 초기 검색 엔진에는 문제가 있었다. 바로 부도덕한 웹 페이지가 악성 기술을 사용해 페이지 트래픽을 유도한다는 점이었다. 예를 들어, 러그를 청소해주는 서비스는 저녁 식사로 피자를 주문하려 하는 사용자를 끌어들이기 위해 웹 페이지 헤더에 "피자"라는 주제를 나열할 수 있다. 이런 속임수를 비롯한 여러 속임수가 초기 검색 엔진을 거의 쓸모없게 만들었다.

이러한 문제점을 극복하기 위해 다양한 페이지 순위 시스템이 시도됐다. 목표는 실제 콘텐츠를 보는 사용자의 인기도를 기반으로 페이지 순위를 매기는 것이다. 그중 한 가지 방법은 해당 페이지의 링크를 갖고 있는 다른 페이지의 수를 계산하는 것이다. 예를 들어 https://en.wikipedia.org/wiki/Renaissance 페이지에 대한 100,000개의 링크가 있고, https://en.wikipedia.org/wiki/Ernest_Renan 페이지에 대해서는 100개의 링크만 있다면, 앞의 페이지가 뒤 페이지보다 훨씬 높은 순위를 부여받게 된다.

그러나 단순히 페이지의 링크 개수만을 센다면 동작하지 않는 링크도 같이 포함될 수 있다. 예를 들어 러그 청소 서비스는 단순하게 100개의 가짜 웹 페이지를 만들 수 있으며, 각각의 페이지는 사용자가 보길 원하는 페이지에 대한 링크를 포함한다.

1996년 스탠포드 대학교 학생이던 래리 페이지Larry Page와 세르게이 브린Sergey Brin은 페이지랭크 알고리즘을 만들었다. 이 알고리즘은 웹 페이지를 스스로 시뮬레이션해 매우 큰 방향성 그래프로 표현한다. 각 웹 페이지는 그래프의 노드로 표현되고, 페이지 간 연결은 그래프의 에지(연결선)로 표현된다.

 페이지랭크 알고리즘의 발명은 1998년 구글의 창립으로 이어졌다.

그림 11-1의 방향성 그래프는 같은 속성을 가지는 작은 네트워크를 표현한 것이다.

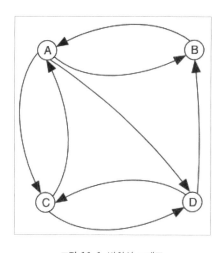

그림 11-1 방향성 그래프

이 그래프에는 A, B, C, D 네 개의 웹 페이지를 표현하는 네 개의 노드가 있다. 화살표 연결선은 페이지 링크를 의미한다. 즉, 페이지 A는 다른 세 페이지를 링크로 갖고 있으나, B 페이지는 유일하게 A 페이지 링크만을 가지고 있다.

이 네트워크를 분석하기 위해 먼저 **전이 행렬**^{transition matrix} M을 식별한다.

$$M = \begin{bmatrix} 0 & 1 & \frac{1}{2} & 0 \\ \frac{1}{3} & 0 & 0 & \frac{1}{2} \\ \frac{1}{3} & 0 & 0 & \frac{1}{2} \\ \frac{1}{3} & 0 & \frac{1}{2} & 0 \end{bmatrix}$$

이 행렬은 16개의 항목을 갖고 있다. m_{ij}로 표현하며, $1 \leq i \leq 4$이고 $1 \leq j \leq 4$이다. 만약 웹 크롤러가 임의로 링크를 선택해 한 페이지에서 다른 페이지로 이동한다고 가정해보자. 그러면 m_{ij}는 노드 i에서 노드 j로 움직이는 확률과 같다(노드 A, B, C, D는 각각 1, 2, 3, 4로 번호를 붙였다). 따라서 $m_{12} = 1$은 노드 B에서 100% 확률로 노드 A로 이동한다는 의미다. 마찬가지로 $m_{13} = m_{43} = 1/2$은 노드 C에서 50%의 확률로 노드 A와 D로 이동한다는 의미다.

웹 크롤러가 네 개의 웹 페이지를 임의로 선택한다고 가정하고, 일 분에 한 번씩 임의의 링크를 선택해 다른 페이지로 이동한다면, 몇 시간 후에는 네 개의 페이지에 대해 각각 어느 정도 확률로 머무르게 될까?

비슷한 질문이 있다. 1,000개의 웹 크롤러가 이미 정의한 전이 행렬에 따라 동작하고, 그중 250개 씩 각 페이지에서 출발한다. 몇 시간이 흐른 후 각 4개 페이지에 얼마나 방문하게 될 것인가?

이런 모델을 **마코프 체인**^{Markov chain}이라 부른다. 마코프 체인은 물리, 화학, 컴퓨터 과학, 대기열 이론, 경제학, 금융학 관련 애플리케이션에서 많이 사용하는 수학 모델이다.

그림 11-1의 다이어그램은 절차 진행을 위한 상태 다이어그램이라 한다. 그래프의 노드는 절차의 상태다. 다이어그램이 주어지면 노드(여기서는 웹 페이지)의 의미는 무의미해진다. 유일하게 다이어그램의 구조가 전이 행렬 M을 정의하고, 이로부터 질문에 답할 수 있게 된다. 좀 더 일반적인 마코프 체인은 임의로 만들어진 모든 전이 선택을 가정하는 대

신 노드 간의 전이 확률을 명시할 수도 있다. 이런 경우 전이 확률은 0이 아닌 값을 갖는 M이 된다.

마코프 체인이 특정 상태에서 다른 상태를 얻는 것이 가능하다면 **이리듀서블 마코프 체인** irreducible Markov chain이라고 부른다. 조금만 확인해보면 그림 11-1에 그래프로 정의된 마코프 체인도 이리듀서블임을 알 수 있다. 이는 매우 중요한 사실인데, 마코프 체인의 수학 이론은 체인이 이리듀서블이면 질문에 대한 답을 전이 행렬을 사용해 해결할 수 있다.

원하는 것은 정상 상태 해결 방법이다. 크롤러의 분포는 변하지 않는다. 크롤러가 스스로 변경디어도 각 노드에 대한 숫자는 같아야 한다.

정상 상태 해법을 수학적으로 계산하기 위해 먼저 전이 행렬 M을 어떻게 적용할지 알아야 한다. 사실 $x=(x_1,x_2,x_3,x_4)$가 1분 동안의 크롤러의 분포를 나타낸다면, 다음 1분의 분포는 $y=(y_1,y_2,y_3,y_4)$이고, 이때 $y=M_x$는 행렬의 곱셈을 사용한다.

예를 들어, 1분에 크롤러의 30%가 노드 A에, 70%가 노드 B에 있다면, 다음 1분에는 70%가 A에, 10%가 각 B, C, D에 있게 된다.

$$M\mathbf{x} = \begin{bmatrix} 0 & 1 & \frac{1}{2} & 0 \\ \frac{1}{3} & 0 & 0 & \frac{1}{2} \\ \frac{1}{3} & 0 & 0 & \frac{1}{2} \\ \frac{1}{3} & 0 & \frac{1}{2} & 0 \end{bmatrix} \begin{bmatrix} 0.3 \\ 0.7 \\ 0.0 \\ 0.0 \end{bmatrix} = \begin{bmatrix} (0)(0.3)+(1)(0.7)+\left(\frac{1}{2}\right)(0.0)+(0)(0.0) \\ \left(\frac{1}{3}\right)(0.3)+(0)(0.7)+(0)(0.0)+\left(\frac{1}{2}\right)(0.0) \\ \left(\frac{1}{3}\right)(0.3)+(0)(0.7)+(0)(0.0)+\left(\frac{1}{2}\right)(0.0) \\ \left(\frac{1}{3}\right)(0.3)+(0)(0.7)+\left(\frac{1}{2}\right)(0.0)+(0)(0.0) \end{bmatrix} = \begin{bmatrix} 0.7 \\ 0.1 \\ 0.1 \\ 0.1 \end{bmatrix}$$

이 방식은 조건부 확률의 계산이다(벡터는 여기서 열로 표시된다).

이제, x가 마코프 체인의 정상 상태라면 $Mx=x$이다. 이 벡터 방정식은 네 개의 미지수에 대한 네 개의 스칼라 방정식을 제공한다.

$$Mx = \begin{bmatrix} 0 & 1 & \frac{1}{2} & 0 \\ \frac{1}{3} & 0 & 0 & \frac{1}{2} \\ \frac{1}{3} & 0 & 0 & \frac{1}{2} \\ \frac{1}{3} & 0 & \frac{1}{2} & 0 \end{bmatrix} \begin{bmatrix} x_1 \\ x_2 \\ x_3 \\ x_4 \end{bmatrix} = \begin{bmatrix} x_1 \\ x_2 \\ x_3 \\ x_4 \end{bmatrix}$$

이 방정식 중 하나는 중복이다(선형적 종속). 그러나 x가 확률 벡터일 때, $x_1+x_2+x_3+x_4=1$이라는 사실도 알고 있다. 따라서 네 개의 미지수를 가진 네 개의 방정식으로 돌아가보면 답은 다음과 같다.

$$x = \begin{bmatrix} 1/3 \\ 2/9 \\ 2/9 \\ 2/9 \end{bmatrix}$$

이 예제의 핵심은 n이 상태 번호일 때, $n \times n$ 행렬 방정식을 풀어 정적 마코프 체인에 대한 정상 상태 해법을 계산할 수 있다는 것이다. 이때, 정적이라는 의미는 전이 행렬 m_{ij}가 변하지 않는다는 것이다. 물론, 이것이 웹을 수학적으로 계산할 수 있다는 의미는 아니다. 첫 번째 지점에서 $n > 30,000,000,000,000$이다. 그리고 두 번째 지점에서 웹은 정적이지 않다. 그렇지만 이러한 분석은 웹에 대해 통찰력을 제공하며, 래리 페이지와 세르게이 브린이 페이지 랭크 알고리즘을 만드는 데도 영향을 줬다.

웹과 이전 예제 간 또 다른 중요한 차이점은 웹에 대한 전이 행렬이 매우 희소하다는 것이다. 달리 말하면 전이 확률이 거의 0에 가깝다.

희소 행렬은 보통 키-값 쌍의 목록으로 표현된다. 키는 노드의 식별자이고 값은 해당 노드에서 한 단계 지나 도달할 수 있는 노드 목록이다. 예를 들어 이전 예제에서 본 전이 행렬 M은 표 11-1처럼 표현될 수 있다.

키	값
A	B, C, D
B	A
C	A, D
D	B, C

표 11-1 인접 노드 목록

위에서 살펴봤듯, 이 데이터 구조의 유형은 11장의 다음 부분에서 확인할 맵리듀스 프레임워크에 적용할 수 있다.

페이지랭크 알고리즘의 목적을 다시 생각해보자. 이 알고리즘은 중요도 혹은 적어도 접속 빈도와 같은 요인에 따라 웹 페이지의 순위를 매기는 데 쓰인다. 원래 간단한 페이지랭크 개념은 각 페이지에 링크 개수를 세고 특정 비례항을 사용해 순위를 매긴다. 이런 개념에 따라 $x = (x_1, x_2, \ldots, x_n)^T$는 웹에 대한 페이지 랭크라고 상상할 수 있다(x_j는 페이지 j에 대한 페이지의 연관 순위이고 $\sum x_j = 1$이다). 그리고 적어도 대략 $Mx = x$이다. 이를 표현하는 또 다른 방법이 있다. x에 M을 반복적으로 적용하면 x를 (달성할 수 없는) 정상 상태에 점점 더 가깝게 움직여야 한다.

결국 최종 페이지랭크 공식은 다음과 같다.

$$x' = f(\mathrm{x}) = (1 - \varepsilon) M\mathrm{x} + \varepsilon z/n$$

여기서 ε은 매우 작은 양의 상수이고, z는 첫 단계의 모든 벡터다. 그리고 n은 노드의 수다. 우측에 있는 벡터 표현식은 페이지 순위 추정 x를 개선된 페이지 순위 추정으로 바꾸는 변환 함수 f를 정의한다. 이 함수의 반복 적용은 점진적으로 알려지지 않은 정상 상태로 수렴된다.

공식에서 f는 단지 x 이상의 함수다. 실제로 x, M, ε, n의 네 개의 입력이 있다. 물론 x는 갱신되고 있으므로 반복할 때마다 바뀐다. 그러나 M, ε, n도 바뀌었다. M은 전이 행렬이고, n은 노드 수, ε은 z/n 벡터의 영향을 결정하는 계수다. 예를 들어 ε이 0.00005이면 공식은 다음과 같다.

$$x' = 0.99995Mx + 0.00005\,z/n$$

▌ 구글 맵리듀스 프레임워크

수억 개의 요소 값 목록을 빠르게 정렬하는 방법이 무엇일까? 혹은 각각 수백만 행과 수백만 열을 가진 두 개의 행렬을 빠르게 곱셈하는 방법은?

페이지랭크 알고리즘을 구현하기 위해 구글은 거대한 데이터셋을 처리하기 위한 시스템 프레임워크를 만들어야 했다. 이는 많은 저장 장치와 프로세서에 데이터와 처리를 분산시켜야만 가능한 일이다. 이러한 환경에서 페이지랭크와 같은 단일 알고리즘을 구현하는 것은 어렵고, 데이터 집합이 커짐에 따라 유지하는 것 또한 훨씬 더 어려워진다.

답은 소프트웨어를 두 단계로 분리하는 것이었다. 프레임워크가 빅데이터 접근과 동시에 저수준에서 처리를 시작하면, 몇 개의 사용자 정의 메소드는 고수준에서 처리하는 방식이다. 두 개의 메소드를 작성한 독립된 사용자는 저수준의 빅데이터 관리의 세부 내용에는 관심 가질 필요가 없다.

구체적으로 데이터의 흐름을 알아보자.

1. 입력 단계에서 입력값을 덩어리로 나누는데, 보통 64MB나 128MB 단위로 나눈다.
2. 매핑 단계에서는 하나의 키-값 쌍에서 다른 유형의 키-값 쌍을 더 많이 생성하는 사용자 정의 map( ) 함수를 적용한다.
3. 분할/그룹화 단계에서는 키 별 그룹을 위한 해시 샤딩을 적용한다.

4. 축소 단계에서는 reduce( ) 함수를 적용해 각 키-값 쌍의 값으로 특정 알고리즘을 데이터에 적용한다.

5. 결과 단계에서는 reduce( ) 메소드로부터 결괏값을 작성한다.

사용자가 작성한 map( )과 reduce( ) 메소드는 전체 절차의 결괏값을 결정한다. 그래서 **맵리듀스**MapReduce라 부른다.

이 개념은 오래된 알고리즘 중 하나인 **분할 정복 알고리즘**divide and conquer의 변형이다. 일반적인 합병 정렬merge sort 알고리즘을 생각해보자. 배열은 요소가 하나만 있을 때까지 두 개로 나누어서 반복 정렬한 다음 체계적인 쌍으로 병합된다.

맵리듀스는 실제로 메타 알고리즘으로 특정한 알고리즘을 map( )과 reduce( ) 메소드를 사용해 내부에 구현할 수 있는 프레임워크다. 맵리듀스는 매우 강력한 성능을 가지는데, 페타바이트 단위의 데이터를 단 몇 시간 만에 정렬할 수 있다. 페타바이트는 $1000^5=10^{15}$바이트로 천 테라바이트나 백만 기가바이트로 표현할 수 있다.

▌ 맵리듀스 애플리케이션 예제

맵리듀스를 사용해 해결할 수 있는 몇 가지 빅데이터 문제를 알아보자.

1. 텍스트 파일 저장소가 주어졌을 때, 각 단어의 출현 빈도를 찾는다. 이 문제를 **워드카운트**WordCount(단어 세기) 문제라 한다.

2. 텍스트 파일 저장소가 주어졌을 때 각 단어 길이별 단어 개수를 찾는다.

3. 희소 행렬 형태의 두 행렬이 주어졌을 때 행렬 곱을 계산한다.

4. 인자 행렬이 희소 행렬 형식으로 주어진다.

5. 노드가 사람을 나타내고, 에지가 우정을 나타내는 대칭 그래프가 주어졌을 때 공통 친구의 목록을 구한다.

6. 노드가 사람을 나타내고, 에지가 우정을 나타내는 대칭 그래프가 주어졌을 때 나이별 평균 친구 수를 구한다.
7. 날씨 기록 저장 데이터가 주어졌을 때 연도별 최대 및 최소 기온을 찾는다.
8. 대량의 목록을 정렬한다. 맵리듀스 프레임워크 구현 시 대부분 map( ) 메소드의 출력을 자동으로 정렬하기 때문에 이 문제는 간단하다.
9. 그래프를 반전한다.
10. 주어진 무게 그래프에서 **최소 신장 트리**minimal spanning tree, MST를 찾는다.
11. 두 거대한 관계형 데이터베이스 테이블을 결합한다.

9, 10번 예시는 그래프 구조(노드와 에지)를 적용한다. 매우 큰 그래프에서 최근에 개발된 보다 효율적인 방식은 애드워드 윤Edward Yoon이 만든 아파치 하마 프레임워크를 사용하는 것이다.

▌ 워드카운트 예제

맵리듀스를 설명하는 대표적인 예제인 워드카운트 문제를 살펴보자. 이 예제는 맵리듀스에서 Hello World[1]로 불리기도 한다.

그림 11-2는 워드카운트 프로그램의 데이터 흐름을 보여준다. 좌측 항목은 프로그램에서 읽는 80개의 파일 중 두 개의 내용이다.

---

1 프로그래밍 언어 습득 시, 제일 처음 "Hello World"라는 문장을 출력하는 일이 관행으로 굳어졌다. – 옮긴이

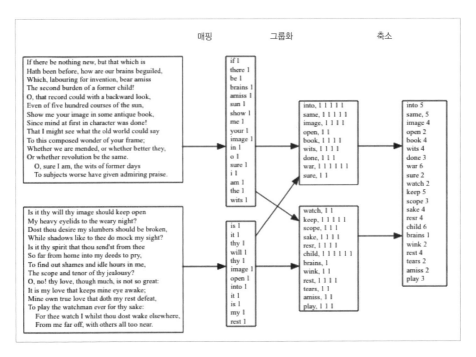

그림 11-2 워드카운트 프로그램의 데이터 흐름

매핑 단계에서 각 단어는 번호 1을 매겨 임시 파일(한 쌍당 한줄)에 복사된다. 이때, 여러 단어가 여러 번 중복된다는 점에 유의하자. 예를 들어 image라는 단어는 두 개의 파일을 포함해 80개의 파일 중 네 번 나타난다. 따라서 문자열 image 1은 임시 파일에 네 번 기록된다. 각 입력 파일에는 약 110개의 단어가 있으므로 총 8,000개 이상의 단어-숫자 쌍이 임시 파일에 기록된다.

위 그림은 관련 데이터의 아주 작은 부분만을 보여준다. 매핑 단계의 출력물은 입력값에서 나타나는 모든 단어가 포함된다. 그룹화 단계의 결과물에는 모든 단어가 포함되지만, 중복이 없다.

그룹화 단계에서는 임시 파일의 모든 단어를 키-값 해시 테이블로 읽는다. 여기서 키는 단어이고, 값은 임시 파일에서 해당 단어가 나타날 때마다 1을 추가로 붙인 문자열이다. 이때 임시 파일에 기록된 1은 사용하지 않는다. 맵리듀스 프레임워크는 일반적으로 map( )

함수가 키-값 쌍을 생성할 것으로 기대한다.

축소 단계에서는 해시 테이블의 내용을 출력 파일로 복사하여 1문자의 개수만큼 번호로 바꾼다. 예를 들어 키-값 쌍 ("book", "1 1 1 1")은 book 4로 출력 파일에 기록한다.

이는 맵리듀스 프로그램의 토이 모델$^{toy\ model}$2이다. 입력값은 약 9073개의 단어를 포함하는 80개의 텍스트 파일로 구성된다. 따라서 임시 파일에는 한 줄에 한 단어씩 9073개의 행이 존재한다. 이 단어 중 2149개만 구별되므로, 해시 테이블에는 2149개의 항목이 있고, 출력 파일에는 2149개의 행이 있으며, 한 행당 하나의 단어로 구성된다.

코드 11-1의 프로그램은 맵리듀스를 사용한 워드카운트 구현 프로그램이다.

```java
18  public class Example1 {
19      public static void main(String[] args) {
20          try {
21              File tempFile = new File("data/Temp.dat");
22              map("data/sonnets/", 80, tempFile);
23
24              Map<String,StringBuilder> hashTable = new HashMap(2500);
25              combine(tempFile, hashTable);
26
27              File outFile = new File("data/Output.dat");
28              reduce(hashTable, outFile);
29          } catch (IOException e) {
30              System.err.println(e);
31          }
32      }
33
34      public static void map(String src, int n, File temp) throws IOException {⬚
42
43      public static void combine(File temp, Map<String,StringBuilder> table) ⬚
57
58      public static void reduce(Map<String,StringBuilder> table, File out) ⬚
68
69
70      /*  특정한 파일원내 각 단어를 위해 (word, 1)쌍을 기록한다.
71      */
72      public static void map(String filename, PrintWriter writer) ⬚
82
83      /*  인수 값에서 1을 세서 파일에 (키, 숫자)로 기록한다.
84      */
85      public static void reduce(String key, String value, PrintWriter writer)⬚
90
91      private static void sort(File file) throws IOException {⬚
105 }
```

코드 11-1 워드카운트 프로그램

---

2 개념 설명을 위해 상세한 내용은 제거하고 최대한 단순하게 만든 모델. - 옮긴이

80개의 텍스트 파일은 data/sonnets/에 있고, 프로그램은 두 개의 다른 파일을 사용한다. data/Temp.dat와 data/Output.dat인데 각각 21행과 27행에 정의돼 있다.

또한 해시 테이블을 사용하는데, 24행에 정의돼 있다. main( ) 메소드는 세 가지 작업을 처리하는데, 매핑, 조합, 축소로 각각 22행, 25행과 28행에서 호출한다. 각각에 대한 구현은 코드 11-2을 참고하라.

```java
 34    public static void map(String src, int n, File temp)
 35            throws IOException {
 36        PrintWriter writer = new PrintWriter(temp);
 37        for (int i = 0; i < n; i++) {
 38            String filename = String.format("%sSonnet%03d.txt", src, i+1);
 39            map(filename, writer);
 40        }
 41        writer.close();
 42    }
 43
 44    public static void combine(File temp, Map<String,StringBuilder> table)
 45            throws IOException {
 46        Scanner scanner = new Scanner(temp);
 47        while (scanner.hasNext()) {
 48            String word = scanner.next();
 49            StringBuilder value = table.get(word);
 50            if (value == null) {
 51                value = new StringBuilder("");
 52            }
 53            table.put(word, value.append(" 1"));
 54            scanner.nextLine();   // 다음 줄을 읽어온다 (a "1")
 55        }
 56        scanner.close();
 57    }
 58
 59    public static void reduce(Map<String,StringBuilder> table, File out)
 60            throws IOException {
 61        PrintWriter writer = new PrintWriter(out);
 62        for (Map.Entry<String, StringBuilder> entry : table.entrySet()) {
 63            String key = entry.getKey();   // 예:  "speak"
 64            String value = entry.getValue().toString();   // 예:  "1 1 1 1 1"
 65            reduce(key, value, writer);
 66        }
 67        writer.close();
 68    }
```

코드 11-2 워드카운트 프로그램을 위한 메소드

34행~42행의 map( ) 메소드는 data/sonnets 안의 80개 파일을 다른 map( ) 메소드에 단순히 적용한다. 내부 map( ) 메소드의 출력값은 writer 매개변수에 의해 정의된다. 이 매개변수는 PrintWriter 객체로 예제에서 쓰인 것처럼 파일을 쓰기 위한 용도일 수도 있고,

문자열이나 다른 일반적인 OutputStream 객체일 수도 있다. 선택은 호출 메소드에 의해 이루어지는데, 이 메소드는 외부 map( ) 메소드다.

외부 map( ) 메소드의 결괏값은 그림 11-2의 내용을 설명한다. 해당 결과는 거대한 수의 키-값 쌍으로 구성돼 있다. 여기서 키는 80개의 입력 파일 중 하나에서 읽은 amiss 같은 단어이고 값은 정수 1이다.

44행~57행에 구현한 combine( ) 메소드는 정의된 temp 파일로부터 모든 줄의 데이터를 읽어 각 단어가 발견될 때마다 숫자 1을 붙인다. 읽은 값은 특별한 해시 테이블에 저장하는데, 각 단어 키에 해당하는 값은 각 단어를 찾을 때마다 증가하는 1로 이루어진 문자열이다. 그림 11-2에서 내용을 확인해보자.

49행~53행의 코드가 어떻게 동작하는지 보자. 단어가 해시 테이블에 이미 입력됐다면 53행의 put( ) 메소드에서 단순하게 기존 1로 이루어진 문자열에 추가 1을 붙여 해당 키에 대한 값으로 삼는다. 그러나 단어가 처음 읽힌 경우에는 49행에서 호출한 get( ) 메소드가 null을 반환하고, 51행이 실행돼 결과적으로 53행에서는 단일 1 문자열만이 입력된다.

자바에서 HashMap(여기서는 해시 테이블)의 키가 이미 존재하면 put( ) 메소드는 단순히 존재하는 키-값 쌍에서 값을 수정하기만 한다. 이는 입력되는 키의 중복을 막기 위함이다.

59행~68행의 reduce( ) 메소드는 앞서서 설명했듯 맵리듀스 절차의 축소 절차를 진행한다. 예를 들어 ("book", "1 1 1 1") 같은 키-값 쌍을 해시 테이블로부터 읽는다면 결과로 book 4를 파일에 기록한다. 이는 65행에서 호출하는 내부 reduce( ) 메소드에서 완료된다.

코드 11-3의 내용은 내부 map( )과 reduce( ) 메소드의 내용이다. 각각 39행, 65행에서 호출한다. 이 두 개의 메소드는 이미 이전에 설명한 바 있다.

```
Example1.java ⅩⅩ
70      /*   특정한 파일밍내 각 단어를 위해 (word, 1)쌍을 기록한다.
71      */
72      public static void map(String filename, PrintWriter writer)
73              throws IOException {
74          Scanner input = new Scanner(new File(filename));
75          input.useDelimiter("[.,:;()?!\"\\s]+");
76          while (input.hasNext()) {
77              String word = input.next();
78              writer.printf("%s 1%n", word.toLowerCase());
79          }
80          input.close();
81      }
82
83      /*   인수 값에서 1을 세서 파일에 (키,  숫자)로 기록한다.
84      */
85      public static void reduce(String key, String value, PrintWriter writer)
86              throws IOException {
87          int count = (value.length() + 1)/2;  // 예: . "1 1 1 1 1" => 5
88          writer.printf("%s %d%n", key, count);
89      }
```

코드 11-3 워드카운트 프로그램에서 사용하는 map, reduce 메소드

물론 폴더 내부의 파일에서 단어의 개수를 세는 더 간단한 프로그램을 직접 구현할 수 있을 것이다. 그러나 여기서 핵심은 맵리듀스 프레임워크에 따라 어떻게 map( )과 reduce( ) 메소드를 작성하는지 보여주기 위한 것이다.

▌ 확장성

맵리듀스 프레임워크의 큰 장점 중의 하나는 바로 **확장성**이다. Example1.java의 워드카운트 프로그램은 10,000 단어보다 적은 단어를 가진 80개의 파일을 대상으로 실행했다. 약간만 변형하면, 이 예제는 80,000 파일에서 10,000,000 단어 대상으로 실행할 수 있게 된다. 이러한 유연한 소프트웨어를 **확장성이 있다**고 표현한다.

수천 배 증가한 입력 데이터를 관리하려면 해시 테이블을 교체해야 할 수 있다. 큰 테이블을 로드할 만큼 충분한 메모리가 있더라도, 객체의 확산으로 인해 자바 처리가 실패할 수도 있다. 객체지향 프로그래밍은 확실히 알고리즘을 구현하기 위한 가장 좋은 방법이다.

416

그러나 명확성, 속도, 유연성이 필요하다면 빅데이터셋을 처리할 때 효율적이지 않을 수 있다.

코드 11-1의 24행에서 인스턴스화된 해시 테이블은 실제 필요하지 않다. 대신 데이터셋을 파일 셋으로 해싱해 같은 아이디어를 구현할 수 있다. 그림 11-3을 참고하자.

해시 테이블을 파일 덩어리로 바꾸려면 코드 34-68(목록 11-2)행에서는 코드 수정을 해야 하지만, 코드 70-89(코드 11-3)행의 map( )과 reduce( ) 메소드에서는 그럴 필요가 없다. 그리고 이 두 메소드는 실제 번호 계산이 이뤄지는 곳이고, 그 밖의 모든 것은 단순히 이동만 할 뿐이다. 실제로 여기에 단어를 세고 있다고 판단되는 것은 map( )과 reduce( ) 메소드뿐이다.

맵리듀스 메타 알고리즘의 주요 개념은 독립적인 프로그래머가 특별한 map( )과 reduce( ) 메소드를 필요한 특정 알고리즘에 맞게 실제 개발해 플러그인할 수 있는 프레임워크로, 대량의 데이터셋을 처리하는 기능을 제공한다. 만약 알고리즘이 단어를 집계하는 것이라면 map( ) 메소드를 작성해 지정된 파일에서 각 단어를 추출하고, 지정된 쓰기 작업기가 입력할 위치에 키-값 쌍 (word, 1)을 쓰고, reduce( ) 메소드에서는 (word, 1 1 1 1) 같은 키-값 쌍을 받아 (word, 4) 형태로 반환할 수 있다. 이 두 메소드는 완벽히 지역화돼 있고, 간단하게 키-값 쌍을 조작한다. 또한 데이터셋의 크기에도 완벽히 독립적이다.

그림 11-3의 다이어그램은 맵리듀스 프레임워크 애플리케이션에서 일반적인 데이터의 흐름을 보여준다.

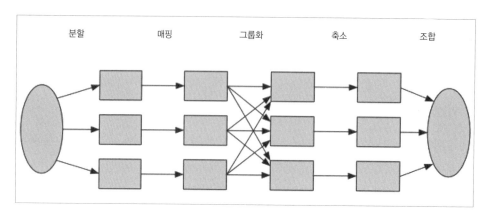

원본 데이터셋은 다양한 형태와 위치를 가지고 있을 수 있다. 즉, 몇몇 파일은 내부 폴더에 있고, 대규모의 컬렉션 형태의 파일은 같은 클러스터 내에 다른 몇 개 노드에 분산 저장돼 있을 수도 있다. 관계형 데이터베이스나 NoSQL 데이터베이스 같은 데이터베이스 시스템에 저장돼 있거나, 월드 와이드 웹의 데이터 소스에 있을 수도 있다. 맵리듀스 컨트롤러는 아래 다섯 가지 작업을 지원한다.

1. 데이터를 작은 단위의 데이터셋으로 나눈다. 각 분할된 데이터셋은 단일 서버에서 쉽게 접근할 수 있다.

2. 사용자가 작성한 map( ) 메소드를 복사해 동시에 실행할 수 있다. 각 데이터셋 중 하나는 내부 서버의 임시 파일에 키-값 쌍을 생성한다.

3. 각 키의 모든 인스턴스가 같은 데이터셋에 있도록 서버 간 데이터셋을 재배포 한다. 이는 일반적으로 키 해싱을 통해 수행된다.

4. 사용자가 작성한 reduce( ) 메소드를 복사해 동시에 실행한다. 각 임시 파일 중 하나는 각 서버의 결과 파일을 생성한다.

5. 결과 파일을 조합해 하나의 결과를 생성한다. reduce( ) 메소드가 결괏값을 정렬하지만, 이 마지막 단계에서는 이런 산출물을 병합하는 것을 포함할 수 있다.

맵리듀스 프레임워크의 뛰어난 장점은 데이터 관리(이동, 분할, 그룹화, 정렬 등)를 데이터 활용(숫자 세기, 평균, 최대화 등)과 분리한다는 점이다. 데이터 관리는 사용자가 관심을 가질 필요가 없는 영역이고, 데이터 활용은 사용자가 제공한 두 개의 메소드인 map( )과 reduce( )를 사용해 여러 노드에 분리하여 동시 실행시킬 수 있는 영역이다. 본질적으로 사용자의 유일한 의무는 주어진 문제를 해결할 두 가지 메소드의 올바른 구현을 고민하는 것이다. 워드카운트 문제의 경우 구현 방법은 코드 11-3과 같다.

이미 언급했지만, 이 책의 코드 예제는 주로 맵리듀스 알고리즘의 동작 방식만을 설명하기 위해 제공된다. 실제 구현 시에는 곧 다룰 몽고DB나 하둡을 활용해야 한다.

▌ 맵리듀스를 사용한 행렬 곱

만약 A가 $m \times p$ 행렬이고 B가 $p \times n$ 행렬이라면, A와 B의 행렬 곱 결과는 $m \times n$형태인 $C=AB$이고, C의 요소 값인 $(i,j)^{th}$는 A의 i^{th}행과 B의 j^{th}의 내적 계산 값이다.

$$c_{ij} = \sum_{k=1}^{p} a_{ik} b_{kj}$$

이 계산은 행렬 곱으로 단순히 m, p, n이 작을 때 사용한다. 그러나 빅데이터의 경우 단순하지 않다.

C_{ij}를 계산하려면 p 곱셈과 $p-1$ 덧셈이 필요하며, 이를 $m \cdot n$만큼 수행해야 한다. 따라서 실행 복잡도는 $O(mnp)$가 돼 느리다. 게다가 만약 A와 B가 밀집 행렬(0이 아닌 값이 많은 행렬)이라면 저장 요구사항도 매우 많아질 수 있다. 따라서 맵리듀스를 사용해야 한다.

맵리듀스를 사용해 키-값 쌍을 생각해보자. 각 행렬이 0이 아닌 각 요소에 대해 키-값 쌍으로 저장됐다고 가정하자. 키는 첨자 쌍 (i,j)이고, 값은 행렬의 $(i,j)^{th}$ 요소 값이다.

예를 들어 다음 행렬을 보자.

$$A = \begin{bmatrix} 0 & 7.23 & 0 & 9.11 & 4.54 \\ 0 & 0 & 6.87 & 0 & 0 \\ 4.09 & 0 & 0 & 0 & 0 \\ 1.54 & 0 & 0 & 0 & 3.36 \end{bmatrix}$$

이는 그림 11-4의 목록을 표현한 것이다. 때때로 **희소 행렬 형식**^{sparse matrix format}이라 하기도 한다.

```
MatrixA.dat ⊗
(1, 2)   7.23
(1, 4)   9.11
(1, 5)   4.54
(2, 3)   6.87
(3, 1)   4.09
(4, 1)   1.54
(4, 5)   3.36
```

그림 11-4 키-값 쌍

목록의 내용이 반드시 자바의 List 객체를 의미하지는 않다. 실제로 이 값은 파일이나 더 일반적인 입력 스트림일 수 있다. 다음으로 해야 할 일은 각 텍스트 파일을 자바의 File 객체를 사용해 표현하는 것이다.

맵리듀스 프레임워크에서 행렬 곱을 구현하기 위해, 그림 11-4에서 본 것처럼 두 개의 행렬 요소 값을 포함하는 파일이 이미 주어졌다고 가정해야 한다. 이 12개 값은 A라는 이름의 3×2 행렬과 B라는 이름의 2×3 행렬이다. 예를 들어, $a_{12}=3.21$, $b_{23}=1.94$이다. 이 두 행렬은 완전히 0이 없는 행렬임을 기억하자.

두 행렬을 곱하기 위한 map( )과 reduce( ) 메소드는 입력값을 코드 11-4와 같이 처리한다.

```
Example2.java Ⅹ
72    /* ("a", i, k, x)를 읽어 배열 요소 x=a[i,k]로 표현하고,
73     * j=1..n에 대해 key=(i,j)와 값 x를 쓴다.
74     * 그리고 ("b", k, j, y)를 읽어 y=b[k,j]로 표현하고,
75     * i=1..m에 대해 key=(i,j)와 값 y를 쓴다.
76     */
77    public static void map1(String element, PrintWriter writer)
78            throws IOException {
79        Scanner input = new Scanner(new File(element));
80        String name = input.next(); // "a" 또는 "b"
81        if (name.equals("a")) {
82            int i = input.nextInt();
83            int k = input.nextInt();
84            double x = input.nextDouble();
85            for (int j = 1; j <= n; j++) {
86                writer.printf("(%d, %d), %.4f\n", i, j, x);
87            }
88        } else {
89            int k = input.nextInt();
90            int j = input.nextInt();
91            double y = input.nextDouble();
92            for (int i = 1; i <= m; i++) {
93                writer.printf("(%d, %d), %.4f\n", i, j, y);
94            }
95        }
96        input.close();
97    }
98
99    /* 키 (i,j)에 대한 값은 아래와 같다.
100    * "a[i,1] a[i,2] ... a[i,p] b[1,j], b[2,j] ... b[p,j]"
101    * 리듀스 함수는 다음을 처리한다. a[i,1]*b[1,j] + a[i,2]*b[2,j] + ... + a[i,p]*b[p,j]
102    */
103   public static void reduce1(String key, String value, PrintWriter writer)
104           throws IOException {
105       double[] x = new double[p];
106       double[] y = new double[p];
107       Scanner scanner = new Scanner(value);
108       for (int k = 0; k < p; k++) {
109           x[k] = scanner.nextDouble();
110       }
111       for (int k = 0; k < p; k++) {
112           y[k] = scanner.nextDouble();
113       }
114       double sum = 0.0;
115       for (int k = 0; k < p; k++) {
116           sum += x[k]*y[k];
117       }
118       writer.printf("%s %.4f\n", key, sum);
119   }
```

코드 11-4 행렬 곱을 위한 map과 reduce 메소드

완전한 맵리듀스 프로그램은 코드 11-1의 워드카운트 예제와 비슷하다.

72행~76행의 주석에 따르면, map( ) 메소드는 입력 파일을 한 번에 한 줄씩 읽는다. 예를 들어 그림 11-5에서 보이는 파일의 첫 행은 다음과 같다.

```
a 1 1 4.26
```

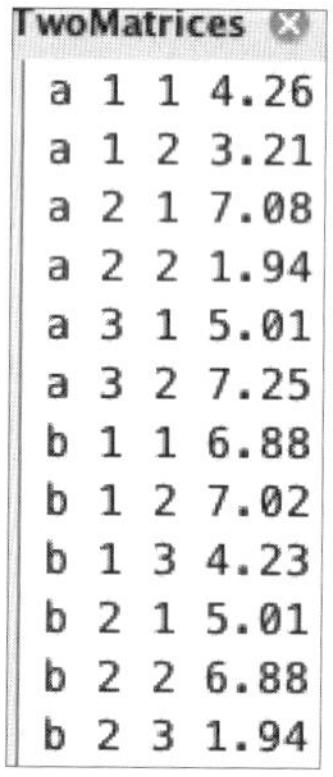

```
TwoMatrices ✕
a 1 1 4.26
a 1 2 3.21
a 2 1 7.08
a 2 2 1.94
a 3 1 5.01
a 3 2 7.25
b 1 1 6.88
b 1 2 7.02
b 1 3 4.23
b 2 1 5.01
b 2 2 6.88
b 2 3 1.94
```

그림 11-5 두 행렬

숫자 값은 $i=1$, $k=1$, $x=4.26$(82행~84행)으로 저장된다. 그 후 85행~87행의 반복문은 writer로 할당된 객체에 따라 세 개의 결과로 쓰일 것이다.

```
(1, 1) 4.26
(1, 2) 4.26
(1, 3) 4.26
```

이 예제에서 프로그램은 전역 상수로 $m=3$, $p=2$, $n=3$을 설정했는데, 이는 행렬의 차원이다.

map( ) 메소드는 각 값을 세 번씩 쓰는데, 그 이유는 각각이 세 가지 다른 합계에 사용되기 때문이다.

map( ) 메소드 호출 다음의 그룹화 단계는 다음과 같이 데이터를 재구성한다.

$(1, 1)\ a_{11}\ a_{12}\ b_{11}\ b_{21}$

$(1, 2)\ a_{11}\ a_{12}\ b_{12}\ b_{22}$

$(1, 3)\ a_{11}\ a_{12}\ b_{13}\ b_{23}$

$(2, 1)\ a_{21}\ a_{22}\ b_{11}\ b_{21}$

$(2, 2)\ a_{21}\ a_{22}\ b_{12}\ b_{22}$

그 후 각 키 (i, j)에 대해 reduce( ) 메소드는 키에 대한 값 목록에 따라 두 벡터의 내적을 계산한다.

$(1, 1)\ a_{11}b_{11} + a_{12}b_{21}$

$(1, 2)\ a_{11}b_{12} + a_{12}b_{22}$

$(1, 3)\ a_{11}b_{13} + a_{12}b_{23}$

$(2, 1)\ a_{21}b_{11} + a_{22}b_{21}$

$(2, 2)\ a_{21}b_{12} + a_{22}b_{22}$

이는 요소 값 c_{11}, c_{12}, c_{13}의 정확한 값으로 행렬의 곱 $C = AB$이다.

이 작업이 잘 진행되려면, map() 메소드가 키-값을 생성하는 순서가 그룹화 절차에 의해 유지관리돼야 한다. 그렇지 않으면 reduce() 메소드가 $a_{ik}\ b_{jk}$ 페어링을 올바르게 수행할 수 있도록 몇 가지 추가 색인 스키마가 포함될 수 있다.

몽고DB에서의 맵리듀스

몽고DB는 mapReduce( ) 명령을 사용해 맵리듀스 프레임워크를 구현한다. 그림 11-6의 예제를 보자.

```
> var map1 = function() { emit(this.publisher, 1); };
> var reduce1 = function(pubId, numBooks) { return Array.sum(numBooks); };
> db.books.mapReduce(map1, reduce1, {out: "map_reduce_example"}).find()
{ "_id" : "A-V", "value" : 1 }
{ "_id" : "A-W", "value" : 3 }
{ "_id" : "BACH", "value" : 1 }
{ "_id" : "CAMB", "value" : 2 }
{ "_id" : "EDIS", "value" : 1 }
{ "_id" : "MHE", "value" : 4 }
{ "_id" : "OXF", "value" : 1 }
{ "_id" : "PH", "value" : 3 }
{ "_id" : "PUP", "value" : 1 }
{ "_id" : "TEUB", "value" : 1 }
{ "_id" : "WHF", "value" : 1 }
>
```

그림 11-6 몽고DB에서 맵리듀스 수행

첫 두 명령은 map1( )과 reduce1( ) 자바스크립트 함수를 정의하는 구문이다. 세 번째 구문은 맵리듀스를 library.books 컬렉션(10장, 'NoSQL 데이터베이스' 참고)에 대해 실행하는 것으로, 두 함수와 "map_reduce_example"이라는 결과 컬렉션 이름을 적용하고, find( ) 명령을 추가 실행해 결과를 출력한다.

map1( ) 함수는 키-값 쌍 (p, 1)을 내보낸다. 여기서 p는 books.publisher 필드다. 따라서 각 books 문서에 따라 19개의 쌍이 생길 것이다. 예를 들어, 그중 하나가 ("OXE", 1)이다. 사실 그중에 네 번은 ("MHE", 1)일 것이다. 왜냐하면 books 컬렉션에 publisher 필드가 "MHE"인 문서가 네 개 있기 때문이다.

reduce1( ) 함수는 Array.sum( ) 메소드를 사용해 두 번째 인수(numBooks)의 값을 첫 번째 인수(pubId)에 대해 더한 결과를 반환한다. 예를 들어 reduce1( )의 키-값 쌍으로 ("MHE", [1, 1, 1, 1])를 받게 된다. 왜냐하면 map1( ) 메소드가 ("MHE", 1)쌍을 네 번이나 내보냈기 때문이다. 따라서 이 경우 numBooks 인수에 대한 배열 [1, 1, 1, 1]은 Array.sum( )에 의해 4를 반환한다.

이는 물론, 워드카운트 프로그램(그림 11-2)과 비슷한 일을 수행한다.

mapReduce( ) 함수의 결과가 컬렉션이고, out 필드로 선언한 값으로 이름이 붙여진다는 점을 기억하자. 여기에서 out 필드는 "map_reduce_example"이라고 정의했기 때문에(그림 11-6), find( ) 함수를 사용해 다른 컬렉션과 마찬가지로 데이터에 접근할 수 있다.

```
> db.map_reduce_example.find()
{ "_id" : "A-V", "value" : 1 }
{ "_id" : "A-W", "value" : 3 }
{ "_id" : "BACH", "value" : 1 }
{ "_id" : "CAMB", "value" : 2 }
{ "_id" : "EDIS", "value" : 1 }
{ "_id" : "MHE", "value" : 4 }
{ "_id" : "OXF", "value" : 1 }
{ "_id" : "PH", "value" : 3 }
{ "_id" : "PUP", "value" : 1 }
{ "_id" : "TEUB", "value" : 1 }
{ "_id" : "WHF", "value" : 1 }
>
```

그림 11-7 몽고DB 맵리듀스 실행결과 확인

▌ 아파치 하둡

아파치 하둡은 분산 저장과 대량 데이터셋 처리에 특화된 오픈소스 소프트웨어다. 하둡은 맵리듀스 프레임워크를 구현했다.

다음과 같은 모듈을 포함한다.

- **하둡 공통 모듈**Hadoop Common: 공통 라이브러리와 유틸리티는 다른 하둡 모듈을 잘 사용하도록 도와준다.
- **하둡 분산 파일 시스템**HDFSTM: 분산 파일시스템은 상업적 서버에 데이터를 저장하고, 클러스터 간 높은 처리량을 보장한다.
- **하둡 얀**Hadoop YARN: 작업을 조정하고 클러스터의 리소스를 관리한다.
- **하둡 맵리듀스**: 구글 맵리듀스 프레임워크를 구현한 모듈이다.

하둡의 전신은 2003년 구글의 파일 시스템이다. 그 당시 개발자인 더그 커팅Doug Cutting은 아들의 장난감 코끼리에서 이름을 따와 하둡이라 지었다. 2006년에 하둡은 HDFSHadoop Distributed File System라 불리는 분산 파일 시스템을 보유하게 된다.

2010년, 더그 커팅은 아파치 소프트웨어 재단의 의장으로 선출됐다. 더그는 아마도 무료이며, 매우 유용한 오픈소스 소프트웨어를 가장 많이 관리하는 사람일 것이다. 아파치 하둡 2.8은 2017년 3월에 릴리즈됐다.[3]

하둡은 전통적인 온 사이트on-site 데이터 센터와 클라우드 환경에 모두 배포할 수 있다. 하둡 클라우드 서비스는 구글, 마이크로 소프트, 아마존, IBM, 오라클 등 다수 업체에서 제공 가능하다. 예를 들어 뉴욕 타임즈가 하둡 애플리케이션을 아마존 클라우드 서비스를 통해 사용한다면, 4테라바이트의 TIFF 이미지 데이터를 1,100만 건의 완결된 PDF 파일로 변환하는데 24시간이 걸리고, 비용으로 환산하면 $240가 들 것이다.

하둡은 단일 노드 클러스터 형태로 각자의 컴퓨터에도 설치할 수 있다. 방법은 https://hadoop.apache.org/docs/stable/hadoop-project-dist/hadoop-common/SingleCluster.html 페이지를 참고하기 바란다.

▌ 하둡 맵리듀스

하둡을 설치하고 나면 맵 리듀스를 쉽고 빠르게 실행해볼 수 있다. 지금까지 배웠듯이, 이는 특정 문제를 해결하기 위해 map( )과 reduce( ) 메소드의 특정 버전을 작성하는 게 전부였다. 하둡에서는 org.apache.hadoop.mapreduce 패키지에 정의된 Mapper와 Reducer 클래스를 확장해 구현한다.

---

3 2019년 8월 기준 아파치 하둡 최신 릴리즈 버전은 2019년 6월 출시한 3.2.0이다. – 옮긴이

예를 들어 워드카운트 프로그램을 구현하려면, 코드 11-5 처럼 프로그램을 구성할 수 있다.

```java
WordCount.java ⊠
 8 public class WordCount {
 9
10     public static class WordCountMapper extends Mapper {
11         public void map(Object key, Text value, Context context) {
12
13         }
14     }
15
16     public static class WordCountReducer extends Reducer {
17         public void reduce(Text key, Iterable values, Context context) {
18
19         }
20     }
21
22     public static void main(String[] args) {
23
24     }
25 }
```

코드 11-5 하둡 워드카운트 프로그램

실행 클래스는 두 개의 내부 클래스인 WordCountMapper, WordCountReducer 클래스를 가진다. 이는 하둡의 Mapper와 Reducer 클래스를 확장한 것으로, 상세한 내용은 생략했다. 중요한 점은 map()과 reduce() 메소드로 실행 클래스 내부 클래스에 정의돼 있다. 이러한 구조는 하둡 맵리듀스 프레임워크를 실제 소프트웨어 프레임워크로 만든다.

11행과 17행에 사용된 매개변수인 org.apache.hadoop.io 패키지의 Text 클래스를 눈여겨보자.

이 예제의 전체 내용은 https://hadoop.apache.org/docs/r2.8.0/hadoop-mapreduce-client/hadoop-mapreduce-client-core/MapReduceTutorial.html 페이지를 참고하기 바란다.

요약

11장에서는 매우 큰 데이터셋을 분석하는 데 필요한 알고리즘과 개념을 알아봤다. 두 가지 중요한 알고리즘은 구글의 페이지랭크와 맵리듀스 프레임워크다.

맵리듀스가 동작하는 방식을 설명하기 위해, 워드카운트 예제를 사용해서 텍스트 파일 집합에서 단어의 발생 빈도를 셌다. 좀 더 현실적인 구현을 위해 10장, 'NoSQL 데이터베이스'에서 다룬 몽고DB와 아파치 하둡에 대해 간략하게 설명했다.

부록

자바 도구

부록은 이 책에서 사용하는 다양한 소프트웨어 도구의 설치 방법과 간단한 설명을 담고 있다. 각 도구는 모두 무료이며 macOS X, 마이크로소프트 윈도우, 다양한 유닉스 등에 관계없이 컴퓨터에 쉽게 설치할 수 있다. 부록의 내용은 마이크로소프트 윈도우에 초점이 맞춰졌으나, 다른 플랫폼도 유사한 방식으로 설치할 수 있다.

▌ 명령창

마이크로소프트 윈도우에서 명령창은 명령 프롬프트를 사용해 접근할 수 있다. 명령 프롬프트는 **시작 > 윈도우 시스템 > 명령 프롬프트** 혹은 **시작키 + c** 키를 누른 후 cmd를 입력해 실행할 수 있다. 명령창을 실행하면 다음과 같은 창이 뜬다.

명령창-1 명령창

프롬프트는 현재 폴더 위치를 나타낸다.

▌ 자바

자바는 10년 이상 넘게 가장 인기 있는 프로그래밍 언어로 자리 매김하고 있다. 이 책의 모든 소프트웨어는 자바로 쓰여 있다.

자바는 1990년대 초반에 제임스 고슬링James Gosling이 이끄는 소프트웨어 연구팀이 개발했다. 1995년 마이크로시스템즈에서 자바를 릴리즈한 뒤, 2010년 오라클에 넘기기 전까지 자바를 관리했다.

자바는 명령창이나 **통합 개발 도구**IDE를 사용해 실행할 수 있다. 명령창을 사용할 경우 메모장 같은 별도의 텍스트 편집기를 사용해 코드를 작성해야 한다. '자바-1'이라는 그림은 Hello World 프로그램을 메모장에서 작성한 것이다.

자바-1 자바로 작성한 Hello World 프로그램

문제없이 컴파일되는 코드를 생성하기 위해 확장자를 java로 바꿔서 저장해야 하며, 클래스 이름과 파일 이름은 일치시켜야 한다.

소스코드를 C:₩ 폴더에 저장하고 명령창을 열어 '자바-2'처럼 컴파일하고 실행해보자.

자바-2 Hello World 프로그램 실행

이를 통해 다음을 알 수 있다.

- javac를 사용해 소스코드를 컴파일하는 방법
- java를 사용해 프로그램을 실행하는 방법

javac 명령은 Hello.class라는 클래스 파일을 만들고, java 명령은 해당 클래스를 실행해 기대한 결과를 출력한다.

▌ 이클립스

이클립스는 이 책에서 예제를 실행하는 데 사용한 IDE이다. 이클립스는 자바 프로그램을 개발하는 데 사용하는 가장 유명한 IDE로, 다양한 플러그인을 적용할 수 있는 유연한 구조를 가졌다.

이클립스 설치 파일은 http://www.eclipse.org/downloads/에서 내려 받을 수 있다. Get Eclipse Oxygen을 선택해 사용자 컴퓨터 플랫폼에 맞는 설치 파일을 받는다. 설치 파일이 실행되면 필요한 기능의 이클립스를 선택한다. 이 책의 내용을 진행하려면 "Eclipse IDE for Java Developers"를 선택하면 된다.

이클립스 실행 화면은 '이클립스-1'과 같다.

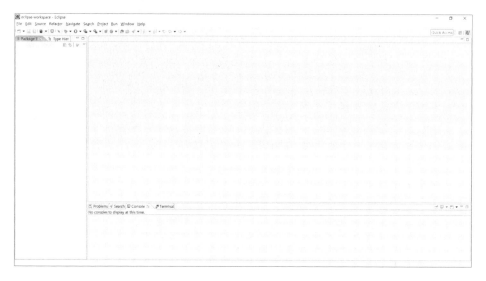

이클립스-1 이클립스 IDE

이클립스는 사용 용도에 따라 퍼스펙티브라는 개념의 구분된 작업 공간을 제공한다. 즉, 자바 퍼스펙티브는 자바 개발을 위해 최적화된 형태의 작업 공간을, 별도 플러그인으로 사용할 수 있는 C++ 퍼스펙티브는 C++ 개발을 위해 최적화된 형태의 작업 공간을 제공한다. 각 퍼스펙티브는 사용자의 취향에 따라 커스터마이징 가능하며, 다양한 플러그인을 통해 다양한 퍼스펙티브가 제공된다.

자바 퍼스펙티브에서 이클립스 화면 구성은 크게 프로젝트 목록과 내부 소스 리스트, 패키지 정보를 확인할 수 있는 Package Explorer, 자바 클래스 간 호출을 계층형으로 확인할 수 있는 Type Hierachy, 소스가 보이는 메인 윈도우 창, 각종 에러 및 로그 정보 등을 볼 수 있는 하단 창으로 나뉘어져 있다.

간단한 자바 프로젝트를 생성하기 위해 메뉴의 File > New > Java Project를 선택하자. 아래와 같이 프로젝트를 생성할 수 있는 창이 뜬다.

이클립스-2 프로젝트 생성

프로젝트의 이름을 입력하고 Finish를 누르면 자바 프로젝트가 생성된다. 자바는 패키지라 부르는 일종의 이름 공간을 사용하는데, 먼저 패키지를 생성해준다. 생성된 프로젝트 내부에 src에 마우스를 우클릭해 New > package를 선택한다. 새로 뜨는 창에 패키지 이름을 입력하고 Finish 버튼을 누른다.

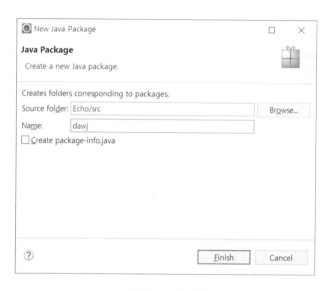

이클립스-3 패키지 생성

패키지가 생성되면, src 하단에 생성한 패키지 정보가 나온다. 이제 생성한 패키지 하위에 자바 클래스를 생성해보자. dawj 패키지에 마우스를 우클릭해 New > Class를 선택한다. 자바 클래스를 생성할 수 있는 창이 뜨는데, 여기에 Name 항목을 입력해 클래스 이름을 지정하자. 상황에 따라 패키지 이름을 재지정할 수도 있으며, 추상화 클래스와 final 클래스 선택이 가능하고, 상속받는 부모 클래스나 구현할 인터페이스 또한 여기서 선택이 가능하다.

이클립스-4 클래스 생성

클래스 내부 내용을 채워서 코드를 완성해보자. 아래 그림과 같이 코드를 작성한다.

```
1 packag Echo/src/dawj/Echo.java
2
3 public class Echo {
4
5     public static void main(String[] args) {
6         for (int i = 0; i < args.length; i++) {
7             System.out.printf("args[%d] = %s\n", i, args[i]);
8         }
9     }
10 }
```

이클립스-5 이클립스에서 작성한 Echo 프로그램 간단한 프로그램이지만, 무턱대고 작성하려면 시간이 상당히 걸리고, 오타를 낼 확률도 높다. 이럴 때 유용하게 사용할 수 있는 기능이 **Code Assistant** 기능으로, 이클립스에서는 **Ctrl + space** 키 조합으로 이용할 수 있다. 본 예제에서는 `main`을 입력 후 **Ctrl + space** 키를 누르면 `public static void main(String[] args)` 함수가 완성되고, `for`를 입력 후 **Ctrl + space** 키를 누르면 `for` 반복문의 뼈대가 만들어진다.

프로그램을 실행하기 위해서는 단순히 클래스 파일에서 마우스를 우클릭해 **Run As** > **Java Application**을 선택하면 되지만, 예제 프로그램은 매개변수가 존재하기 때문에 정확한 실행을 위해서는 매개변수를 설정해야 한다.

클래스 파일에서 마우스를 우클릭해 **Run As** > **Run Configurations**를 선택하면 아래와 같이 실행 설정을 할 수 있는 화면이 나온다.

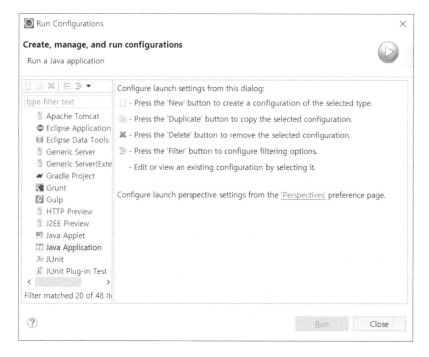

이클립스-6 이클립스 프로그램 실행 설정

436

Java Application을 더블클릭하면 해당 클래스의 실행 설정이 새로 생성된다. 여기서 Argument 탭의 Program arguments에 매개변수를 입력하고 Run을 누른다.

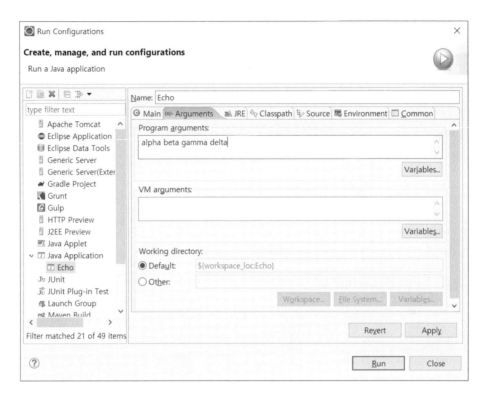

이클립스-7 자바 실행 매개변수 설정

실행 결과는 다음과 같다.

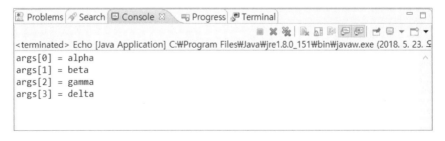

이클립스-8 실행 결과

이클립스는 다양한 플러그인과 강력한 디버깅 기능, 쉬운 사용 방법을 제공해 현재 자바 프로그램 작성 시 가장 사랑받는 편집기 중 하나다.

▮ MySQL

MySQL 커뮤니티 서버를 설치하려면 https://dev.mysql.com/을 방문해 최신 버전의 MySQL 커뮤니티 서버를 선택해야 한다. 플랫폼을 선택하고(윈도우), MSI 형태의 설치 파일을 내려 받는다. 압축을 풀고 설치 파일을 실행한다.

설치 프로그램을 실행하면 다음과 같은 화면이 나온다.

MySQL-1

Add 버튼을 누르면 다음과 같이 설치할 구성 항목을 선택할 수 있다.

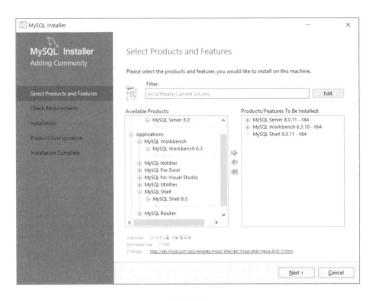

MySQL-2

MySQL Server, MySQL Workbench, MySQL Shell을 선택하고 Next 버튼을 누른다.

MySQL-3

Check Requirement 화면이 나온다. MySQL을 설치하기 전에 필수로 설치해야 하는 프로그램을 확인하는 단계다. 필수로 설치해야 할 프로그램이 존재하면 Execute 버튼을 눌러 설치를 진행한다. 모든 사전 프로그램 설치가 완료되면 Next 버튼을 누른다.

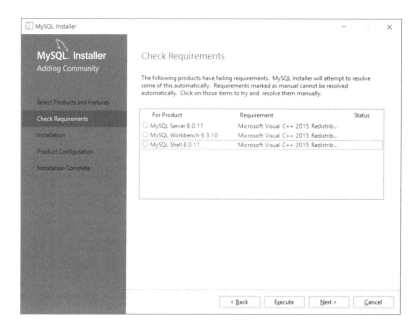

MySQL-4

Execute 버튼을 눌러 MySQL 설치를 진행한다.

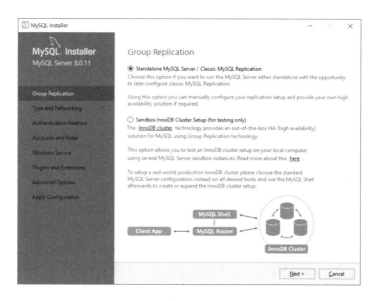

MySQL-5

설치가 완료되면 Next를 눌러 환경 설정을 시작한다.

MySQL-6

Standalone MySQL Server는 일반적인 MySQL 설치 시 선택하고, Sandbox InnoDB는 가용성 확보를 위한 클러스터 구성 시 선택한다. Standalone을 선택하고 Next를 눌러준다.

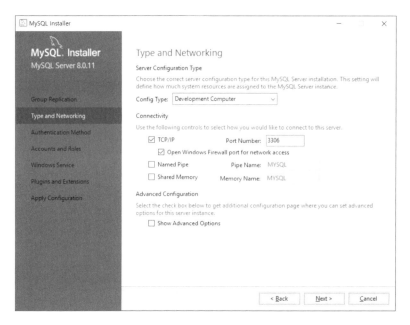

MySQL-7

네트워크 환경 설정을 진행한다. 3306 포트를 다른 용도로 사용하고 있으면 다른 포트로
변경한다.

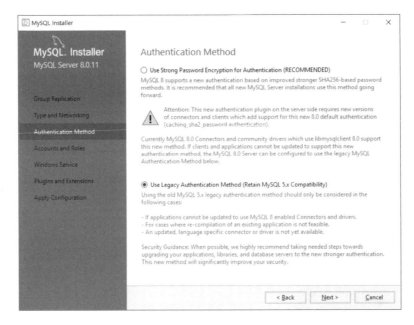

MySQL-8

인증 방법을 선택한다. MySQL 8 버전은 더욱 강력한 방식의 SHA−256 기반의 비밀번호 암호화를 제공한다. Use Legacy Authentication Method를 사용할 경우 기존 MySQL 5 방식의 비밀번호 처리를 제공한다. 여기서는 기존 MySQL 5 방식의 비밀번호 처리를 사용한다. 강력한 방식의 비밀번호 암호화를 사용할 경우 워크벤치 사용 시 로그인이 거부될 수도 있기 때문이다.

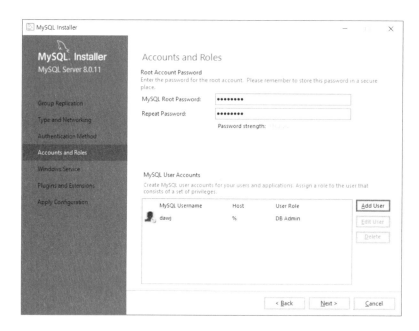

MySQL-9

444

root 비밀번호를 설정한다. 또한 필요한 계정도 생성한다.

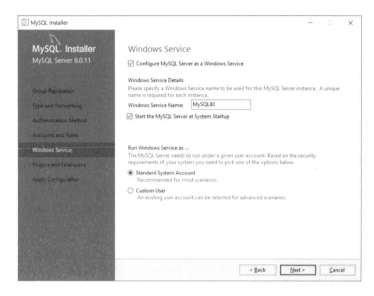

MySQL-10

윈도우 서비스에 등록해 윈도우 시작 시 MySQL이 자동으로 시작되도록 한다. 기본값으로 선택하면 된다.

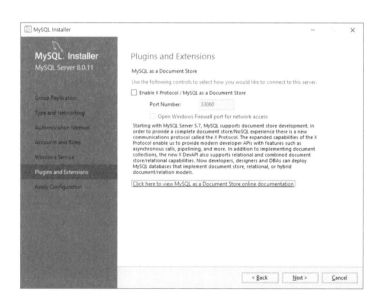

MySQL-11

부가 서비스나 확장 기능을 선택하는 화면이다. 따로 선택하지는 않는다.

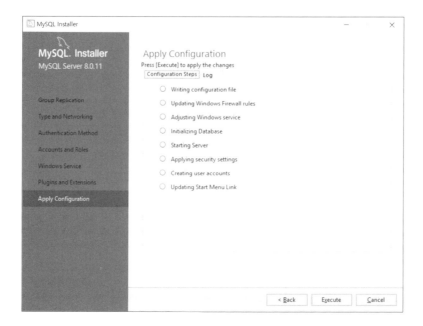

MySQL-12

Execute를 눌러 설정을 진행하고 완료한다.

▌ MySQL 워크벤치

MySQL 데이터베이스에 접근하기 위해 두 가지 다른 방법을 사용할 수 있다. 하나는 독립된 자바 프로그램을 실행하는 것이고, 다른 하나는 사용자 인터페이스 도구인 워크벤치 Workbench를 사용하는 것이다.

MySQL 설치를 진행하면서 이미 워크벤치도 선택해 함께 설치했다. 따라서 이제 실행해 테스트만 하면 된다.

시작 > (윈도우 10이 아닐 경우 모든 프로그램) > MySQL > MySQL Workbench를 실행한다. 실행하면 아래와 같은 화면이 나올 것이다.

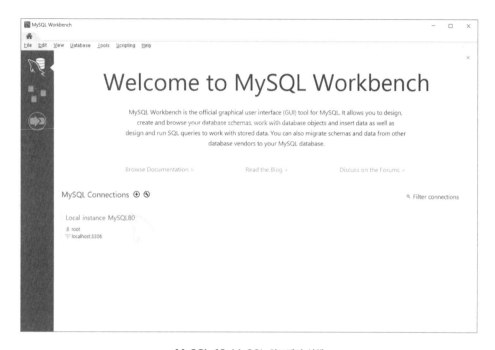

MySQL-13 MySQL 워크벤치 실행

왼쪽 아래를 보면 localhost:3306으로 root 계정을 사용하는 연결이 정의돼 있다. 3306 포트는 구성 단계에서 설정한 포트로 구성 값에 따라 달라질 수 있다.

이제 워크벤치를 사용해 MySQL을 테스트해보자.

MySQL-14 MySQL 워크벤치 메인 화면

Local Instance MySQL80은 윈도우 서비스로 등록한 내부 MySQL의 인스턴스를 가리킨다.
실제로 데이터베이스 서비스에 접근하기 위해 연결을 직접 생성해야 할 수 있다.

워크벤치 메뉴에서 Database > Connect to Database… 항목을 선택한다. Store in Vault… 버
튼을 눌러 설정한 비밀번호를 입력하고 OK 버튼을 누른다.

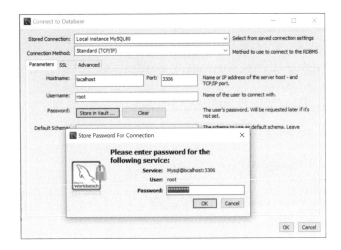

MySQL-15 MySQL 서버에 접속

암호를 기억하기 쉽고 간단한 것으로 변경하자.

이제 MySQL 데이터베이스가 동작하고 워크벤치 인터페이스를 사용해 데이터베이스에 접근 가능한 연결도 확보했다.

MySQL-16 MySQL 데이터베이스 접근을 위한 워크벤치 인터페이스

데이터베이스를 생성하기 위해 툴바의 아이콘 을 누른다. 이 버튼은 새로운 스키마 생성 버튼이다. 아이콘이 55갤런 배럴의 기름통처럼 보이는데, 거대한 디스크 형태로서 고용량의 컴퓨터 저장 공간을 표시한다. 전통적으로 데이터베이스를 표현하는 데 쓰였다.

new_schema라는 이름이 붙은 탭 형태의 창이 열린다. 기술적으로 지금 MySQL 서버의 스키마를 생성하는 중이다.

Schema Name 항목에 schema1이라 입력한다.

MySQL-17 MySQL에서 데이터베이스 스키마 생성

그 후 Apply 버튼을 누른다. 그러면 Apply SQL Script to Database 창이 열리는데, 여기서도 Apply 버튼을 한 번 더 눌러준다.

사이드바를 보면 이제 SCHEMAS 항목에 schema1과 sys의 두 개의 스키마가 있는 것을 볼 수 있다. schema1을 더블클릭해 현재 스키마로 만들자. 해당 목록이 확장돼 Tables, Views, Stores Procedures, Functions가 보이게 된다.

MySQL-18 schema1 객체

schema1을 현재 데이터베이스로 생각할 수 있다. 여기에 데이터를 입력하려면 먼저 테이블을 생성해야 한다.

Query1이라 이름 붙은 탭을 눌러 'MySQL-19'와 같이 편집기에 입력해보자.

```
1   create table Friends (
2       lastName varchar(16),
3       firstName varchar(8),
4       sex char(1),
5       yob int
6   )
7
```

MySQL-19 SQL 코드

이는 SQL 코드다(SQL은 관계형 데이터베이스의 쿼리 언어다). 이 쿼리가 실행되면 Friends 라는 이름의 빈 테이블을 만들 것이다. 이 테이블은 lastName, firstName, sex, yob 네 개의 필드를 갖고 있다. SQL을 살펴보면 각 필드 이름 뒤에 데이터 유형이 정의된 것을 볼 수 있다. varchar 유형은 변수의 길이가 0에서 특정 한계까지인 문자열 데이터를 의미한다 (lastName은 16자리, firstName은 8자리가 한계다). char 유형은 특정 길이(sex의 경우 한자리)로 정해진 문자열 데이터다. 그리고 int는 정수형(전체 숫자) 데이터다.

정의된 필드 목록에서 각 항목은 쉼표로 분리되고, 괄호로 구분된다. 또한 이클립스 같은 편집기에서는 문법이 색상으로 구분된다. 즉 파란색은 키워드(create, table, varchar, char, int 등)고, 주황색은 상수(16, 8, 1)이다.

SQL은 매우 오래된 컴퓨터 언어다. 1974년 처음 소개됐고, 많은 키워드가 아직도 대문자로만 쓸 수 있게 돼 있다. 따라서 SQL 코드는 모두 대문자로 쓰는 것이 관행이 됐다. 여전히 많은 개발자가 키워드를 대문자로 쓰는 것을 선호한다. 아래처럼 말이다.

```
CREATE TABLE Friends (
    lastName VARCHAR(16),
    firstName VARCHAR(8),
    sex CHAR(1),
    yob INT
)
```

하지만 이는 단지 스타일의 차이일 뿐이다. SQL 해석기는 키워드가 소문자든 대문자든 구별 없이 수용할 수 있다.

질의문을 실행하기 위해 노란색의 번개 표시 아이콘 을 누른다.

사이드바에서 schema1 트리를 확장하면 아래와 같이 Friends 테이블이 생성된 것을 볼
수 있다.

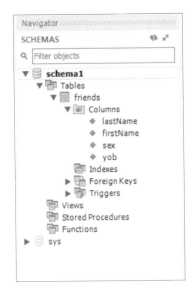

MySQL-20 schema1 객체

이제 친구 데이터를 저장할 준비가 다 됐다.

새로운 쿼리 아이콘 (혹은 메뉴에서 File > New Query Tab 선택)을 누르고 'MySQL-21'의
질의문을 실행해보자. 이 쿼리는 하나의 행(데이터 포인트)을 Friends 테이블에 추가한다. 여
기서 문자열은 큰따옴표가 아닌 작은따옴표로 묶여 있음을 기억하자.

MySQL-21 데이터 삽입

MySQL-22 데이터 두 건 추가 삽입

총 세 개의 행(레코드)이 Friends 테이블에 추가됐다. 이제 select문을 사용해 Friends 테이블의 내용을 조회해보자. *는 테이블 행에 해당하는 모든 열 값을 가져오라는 의미다. 결과는 아래와 같이 Result Grid 항목에 표시된다.

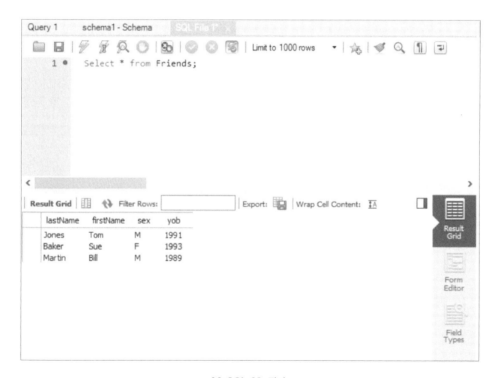

MySQL-23 질의

▌ 이클립스에서 MySQL 데이터베이스 접근

이클립스에서 MySQL 데이터베이스에 접근하려면 기본 Data Source Explorer를 사용하는 방법도 있지만, Dbeaver라는 플러그인을 사용하는 것을 추천한다.

DBeaver 플러그인 설치를 위해 메뉴에서 Help > Eclipse Marketplace..을 선택한다. Find 입력창에 DBeaver를 입력하고 검색해, 비버가 그려진 DBeaver를 선택한 뒤, install 버튼을 누른다.

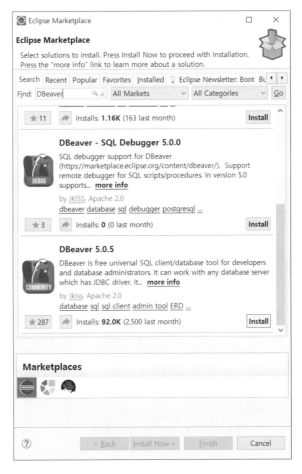

MySQL-24 DBeaver 플러그인 설치

설치할 항목을 선택한다. MySQL을 사용할 것이므로 **MySQL Extension**에 체크가 돼 있는지 확인한다.

MySQL-25 설치 항목 선택

라이선스 항목에 동의하고 설치를 진행한다.

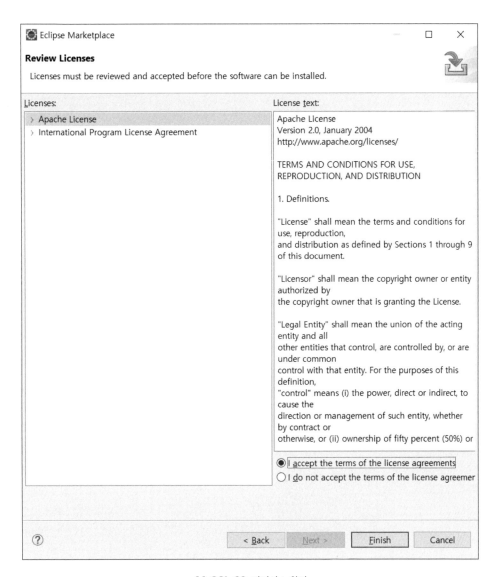

MySQL-26 라이선스 확인

설치가 완료되면 이클립스를 재시작한다.

이클립스가 재시작되면 퍼스펙티브를 DBeaver로 변경한다. 이클립스 오른쪽 위 Open Perspective 아이콘 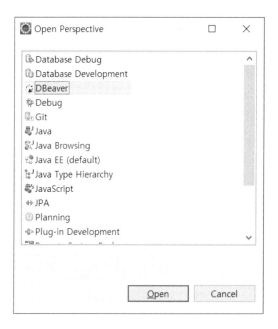을 클릭해 가능한 퍼스펙티브를 확인하고 그중에 DBeaver를 선택한다.

MySQL-27 DBeaver 페스펙티브 사용

Database Navigator 탭에서 마우스를 우클릭해 Create New Connection을 선택한다. 열리는 창에서 MySQL을 선택한다.

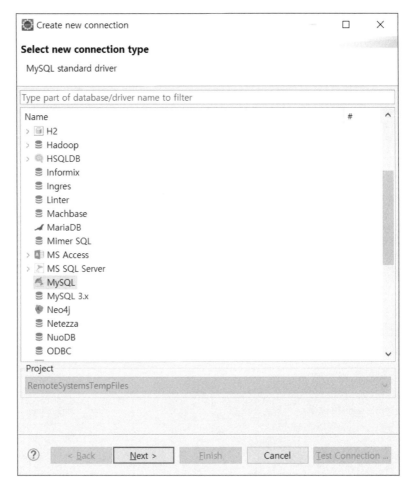

MySQL-28 MySQL 연결 선택

General 탭의 연결 정보를 채워주고 Driver properties 탭에서 연결 드라이버를 설정한다. 컴퓨터에 내려 받은 별도의 드라이버가 없을 경우 DBeaver에서 자동으로 검색해 내려 받을 수 있게 제공해준다.

MySQL-29 연결 정보 설정

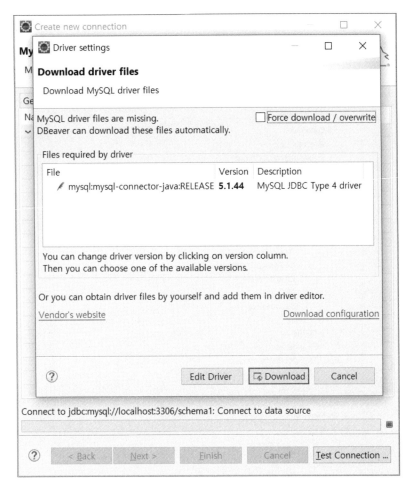

MySQL-30 드라이버 설정 및 자동 내려 받기

그 후, 별다른 설정 없이 다음 단계를 계속 진행하면 MySQL에 정상적으로 접속할 수 있게 된다. 여기서 이미 생성한 스키마와 테이블을 확인할 수 있다.

MySQL-31 shema1 스키마 정보 확인

연결 정보에서 마우스를 우클릭해 **SQL Editor**를 선택하면 SQL 코드를 작성할 수 있는 창이 열린다. 여기서 아래와 같이 쿼리를 작성해 테이블의 내용을 확인해볼 수 있다.

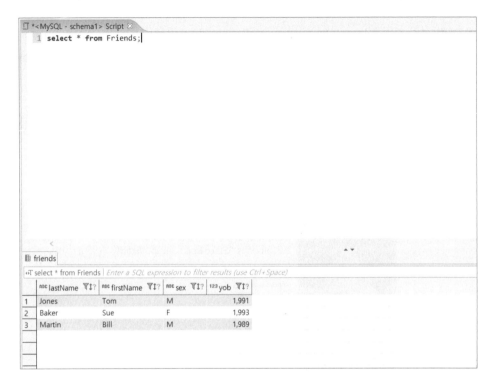

MySQL-32 Friends 테이블 내용 확인

이클립스의 DBevaer 플러그인은 MySQL 워크벤치와 비슷한 형태의 데이터 접근 방식을 보여준다.

▮ 몽고DB

몽고DB NoSQL 데이터베이스 시스템은 10장, 'NoSQL 데이터베이스'에서 확인할 수 있다.

몽고DB 설치 파일은 https://www.mongodb.com/download-center#community에서 내려 받을 수 있다(혹은 웹 페이지에서 MongoDB download를 검색해도 된다). 그리고 아래와 같이 설치 단계를 거친다.

1. 내려 받은 mongodb-win32-x86_64-2008plus-ssl-3.6.4-signed.exe 파일을 실행한다.[1]

2. Next 버튼을 누른다.

몽고DB-1

---

1 버전은 시기에 따라 다를 수 있다. – 옮긴이

3. 라이선스 전문을 잘 읽고 I accept the term in the License Agreement 항목에 체크 후 Next 버튼을 누른다.

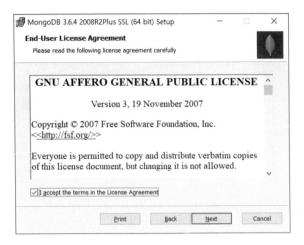

몽고DB-2

4. Complete 버튼을 눌러 기본 설치를 진행한다. 경로 및 구성 요소를 변경해 설치 하려면 Custom 버튼을 누른다.

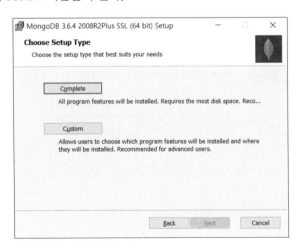

몽고DB-3

5. 몽고DB 콤파스를 설치할 것인지 선택한다. 기본으로 체크돼 있다. 몽고DB 콤
   파스는 스키마 구조를 시각적으로 표현해 더 편리한 몽고DB 사용을 도와준다.
   이 책에서는 명령어 기반으로 데이터를 처리하지만, 지금은 편의를 위해 체크한
   상태로 설치하자.

몽고DB-4

6. Install 버튼을 눌러 설치를 시작한다.

몽고DB-5

7. 설치가 진행된다.

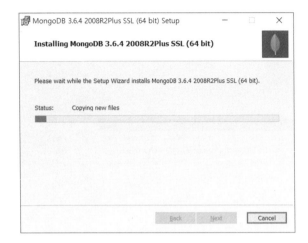

몽고DB-6

8. Finish 버튼을 눌러 설치를 완료한다.

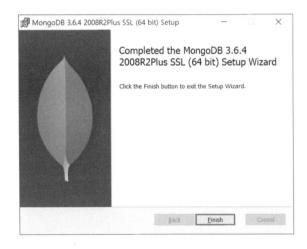

몽고DB-7

설치가 완료되면 사용 편의를 위해 패스에 등록한다.

1. 내 컴퓨터(내 PC) **> 마우스 우클릭 > 속성 > 고급 시스템 설정 > 고급 > 환경 변수**

몽고DB-8

2. 시스템 변수의 **Path**를 선택 후, **편집** 버튼을 눌러 C:\Program Files\MongoDB\ Server\3.6\bin을 추가[2]한다.

몽고DB-9

몽고DB를 기동한다.

1. 데이터 폴더를 생성한다. 별도 옵션을 주지 않았을 때 C:\data\db 폴더가 데이터 폴더가 된다. 해당 폴더가 없으면 기동에 실패하므로 미리 만들어 두자.

2. 명령 실행창을 열고 **mongod**를 실행한다. 아래와 같은 메시지가 나오면 성공이다.

---

2 Custom으로 설치했을 경우 선택한 경로를 지정해줘야 하며, 설치 버전에 따라 기본 설치 폴더가 바뀔 수도 있다. − 옮긴이

몽고DB-10

3. 다른 명령 실행 창을 열고 **mongo**를 실행한다. 아래와 같이 명령 프롬프트가 뜨면 사용할 준비가 된 것이다.

몽고DB-11

찾아보기

ㄱ

가우스 소거법 220
가우시안 분포 98
가중 평균 106
갈릴레오 갈릴레이 25
거리 공간 288
결정계수 197
결합 확률 함수 122
계층적 클러스터링 296
공분산 130
관계형 데이터베이스 40, 148
귀무가설 143
그래프 데이터 모델 400
긍정적인 점수 321
기계 분류 268
기댓값 239
기본키 149
기술 통계 105
기울기 195

ㄴ

나이브 베이즈 분류 262
널 40
네이피어 25
누적 분포 함수 101, 115, 136

ㄷ

다변량 확률 분포 함수 122
다중 상관계수 196
다중 선형 함수 224

다항식 회귀 217
단위 하이퍼 큐브 294
단측 검정 144
대량 쓰기 380
대립가설 143
댄 브리클린 31
댐핑 계수 325
데이터베이스 147
데이터베이스 뷰 179
데이터베이스 시스템 154
데이터 분석 23
데이터셋 39
데이터 스케일링 62
데이터 스크러빙 61
데이터 스트라이핑 402
데이터 정규화 62
데이터 정의어 158
데이터 조작어 158
데이터 추론 191
데이터 컬렉션 378
데이터 클렌징 61
데이터 클리닝 61
데이터 포인트 39
데이터 필터링 64
덴드로그램 302
도메인 148
도수 분포 96
도큐먼트 지향 데이터베이스 375
도큐멘트 데이터 모델 400

도큐멘트 스토어 378
독립 126
동적 스키마 390
동점 처리 전략을 251
둠즈데이 북 24

ㄹ

레디스 400
로널드 피셔 100
로지스틱 곡선 277
로지스틱 회귀 274
로짓 함수 275
루트 235
리프 노드 235

ㅁ

마이크로소프트 엑셀 47
마코프 체인 405
막대그래프 80
맨해튼 거리 290
맵 데이터 구조 370
맵리듀스 401, 409
메타데이터 61
메타 알고리즘 234
명령 프롬프트 429
모집단 109
몽고DB 374, 376, 464
무어의 법칙 62
미적분 기법 231

ㅂ

반복적 이등분 3 241
배치 모드 166
백분위 수 106
베이즈의 정리 128

베이지안 알고리즘 262
벤 다이어그램 111
병합 69
복잡도 분석 304
부분 문자열 추출 182
분류 233
분류 알고리즘 234
분산 분석 201
분할 정복 알고리즘 410
분할표 127
뷰 179
비관계형 데이터베이스 369
비지칼크 31
빅데이터 23, 401

ㅅ

사고 실험 98
사분위 수 106
사용자 등급 354
산점도 77
삼각 부등식 288
상관계수 130
상관관계 131
상삼각행렬 223
샤드 403
샤딩 402
서브 쿼리 183
서포트 벡터 머신 268
선그래프 78
선언적 언어 155
선형 회귀 191
설명되지 않은 분산 205
설명된 분산 205

속성-값 쌍 41
수직적 확장 399, 402
수평적 확장 399, 402
순위와 백분율 94
스키마 148
시계열 데이터 82
시그모이드 곡선 276
신뢰 계수 141
신뢰 구간 141
실행평균 88
십분위 수 106
쓰레기 메모리 처리 72

ㅇ

아이작 뉴턴 25
아이템 기반 추천 332
아이템 기반 협업 필터링 347
아파치 커먼즈 매쓰 131
아파치 하둡 425
앤스콤 쿼텟 215
양측 검정 144
에니악 30
에드먼드 핼리 26
엔트로피 236
역 거리 함수 332
연속 분포 134
열 149
왓슨 30
왜도 109
외래키 150
요하네스 케플러 25
워드카운트 410
웨카 257

유사도 측정 332
유사성 전파 클러스터 318
유의 수준 143
유클리드 거리 288
유틸리티 행렬 330
유형 서명 39
의사 결정 트리 235
이동 평균 88
이득 246
이리듀서블 마코프 체인 406
이벤트 112, 126
이산 분포 134
이상치 216
이진 탐색 235
이클립스 33, 432
이항 계수 117
이항변수 123
이항 분포 117
인덱스 186
임의 접근 파일 363
임의 추출 109
임의 표본 109

ㅈ

자바 430
자바 데이터 유형 38
자바 퍼스펙티브 433
자연로그 229
잔차 196
잡음 데이터 67
전이 행렬 405
전이 확률 406
정규 곡선 137

정규방정식 200
정규 분포 98
정규표현식 46
정렬 67
제임스 고슬링 33
조건부 확률 125
존 스노우 27
주변 확률 124
중간점 315
중심 극한 정리 139
중앙값 106
지리 정보 데이터베이스 395
지수 분포 101
집계 함수 184

ㅊ

차원의 저주 294
찰스 배비지 26
첨도 109
체비쇼프 거리 291
체스판 거리 291
초평면 269
총분산 202, 205
총 제곱합 207
최댓값 106
최빈값 106
최소 신장 트리 411
최소제곱법 218
최솟값 106
추세선 194
추정 203
추천 시스템 329

ㅋ

카를 프리드리히 가우스 98
카산드라 374
카스파르 뉴만 26
캔버라 거리 291
컬럼 데이터 모델 400
컬럼 스토어 378
컴퓨터 과학 알고리즘 23
코사인 유사도 334
콘텐츠 기반 추천 331
크래머의 법칙 220
크로스탭 테이블 127
클러스터링 알고리즘 287
키-값 데이터 모델 400
키-값 메커니즘 370
키-값 쌍 41, 413
키 필드 41

ㅌ

택시 거리 290
테이블 148
통합 개발 도구 430
통합 개발 환경 33
튀코 브라헤 24
튜플 148
트리 순회 방식 252

ㅍ

파싱 56
팩토리얼 118, 272
퍼스펙티브 433
퍼지 분류 알고리즘 285
퍼지 수학 285
펀치 카드 30

페이지랭크 401, 403
평균 대기 시간 101
표본 97, 318
표본 공간 109
표본 분산 106
표본 상관계수 196
표본 평균 97, 105
표본 표준편차 97, 105
표준 정규 분포 132
표준화 처리 37
피타고라스 정리 288
필드 39, 149

ㅎ

하둡 공통 모듈 425
하둡 맵리듀스 425
하둡 분산 파일 시스템 425
하둡 얀 425
하삼각행렬 223
해밍 거리 333
해시 코드 73
해시 테이블 42
해싱 72
행 149
허먼 홀러리스 29
확률 밀도 함수 100
확률 변수 112
확률 분포 함수 113
확률 실험 109
확률 집합 함 111
확률 함수 110
회귀 분석 191
회귀 상관계수 198

회귀선 196
후방제거 284
희소 행렬 359, 407
희소 행렬 형식 420
히스토그램 81

A

aggregate function 184
alternative hypothesis 143
ARFF 257
Attribute-Relation File Format 257
avg() 184

B

backward elimination 284
bar chart 80
Bayes' theorem 128
Binary Search 235
binomial coefficient 117
BSON 378
B-tree 186
bulk write 380

C

Canberra metric 291
Caspar Neumann 26
CDF 101
central limit theorem 139
Charles Babbage 26
Chebyshev metric 291
chessboard metric 291
Code Assistant 436
Comma, Separated Value 45
complexity analysis 304
conditional probability 125

content-based recommendation 331

contingency table 127

Cramer 's Rule 220

crosstab table 127

CSV 45

cumulative distribution function 101

D

Dan Bricklin 31

data cleansing 61

Data Definition Language 158

Data Manipulation Language 158

data scrubbing 61

Data striping 402

Dbeaver 455

DDL 158

decision tree 235

dendrogram 302

desc 185

descriptive statistic 105

distinct 179

divide and conquer 410

DML 158

domain 148

Domesday Book 24

DriverManager.getConnection() 171

dynamic schema 390

E

Eclipse 33

Edmund Halley 26

Electronic Numerical Integrator and Computer 30

ENIAC 30

estimate 203

Extensible Markup Language 52

F

frequency distribution 96

G

Galileo Galilei 25

Gaussian Elimination 220

Generalized Markup Language 51

GeoJSON 395

GML 51

GSON 53

H

Hadoop Distributed File System 426

HBase 374

HDFS 426

histogram 81

I

ID3 알고리즘 241

IDE 33

Integrated Development Environment 33

inverse distance function 332

irreducible Markov chain 406

Isaac Newton 25

item-based recommendation 332

Iterative Dichotomizer 3 241

iterator 87

J

James Gosling 33

JavaScript Object Notation 53

java.util.Comparable 68

java.util.Random 객체 59

JDBC 169

JFrame 211

Johannes Kepler 25

John Snow 27

joint probability function 122

JSON 53

K

Key–Value Pair 41

K–Nearest Neighbor 309

KNN 309

k–NN알고리즘 281

kurtosis 109

KVP 41

K–중간점 클러스터링 315

K–최근접 이웃 알고리즘 280, 309

K–평균 알고리즘 309

K–평균 클러스터링 309

L

linear regression 191

line graph 78

LU 분해 223

M

Manhattan metric 290

MapReduce 401

marginal probabilities 124

Markov chain 405

m attribute–value pairs 41

method of least squares 218

minimal spanning tree 411

moving average 88

MST 411

multivariate probability distribution function 122

MySQL 워크벤치 446

MySQL 커뮤니티 서버 438

N

naive Bayes classification 262

Napier 25

Neo4J 400

NoSQL 데이터베이스 369

Null 40

null hypothesis 143

O

OLS 228

order by 168

P

PageRank 401

PDF 100

POI 47

population 109

PreparedStatement 172

Probability density fuction 100

probability function 110

probability set function 111

R

R. A. Fischer 100

random experiment 109

random sample 109

random variable 112

RDB 148

Relational Database 148

residual 196

ResultSet 객체 171

running average 88

S

sample correlation coefficient 196

sample space 109

sample variance 106

scatter plot 77

schema 148

select 167

SGML 51

sharding 402

sigmoid curve 276

skewness 109

sparse matrix 359

sparse matrix format 420

SQL 155, 452

Standard Generalized Markup Language 51

Statement 객체 171

Structured Query Language 155

T

taxicab metric 290

the exponential distribution 101

the normal distribution 98

TreeMap 68

triangle inequality 288

tuple 148

Tycho Brahe 24

type signature 39

V

VisiCalc 31

W

Watson 30

where 168

X

XML 52

Y

y절편 195

숫자

1기반 인덱스 366

1종 오류 129

2종 오류 129

자바 데이터 분석

자바로 배우는 데이터 분석과 빅데이터 처리, 데이터 시각화 방법

발 행 | 2019년 8월 28일

지은이 | 존 R. 허바드
옮긴이 | 김 명 훈

펴낸이 | 권 성 준
편집장 | 황 영 주
편 집 | 배 혜 진
디자인 | 박 주 란

에이콘출판주식회사
서울특별시 양천구 국회대로 287 (목동)
전화 02-2653-7600, 팩스 02-2653-0433
www.acornpub.co.kr / editor@acornpub.co.kr

한국어판 ⓒ 에이콘출판주식회사, 2019, Printed in Korea.
ISBN 979-11-6175-335-5
http://www.acornpub.co.kr/book/java-data-analysis

이 도서의 국립중앙도서관 출판시도서목록(CIP)은 서지정보유통지원시스템 홈페이지(http://seoji.nl.go.kr)와
국가자료공동목록시스템(http://www.nl.go.kr/kolisnet)에서 이용하실 수 있습니다.(CIP제어번호: CIP2019032252)

책값은 뒤표지에 있습니다.